中国边政学新论

ZHONGGUO
BIANZHENG XUE
XINLUN

罗崇敏◎著

人民出版社

罗崇敏 云南江川人，经济学博士，硕士生导师，现履职于中共云南红河州委。曾为下乡知青、乡村卫生员、工厂工人、学校教工、党校教员。曾毕业于玉溪地委党校大专理论班，云南大学自考党政管理专业，中国人民大学函授秘书专业，中国书画函授大学书法专业，中央党校经济管理专业，中国社会科学院研究生院应用社会学专业，中央民族大学民族经济专业。1987年后曾在江川县政府办公室、江川县政府、中共江川县委、中共新平县委、玉溪市委办公室、中共玉溪市直机关工委、玉溪市委、云南民族大学履职。加入云南哲学学会、经济学会、作家协会、书法家学会、武术学会。主要著作有《现代旅游概论》、《资本运营概论》、《县域管理研究》、《现代农业管理论纲》、《玉溪三乡论》（散文）、《论企业创新》、《论创新》、《大学修养观》、《理性履职观》、《天下一碗》（小说，电视剧本）等。曾在国家核心期刊和省部级刊物上发表论文60余篇。

目 录

绪　论

一、研究边政学缘由

本书是在我的博士论文《中国边政学新论》的基础上充实、完善而成的。之所以选择边政学作为博士论文研究的主题，有其自身的历史和逻辑缘起。

一是边疆文化的滋养。我生于边疆、长于边疆、作为于边疆。童年所听到的故事，成年所亲历的事情，中年所研究的问题，大都发生在边疆，与边疆的发展命运相联系。我相信我的每一根神经的颤动，都与边疆文化细胞的活力有机缘；我的每一根血管里都流淌着边疆文化的神韵。我对边疆文化有着特殊的情感和浓厚的兴趣。我接受过云南边疆农耕文明、工业文明和现代文明的养育和熏陶，参加过云南江川李家山古墓群的发掘和整理，这些激发了我对边疆古代文化研究的兴趣。2001 年，我曾经以散文的形式出版发行过《玉溪三乡论》，对我的家乡玉溪作为高原水乡、古滇文化之乡、云烟之乡的本土文化特征进行过抽象概括，对云南古滇国本土文化进行过探索，对云南玉溪、大理、红河等地区的本土文化的历史发展作过考察。这一创作过程培育和激发了我对边疆历史、边疆政治和边疆经济发展的浓厚兴趣。

二是边疆履职的体验。1990 年初，我开始从事基层的党务和政务工作，先后在云南江川、新平、玉溪、云南民族大学和红河哈尼族彝族自治州履职，较全面而深刻地体验了边疆管理和边疆发展的现实生活。比较了解边疆各族人民群众的发展需要、边疆地区的发展期望、边疆地区干部的履职要求。在履职过程中，我认真学习和贯彻执行党和国家关于边疆管理和发展的方针政策，不断汲取和实践专家、学者关于边疆政治的研究成果。同时，我也努力探索和总结边疆区域管理和发展的思路举措和经验教训。在 1995 年到 2000 年间曾先后出版发行了研究边疆地区发展的《县域管理研究》、《农业经营论纲》、《现代旅游概论》、《论企业创新》、《大学修养观》等著作。时至今日，我应该把有限的边疆履职的时空范围所作的探索进行理性思维加工。

三是边政理论的研究。我国是一个历史悠久的统一的多民族国家,拥有广阔的陆地边疆和海疆。历史上的中国边疆问题一直为史学家所关注和研究。《二十四史》对中国历史上边疆民族、社会的记述,为中国边疆的研究留下了珍贵的系统的记录。可以说历代先贤根据需要从不同的角度对边疆治理作过不少的探索,到1942年,吴文藻先生发表《边政学发凡》形成边政学的框架雏形。① 1949年后,我国内地的专家学者重点转向对人类学、民族学的研究。我国台湾以及部分海外华人专家学者继续进行边政学研究,但现在已转向原住民族的研究。近年来,国内边政学的研究逐步兴起,不少有见地的关于边疆历史、政治、文化研究的文章纷纷见诸刊物和报端。在我初稿基本完成时,看到吴楚克教授的《中国边疆政治学》问世,紧接着又看到有关中国边疆政治研究的信息和成果。但作为系统的边政学的基础理论研究,特别是广义边政学理论的探索还处在起始阶段。

四是边疆发展的需要。党和国家历来高度重视边疆地区的发展。党和国家提出科学发展观的战略思想,实施西部大开发战略,我国与周边国家所进行的类似东盟自由贸易区建设的跨国区域合作发展等,为边疆地区加快全面建设小康社会的进程提供了方针指导和政策支持。但到目前为止,还尚未出现对边疆地区发展具有系统指导意义的边政学论著。边疆地区以人为本,经济、政治、文化、自然的全面协调可持续发展呼唤时代需要的边政学新理论。

五是学业学养的选择。边政学理论建设是一项系统工程,边政学是一门交叉性、边缘性比较强的学科,涉及人类学、民族学、政治学、经济学和文化学等。我在1999年攻读中国社会科学院应用社会学硕士研究生时曾接触过边政学方面的知识。2003年我考入中央民族大学攻读博士学位后,对少数民族经济、政治、文化的发展进行比较系统的学习研究。特别是中央民族大学有一大批民族学、人类学、政治学界德高望重的专家学者,这样的环境为我的研究提供了非常有利的条件。充分利用现有的研究成果深入进行边政学理论的探讨,努力从边疆经济、政治、文化和社会发展方面作系统的研究,构建广义边政学理论框架,对完成我的学业、丰厚我的学养、指导我的实践,都有着重要的意义。

六是研究的现实性。我的《中国边政学新论》选题,试图对广义边政学理

①　吴文藻:《边政学发凡》,刊于1942年《边政公论》第1卷。

论进行探索,原因在于我认为研究广义边政学存在着明显的现实性:一是构建广义边政学理论的可能性存在,二是广义边政学的实践性存在。当代国家边疆面临的客观实际已经提出了建设广义边政学的需求;以往对国家边政学的研究,已经为即将开展的广义边政学打下了很好的基础。理论的价值在于实践。一个明显的事实是:纯粹的边疆史地研究,纯粹的边疆民族研究,或者是狭义的边疆政治研究,对现实的指导是乏力的,或者说是不能综合解决边疆现实问题。特别是党中央提出科学发展观,边疆地区怎样实现以人为本的全面、协调、可持续发展? 党中央提出构建和谐社会的战略思想,怎样构建和谐边疆,维护边疆安全? 党中央提出新农村建设,边疆地区怎样促进城乡统筹发展,改变城乡二元经济结构? 诸如此类问题,边政学应该如何来解释?

二、边政学历史沿革及反思

(一)边政学历史沿革

笔者认为,中国边政学的研究,大体经历了这样几个阶段——边疆史地研究阶段、边疆史治研究阶段、边疆民族研究阶段和边疆发展研究阶段。四个研究阶段之间是相互交叉、相互促进的。

1. 边疆史地研究

中国边政学研究生发于中国历史地理研究。在古代,地理知识对中国人来说是比较陌生的,当然这并不是说古代中国没有地理知识,而是说把地理知识作为国家疆土及与周边国家关系的一门重要知识在中国古代是没有的。传统的中国地理学主要是记载地理状况和游记,或是异域考察,而西方的地理学是与资本主义殖民扩张紧密联系在一起的。在中国《二十四史》中记载了边疆管理的历史和地理状况。所以,可以说中国边政学萌芽于中国史地记录和研究。这一阶段的边政学具有疆界性、历史性和漫长性的特点,有关史书和文章记录了历代封建王朝拓展疆域、镇守边界的状况,反映了历代王朝发动征边战争、固守边防、亲和少数民族的历史事件。

2. 边疆史治研究

19 世纪 40 年代后,边政学的史地研究逐步向史治研究转变。1840 年后,中国经过鸦片战争、中日甲午战争和八国联军入侵,沦为半殖民地半封建国家,国家主权和领土完整空前沦丧。经过辛亥革命,虽然推翻了腐朽的满清封建王朝,但国家又陷入了军阀割据的连绵内战之中。在这种内忧外患的时局下,不少仁人志士期望以现代西学开启和唤醒国人对国家疆土危机和民生危机的意识,催生了《史地学报》。"九·一八事变"再次使人们陷入国难之中,全国上下以反抗帝国主义侵略为中心的关注边疆和边政的研究纷纷兴起。吴文藻先生的《边政学发凡》正是在这种特殊的历史背景下产生的。以《边政学发凡》为标志,中国边政学进入了边疆政治学系统研究的新阶段。

3. 边疆民族研究

20世纪40年代末,边疆史治研究逐步向边疆民族研究转化。1949年后,我国内地基本取消了边政学科,代之以民族学、人类学和边疆史地研究,后来实际上已转为民族学研究。50年代,参照苏联的经验进行了全国性的民族识别工作,1956年,确定了我国少数民族有55个。开展了民族历史、民族文化、民族关系、民族区域自治制度和民族政策等方面的研究。台湾学者在20世纪90年代以前继续进行中国边政研究,但随着台湾政治形势的激烈变化,90年代后,台湾的中国边政学研究不断转向民族学的"原住民族"研究,以适应"本土化"的政治倾向需要。

4. 边疆发展研究

20世纪70年代末,边政学的研究由边疆民族研究向边疆发展研究转变。1978年后,中国实行改革开放方针,以经济建设为中心的边疆发展需要边疆政治理论和民族理论研究的支持,所以在民族学科下创建了民族政治学,并以边疆民族政治学为起点和重点,进一步把边疆政治研究与发展西部经济联系在一起,使边疆政策逐步系统化和科学化,推动了边疆政治、经济、文化的发展。特别是中央实施西部大开发后,边政学研究的内涵逐步缩小,外延不断扩大,很多专家学者已从狭义的边政学研究延伸到广义的边政学研究领域,进行了边疆经济、政治、文化、军事等的发展研究。2004年,中央提出坚持和落实科学发展观。以人为本,经济、社会和人与自然的协调可持续发展,是边疆发展的根本目标。

(二)目前相关研究情况及成果

中国民族学和政治学界目前已经开始关注有关边疆地区社会稳定与治理的理论研究,但多是从区域经济学、民族学、宗教学、社会学、人口学和民族政治学等方面展开,没有直接从边疆政治理论角度研究中国边疆问题,更没有从边疆地区经济、政治、文化、社会、国际安全等方面研究中国边疆问题。从相关边疆理论研究成果看,近几年出版了一些有价值的成果。如《20世纪的中国边疆研究》(马大正,1998年)、《边疆与民族——历史断面研究》(马大正,1993年)、《马克思、恩格斯论国家、领土与边界》(吕一燃,1992年)、《中国古代边政史》(林荣贵,2001年)、《中国海疆历史与现状研究》(吕一燃,1995年)、《清代前期西部边政史论》(张羽新,1995年)、《中国古代海疆史纲》(安京,1999年)、《中国西北边疆发展史研究》(马曼丽,2001年)、《中国边疆政治学》(吴楚克,2005年)。从相关现实政治研究成果看,如《中国睦邻史》(刘宏煊,2001年)、《中国国家安全地理》(沈伟烈等,2001年)、《中亚五国史纲》(冯锡时,2000年)、《东北亚国际关系史》(黄定天,1999年)、《美国边疆史》(何顺果,2000年)、《中国边防史》(郑汕主编,1995年)、《北部边疆民族史研究》(孟广耀,2002年)、《中亚维吾尔人》(李琪,2003年)、《克什米尔冲突的滥觞》(陈延琪,2003年)、《唐朝和边疆民族往来使者研究》(李大龙,2002年)、《中国边疆研究理论与方法》(林恩显,1992年)。还有一些断代疆域史、边疆民族疆域研究和大量边疆治理与稳定的对策性研究成果。但这种研究始终缺乏基础理论的支撑,特别是缺乏边疆研究应当具有的发展战略思想,也就是研究维持边疆稳定的多,研究边疆全面发展的少,因此,尽快构建适应边疆发展需要的广义边政学理论框架有着重大的现实和理论意义。

(三)边政学反思

任何一门科学都是在实践和反思过程中发展起来的,中国边政学也不例外。我们有必要对以往边政学的研究进行总结反思。以往的边政学研究有这样一些特点和不足:一是诠释性强;二是政策性广;三是单一性多;四是狭义性明显;五是人本性不突出。

1. 诠释历史

以往的边政学注重以史为鉴。对中国历史上的疆域变迁、边疆制度、边疆政策、边疆民族问题进行诠释性研究,产生了一些研究成果。如葛剑雄著《中国历代疆域的变迁》,马大正著《中国古代的边疆政策研究》,赵云田著《中国边疆民族管理机构沿革史》,林恩显著《国父民族主义与民国以来的民族政策》。这批诠释性的研究比较客观地介绍和分析了历史上的边疆治理情况和可资借鉴的经验。

2. 研究政策

以往的边政学注重历史和现实的边疆民族政策研究。中国封建社会的边疆政策自秦汉时期初成规模后,经隋、唐、元、清诸强大统一王朝的充实完善,形成了完整的体系,这在世界历史上是颇具特色的。正如马大正先生所阐述的:"中国古代边疆政策在促进统一我民族中国的发展、壮大进程中发挥过独特的作用,加强中国历史上边疆政策的研究,对于当代中国边疆治理具有借鉴意义"①。20 世纪 50 年代以来,国内的边政学转向民族学研究后,也主要是研究现实需要的边疆民族政策的比较多。特别是在中央实施西部大开发战略中,这类研究成果对中央制定正确的边疆民族政策起了积极的作用。

3. 缺乏整合

以往的边政学研究始终缺乏基础理论的支撑,特别是缺乏边疆研究应当具有的学科基础理论,"研究中国边疆某一方面问题者多,进行学科整合研究者少"。也就是说研究中国边疆问题大凡是解决现实某一问题的单项研究,而且这些研究都散游在政治学、民族学、人类学等学科之中,没有整合成理论体系。这些研究对促进边疆的发展和稳定的理论指导性不太强。

4. 狭义边政

从严格学术意义上讲,20 世纪 30 年代以前,中国只有边政的策论文章,而无研究边政的专门学问。直到 1942 年吴文藻先生在《边政公论》第 1 卷中发表《边政学发凡》一文,才构筑了狭义边政学的基本理论框架。文章阐述了研究边政学的目的、重要性及观点;阐述了边政学的性质;提出了边政学的内容大纲;分析了边政学与有关学科的关系。吴文藻先生所提边政是指"边疆政治,系边政之广义"。"边政学是研究关于边疆民族政治思想、实事、制度及行政的学科"②。它相对于研究边疆经济、政治、文化、军事的边政学还是狭义的边政研究。

5. 以物为本

以往的边政学大凡只把边疆作为管理客体来研究,更多的是注重统治者对边疆的治理研究,对以人的发展为根本来研究边疆政治不够,对边疆各族人民在边疆管理和发展中的主体地位研究也不够。时至今日,研究边疆地区的发展还存在见物不见人的现象。

---

① 刘逖、马大正:《20 世纪的中国边疆研究》,黑龙江教育出版社 1998 年版,第 273 页。
② 吴文藻:《边政学发凡》,刊于 1942 年《边政公论》第 1 卷。

三、本书的理论框架

本书试图建立广义边政学的理论框架。

（一）广义边政学研究的意义

1. 广义边政学的含义

边政，如果作为边疆政治的缩写词，它可涵盖边疆行政、边疆政策等。边疆政治是相对中央政治而言，也有的把边疆政治作为与内地政治相对应的概念使用。边政学是研究边疆政治产生、发展及其规律的专门学问，狭义的边政学是"研究关于边疆民族政治思想、事实、制度及行政的科学"。一门学科的产生首先必须具备这样三个条件：一是社会的客观需求，二是相关研究范畴的提出，三是专门研究队伍的出现。这三个条件的核心是社会客观需求，这是确立一个学科最终宗旨的客观社会标准。我们认为，广义边政学的研究已基本具备了这三个条件，特别是社会的客观需求条件。

广义边政学是关于边疆地区以人为本的经济、政治、文化、社会的管理和发展及其规律的科学。研究的对象是国内陆地疆界内地区各民族经济、政治、文化、社会的管理和发展。它具有六个特性：（1）人本性。边疆管理和发展要坚持以人为本的边疆发展观，确立边疆各民族在经济政治发展中的主体地位，实现好、维护好、发展好边疆各族人民的经济利益、政治利益和文化利益。（2）发展性。发展是边疆最根本、最紧迫的需要，因此，边政学的研究必须坚持把发展作为边疆的第一要务，通过发展解决边疆管理中的一切矛盾和问题，要确立凝聚一切力量、调动各方面的积极性、加快边疆发展的思想。（3）集成性。边疆的最大优势是资源富集。要加快边疆资源向财富的转化，必须实施资源集成战略，即：资源与技术、资源与人才、资源与市场的高效集成战略。（4）统筹性。边疆要坚持科学发展观，统筹边疆经济与社会发展，统筹城市与乡村发展，统筹区域之间的协调发展，统筹内部发展与对外开放，统筹人与自然和谐发展。（5）和谐性。边疆政治的核心在于"和"。要构建边疆和谐社会，促进边疆各民族的团结和谐，维护国家的统一；奉行睦邻友好的周边外交，维护国家安全。（6）前瞻性。广义边政学研究不仅要立足现实，更应着眼于未来，即对边疆地区的未来发展具有前瞻性的指导意义。

2. 广义边政学的实践意义

(1)新时代的发展需要广义边政学。面向未来,我国站在一个新的历史起点上,和平、发展、合作成为当今时代的潮流,我国社会经济发展进入了一个新阶段。中央审时度势,提出了科学发展观、构建和谐社会、建设社会主义新农村等一系列重要战略思想。边疆政治学如何把这些战略思想应用到学科研究之中,指导边疆经济、政治、文化发展,是每一个理论工作者和研究人员的重要任务。狭义边疆政治学显然难以承担起这个任务。从这个意义上讲,广义边政学是时代发展的需要。

(2)中国边疆地区的发展需要广义边政学。我国的陆地边疆地区分布着黑龙江、辽宁、吉林、内蒙古、新疆、甘肃、云南、广西、西藏9个省区,边疆地区的发展对整个中国的发展有着重要的影响。中国边疆地区的发展应注重人本性、发展性、集成性、统筹性、和谐性、前瞻性,但是,当前的边疆发展中存在着不少的误区,主要表现为物本性、滞后性、单一性、盲目性、不协调性、短期性的问题。究其原因,在很大程度上就是对边疆的特点缺乏深刻的理论认识。广义边政学研究正是从理论上对边疆的特点和发展规律进行充分的、深刻的探索和揭示,从而起到指导人们走出当前的这些误区的作用。

(3)中华民族的振兴需要广义边政学。中国的边疆地区幅员辽阔、民族众多、资源丰富,对维护国家安全有着独特的地位,因此,作为中华民族的整体发展必须充分考虑到边疆建设的问题。边政学研究正是为国家整体发展提供理性参考依据。

(4)中国的国际影响需要广义边政学。我国与15个周边国家陆地接壤,陆地边疆线长达2.2万多公里,其中少数民族地区占1.9万公里;全国共有边境县(旗)143个,其中少数民族地区占112个;目前有国家级陆地边境口岸43个,其中有34个在少数民族地区,此外,少数民族地区还有地方对外口岸190多个,国家特种口岸2个。由此可见,边疆地区在我国的对外关系中具有举足轻重的地位。边政学可以为边疆地区搞好与周边国家的关系提供比较全面的科学依据。①

3. 广义边政学的理论意义

(1)迄今为止的边政学研究,虽然为数不少,但大多比较零散,尽管少数学者已经意识到这个问题,也作了一些尝试,但仍未出现比较系统的边政学

---

① 赵惠强、兴增林:《西部人文资源开发研究》,甘肃人民出版社2002年版,第63页。

研究框架,本书正是针对这一问题,力图通过对以往研究成果的梳理,为边政学研究建立起比较系统的框架,使边政学成为一种比较成熟的并真正能从根本上解决好边疆治理问题的研究。

(2)已有的边政学研究,所涉及的内容基本上不出乎边疆民族政治思想、边疆民族政治制度、政治行为等之类的问题,间或也有少数研究边疆经济或文化的文章,笔者以为这些研究都还是较狭义的边政学研究,有许多方面的问题尚未涉及。当代边疆地区的发展是一种系统而全方位的发展,其内涵极其广泛,如经济、政治、文化等方面的发展都在考虑之列。这样,原有的边政学研究显然不能满足这种全方位的需要。本书所建立的广义边政学研究力图弥补以往边政学研究的不足。

(3)广义边政学是一门对边疆政治进行综合研究的理论性学问,它与政治学、经济学、民族学、民族政治学、民族经济学、人类学、社会学、文化学、国际关系学、国际法学等都有程度不同的交叉关系,因此,广义边政学的研究无疑对这些学科的研究、发展和创新有重要的参考价值和促进作用。

(二)广义边政学的研究方法

1. 坚持运用从表象到抽象再到具体的理论思维方法

坚持用马克思主义的辩证唯物主义、历史唯物主义和民族理论为指导思想,对以往的边政学资料进行梳理,对边疆的现实进行分析和探索。坚持历史与逻辑相结合的研究,以历史和逻辑为基础,从事物的运动发展中,从矛盾的对立转化中探索边疆经济、政治、文化发展的规律。

2. 坚持理论与实践相结合

力求理论探索与指导实践的有机统一,从理论体系的内在逻辑和完整性、系统性出发,尽可能把一些基本原理、基本规律、基本特点和相关理论的来龙去脉讲清;又要立足边疆地区经济、政治、文化发展的实际,使所研究的成果有明显的工具性和可操作性,以利于管理者指导工作实践。

3. 坚持多学科研究方法综合利用

尤其是运用民族学、人类学、政治学、经济学、管理学、社会学、文化学、国际关系学等学科的知识,对边疆所面临的实际问题进行广泛而又深入的考察和分析,以求获得对边疆地区科学的广义边政学研究。

4. 坚持具体方法具体运用

要充分利用田野调查法、直接观察法、比较研究法、历史叙述法、结构分析法、综合归纳法、演绎逻辑法等具体方法进行广义边政学的研究。

(三)广义边政学的主要范畴

1. 广义边政学范畴建立的基础

广义边政学的范畴体系建设立足于两个方面:一是广义边政学赖以存在的客观的边疆历史和现实;一是广义边政学整合政治学、经济学、人类文化学、民族学、宗教学、国际关系学等研究领域里的概念和范畴,赋予边疆政治学的内涵和属性。作为一门新兴的交叉学科,广义边政学的范畴体系必然与其交叉学科有密切的联系,也只有在联系和发展中才能使广义边政学的概念范畴逐步得到完善。

2. 边疆史地范畴

(1)边疆。边疆是与内地相比较的概念,一般指与相邻国家接壤的地区。中国边疆的第一个特点是历史性。我国边疆的产生与疆域形成的历史有密切关系,最早可以追溯到公元前2000年"夷夏之防",直到秦朝统一中国,在近两千年的时间里,逐步形成了以中原为核心的中国,而围绕在周边的地区即为"边疆"。第二个特点是动态性。两千多年里,中国边疆存在着一个伸缩过程,但有几个关键历史时期奠定了中国疆域范围:汉唐时代是抵定时代,元明和清前期是巩固时代,清末中国疆域内缩。第三个特点是中国边疆的政治性。"边疆"主要居住生活着"夷、狄、戎"等民族,于是,边疆不仅是一个地域概念,还具有一定的社会政治含义。因此,边疆的范围与民族传统居住区域的范围接近,这是"边疆"的中国特色。从这个意义上讲,边疆是指与内地相对的、与边境接壤的传统民族居住的陆路区域。这个区域没有明确的界线。

边疆同时还具有经济和文化含义。由于边疆的自然环境和社会风貌与内地有较大区别,边疆少数民族在历史上形成了自己独特的文化传统,因此,边疆社会经济和文化状况就有自己特殊的含义。

(2)边境。现代意义上的边境应该是"线""面"结合和"点""面"结合的境地,含有边界、边关之意。以边界为线,以边关为点,向内延伸至边境管理区域。边界是国与国之间的界线,从地图上看边界只是一条线,分水界和陆界,边界被各国所承认,具有国际法意义。边关是一个古老概念,起码在《史记》当中就以"边疆关口"的含义出现。今天"边关"一词依然以它古老的意义被人们使用着,它泛指靠近边境地区的险关隘口、通关路卡。

(3)边疆区域。指一个国家与相邻国家边界线己方一侧一定宽度的行政管理区域。由于我国边疆区域与少数民族自治区域重合,所以,中国的边疆区域有广义和狭义两种指称,广义的边疆区域指与少数民族自治区域相对应的地区,"内地与边疆"就是广义意义上的泛指。狭义的边疆区域特指边界线内侧一定宽度的行政管理区域,这个宽度依地形、边界走向、居民区分布及必要防护条件确定,但不是完全固定的。

3. 边疆政治范畴

(1)政治。政治是人类特有的一种社会现象,是在私有财产出现后而产生的,一个集团为维护自身的经济利益而展开的所有活动,都属于政治范畴。按《现代汉语词典》(修订本)2006年版的解释:"政治是政府、政党、社会团体和个人在内政及国际关系方面的活动。"我们所使用的政治概念,应该是国家政党关于经济、政治、文化、社会及国际关系的管理活动。政治可以说涉及社会生活的方方面面。

(2)边疆政治。泛指边疆区域政治生活,包括政治沿革、理论形态、现行制度、区域法律、行政体制、战略策略、边疆防御、边防部队等所有政治范畴研究的领域。中国边疆政治依然属于中国的内政,边疆政治理论研究属于中国民族政治学研究的范畴。

(3)边疆民族。特指居住在我国边疆地区的少数民族,不包括内地少数民族,也不包括居住在边疆区域的汉族。这个概念是中国特殊的周边地区历史地理状况决定的,在边疆政治中边疆民族具有特殊的重要意义。

(4)边疆政策。边疆政策是实施边疆经略的指导方针与具体措施,而治边思想则是制定边疆政策的重要前提之一。无论是哪一朝哪一代,统治者都为统治而制定边疆政策,边疆政策正确与否,边疆政治的成败得失,治边思想能否符合时代潮流,不仅直接影响一个朝代的兴衰存亡,而且对于作为整体的统一多民族国家——中国的发展也产生重大影响。

(5)边疆防护。是一个政治军事概念,指代表国家直接行使主权,对边境区域实施管理、守卫、防护。也有人认为,边防在一定意义上是一个地理概念,这主要是模糊了边防简称的原始含义,直接从"边防线"、"边防区域"的认识出发,"边防"概念使用中产生的意义,并不代表它已经上升为可以取代"边境"内含的概念,边防这一概念在使用习惯中已经具有相对稳定性,而比照政府行政部门设立的一些机构更使边防的动词性质向名词性质转化,这就使一些研究者直接把"边防"当作名词来确定它的含义,甚至追寻它的原始意义,以围绕"边防"建立相应的研究学科。

（6）周边国家。指与已国相邻的别国。隔海相连也属于周边国家范围，随着当代立体边疆的出现，周边国家的范围也在扩大。

4. 经济社会范畴

（1）发展战略。战略是军事术语扩展到经济发展领域的一个概念，泛指重大的、带全局性或决定全局的谋划。边疆发展战略是指边疆地区重大的、带全局性或决定全局的发展谋划，边疆地区在发展过程中确定什么样的发展思路和目标，采取什么样的战略措施，直接影响这个地区的现代化进程和全面建设小康社会的进程。发展战略主要包括经济发展战略、社会事业发展战略和科教兴边战略、人才强边战略等。

（2）新农村。是指反映一定时期农村社会以经济发展为基础、以社会全面进步为标志的社会状态。主要包括五个方面：生产发展、生活宽裕、乡风文明、村容整洁、管理民主。包含了农村物质文明、政治文明、精神文明、社会文明等多方面的内容，其中，生产发展是建设新农村的物质条件，生活宽裕是建设新农村的具体落实，乡风文明是建设新农村的思想基础，村容整洁是建设新农村的环境氛围，管理民主是建设新农村的体制保障。

（3）城市化。对于什么是城市，学术界见仁见智，大都根据自己专业的特点对城市化的定义做出不同的解释。比较多的经济学家认为，所谓城市化，就是农村人口转移为城镇人口的过程，或者指变农业人口为非农业人口、农业活动向非农业活动的转换过程，即生产方式的转换过程。有的认为，城市化主要应从城市经济发展演变和产业重新组合的过程中认识，一般是指由经济工业化、人口城市化、社会生活方式城市化所引起的人口不断聚集、城市不断扩大、城乡差别不断缩小的一种发展过程。

（4）边疆文化。广义的文化指人类创造的物质财富和精神财富的总和。在某种语境下，文化又专指教育、科学、艺术、卫生、体育等方面的知识和设施，与政治思想、道德等社会意识形态相区别。边疆文化主要是指边疆地区教育、科学、艺术、卫生、体育等方面的知识和设施，及以此为载体的人文精神。

（5）人力资源。人力资源是与自然资源相对应的、以人的生命机体为载体的社会资源，是指在一定领域内人口所拥有的劳动能力，一般指人的体力、智力、知识、技能等的总和。人力资源这一概念主要从某一人口所具有的劳动能力的持有量来考察问题。狭义的人力资源则是劳动力人口的现实和潜在体力、智力、知识和技能的总和，即劳动力资源。劳动力资源存在量由人力资源投资的质和量，以及被开发对象自身的态度和努力程度等诸多方面共同决定,是先天遗传和后天开发的结果。

(6)和谐社会。是指社会在发展中的一种相对均衡、统一、协调的状态。在一定意义上,可以把它归结为四个方面:社会系统内部诸种基本社会关系、社会结构和要素之间关系的和谐;人与人之间关系或人际关系的和谐;人与社会之间的和谐;人与自然之间关系的和谐。从边政学方面讲,包括中央与地方的和谐、内地与边疆的和谐、各民族之间的和谐、国家与国家之间的和谐。

(四)本书研究的主要内容

科学的任务是由科学的对象与性质决定的。广义边政学研究的任务,也是由它的对象与自身性质所决定的。广义边政学是以边疆地区各族人民共同体这个客观存在的社会主体的发展为研究对象的。离开边疆各族人民,离开边政历史,离开以人为本的边疆发展,广义边政学就失去了意义。广义边政学既要解决人们对边疆各族人民这个客观存在主体的认识问题,也要解决边疆地区管理和发展的指导问题。本书作为广义边政学构建的一种探索,研究的主要内容包括以下几个问题:

1. 边疆发展战略问题

边疆地区在发展过程中,确定什么样的发展战略目标,采取什么样的战略措施,直接影响着这些地区的现代化建设和小康社会建设的进程。边疆地区应探索和选择人本集成战略及以人为本、中心辐射、梯度推进相结合的集成发展战略。其内涵是:坚持以人为本,全面、协调、可持续的发展观,促进边疆地区经济、社会和人的全面发展;坚持以不平衡发展理论为指导,以发达地区向次发达地区,再向落后地区推进发展;坚持以若干个经济社会发展中心为轴心,向周围地区扩散,辐射周围地区;坚持统筹发展,发挥各种资源要素的协同作用,促进良性互动的综合集成,推进边疆跨越式发展;坚持依法加速边疆地区自然资源、人文资源向社会物质财富和精神财富转化。

2. 边疆城市化演进问题

根据边疆城市演进的特点和世界城市演进的规律,提出实施城镇多元化战略,促进边疆城市的健康发展。多元化战略既是城镇全面发展的战略,又是城镇分区域发展的战略。推进边疆城市化必须坚持大中小城市并举、城市城镇并举,走多元化的城市化道路。边疆城市化发展必须与工业化、信息化同步进行,还要与保护生态相结合,与保护农民根本利益相结合。边疆城市化发展必须与体制创新相结合,深化户籍制度改革,改变城乡经济和人口二元结构现状,促进城乡统筹发展。

3. 新农村建设问题

新农村是指在社会主义条件下或社会主义制度下,反映一定时期农村社会以经济发展为基础,以社会全面进步为标志的社会状态。主要阐述边疆新农村建设的特点、任务和内容;提出新农村建设四个战略转型,切实解决农民、农业、农村"三农"问题;提出加强现代农业建设,提高农民素质,提高农民生活质量,建设新农村保障体制的观点和意见。

4. 边疆文化建设问题

当今世界,文化在综合国力竞争中的地位和作用越来越突出,文化的力量,深深熔铸在民族的生命力、创造力和凝聚力之中。边疆地区的文化建设应坚持以人为本,努力实施文化优先发展战略,提高各民族的思想道德素质、科学文化素质和健康素质,形成比较完善的现代国民教育体系、科技和文化新体系、全民健康和医疗卫生体系,使边疆各族人民享有接受良好教育的机会,促进人的全面发展。

5. 边疆人力资源开发问题

人是生产力中最活跃的因素,人力资源是第一资源。边疆与内地发展的差距,核心是人的资源开发的差距。边疆开发和治理主体是人,开发和治理的水平由人的素质决定,所以,人力资源开发和人才战略是边疆地区未来发展的一大战略。在分析边疆人力资源开发现状的基础上,提出人力资源开发的战略取向和战略选择;致力于人力资源开发的措施,阐述边疆人力资源开发的重点和对策,提出实施人才强边战略的观点和意见。

6. 边疆和谐社会构建问题

社会是人类生活的共同体。马克思主义认为,社会的本质是生产关系的总和,只有具体的社会,没有抽象的社会。具体的社会是指处于特定区域和时间、享有共同文化并以物质生产活动为基础的人类生活的共同体。本书从构建和谐社会的基础内涵以及中国古代和谐社会的思想传承出发,比较系统地阐述社会主义和谐社会的特征、意义。阐述了构建社会主义和谐社会的几个重大关系问题,提出构建和谐社会的举措和意见,特别阐述了边疆构建和谐社会中民族宗教关系、与国际周边环境关系的处理问题。

7. 边疆治理方略问题

在考察古代边疆治理方略及历史价值的基础上,认真分析和比较全面地总结了新中国的边疆治理方略,重点阐述了新中国边疆政治发展方略、边疆经济发展战略、边疆文化发展战略。对新中国边疆开发,特别是西部大开发,以及依法治边、加强党对边疆的领导作了比较系统的分析和阐述。

8. 边疆安全建设问题

阐述了新的国家安全观、建立国家安全体系、构筑国家安全战略等内容,分析了国家地缘安全分布,提出构建中国地缘安全战略性建议,阐述并提出了积极发展同周边国家关系和加强边防建设等问题和建议。

(五)本书的特点

与以往狭义边政学或传统边政学相比,本书力求体现以下几个特点:

第一,创新性。创新是民族进步的灵魂,是国家兴旺发达的不竭动力,是学术研究的生命。本书的创新观点,基础在于已有的边政学研究成果,根基在于现实边疆发展的实践。我们坚持以人为本,着眼于边疆经济、政治、文化、社会建设的研究,试图从狭义边政学走出来,探索广义边政学的新领域。

第二,时代性。和平与发展是当今世界的两大主题,和谐与发展是当代中国的根本任务。边政学怎样反映时代特征,指导现实世界,应该是进行边政学研究的专家学者关注和回答的问题。本书强调以人为本,以人作为社会运动的主体;以发展为第一要务,以边疆全面发展作为边政学的主题;以社会和谐作为保障,以构建和谐边疆和和谐边境为治边方略;以中央新的方针政策为指导,全面研究边疆的发展、稳定、改革等问题。所研究的问题既体现时代特征,又指向未来发展。

第三,系统性。本书以系统论原理作为指导,全面运用国家的宏观方针政策对边疆省区、州市、县的建设和管理进行中观研究,对边疆发展战略、边疆新农村建设、边疆新型工业化、边疆城市化、边疆人力资源开发、边疆文化建设、边疆治理、边疆和谐社会构建、边疆安全建设等问题作系统研究,涉及边疆宏观和中观管理的经济建设、政治建设、文化建设、社会建设。

第四,实践性。本书在结合点上下功夫,一是把以往的边政学研究成果与现实的边疆发展需要结合起来;二是把中央的方针政策和边疆的发展实际结合起来;三是把科学的边政学理论与边疆人民群众丰富的实践结合起来;四是把笔者学习的理论知识和自身的履职实践结合起来,提出边疆发展和管理的理念、思路和意见,试图为边疆管理者们提供一些参考意见。

第五,科学性。学术的科学性在于历史和逻辑的统一,统一于现实和未来的实践中。本书坚持唯物主义的观点,对以往的边政学进行反思,对以往的边政学观点进行梳理,对历史上边疆治理的经验进行传承。注重辩证思维和逻辑思维的统一,把历史事实和逻辑思辨结合起来,力求做到引用材料翔实,阐述原理严谨,使用语言朴实。

第一章　边疆发展战略

第一节　边疆发展的基本特性

一、民族性

边疆地区是少数民族聚居最多的地区,从全国第五次人口普查看,西部六省区少数民族人口占该省区总人口的比例及增长情况见表1—1:

表1—1　西部六省区少数民族人口占该省区总人口的比例

省区划	总人口（万人）	少数民族人口（万人）	占总人口百分比（%）	比第四次人口普查少数民族增加数（万人）
内蒙古	2377.54	493.15	20.07	76.50
甘　肃	2512.12	218.42	8.69	32.67
新　疆	1924.57	1143	59.39	197
西　藏	261.63	246.10	94.06	34.58
云　南	4235.9	1415.3	33.41	180.9
广　西	4489.37	1721.1	38.34	

资料来源:2002年国家统计年鉴。

以上情况表明,我国少数民族主要分布在西部地区,而西部六省区更是少数民族的主要聚居地区。西部六省区中,有四个是民族自治区,云南的16个市州中,有8个民族自治州;甘肃有二州七县的民族自治地方。从西部大开发整体看,西部90%以上的面积是民族自治地方,20%左右的人口是少数民族,少数民族人口占总人口的比例超过30%以上的有滇(33.41%)、桂(38.34%)、新(59.39%)、藏(94.06%)。从另一方面看,民族自治地方98%以上的面积,95%以上的县,以及全国少数民族将近80%以上的人口,都已纳入西部大开发的范围或可享受西部大开发的政策措施。可见,西部大开发不仅要加快边疆地区的发展,也要加快少数民族的发展。因此,边疆地区发展、西部大开发、加快民族地区发展是相互联系、相互影响、相辅相成的:实施西部大开发战略,加快了民族地区的发展,也加快了边疆地区的发展;边疆地区、民族地区发展了,就是对西部大开发战略的实施,对整个国家的未来,对中华民族的复兴,都将作出不可估量的贡献。

二、滞后性

由于各民族生存发展的历史、环境等条件的不同,决定了各少数民族生产力水平的不同。解放前,我国少数民族地区大体可划分为四种社会经济形态:封建地主经济社会形态,与汉族混杂居住的民族地区为主;封建农奴制社会形态,包括西藏全部及新疆、青海一部分、滇黔川边缘交界地域;农奴制,集中分布在发展更为滞后的少数民族地区;原始公社末期,如内蒙古、黑龙江大森林中的达斡尔族,云南西双版纳的基诺族等。这种多层次的社会经济形态以云南少数民族最为典型。由于云南大部地处横断山脉,境内峰峦叠嶂,江河切割,交通特别艰难,信息交流特别闭塞,这既加固了原本由血缘、地缘关系而形成的社会生产方式和生产力的稳定性、落后性,也突出了其社会经济形态的保守性、多层次性、低水平性和不平衡性。云南处于原始社会末期向阶级社会过渡的有独龙族、怒族、基诺族、佤族、傈僳族、景颇族、崩龙族、布朗族及部分拉祜族;处于封建领主制或封建农奴制的有傣、藏、哈尼、拉祜、普米及部分彝、傈僳、纳西族;进入封建地主经济的有白、回、壮、纳西及部分彝族。

随着新中国的诞生,上述不同发展阶段的少数民族先后完成了社会形态的跳跃式发展。其中,通过生产改造运动、互助合作化运动、建立初级社、直接过渡形成社会主义生产关系的有怒、傈僳、独龙、基诺、布朗、西盟的佤族;通过和平协商缓冲式土改确立社会主义生产关系的有傣、哈尼、瑶、拉祜、藏等民族。1956年后,上述所有少数民族地区又推行"民族补课",把几个世纪才能完成的社会形态发展仅仅用几个月就实现了"质态飞跃"。但是,社会形态的跳跃式发展不等于经济和生产力的跳跃式发展,边疆地区少数民族地区的生产力仍然滞后。

三、不平衡性

依靠行政手段促成的社会"质态飞跃"虽然打破了社会发展的顺序性而

大大缩短了社会发展的进程,强烈显示出母体的历史痕迹和现实不平衡性特征。但是,社会经济形态的性质归根结底还是由生产方式和生产力水平所决定。以云南少数民族和民族地区为例,观察其经济结构性质、产业发展梯度和技术发展水平,其社会经济发展不平衡性显现出四种类型:市场经济型经济结构,如大理市周围的白族,个旧市周围的回、哈尼、彝族和昆明、曲靖、玉溪、景洪、保山等市周围的少数民族;市场经济有所发展但未完全形成市场经济结构,如各民族自治区首府及历史上较为发达的少数民族县城、集镇;自然经济结合为主类型,如比较闭塞的贫困山区县和边远集镇地带;原始迁徙农业向传统粗放型农业过渡、商品经济属萌芽阶段,其产业结构的基本格局是原始型农业为主体产业,其农业生产方式仍以刀耕火种、轮歇游耕等为主,如高山、深山、山头各地带聚居的少数民族。

总之,边疆民族地区原有基点低下,历史跨度巨大,总体上属于社会主义初级阶段低层次水平。边疆地区社会经济发展不平衡性可归纳为以下几点:1. 边疆地区社会发展的严重不平衡性。其社会形态解放前与汉族同类形态的时间差在数千年以上,现在与发达地区比较的时间差在 50 年至 100 年之间。2. 社会发展的有序性。由低级阶段向高级阶段顺序发展存在客观规律性,要打破这种规律实现跳跃式发展,必须依靠外部力量的牵引、帮助和干预。3. 生产力发展的关键性。作为社会形态支撑点的经济形态、文化形态和经济文化的变革难点大,社会是否完成了跳跃式发展并不在于生产关系的形式和经济制度的特点,而是决定于社会生产力发展水平。4. 民族素质的核心性。民族文化、民族素质、民族理念、民族思维方式是随民族的发展而发展的,并受客观的民族生产方式和社会经济环境、生活生存环境条件影响。必须以人为本,高度重视少数民族素质和能力的发展,重视发展先进生产力,以推动民族文化、民族理念、民族思维方式的发展,大力突破民族心态障碍,转变和消除落后的民族观念,促进代表先进文化、先进文明的民族现代观念的发展。

边疆地区发展的不平衡性表现在民族经济结构多层性。从中国经济发展史看,当中央王朝体系内中心区域各民族的泛化认同向着高度统一性而深化发展时,边缘地带的古老民族集团却展现出分化和向单一民族发展的趋势,既使整个中国社会经济形成一个多民族统一的国民经济,又不排斥出现多层次的民族经济结构。在多元一体化民族经济的"中心—边缘"发展格局中,各民族相互渗透、彼此依存、休戚与共,并形成了多层次民族经济结构的不完整状况。一方面,使中国民族经济结构具有不完整性特征,如前所述,表现为四种特征:原始经济残余形态、奴隶制经济现象、农奴经济、自然经济。另一方面,同一民族内部多层次结构的不完整性,不同层次经济的更加直接交往与渗透,使生存于同一民族的不同层次的经济结构,表现出不完整的性质。以傣族为例,解放前,西双版纳的傣族较为典型地表现为封建领主经济;在德宏与缅甸接壤的傣族则开始由领主制向地主制经济过渡;元江、景谷、新平等内地傣族则已完全进入地主经济形态,并表现出强烈的民族传统要素。

纵观中国民族经济发展的历史进程,既产生了一个发展水平差异的阶梯层次结构,也时时发生着少数民族经济在此阶梯结构中的连续跳跃。在此连续跳跃的发展中,新的经济因素与体内旧存的落后生产关系同时并存,使各少数民族的经济发展表现为一种极为复杂的状态。这种极为复杂的经济发展状态,在边疆地区普遍存在。

四、复杂性

地理环境是民族生存的条件,也是民族生产、生活和经济、社会、文化发展的基础和前提。边疆地区总体概貌是山地、盆地、大漠。这一自然地理与复杂的民族构成和特殊的社会经济形态结合,形成了边疆发展的多种资源优势和复杂的地域分异。"山地"面积约有六百三十多万平方千米,约占国土面积的66.4%;以山区而论则包括山地区、丘陵区和以山丘占多数的高原区,占全国国土面积的71.7%,边疆地区的云南占95%、广西占86%、内蒙古占48.5%。我国边疆少数民族许多居住在高原主体型地理单元系统,如青藏高原、云贵高原。"盆地",如新疆的塔里木盆地、吐鲁番盆地、柴达木盆地。"大漠",如新疆的塔克拉玛干沙漠、内蒙古的巴丹吉林沙漠和青海的柴达木沙漠、宁夏的腾格里沙漠。这表明了边疆少数民族地区自然生态类型十分复杂,并与多民族和特殊背景的社会条件相结合,构成了边疆经济发展的严重障碍。

边疆地区的地域地貌组合是值得重视的特征。云南8个民族自治州位于横断山脉中南端部分,因其地形地貌、地质构造的特殊性,加上过渡气候带的作用,并与多民族、多层次的社会经济形态和位居边陲的地理位置相互结合,组合成一种特殊类型地理单元系统,深刻影响了整个云南省社会经济的发展。三种地貌组合功能各异:一是横断山高山峡谷地貌,包括怒江峡谷的怒江州和横断山中端的迪庆州及丽江的宁蒗县,是著名的世界自然遗产"三江并流"所在地,有丰富的旅游资源(如泸沽湖、摩梭母系社会)和矿产资源(如兰坪铅锌矿)。二是横断山系南部的无量山脉和怒山山脉的中山宽谷低丘地貌,包括西双版纳州全部。澜沧江水系既有丰富的水能资源,又是著名的大湄公河黄金水道,更有优越的区位优势,毗邻缅甸、老挝两国,靠近泰国,是发展大湄公河次区域合作和"10＋1"自由贸易区的桥头堡之一。三是横断山系南端中山峡谷地貌,包括红河州和思茅市若干县,有的县市与越南、缅甸、老挝毗邻,绿色经济资源和水能资源丰富,区位优势有利于发展边境贸易和跨国合作。

五、差异性

这里要阐述的差异性,主要是边疆与内地、边疆与沿海的经济发展差异性。

改革开放以来,沿边地区加快了发展的步伐,国民经济和社会发展都有了长足的进步。沿边地区的对外开放,不但在战略上保持了国家的平衡发展,也给沿边地区带来了发展机遇。沿边地区以其地缘优势、资源优势和人文优势,坚持了对内、对外两个开放,利用国内、国外两个市场,促进了自身的发展。2000年以来,随着西部大开发战略和振兴东北地区等老工业基地战略的逐步实施,国家在政策、资金等各个方面对沿边地区进行了大力支持,使沿边地区经济焕发出勃勃生机,经济发展速度明显加快。但是,沿边地区与全国特别是沿海地区①的差距依然很大。东西部经济长期的非均衡发展,也具有了一定的惯性作用,使得沿边地区与沿海地区的差距呈现出扩大的趋势。正视自身的发展现状,明晰这些差距及其原因,明确自身发展的不利因素和所存在的问题,对于沿边地区的发展有十分重要的意义。

边疆地区和内地、边疆地区和沿海的差异性,表现在国内生产总值现状的差异、产业结构现状的差异、固定资产投资现状的差异、经济外向程度的差异、居民收入水平现状的差异。2004年,全国国内生产总值达136515亿元,边疆地区达到了28100亿元,如表1—2、1—3所示。2001年至2004年,边疆9个省区平均人均国内生产总值同全国人均国内生产总值之间的

---

① 本节所指沿海地区只包括河北、山东、上海、江苏、浙江、福建、广东、海南在内的8省市。

差距分别为575元、430元、464元和354元,如表1—4、1—5所示。分别从静态和动态产业结构现状来分析,边疆地区和内地差异性也是很明显的,如表1—6、1—7所示。从固定资产投资状况来分析,自2000年开始,边疆9省区固定资产投资均保持连年的持续增长。但与全国和沿海地区相比,2000年,沿海地区的固定资产投资是沿边地区的2.87倍,占全国的比重之差为31.89个百分点。到2004年,沿边地区固定资产投资占全国的比重下降到15.43%的同时,沿海地区的比重则上升为49.76%,相差34.33个百分点。在总值上,沿海地区是沿边地区的3.22倍。两者之间的固定资产投资差距逐步扩大的趋势明显,如表1—8、1—9所示。从经济外向度中的进出口总额来分析,2000年,沿边地区占全国的7.01%,而且这个比例在逐年下降,虽然下降幅度很小,但到2004年,已经下降到5.54%。相反,沿海地区进出口总额占全国的比重则在持续上升,由2000年的74.01%上升到2004年的77.80%。一升一降,差距扩大的趋势明显,如表1—10、1—11所示。从居民收入水平现状来分析,整体上看,边疆地区城镇居民可支配收入和农村居民人均纯收入与全国平均水平差距较大,而且呈现出不断扩大的趋势,如表1—12、1—13所示。

表1—2　沿边9省区国内生产总值　　　　　　　　单位:亿元

	2000年	2001年	2002年	2003年	2004年
黑龙江	3255	3561	3902	4433	5303
吉 林	1820	2032	2243	2522	2958
辽 宁	4668	5033	5458	6003	6873
内蒙古	1400	1545	1732	2093	2712
甘 肃	983	1073	1161	1301	1559
新 疆	1365	1485	1598	1875	2200
西 藏	117	139	159	185	212
云 南	1955	2077	2232	2459	2959
广 西	2036	2231	2437	2733	3320

资料来源:国家统计局网站(http://www.stats.gov.cn/tjgb)历年地方年度统计公报。

表1—3 与沿海地区国内生产总值比较　　　　单位:亿元

	2000 年	2001 年	2002 年	2003 年	2004 年
全　　国	89404	95933	102398	116694	136515
沿边地区	17599	19176	20922	23604	28100
沿海地区	46728	51562	57323	66818	81415

资料来源:国家统计局网站(http://www.stats.gov.cn/tjgb)历年全国年度统计公报、地方年度统计公报。

表1—4 沿边9省区人均国内生产总值　　　　单位:亿元

	2001 年	2002 年	2003 年	2004 年
黑龙江	9349	10235	11623	13897
吉　林	7640	8309	9327	10922
辽　宁	12070	13000	14258	16297
内蒙古	6501	7233	8734	11305
甘　肃	4173	4493	4984	5970
新　疆	7898	8365	9686	11199
西　藏	5302	6000	6874	7779
云　南	4846	5178	5647	6763
广　西	4697	5062	5964	7196

资料来源:国家统计局网站(http://www.stats.gov.cn/tjgb)历年地方年度统计公报。

表1—5 与沿海地区人均国内生产总值比较　　　　单位:元

	2001 年	2002 年	2003 年	2004 年
全　　国	7517	7972	9030	10502
沿边地区	6942	7542	8566	10148
沿海地区	14616	16036	18480	22005

资料来源:国家统计局网站(http://www.stats.gov.cn/tjgb)历年全国年度统计公报、地方年度统计公报。

表1—6 沿边9省区三次产业构成 单位:%

年份	黑龙江	吉 林	辽 宁
2000	10.9:58.6:30.5	22.0:44.0:34.0	10.9:49.4:39.7
2001	11.5:56.1:32.4	20.2:43.3:36.5	10.8:48.6:40.6
2002	11.5:56.1:32.4	20.3:43.0:36.7	10.8:47.8:41.4
2003	11.6:57.1:31.3	19.4:45.2:35.4	10.4:47.5:42.1
2004	11.1:59.5:29.4	19.0:46.6:34.4	11.2:47.7:41.1
年份	内蒙古	甘 肃	新 疆
2000	25.1:39.4:35.5	19.6:44.8:35.6	21.1:43.0:35.9
2001	23.4:40.4:36.2	19.3:44.8:35.9	19.3:43.1:37.6
2002	21.5:42.1:36.4	18.4:45.7:35.9	19.1:42.0:38.9
2003	20.2:45.3:34.5	18.4:46.7:34.9	22.0:42.4:35.6
2004	18.7:49.1:32.2	18.1:48.6:33.3	20.2:45.9:33.9
年份	西 藏	云 南	广 西
2000	—	22.3:43.0:34.7	26.3:36.5:37.2
2001	27.0:23.2:49.8	21.7:42.4:35.9	24.9:36.6:38.5
2002	24.6:24.9:50.5	21.1:42.8:36.1	24.3:35.2:40.5
2003	22.2:26.1:51.7	20.3:43.4:36.3	23.0:36.8:40.2
2004	20.5:27.2:52.3	—	24.4:38.8:36.8

资料来源:国家统计局网站(http://www.stats.gov.cn/tjgb)历年地方年度统计公报。

表1—7 与沿海地区三次产业构成比较 单位:%

年份	黑龙江	吉 林	辽 宁
2000	16.4:50.2:33.4	19.8:44.8:35.4	15.7:45.6:38.7
2001	15.8:50.1:34.1	19.8:42.0:38.2	15.1:45.4:39.5
2002	15.4:51.1:33.5	19.1:42.2:38.7	13.7:46.6:39.7
2003	14.8:52.9:32.3	18.6:43.4:38.0	12.4:49.9:37.7
2004	15.2:53.0:31.8	17.9:45.4:36.7	12.6:50.0:37.4

资料来源:国家统计局网站(http://www.stats.gov.cn/tjgb)历年全国年度统计公报、地方年度统计公报。

表1—8　沿边9省区固定资产投资　　　　　单位:亿元

	2000 年	2001 年	2002 年	2003 年	2004 年
黑龙江	869	994	1108	1241	1515
吉　林	583	680	805	966	1172
辽　宁	1266	1418	1605	2083	2981
内蒙古	430	496	715	1208	1809
甘　肃	443	505	576	655	756
新　疆	612	702	813	1002	1160
西　藏	—	86	109	139	168
云　南	700	742	818	1024	—
广　西	660	731	835	987	1255

资料来源:国家统计局网站(http://www.stats.gov.cn/tjgb)历年地方年度统计公报。

表1—9　与沿海地区固定资产投资比较　　　　单位:亿元;%

		2000 年	2001 年	2002 年	2003 年	2004 年
全国	总值	32619	36898	43202	55118	70073
沿边地区	总值	5563	6354	7384	9305	10816
	比重	17.05	17.22	17.09	16.88	15.43
沿海地区	总值	15964	17652	20425	27351	34867
	比重	48.94	47.84	47.28	49.62	49.76

资料来源:国家统计局网站(http://www.stats.gov.cn/tjgb)历年全国年度统计公报、地方年度统计公报。

表1—10　沿边9省区进出口情况　　　　　单位:亿美元

	2000 年	2001 年	2002 年	2003 年	2004 年
黑龙江	29.9	33.8	43.5	53.3	67.9
吉　林	25.5	31.3	37.1	61.7	67.9
辽　宁	190.2	199.1	217.4	265.6	344.4
内蒙古	20.3	25.4	30.0	31.1	40.5
甘　肃	5.6	7.8	8.8	13.3	17.8
新　疆	22.6	17.7	26.9	47.7	56.4
西　藏	—	0.9	1.3	1.6	2.2
云　南	18.0	19.9	22.3	26.7	—
广　西	20.4	18	24.3	31.9	42.9

资料来源:国家统计局网站(http://www.stats.gov.cn/tjgb)历年地方年度统计公报。

表1—11　与沿海地区进出口比较 单位:亿美元

	2000 年	2001 年	2002 年	2003 年	2004 年
全　　国	4743	5098	6208	8512	11548
沿边地区	332.5	353.9	411.6	532.9	640.0
沿海地区	3510.2	3806.3	4769.3	6623.8	8984.6

资料来源:国家统计局网站(http://www.stats.gov.cn/tjgb)历年全国年度统计公报、地方年度统计公报。

表1—12　与沿海地区城镇居民人均可支配收入比较 单位:元

	2000 年	2001 年	2002 年	2003 年	2004 年
全　　国	6280	6860	7703	8472	9422
沿边地区	5387	6073	6748	7256	7901
沿海地区	7254	7928	8762	9426	10708

注:沿海地区历年数据均未包括上海在内。

资料来源:国家统计局网站(http://www.stats.gov.cn/tjgb)历年全国年度统计公报、地方年度统计公报。

表1—13　与沿海地区农村居民人均纯收入比较 单位:元

	2000 年	2001 年	2002 年	2003 年	2004 年
全　　国	2253	2366	2476	2622	2936
沿边地区	1872	1890	2022	2169	2523
沿海地区	3256	3417	3492	3722	4115

注:沿海地区历年数据均未包括上海在内。

资料来源:国家统计局网站(http://www.stats.gov.cn/tjgb)历年全国年度统计公报、地方年度统计公报。

　　西部边疆地区相对落后,经济增长缓慢,并不在于缺乏自然资源,而在于缺乏知识资源。据胡鞍钢调查发现,西部地区人均48种矿产资源潜在价值相当于东部人均水平的4.6倍,而西部地区人均知识水平不足东部人均水平的1/3,见表1—14。

表1—14　1998年西部地区与东部地区矿产资源、知识和经济发展水平比较:

项目	东部水平		西部水平		西部相当于东部水平%
	数值	指数	数值	指数	
1. 自然资源水平 人均矿产资源潜在价值(元/人)	1827	39	8320	179	458
2. 知识发展水平 　综合知识发展 　获取知识能力 　吸收知识能力 　交流知识能力	—— —— —— ——	159 208 108 164	—— —— —— ——	56 29 88 50	35 14 81 31
3. 经济发展水平 人均GDP(元/人)	10032	157	4123	64	41

资料来源:胡鞍钢主编《地区与发展:西部开发新战略》,中国计划出版社2001年版,第14页。

第二节　边疆发展战略选择

一、边疆发展战略内涵

(一)边疆发展战略含义

边疆发展战略是指边疆地区重大的、带全局性或决定全局的发展谋划。它根据不同地区发展要素条件的分布情况和该地区在国家经济社会发展体系中的地位和作用,对地区发展的未来目标、方向和总体思路进行谋划,以统揽和指导边疆地区经济社会发展。边疆发展战略包括综合性的区域发展战略和系统性的部门发展战略。

(二)边疆综合性区域发展战略

它是从宏观的角度对区域发展进行全局性的战略谋划,它所包含的内容主要有:边疆地区发展的指导思想,边疆地区在国家发展中所处的位置,边疆地区在未来战略规划区的发展目标、发展规模、发展方式和发展水平;边疆地区产业发展、事业发展、设施建设、城乡发展、形象塑造等。综合性的边疆地区发展战略,是从边疆发展的客观规律出发,预测边疆发展未来的发展里程和发展态势,寻找出一条适合边疆地区实际的较为平坦的发展道路来,它的最大特点是综合性,就是不局限于某个行业和某个部门的发展,而是涉及区域范围内的经济、社会各方面的发展,它是系统性强、前瞻性强、指导性强的战略设想。

（三）部门（产业）发展战略

根据边疆地区经济发展的总体战略中确定的产业结构和主要发展的部门,对区域发展的重点部门和重点产业所制定的发展战略称为部门（产业）发展战略,产业发展战略是从产业在边疆区域发展中的条件、现状及国家发展的情况出发,确定在本地区未来时期发展的目标、规模和水平,产业发展战略的制定必须依据本地区发展中对本产业的需要来进行,同时又要根据地区的资源条件、科技水平、市场条件,实事求是地谋划其未来的发展。产业发展战略的制定一方面要体现边疆地区区域性原则,也就是抓住区域特点,正确确立产业发展的方向,并以此来带动区域内其他产业的发展,获得"乘数效应";另一方面是效益原则,也就是合理使用人力、物力和财力,实行资源的择优分配,以取得最大限度的宏观经济效益。

二、边疆发展战略反思

20 世纪 80 年代以来,中国边疆各省区根据中央的方针政策,从本地区实际出发,制定了指导本地区发展的战略,提出了发展的战略思路、战略目标和战略措施。发展战略的实施加快了边疆地区的发展,推进了边疆现代化的进程。但总结边疆地区发展战略的实践,我们感到边疆发展战略的制定存在一些值得反思的问题。

（一）资源浪费严重

20 世纪 90 年代以来,国家和边疆地区提出了以资源开发为主的发展战略。中央明确提出要加强中西部地区资源勘察,优先安排资源开发和基础设施建设项目,逐步增加财政支持和建设投资;调整加工业的布局,引导资源加工型和劳动密集型的产业向中西部地区转移;理顺资源产品的价格,增强中西部地区自我发展的能力。边疆各省区主要是实施发展能源和原材料资源导向型战略。这一战略受到严峻的挑战,实践证明,在市场经济条件下自然资源优势并不是经济发展的充分条件;生态环境脆弱,资源破坏的代价超过了资源开发的效益;资源开发与市场需求的集成率低,使资源优势很难变为经济和社会发展优势。

（二）不切实际盲目追赶

有的学者将追赶战略运用到中国边疆地区,他们对传统的现代化追赶战略进行反思,提出新的现代化追赶战略。① 但边疆地区在实施现代化追赶战略中存在单一化的倾向。只注重发展资源密集型和兴办资本密集型产业,忽视发展劳动密集型产业;重视区位优势地区的发展,忽视偏远落后地区发展;重视政府计划,忽视市场调节;重视发展国内市场,忽视开拓国外市场;重视硬环境建设,忽视软环境建设;重视资源开发,忽视环境保护;重视物质发展,忽视社会公平和民族文化保护等社会发展问题。特别是没有一个省区将少数民族自身发展问题作为发展战略的重要因素加以考虑。

(三)加剧了区域间发展的不平衡性

瑞典经济学家缪尔达尔提出的"循环累计因果理论"②中的极化效应包含两层意思,一是指生产要素向增长极集中的过程,即资金、物资、能量、信息、人才等向发达地区集中的过程。这种集聚过程造成周围地区因人力、物力、财力的减少,而降低发展速度的极化效应;二是指发达地区经济实力增强,发展到一定水平时带来的劳动力、资金、技术、设备、信息等要素在一定程度上从发达地区(增长极)向外扩散,而又流向落后地区,从而促进外围地区发展的扩散效应。但边疆省区在实施经济计划增长战略中大都只注重第一层意思,导致边疆地区与内部区域之间发展不平衡的问题越来越突出。

(四)发展目标褊狭

发展战略实施的根本目标就是促进经济与社会发展相协调,但有不少的边疆地区,长期以来所选择的是狭义的经济发展战略。我国边疆民族地区现代化发展道路的选择,实际上是一个多民族国家的民族关系异质同构平衡发展的互动过程。在影响民族发展过程的文化与经济两大因素互动作用过程中,经济不是万能的"灵丹妙药"。由于选择了狭义的经济发展战略,导致边疆不少地区在发展过程中社会事业的发展和社会公共产品的提供明显滞后,使经济的发展后劲不足,社会事业的发展薄弱环节增多。

(五)政策导向存在偏差

多年来,边疆地区正确贯彻中央的宏观调控政策,促进了边疆的加快发展。但长期以来中央的宏观调控政策(除2004年外)基本上是一刀切的政

① 参见温军:《民族与发展:新的现代化追赶战略》,清华大学出版社2004年版,第119~192页。
② 缪尔达尔:《经济理论和不发达地区》,引自《倾斜的国土——中国区域经济不平衡发展的现实与趋势》,中国经济出版社1995年版。

策,有的政策甚至忽视边疆特点以及异质同构的平衡发展。边疆有的地区在贯彻中央宏观调控政策中又不太善于研究政策本身的中性效应,而善于走极端,不是照搬照套,就是各行其是,不遵循市场规律,也不认真执行宏观政策,使边疆经济发展总是慢几拍。

三、边疆发展战略转变

在边疆全面建设小康社会和现代化建设进程中,边疆地区面临着发展战略的转变。制定发展战略要坚持以人为本,全面协调可持续的科学发展观。

（一）以物为本战略向以人为本战略转变

人是社会历史发展的活动主体,社会历史说到底就是人的内在本质力量发展的历史。边疆地区以人为本的发展战略,就是确立边疆各族人民的发展地位,实现好、发展好、维护好边疆各族人民物质利益、政治利益和文化利益的战略。其目标是扩大就业机会,增强人们的发展能力、发展机会,其手段是大力开发人力资源,保持民族文化多样性,实施可持续发展,实施人才强国战略。

边疆发展的根本宗旨是富民为本,富民兴边。国家实施西部大开发,目的是加快边疆的发展,宗旨是富民为本。西部开发和边疆发展要投资于人民,为人民谋福利,消除人类贫困,保障人类安全,使西部人民、边疆少数民族和民族地区共同富裕、经济繁荣、社会发展、文化进步、民族团结、长治久安,再造一个山川秀美、人与自然协调发展的家园。边疆地区面临着全面坚持和落实科学发展观和西部大开发的机遇和挑战,边疆发展战略要从基于以物为本向以人为本的转变,以人为中心,以人的全面发展为根本来制定。

（二）要素战略向知识能力型战略转变

从国际经验看,知识因素是解释各国或地区之间增长率差异最重要的因素,而资本投资增长率的差异性并不像人们所想象那么大。据国际研究表明,经济增长的主要来源不是资本积累,而是全要素生产率（TEP）增长率。世界银行专家研究表明,在发展中国家 TEP 对经济增长具有潜在的重要性,特别是当人力资本能够迅速地扩展和深化时,TEP 增长率会明显提高。

边疆省区相对落后,还有大量贫困人口,这并不是由于边疆缺乏自然资源,而是缺乏知识资源。胡鞍钢等研究发现西部地区人均 48 种矿产资源潜在价值相当于东部人均水平的 4.6 倍,而西部地区人均知识水平不足东部地区人均水平的1/3。①这表明知识能力资源是一个国家或地区经济发展最具优势的资源,知识水平落后是制约落后国家或地区经济发展的最大瓶颈。知识发展和社会发展的推动作用表现为:知识能力促进教育普及,明显提高劳动生产率;知识能力发展直接改善人类的健康状况,提高人们的生活质量;知识促进社会转型,是制度创新、体制创新、科技创新、管理创新的推动力。边疆地区面临经济全球化的知识能力革命的挑战,需要调整发展战略,从基于要素投入型战略转向基于知识型发展战略。

(三)狭义型战略向统筹型战略转变

社会经济发展的战略目标不是单纯追求 GDP 增长,而是在经济发展的基础上增进全体人民的福利,构建和谐社会。边疆发展战略的制定要坚持以经济建设为中心,但要克服单一的经济型战略倾向,克服民族问题经济化和边疆问题经济化的倾向。

边疆战略的制定应坚持"五个统筹"的发展观:一是坚持城乡统筹发展。边疆全面建设小康社会,进行现代化建设,难点不在城市而在农村,要着眼农村,着眼促进城乡协调发展,这是边疆稳定和边疆整个国民经济持续发展的基础。二是坚持统筹区域发展。总的来讲,边疆各地区发展都比较快,但由于原有的基础、客观条件以及改革开放步伐和力度不同,内地和边疆,以及边疆地区区域内的差距仍然呈现继续扩大之势。制定发展战略一方面要有利于发达地区继续发挥优势,保持快速增长的势头;另一方面也要有利于落后地区加快发展,对落后地区加大支持的力度。三是统筹经济和社会发展。经济是基础,但经济增长不能等同于社会全面进步。既定的经济总量,在不同的经济体制、发展战略和政策目标下,人民实际福利和社会总体状况可以有重大差异。边疆地区发展的战略目标是经济发展和社会全面进步。四是统筹人与自然和谐发展。随着近代大工业的发展,人类对自然资源开发利用的手段日益发达,规模空前扩大。这给人类带来巨大的福祉,但过分的、不适当的开发利用也造成资源浪费和生态环境破坏的公害产业的发展。可持续发展观念确立,就是人类觉醒的表现。边疆地区大部分都处于工业化初期阶段,环境承载力弱,全国经济高速增长对边疆地区资源和环境的压力与日俱增,生态环境恶化的趋势越来越突出。边疆地区制定发展战略要有利于达到

---

① 参见温军:《民族与发展:新的现代化追赶战略》,清华大学出版社 2004 年版,第 119 ~ 192 页。

发展经济和保护环境的双重目标,促进人与自然和谐发展。五是统筹区域发展和对外开放。边疆地区不但有着富集的自然人文资源优势,还有重要的区位资源优势,沿边境线有216个口岸。发展战略的制定要面对国际国内两个市场,发展外向型经济,创新机制,吸引区外和国外各种生产要素向边疆地区流入,促进资源与市场的集成。

(四)常规型战略向加速型战略转变

加速型战略是一种以经济超常规发展为特征的战略,加速型发展战略是我国著名民族经济学家施正一先生1986年针对中国少数民族地区设计的,但是由于内地和边疆地区发展呈继续拉大的趋势,边疆地区发展的不平衡性也十分突出,因此,加速战略在边疆地区仍有普遍的适用性。施正一先生认为,应当把加快发展的方针提高到加速战略的高度,他指出:"西部少数民族地区的经济社会发展战略,不能满足于同步增长的运动速度的发展模式,而需要采取'加速度'的运动速度的发展模式"。施正一先生特别强调,加速战略是一种有机的综合加速,而不是单纯的、片面的追求高速度。

边疆地区的实践证明,在市场经济条件下,不光是"大鱼"可以吃"小鱼",而且"快鱼"可以吃"慢鱼",也可以吃"小鱼"和"大鱼"。实施加速型发展战略,在边疆地区有比较充分的条件。一是内地发展,特别是沿海一带的发展已经进入资本向外扩张的阶段,大力寻找资本与资源集成的机会;二是边疆的发展有一定量的物质技术积累,扩大再生产的能力不断增强;三是国家实施西部大开发战略和新型工业化战略,以人力资源为重点的各种生产要素向边疆地区集聚速度加快。在这样的条件下,边疆地区的发展战略只有从加快常规型向加速型转变,才能缩小边疆与内地以及边疆内部的发展差距。加速型战略的制定要有利于边疆地区发展的速度、结构、质量和效益相统一,促进边疆地区的跨越式发展。

四、边疆发展战略选择

(一)边疆发展战略的特性

边疆发展战略是研究未来时期内区域发展的总体构想,选择边疆发展战略要把握其基本特性。

1. 区域性。边疆发展战略是在中央宏观发展战略指导下谋划区域发展的总体构想,它必须根据边疆区域的具体情况制定,带有强烈的区域性特征。任何一个地区,由于其自然环境、资源、社会发展状况和文化、生活习惯等的差别,往往发展的重点、方向有很大的差异,因此不可能用国家的发展战略去套地区的发展战略,用国家发展的重点产业去硬性规定地区的重点产业,而是要依据地域合理分工的原则,发挥地区优势,制定符合地区情况的总体发展战略和产业发展战略。

2. 预见性。狭义的预见性一般是指制定远景目标时对经济发展的规模、速度和水平等指标的预测。狭义预见性的特点是:时间越短,预测误差越小;时间越长,预测误差越大。广义的预见性包括更宽的含义。预测未来产业结构变动的基本态势,把握区域政策的变动方向,进而预见未来本区域经济发展大的走势,都属于广义的预见性的范畴。对于发展战略的制定者来说,最重要的还不在于预测区域经济发展的未来的指标,而在于制定这些指标所应采取的切实可行的政策和策略。边疆地区经济发展战略,要想能够成为指导区域经济发展的有步骤的发展依据,必须有较强的预见性或前瞻性。预见或前瞻,必须有坚实的现实基础,它是在现实经济发展的基础上,总结前一时期的发展情况,准确估计未来经济形势的变化和宏观政策的变动方向,根据现实和可能,做出科学的预见或预测。

3. 综合性。边疆地区发展战略是一个完善的系统,它涉及区域内的城镇、乡村、产业、部门、资源、环境以及社会发展、政府行为等方方面面的情况,可以说具有极强的复杂性和综合性。首先制定区域经济发展战略需要的条件是多方面的,它包括自然环境、自然资源、劳动力、资金条件、交通运输条件、文化教育条件以及区位条件等,并需要对诸多条件因素进行综合分析和评价,以期正确地估计区域的经济发展环境。其次,它涉及的发展部门是多方面的,既有物质生产部门,也有社会发展部门。再次,它既包括企业行为,也包括政府行为。因此,区域经济战略所具有的复杂性和综合性,使制定和实施具有很大的难度。

4. 可操作性。边疆发展战略的可操作性,主要表现在目标的可实现性和采取策略的可应用性,要制定具有可操作性的发展战略,要求制定者必须深入实际认真调查研究,分析地区经济发展中存在的问题,研究问题产生的原因,摸清解决问题的路径。同时,还必须准确地把握区域经济发展的总体走势和宏观环境,分析宏观因素对区域发展的影响程度,从而随时把握区域经济发展脉搏。不仅如此,还要求战略的制定者有较高的政策水平,能够准确掌握国家经济发展政策的尺度,并将这些政策区域化,使之适应当地的实际情况。

(二)边疆发展战略选择

通过对以往边疆发展战略的反思,对发展战略转变的特征和发展战略的基本特性分析,在今后一定历史时期边疆的发展过程中,应选择人本集成战略,即以人为本,中心辐射和梯度推进相结合的集成发展战略。其内涵是:1.坚持以人为本,树立全面、协调、可持续的发展观,促进边疆地区经济、社会和人的全面发展。2.坚持以不平衡发展理论为指导,以发达地区向次发达地区,再向落后地区推进发展;以若干个经济社会发展中心为轴心,向周围地区扩散,辐射周围地区。3.坚持统筹发展,发挥各种资源要素的协同作用,促进良性互动的综合集成,推进边疆跨越式发展。4.坚持依法加速边疆自然资源和人文资源向社会物质财富和精神财富的转化,努力实现边疆开发、经济效益、社会效益、生态效益最大化。

这一战略选择有比较充分的依据,从理论依据上讲,体现了马克思主义唯物史观。马克思主义唯物史观历来重视人的全面而自由发展问题,马克思主义经典作家都坚持人的全面发展是社会主义的本质要求,是社会主义不可缺少的。马克思和恩格斯作为科学社会主义理论的创始人,人的解放和人的自由即人的自由而全面发展问题,是他们终身思考并为之探索和奋斗的主题。他们的著作《1844年经济学哲学手稿》、《德意志意识形态》、《共产党宣言》、《1857—1858年经济学手稿》、《资本论》、《社会主义从空想到科学的发展》、《哥达纲领批判》等,都论述了人的全面发展应当是社会主义的目的和本质。马克思曾经说过,未来的新社会是"以每个人的全面而自由的发展为基本原则的社会形式"①。

从发展观上讲,党的十六届三中全会明确提出了"坚持以人为本,树立全面、协调、可持续的发展观,促进经济社会和人的全面发展";强调"按照统筹城乡发展、统筹区域发展、统筹经济社会发展、统筹人与自然和谐发展、统筹国内发展和对外开放的要求"②,推进改革和发展。这样完整地提出科学发展观,是党对社会主义现代化建设指导思想的新发展。边疆地区牢固树立和全面落实科学发展观,对制定科学的发展战略,加快全面建设小康社会和现代化进程具有重大而深远的意义。

从边疆发展的实际来看,边疆和内地以及边疆各省区内部都呈现出发展差距继续拉大的趋势,发展的不平衡性越来越明显,见表1—15、表1—16。

---

① 马克思:《资本论》(节选本),人民出版社1998年版,第57页。
② 《中共中央关于完善社会主义市场经济体制若干问题的决定》,人民出版社2003年版,第12~13页。

表1—15 边疆八省区2004年主要经济指标占全国的比重

指标	单位	全国总量	云南总量	云南占全国的比重%	广西总量	广西占全国的比重%	西藏总量	西藏占全国的比重%	新疆总量	新疆占全国的比重%	内蒙古总量	内蒙古占全国的比重%	甘肃总量	甘肃占全国的比重%	黑龙江总量	黑龙江占全国的比重%	吉林总量	吉林占全国的比重%
总人口	万人	129988	4415.2	3.4	4889	3.8	274	0.2	1963.11	1.5	2384.35	1.8	2618.78	2	3816.8	2.9	2708.5	2.1
人口自然增长率	‰	5.87	9		7.2		11.2		10.9		3.55		5.91		1.82		1.76	
地区生产总值	亿元	136515	2959.48	2.2	3320.1	2.4	211.54	0.2	2200.15	1.6	2712.08	2	1558.93	1.1	5303	3.9	2958.21	2.2
第一产业	亿元	20744	604.33	2.9	811.38	3.9	43.33	0.2	444.7	2.1	506.07	2.4	281.4	1.4	587.8	2.8	560.96	2.7
第二产业	亿元	72387	1314.19	1.8	1288.26	1.8	57.61	0.1	1010.07	1.4	1332.47	1.8	758.18	1	3155.3	4.4	1379.31	1.9
第三产业	亿元	43384	1040.96	2.4	1220.46	2.8	110.6	0.3	745.38	1.7	873.53	2	519.35	1.2	1559.9	3.6	1017.94	2.6
人均生产总值	元	10561	6733	63.8	7196	68.1	7779	73.7	11199	106	11305	107	5970	56.5	13897	1.3	10932	103.5
地区生产总值构成	%	100	100		100		100		100		100		100		100		100	
第一产业	%	15.2	20.4		24.4		20.5		20.2		18.7		18.1		11.1		19	
第二产业	%	53	44.4		38.8		27.2		45.9		49.1		48.6		59.5		46.6	
第三产业	%	31.8	35.2		36.8		52.3		33.9		32.2		33.3		29.4		34.4	
农业总产值	亿元	36239	965.22	2.7	1291.7	3.6	63	0.2	750.68	2.1	506.07	1.4	477	1.3	1130	3.1	940.67	2.6
规模以上工业增加值	亿元	62815	1060	1.7	1044.8	1.7	15	0.02	745	1.2	1015.66	1.6	576.22	0.9	2814.4	4.5	994.3	1.6
粮食总产量	万吨	46946.65	1509.5	3.2	1398.5	3	95.98	0.2	796.5	1.7	1505	3.2	1505.39	3.2	3001	6.4	2510	5.3
固定资产投资完成额	亿元	70072.7	1065.7	1.5	1254.86	1.8	167.8	0.2	1160	1.7	1809.26	2.6	756.01	1.1	1317	1.9	1061.7	1.5
社会消费品零售总额	亿元	53950.1	884.9	1.6	973.4	1.8	63.7	0.1	482.1	0.9	892	1.7	535.8	1	1555.4	2.9	1252.6	2.3
外贸进出口总值	亿美元	11547.92	37.48	0.3	42.88	0.4	2	0.02	56.36	0.5	40.49	0.4	17.73	0.2	67.91	0.6	67.93	0.6
财政总收入	亿元	26396.47	666.3	2.5	403.68	1.5	215.4	0.8	320	1.2	363.14	1.4					329	1.2

指标	单位	全国	云南		广西		西藏		新疆		内蒙古		甘肃		黑龙江		吉林	
		总量	总量	占全国的比重%	总量	占全国的比重%	总量	占全国的比重%	总量	占全国的比重%	总量	占全国的比重%	总量	占全国的比重%	总量	占全国的比重%	总量	占全国的比重%
地方财政收入	亿元	11893	263.8	2.2	237.77	2	10.02	0.1	148	1.2	237.43	2	103.99	0.9	349.3	2.9	166.3	1.4
财政支出	亿元	284863.89	661.8	2.3	507.47	1.8	133.83	0.5	410	1.4	598.25	2.1	356.94	1.3	758.5	2.7	507.8	1.8
金融机构存款余额	亿元	253188	4404.36	1.7	3673.19	1.5			2959.78	1.2	2576.37	1	2527.99	1	5313.9	2.1	3804.1	1.5
金融机构贷款余额	亿元	188566	3398.29	1.8	2759.65	1.5			2214.66	1.2	2239.76	1.2	1928.3	1	4038.9	2.1	3564.1	1.9
城镇居民人均可支配收入	元	9422	8871	94.2	8690	92.2	9167	97.3	7503	79.6	8123	86.2	7377	78.3	7471	79.3	7841	83.2
农民人均纯收入	元	2936	1864.19	63.5	2305	78.5	1861	63.4	2245	76.5	2606	88.8	1852	63.1	3010	102.5	3000	102.2
广播人口覆盖率	%	94.1	90.65		86.7				92.9		90.4		89.2		98.5		96.53	
电视人口覆盖率	%	95.3	92.07		91.5				92.5		88		89.77		98.7		97.69	
艺术表演团体	个	2599	117	4.5	118	4.5			88	3.4		1.5	76	2.9	87	3.3	65	2.5
文化馆	个	2858	143	5	100	3.5			91	3.2		1.3	84	2.9	125	4.4	75	2.6
图书馆	个	2710	148	5.5	96	3.5			84	3.1		2.1	92	3.4	97	3.6	62	2.3
博物馆	个	1509	28	1.9	41	2.7			23	1.5		1.8	67	4.4	47	3.1	22	1.5
普通高校在校生	万人	1333.5	21.63	1.6	27.17	2			16.31	1.2	19.87	1.5	20.03	1.5	46.6	3.5	36.22	2.7
中等职业学校在校生	万人	1367.9	27.15	2	34.42	2.5			7.13	0.5	17.4	1.3	10.6	0.8	14	4	16.42	1.2
普通高中在校生	万人	2220.4	41.98	1.9	65.15	2.9			35.91	1.6	47.36	2.1	49.96	2.3	241.1		45.16	2
普通初中在校生	万人	6475	193.09	3	241.05	3.7			115.88	1.8	117.59	1.8	134.48	2.1			114.8	1.8
小学在校生	万人	11246.2	440.65	3.9	470.56	4.2			221.81	3	165.82	1.5	316.55	2.8	231.5	2.1	247.86	2.2
卫生机构	个	277000	9436	3.4	29211	10.5			9087	3.3	3775	1.4	11407	4.1	8270	3		
卫生技术人员	万人	434.3	11.39	2.6	12.17	2.8			9.98	2.3	10.15	2.3	8.22		14.7	3.4		

资料来源:2005年国家统计年鉴。

表1—16 边疆八省区2004年经济社会主要指标情况

指标	单位	全国		云南		广西		西藏		新疆		内蒙古		甘肃		黑龙江		吉林	
		总量	比上年增长%	总量	比上年增长%	总量	比上年增长%	总量	比上年增长%	总量	比上年增长%	总量	比上年增长%	总量	比上年增长%	总量	比上年增长%	总量	占全国的比重%
总人口	万人	129988	0.6	4415.2	0.9	4889	0.7	274	1.5	1963.11	1.5	2384.35	0.2	2618.78	0.6	3816.8	0.05	2708.5	0.2
人口自然增长率	‰	5.87		9		7.2		11.2		10.9		3.55		5.91		1.82		1.76	
地区生产总值	亿元	136515	9.5	2959.48	11.5	3320.1	11.8	211.54	12.2	2200.15	11.1	2712.08	19.4	1558.93	11	5303	11.7	2958.21	12.2
第一产业	亿元	20744	6.3	604.33	5.6	811.38	5.4	43.33	4.9	444.7	5.1	506.07	11.7	281.4	6.5	587.8	12.2	560.96	8
第二产业	亿元	72387	11.1	1314.19	15	1288.26	17.1	57.61	17.4	1010.07	14.3	1332.47	27.5	758.18	12.6	3155.3	12.9	1379.31	14.8
第三产业	亿元	43384	8.3	1040.96	10.7	1220.46	10.6	110.6	12.8	745.38	10.4	873.53	13.4	519.35	11	1559.9	9.3	1017.94	11.1
人均生产总值	元	10561		6733	10.5	7196	11	7779	13.1	11199	9.5	11305	19.3	5970		13897	11.6	10932	
地区生产总值构成	%	100		100		100		100		100		100		100		100		100	
第一产业	%	15.2		20.4		24.4		20.5		20.2		18.7		18.1		11.1		19	
第二产业	%	53		44.4		38.8		27.2		45.9		49.1		48.6		59.5		46.6	
第三产业	%	31.8		35.2		36.8		52.3		33.9		32.2		33.3		29.4		34.4	
农业总产值	亿元	36239	7.5	965.22	6.8	1291.7	6	63	7	750.68	6.4	506.07	11.7	477	5.2	1130	18.5	940.67	7.9
规模以上工业增加值	亿元	62815	11.5	1060	13.9	1044.8		15	14.8	745	14.5	1015.66	29.8	576.22	14.4	2814.4	13	994.3	18.6
粮食总产量	万吨	46946.65	9	1509.5	2.6	1398.5	-0.8	95.98	-1.1	796.5	3.4	1505	10.6	1505.39	2.1	3001	24.8	2510	11.1
固定资产投资完成额	亿元	70072.7	25.8	1065.7	30.3	1254.86	27.1	167.8	24.5	1160	24.6	1809.26	49.6	756.01	15.4	1317	22.1	1061.7	20.9
社会消费品零售总额	亿元	53950.1	13.3	884.9	13.1	973.4	13.7	63.7	9.3	482.1	14.5	892	22.7	535.8	12.9	1555.4	13	1252.6	12.8
外贸进出口总值	亿美元	11547.92	35.7	37.48	40.4	42.88	34.3	2	11.3	56.36	18.2	40.49	31.6	17.73	33.5	67.91	27.4	67.93	10.5
财政总收入	亿元	26396.47	21.6	666.3	20.2	403.68	18.2			320	21	363.14	40.7	215.4	21.6			329	13.7

指标	单位	全国		云南		广西		西藏		新疆		内蒙古		甘肃		黑龙江		吉林	
		总量	比上年增长%	总量	比上年增长%	总量	比上年增长%	总量	比上年增长%	总量	比上年增长%	总量	比上年增长%	总量	比上年增长%	总量	比上年增长%	总量	占全国的比重%
地方财政收入	亿元	11893	20.7	263.8	15	237.77	16.7	10.02	持平	148	18.2	237.43	45.9	103.99	18.63	349.3	22.1	166.3	8
财政支出	亿元	28486.89	15.6	661.8	12.7	507.47	1.8	133.83	-8.3	410	11.3	598.25	27	356.94	19	758.5	20.4	507.8	24.1
金融机构存款余额	亿元	253188	15.3	4404.36	16.8	3673.19	16.1			2959.78	25.1	2576.37	23.2	2527.99	16.3	5313.9	10.4	3804.1	10.7
金融机构贷款余额	亿元	188566	14.4	3398.29	20.7	2759.65	23.9			2214.66	6.5	2239.76	18.1	1928.3	12.3	4038.9	4.9	3564.1	8.6
城镇居民人均可支配收入	元	9422	7.7	8871	9.4	8690	11.6	9167	13.8	7503	4.9	8123	15.8	7377	10.8	7471	11.9	7841	11.9
农民人均纯收入	元	2936	6.8	1864.19	6	2305	10.1	1861	10.1	2245	3.1	2606	14.9	1852	10.7	3010	20	3000	18.6
广播人口覆盖率	%	94.1		90.65		86.7				92.9		90.4		89.2		98.5		96.53	
电视人口覆盖率	%	95.3		92.07		91.5				92.5		88		89.77		98.7		97.69	
艺术表演团体	个	2599		117		118				88				76		87		65	
文化馆	个	2858		143		100				91				84		125		75	
图书馆	个	2710		148		96				84				92		97		62	
博物馆	个	1509		28		41				23				67		47		22	
普通高校在校生	万人	1333.5	20.3	21.63	23.4	27.17	22.2			16.31	10.5	19.87	25.2	20.03	15.5	46.6	15.5	36.22	
中等职业学校在校生	万人	1367.9	10.3	27.15	0.4	34.42	6.2			7.13	-0.3	17.4	-0.2	10.6	0.04	14		16.42	
普通高中在校生	万人	2220.4	13	41.98	15.5	65.15	11.4			35.91	13.9	47.36	12.7	49.96	7.3	241.1		45.16	
普通初中在校生	万人	6475	-3.2	193.09	0.5	241.05	-1.6			115.88	2.2	117.59	-4.2	134.48	3.9	134.8		114.8	
小学在校生	万人	11246.2	-3.8	440.65	-0.3	470.56	-4.3			221.81	-3.1	165.82	-4.4	316.55	-6.2	231.5			
卫生机构	个	277000		9436		29211				9087		3775		11407		8270			
卫生技术人员	万人	434.3		11.39		12.17				9.98		10.15		8.22		14.7		24.86	

资料来源:2005年国家统计年鉴。

不平衡发展是适应边疆地区经济和社会发展及市场经济规律的,如果忽视了边疆发展的不平衡性,就不能准确地把握边疆发展的现实和发展的趋势。因此,边疆发展战略研究必须要从这个实际出发,应用不平衡理论作为研究基础。导致边疆地区不平衡发展有历史的原因和地域的原因,更有现实的原因,就是社会资源集成率低,包括自然资源和人文资源的集成率低,劳动力社会化程度低,劳动产品市场化程度低。边疆的发展必须要加快社会资源与国际国内市场的整合和集成。

第三节　坚持以人为本的边疆发展观

一、以人为本是边疆战略发展的本质

发展的真正含义应该是人类发展,即以人为本的发展。早期的发展概念以"物"为中心,以 GDP 为中心,尤其强调一个国家或地区内物质生产和服务总量的增长。达到这一目的的途径是物质资本的积累,增长是目的,投资是途径,扩大投资就等于促进增长。人类发展战略是以"人"为中心的发展战略,人类发展的目标是通过扩大人类尚未发挥出来的才能而发展其潜力,这必须意味着授权于人,使他们能够积极地参与自身的发展。哈佛大学经济学教授森(Amartya Sen)指出,我们的目标应是增强人们的能力,使他们通过生产过上满足的充实生活。较大量的人均产出当然可以增强人们的能力,但更应着眼于产出的内容。人类发展体现了以商品为中心战略的发展向以人为中心战略的发展的转变。发展的政策目标应当是增强人们的能力满足需求,而不只是 GDP 增长。实施以人为中心的发展战略已成为全人类的共识和选择,发展的最终目标是以人为中心、满足人的需求的经济发展和社会发展。

坚持以人为本,既是边疆发展战略的根本,也是边疆社会经济发展应坚持的指导思想。边疆发展战略要把不断满足人的全面需求、促进人的全面发展,作为边疆发展的根本出发点和落脚点;要充分发挥各类人才的积极性、主动性和创造性,为发挥人的聪明才智创造良好条件,为边疆全面建设小康社会、实现中华民族的伟大复兴提供重要保证;要充分保证人民的经济、政治、文化利益,坚持人的全面发展的理想与现实的统一。

二、把人作为边疆发展的根本动力

(一)尊重边疆各族人民群众的主体地位

人民群众是历史的创造者,是先进生产力的创造主体。人民群众的地位和作用决定了社会发展与进步离不开人民群众积极性、主动性和创造性的发挥。边疆发展要坚持尊重社会发展的客观规律与尊重人民历史主体地位的一致性。坚持"一切为了群众,一切依靠群众"的根本观点,充分发挥边疆各族人民群众的积极性、主动性和创造性。另外,人的综合素质的提高是人的全面发展的基础。人的综合素质,包括思想道德素质、科学文化素质以及身体心理健康素质等。由于时代特点和人的素质的实际状况不同,在不同时期,人的全面发展和素质的提高的要求是不同的。在边疆现代化建设中,人的主体性大大增强,人的素质在社会发展中的地位和作用较以往任何时代都显得更为重要。在边疆,最重要、最紧迫的是满足广大人民群众日益增长的精神生活的需要,不断提高他们的劳动技能和创造才能,为边疆经济发展和社会进步提供精神动力和智力支持。

(二)树立人才资源是第一资源的观念

当今世界,多极化趋势曲折发展,经济全球化不断深入,科技进步日新月异,人才资源已成为最重要的战略资源,人才在综合国力竞争中越来越具有决定性意义。人才是先进生产力和先进文化的重要创造者和传播者。人才资源是第一资源,人才优势是最大优势,人才开发是经济社会发展的重要推动力量。物质资源的开发利用是社会发展的基础,而人类智慧和能力的发展则决定着对资源开发的深度和广度。人才资源最本质的特征之一是具有创新性,它能够不断地创造出新的各种各样的资源,不断地创造出新的社会财富,它具有无限的、挖掘不尽的创新生命力。这是其他任何资源所不能与之匹敌的。人才之所以是最宝贵、最重要的资源,还在于人才具有递增性和倍增性的特征。一般的资源被开发使用后即被消耗而不能再被使用,而人才资源不仅能被持续使用,而且其效益在一定时期内具有递增性。人才资源的使用过程是伴随着人才的知识增长和更新、经验积累、技能尤其是创新能力的提高等一系列自我丰富和发展的过程,其开发使用效益一般都呈递增趋势。同时,高素质的人才资源对边疆经济的发展发挥着倍增效应。国内外大量统计资料表明,把人力资本与物质资本投入产出的经济效益相比较,人力资本的投入产出之比要大大高于物质资本,而人才资本投入产出之比更是要数十倍于物质资本,并且,随着时间的推移不断呈上升趋势。由人才资源的本质特征所决定,边疆的经济、科技发展的快慢,取决于人才的数量和质量。要充分发挥人才资源开发在经济社会发展中的基础性、战略性、决定性作用。

(三)树立人人都可以成才的观念

要按照促进人的全面发展的要求,实行有利于边疆人才成长的政策措施,大力营造有利于人才成长的体制、机制和环境,把每一个人的潜能和价值都充分发挥出来。我们坚持德才兼备原则,把品德、知识、能力和业绩作为衡量人才的主要标准,不唯学历,不唯职称,不唯资历,不唯身份,做到不拘一格选人才。我们树立有较高知识水平、创新能力的拔尖人才和有丰富实践经验与一技之长的实用人才都是人才的观念,谁勤于学习、勇于投身时代创业的实践,谁就能获得发挥聪明才智的机遇,就能成为对国家、对人民、对边疆、对民族的有用之才。把促进人才的健康成长和充分发挥人才的作用放在首要位置,着眼于充分调动边疆各类人才的积极性、主动性和创造性,既切实抓好教育、培训、引导人才的各项工作,又切实抓好使用、关心、激励人才的各项工作,既坚信人民群众是推动历史前进的根本力量,又高度重视人才在促进历史发展中的重要作用,充分尊重人才的特殊禀赋和个性,一视同仁地为各类人才提供服务,努力营造鼓励人才干事业、支持人才干成事业、帮助人才干好事业的社会环境,放手让一切劳动、知识、技术、管理和资本的活力竞相迸发,让一切创造社会财富的源泉充分涌流,以造福于人民。

三、把人才战略作为边疆发展的根本性战略

(一)以能力建设为核心,大力加强边疆人才培养

人才资源能力建设是人才培养的核心。树立大教育、大培训观念,在提高边疆各族人民思想道德素质、科学文化素质和健康素质的基础上,重点培养人的学习能力、实践能力,着力提高人的创新能力。加快构建现代国民教育体系,更好地为边疆经济社会全面发展培养人才,加快构建终身教育体系,促进学习型社会的形成。

(二)建立有利于人才脱颖而出、公平竞争的选人用人机制

以扩大民主、加强监督为重点,进一步深化党政干部选拔任用制度改革,不断提高科学化、民主化、制度化水平;以推进企业经营管理者市场化、职业

化为重点,坚持市场配置、组织选拔和依法管理相结合,改革和完善国有企业经营管理人才选拔任用方式;以推行聘用制和岗位管理制度为重点,深化事业单位人事制度改革。努力形成科学的人才评价和使用机制,建立以能力和业绩为导向、科学的社会化的人才评价机制。

(三)建立和完善人才市场体系,促进人才合理流动

根据完善社会主义市场经济体制的要求,全面推进机制健全、运行规范、服务周到、指导监督有力的人才市场体系建设,进一步发挥市场在人才资源配置中的基础性作用,建立和完善人才市场机制。进一步消除人才流动中的城乡、区域、部门、行业、身份、所有制等限制,疏通党政人才、企业经营管理人才、专业技术人才三支队伍之间、公有制与非公有制组织之间、不同地区之间的人才流动渠道。

(四)以鼓励劳动和创造为根本目的,加大对人才的有效激励和保障

完善分配激励机制,完善按劳分配为主体、多种分配方式并存的分配制度,坚持效率优先、兼顾公平,各种生产要素按贡献参与分配。针对各类人才的特点,建立健全与社会主义市场经济体制相适应、与工作业绩紧密联系、鼓励人才创新创造的分配制度和激励机制。建立规范有效的人才奖励制度,坚持精神奖励和物质奖励相结合的原则,建立以政府奖励为导向、用人单位和社会荣誉双重激励作用;建立健全人才保障制度。根据各类人才的特点和需要,采用多种形式,逐步建立重要人才国家投保制度,加快福利制度改革,逐步实现福利货币化,不断改善各类人才的生活待遇。

(五)切实加强高层次人才队伍建设

把边疆高层次人才队伍建设摆上重要位置。中高级领导干部、优秀企业家和各领域高级专家等高层次人才,是人才队伍建设的重点。实施国家高层次人才培养工程,制定符合我国边疆实际和国际化要求的培养规划,针对不同特点,实行分类培养。建设有利于高层次人才成长的机制和环境。鼓励高层次人才到边疆施展才华,实现价值。要制定有关法律法规,提高重要人才待遇,保障重要人才权益,规范重要人才流动。建立国家重要人才的信息档案,对边疆重要人才实施动态管理。

四、把人民的利益作为边疆发展的根本目的

(一)不断满足人民群众日益增长的物质需要,保证人民的经济利益

在满足生存需要的基础上,还要满足安全、享受和发展的需要。在提高

生活水平的同时,还要不断改善生活质量,改善生活的环境和条件。要特别关注边疆城乡低收入群体和贫困人口的需要,努力实现共同富裕。这就需要我们大力发展社会生产力和完善生产关系,为人的全面发展提供物质基础。生产力是最活跃最革命的因素,是社会发展的最终决定力量,也是人的全面发展的最终决定力量。社会生产力发展了,边疆人民的物质生活就会日益改善,物质文明程度就能不断提高;社会生产力发展了,必然造成生产劳动者的新的力量和新的观念,造成新的交往方式和新的需要;社会生产力发展了,还会大大地缩短人的劳动时间,延长人的自由时间,从而增加使个人得到全面发展的时间。人的发展在多大程度上达到全面性,取决于他有多少闲暇时间。也就是说,一个社会的物质文明越发达,个人花在谋生上的时间越少,他就有更多的时间在其他方面发展自己。因此,要大力发展物质生产力,努力提高边疆城乡居民的收入,尽快地使全国人民都步入殷实的小康社会,不断提高人们的物质生活质量,为人的全面发展不断提供物质保证。社会主义社会生产关系同生产力之间、上层建筑同经济基础之间是基本适应的。但是,现实的社会主义初级阶段,生产关系、政治法律制度及相关的机构设施、社会意识形态等方面都存在着局限性。因此,要代表先进生产力的发展要求,不断解放思想,实事求是,保持在思想上的先进性和科学性,不断完善经济体制和政治体制,为生产力发展开辟更广阔的道路。

(二)不仅要满足人民群众日益增长的物质生活需要,还要满足精神文化需要

人的全面发展是一个多方面、多层次的问题,它不仅包括以物质需要为基础的基本需要的满足,而且还包括政治需要和文化需要的满足。就文化需要而言,它是随着人的发展而不断丰富和发展的,从而决定了人的精神需求具有无限性。这就需要我们大力发展中国特色社会主义文化,努力实现人们思想和精神生活的全面发展。我们应该从以下几个方面着手积极加强边疆精神文明建设:一是要进一步提高教育水平,努力提高公民的思想道德素质、科学文化素质以及健康素质;二是要积极发展文化事业,扩大广播、电视的综合人口覆盖率,增加文化设施的建设,使更多的人有条件、有能力、有机会学习和发展;三是要逐步改善卫生保健条件,鼓励全民健身,同时必须形成相对完善的医疗卫生体系;四是要建立学习型社会,促进人的全面发展。学习是全面提高边疆公民素质的前提,只有建立学习型社会才能促进精神文明的进

步和人的全面发展,这种全面性表现为脑力劳动和体力劳动、生产劳动与管理活动、物质生产活动与科学艺术创造活动、娱乐活动与享受活动的统一;五是积极进行文化创新,大力培育和弘扬先进文化。先进文化是人类文明进步的结晶和共同财富,是推动人类社会前进的强大精神动力。人创造文化,文化也塑造人。人的全面发展既要建立在发达的物质文明基础上,又要建立在发达的精神文明基础之上;既要以先进的生产力为前提,又要以先进的文化为前提。不断发展先进文化,满足人民群众日益增长的精神文化需要,使人们的精神世界更加充实,文化生活更加丰富多彩,这也是人的全面发展的根本体现和根本要求。

(三)要保障人民的政治利益,积极推进政治文明进程

要支持人民当家作主,健全民主制度,丰富民主形式,逐步扩大公民有序的政治参与,保证人民依法实行民主选举、民主决策、民主管理和民主监督,享有广泛的权利和自由,尊重和保障人权。边疆地区当前的体制性障碍首先除了突出表现为计划经济体制遗留下来的深层次经济体制性问题以外,在政治体制方面,还存在许多不适应的地方:与社会主义市场经济客观要求相一致的社会主义民主政治和法律体系尚不完善;坚持和完善人民代表大会制度,从制度上切实保证人民在政治上当家作主尚需努力,基层民主和基层政权建设亟待加强;适应新的历史要求,党的领导方式和执政方式尚需进一步改革和完善,一些基层党组织比较涣散,战斗力较差;促进人才成长的制度、体制和机制尚不健全,存在的体制性障碍尚未完全打破;政府宏观调控管理能力特别是处理社会危机的能力亟须提高;干部人事制度尚需加大改革的力度;党风廉政建设、权力监督机制尚需加强,贪污腐败、违法乱纪、作风粗暴、官僚主义、形式主义较为严重。因此,坚持以人为本,必须积极推进政治体制改革,大力加强政治文明建设,着重加强社会主义民主政治制度建设,实现社会主义民主政治的制度化、规范化、程序化。

第四节 梯度推进与中心辐射相结合的发展战略方式

根据边疆发展的特点和以往边疆发展战略模式实施的反思,边疆地区应重点选择梯度推进与中心辐射相结合的发展战略方式。

一、梯度推进方式①

梯度推进理论最早源于美国哈佛大学教授弗农等人首创的"工业生产生命周期阶段论"。梯度推进是指经济社会发展趋势是由发达地区向次发达地区，再向落后地区的推进。区域经济学研究者将这种产业的生命周期阶段论引入了区域经济发展研究中，创立了区域经济梯度推进理论。边疆地区的发展选择梯度推进的战略方式，即从内地向边疆、从中东部向西部、从边疆发达地区向欠发达地区或落后地区推进的发展方式，源于以下的研究：

第一，边疆发展的快慢盛衰，主要取决于内地和边疆地区产业结构的优劣及转移，而产业结构的优劣又取决于地区各经济部门，特别是主导专业化部门在工业生命周期中所处的阶段。由于较发达地区主要处于技术创新和经济繁荣的阶段，无论在经济或技术上均属高梯度地区。因而，新兴产业和高技术生产部门适宜于在较发达地区布局，而传统的产业部门，适宜于在技术、资金和劳动力素质受到限制的欠发达地区或低梯度地区布局。

第二，由科技进步导致的创新的新产品、新技术、新思想以及新的生产管理与组织方法等，大都发源于沿海、内地或边疆省地城市等高梯度地区，因此，产业结构的更新，促使地区资源向高梯度发展和集中。

第三，产业结构的更新随着发展的时间推移和生命周期的衰退，逐步有秩序地由高梯度地区向低梯度地区多层次转移。首先是按距离远近向外围经济联系比较紧密的地区局部推进，而总体范围推进则按梯度高低顺序，跳跃式地向周围扩展，首先向第二梯度地区推进，随着产业生命的盛衰，再逐步向处在第三、四梯度的地区推进。

第四，梯度推进过程，是在动态上产生的极化效应、扩展效应共同作用的结果，既产生经济向高梯度地区进一步集中，对周围地区起支配和吸引作用，又带动周边地区的经济发展，但也会造成地区间两极分化。

第五，梯度推进的方式面临着新的挑战，特别是由于地区内外部环境的变化和对外开放的发展，与周边国家接壤的地区获得了新的发展机会。例如，我国边界同周边国家接壤的中西部地区有黑龙江、吉林、内蒙古、甘肃、新疆、西藏、云南、广西八个省和自治区，与俄罗斯、朝鲜、蒙古、哈萨克斯坦、吉尔吉斯斯坦、塔吉克斯坦、阿富汗、巴基斯坦、印度、尼泊尔、锡金、不丹、缅甸、

---

① 参见王怀岳：《中国县域经济发展实论》，人民出版社 2001 年版，第 42 页。

老挝、越南 15 个国家接壤,陆地边界长达 22800 公里。我国向周边国家开放边界大小口岸 216 个,其中国家一类口岸 21 个。加上新欧亚大陆桥和重振古丝绸之路等机遇,使得对外开放、进出口贸易、吸引外资,已不仅为东部沿海地区所独具,中西部也同样有较好的发展机遇。实际上,光用梯度推进方式来发展边疆地区是远远不够的。所以,必须要选择中心辐射为主的梯度推进与中心辐射相结合的发展方式。

二、中心辐射方式①

(一)中心辐射方式的含义

辐射是一个物理学概念,是指能量高的物体和能量低的物体通过一定的媒介互相传递能量的过程。辐射有四个特点:第一,辐射是一个双向的过程,不同能量的物体互相辐射;第二,辐射的结果是随着能量的传递而逐渐拉平物体之间的能量;第三,一个物体的能量只要高于周围其他物体,净辐射出去的能量数量就大于自然吸收的能量数量;第四,两个物体距离越近,能量辐射越大。

中心辐射方式的含义是:经济社会发展趋势是以若干个中心为轴心,由此向周围地区扩散,靠近中心的是次发达地区,再远一些就是不发达地区。中心辐射方式是内地和边疆发展程度相对较高的地区与发展水平相对较低的地区进行资本、人才、技术、市场信息等流动和思想观念、思维方式、生活习惯等方面的传播和辐射过程。通过流动和传播,进一步提高经济资源配置的效率,以现代化的思想观念、思维方式、生活习惯取代与现代化相悖的旧的习惯势力。辐射的媒介就是交通条件、信息传播手段和人员的流动等。这里,我们把经济发展水平和现代化程度相对较高的地区称为辐射源。把辐射的具体方式分为:点辐射、线辐射和面辐射。

(二)点辐射

点辐射一般以大中城市为中心,向周边地区推开,如同平静的水面上投入一块石头,产生的波浪由中心向外扩散,逐步扩散到较远的地区。从静态的角度来看,中心城市的现代化程度和经济发展水平相对较高,技术、人才、资金相对比较充分,居民思想观念、思维方式和生活习惯相对也比周边地区先进,但自然资源和劳动力很可能比较匮乏。而周边落后地区的自然资源和

---

① 参见温军:《民族与发展:新的现代化追赶战略》,清华大学出版社 2004 年版,第 127 页。

劳动力很可能比较充裕,但资本积累和技术进步的速度相对可能较慢,这样,如果周边地区和中心城市能够很好地实现优势互补,则可以大大加快以中心城市为核心的地区现代化和经济发展速度。在辐射过程中,资本必然向效率高的地区先流动,技术通常由中心城市向周边地区流动,周边落后地区的人才也可能向中心城市流动,自然资源和劳动力的辐射通常表现出单向辐射的特点,即主要是由周边落后地区向中心城市流动。点辐射的有效进行必须依赖良好的辐射媒介,即良好的交通、信息传播手段和市场机制。

（三）线辐射

线辐射一般以铁路干线、公路干线、大江大河以及大湖沿边航道和濒临沿海的陆地带为辐射的带状源,向两翼地区或上下游地区推开。这里,我们把铁路干线、公路干线、大江大河以及大湖沿边航道和濒临沿海的陆地带称为辐射干线。和点辐射的分析一样,通常,辐射干线上的城市或地区的经济发展水平和现代化程度相对较高,辐射干线两翼的经济发展水平和现代化进程相对较低。于是,辐射干线上的城市或地区的资本、技术、人才和先进的思想观念、思维方式和生活方式就会和两翼落后地区相互传播,传播的结果可能会使两者之间实现优势互补,从而在整体上推动整个地区的经济发展和现代化进程。关于这方面的辐射特点和辐射过程,和点辐射是完全一致的。关于线辐射,还有一点需要说明。我们已经说明线辐射不同于点辐射的重要特点是,线辐射不仅包括辐射干线向两翼的辐射,而且包括辐射干线上下游之间的辐射。这样上下游的纵向线辐射和向两翼的垂直线辐射就同时向两个方面推开,因此形成了一个有效的线辐射体系,辐射的范围和程度都比点辐射宽广。云南省选择的昆河经济走廊发展战略就是很好的线辐射案例,他们利用边疆区位特点构筑了从中国昆明到越南河内的经济走廊,通过几年的实践证明,这样的选择充分发挥边疆的优势,加快了边疆的发展。

（四）面辐射

根据辐射的特点,面辐射可以分为两类:一类是摊饼式辐射,另一类是跳跃式辐射,这是我们借用移民理论的概念对辐射理论做的分类。摊饼式辐射是指经济发展水平和现代化程度相对较高的地区逐渐与周边地区进行资本、技术、人才、市场信息、自然资源和思想观念、思维方式以及生活方式的流动和传播,使后者发展速度进一步加快,并逐渐向外推移。这样的辐射导致的发展时间上是渐进的,从空间上来看是连续的,先进地区和落后地区之间没有出现盲区。例如,广东省与周边省份的辐射首先从交界处开始,逐渐向后推移。这种辐射方式很像摊饼时的推移过程,因此得名。跳跃式辐射是指经济发展水平和现代化程度相对较高的地区跨过一些地区直接与落后地区进行资本、技术、人才、市场信息、自然资源和思想观念、思维方式以及生活方式的流动和传播,使后者的发展速度进一步加快。这种辐射从空间上来看是跳跃式的。例如,目前中国政府在积极倡导先进地区和落后地区之间的对口扶贫工作,东部发达地区和边疆西部落后地区之间形成的辐射就是跳跃式辐射。

第五节　良性互动集成发展的战略思路

一、良性互动集成发展战略思路的含义

以上我们探讨的边疆发展战略的本质和方式,要把本质和方式变为发展的现实,应该实施社会要素良性互动集成的发展思路,即以人为核心要素、以梯度推进与中心辐射相结合为方式,形成社会要素良性互动、集成发展的思路。我们处在信息时代和知识时代,科学技术日新月异,经济全球化日趋加快。城乡、区域、经济社会、人与自然、国内与国外成为相互联系、相互依存的一个系统。边疆地区的发展应以社会系统论思想为指导,探索良性互动集成发展的战略思路。

二、良性互动集成发展战略思路的基本要求

边疆地区实施良性互动集成发展的战略思路,一个基本的要求是促进"三个转变"和"五个良性互动"。"三个转变"是:经济增长方式转变、农村发展方式转变和社会管理方式转变。"五个良性互动"是:经济与社会的良性互动、区域之间的良性互动、城乡之间的良性互动、人与自然的良性互动、区内发展和对外开放良性互动。

（一）促进三个转变

第一,推进经济增长方式转变。坚持经济发展以提高质量效益为中心,促进质量、规模、速度、结构、效益相统一;坚持科技和机制创新为动力,提高对外开放水平,推进资源与市场的整合及经济结构的战略性调整,加快资源向财富的转化;坚持实施农业产业化、新型工业化、城镇化、基础设施现代化联动推进的发展战略。第二,推进农村发展方式转变。应着力推进农村生产方式的市场化和农村生活方式现代化,促进农业向工业延伸,农村向城市转

变,农民向市民转化。提高农村劳动力、生产资料和生产方式市场化程度,提高农村生活方式的现代文明程度。第三,应坚持以人为本转变边疆管理方式,加强对边疆地区的科学管理、民主管理、依法管理、系统管理,构建文明、和谐的边疆。在推进"三个转变"中促进"五个良性互动"。

（二）促进经济与社会的良性互动

就经济发展和社会发展的关系来说,其一,经济发展是社会发展的基础。因此,经济应该优先发展,是第一位的,只有经济发展了,才能为社会发展提供物质条件,也只有经济发展了,才会提出相应的社会发展的需要。其二,经济和社会要协调发展,实现互动。社会是一个整体,经济发展不可能长期脱离社会发展而孤军独进,必然要求社会发展与之相配合。社会发展既为经济发展提供环境和条件,也可以满足经济发展本身不能满足人们的多方面的需要,所以社会发展了,会促进经济发展,如果社会发展滞后,不能与经济发展相协调,就会阻碍经济发展或使经济畸形发展。其三,社会发展是经济发展的目的。因为发展生产和一切经济活动,归根到底都是为了满足人们日益增长的物质文化需求,是为了改善人们的生存环境和提高生活质量,是为了促进人的全面发展。

由于种种认识和体制、结构等方面的原因,直到现在我国边疆地区的社会发展还没有取得应有的进步,经济和社会发展并不协调。其具体表现是:

第一,经济发展了,经济结构调整了,但社会结构包括人口结构、就业结构、城乡结构、地区结构、阶层结构等,没有得到相应的调整。我国边疆地区工业化水平只达到初级或中期阶段,城市化率处在较低的水平,城市化严重滞后于工业化,城乡关系严重失衡,阻碍了第三产业和各项社会事业的发展,也直接影响了国民经济的发展。

第二,经济发展与教育、科技、文化、医疗卫生、环境保护等社会事业的发展没有同步。仅以教育和卫生事业为例,改革开放二十多年来,我国边疆普及九年制义务教育和基本扫除青壮年文盲的工作很有成绩,但是与内地相比差距还很大,高中阶段教育、职业技术教育和高等教育发展差距更大。根据有关资料显示,2003 年我国边疆人口平均受教育年限不到 6 年,仍有 15% 的成人是文盲。边疆的医疗卫生资源配置不合理,城乡之间分布很不平衡。据卫生部的资料显示,90% 的农民完全是自费医疗,农村缺医少药的状况十分严重。

第三,社会管理相对还显得落后。一个国家或地区要实现现代化,不仅要有现代化的各类基础设施建设,还要有现代化的管理,即我们通常讲的"硬件"要现代化,"软件"也要现代化。许多城市遍布高楼大厦、豪华宾馆、宽广平坦的马路、各种名目的广场,硬件都相当现代化了,但社会管理跟不上,存在着交通拥堵、儿童上学困难、环境脏乱差、空气污染等问题。

第四,社会事业的管理体制还需加大改革力度。边疆的各级各类学校、科研院所以及文化、医疗卫生机构等事业单位大多按照计划经济体制的要求运行,机构庞大,人浮于事,规章制度僵化,运行成本很高,效率低下,服务质量差,人民群众很不满意。

第五,经济增长与就业增长不协调。我国边疆农村人口多,现在又处于社会转型、经济体制转轨的阶段,结构性失业和技术性失业等多重因素导致就业形势十分严峻,这将是今后一个较长时期里困扰边疆发展的一个重大的社会问题。

如何实现经济和社会协调发展?关键是从当前最为突出的主要矛盾入手。

第一,根据联合国 2003 年公布的数据表明,与中国经济快速增长相比,中国社会发展处于中等偏下的水平,在世界排名中位居第 104 位,表现为"一条腿长,一条腿短"。边疆地区又处于国内的后位。从根本上讲,解决边疆经济与社会发展的"长短腿"问题,要靠国家和地方政府扩大对社会发展方面的投入,改变目前政府投资偏重于经济建设而对社会事业偏少的格局。

第二,边疆地区要利用国家这只"有形的手",加强税收等方面的"二次调节",解决地区之间和个人之间的收入差距拉大问题。培育合理的现代社会阶层结构应该成为今后社会制度安排和政策选择的核心。

历史经验表明,在社会中间阶层规模大的社会,社会资源的配置一般都比较合理,分配差距比较小,社会各阶层之间的利益矛盾和冲突一般都不会很大,这样的社会最稳定、最可持续发展。中国边疆正处在经济社会转型之中,社会阶层结构也在不断地变迁。目前还有近 80% 的农村人口、70% 的劳动力以务农为主。与此同时,我国边疆社会中间阶层规模很小,能够纳入中间阶层的就业人口所占比例仅为 8% 左右。

第三,建立合理配置公共资源的制度设置。从近期看,社会政策创新的可操作方向是合理地配置公共资源。而其中最为有效的操作平台,是建立公正配置公共教育资源的制度,制定提高普通社会成员尤其是困难群体的竞争能力和技能教育水平的培训政策。教育是促进经济增长、矫正各种不公平的起码条件,是保证社会机会相对公平的最重要的制度设置。

第四,提高社会管理水平。为维护社会稳定,保证经济和社会协调发展,还要注意全面构建现代化的社会管理体系,积极构建"中国边疆社会稳定预警系统"。社会稳定预警系统,就是要科学、定量、实时地诊断、监测并预警社会稳定的总体态势。目前,美国、日本等一些发达国家已经建立了相应系统,监测全球或区域的稳定状况和动乱热点,分别为其战略决策、安全体系、外交政策、经济发展、政策后效评估、危机综合对策等提供全方位服务。作为一个世界大国,中国边疆社会稳定预警系统的研制和运行十分必要。

第五,实施积极的就业政策,减轻就业压力。中国社科院"中国社会形势分析与预测"课题组在 2004 年"社会蓝皮书"中有这样一组数字:20 世纪 90 年代中期以来,城镇登记失业率逐年上升,1995 年为 2.9% ,1999 年为 3.1% ,2001 年为 3.6% ,2002 年为 4.0% ,2003 年为 4.3% ,2004 年为 4.7% 。国有企业下岗职工继续增加,2003 年 6 月底,下岗职工达 2500 万人,而再就业率则逐年下降,1998 年为 55.21% ,1999 年为 40% ,2000 年为 16% ,2002 年为 11.1% 。农村剩余劳动力继续增加,2004 年进城镇务工经商农民达 7000 万人,现在还呈增加的趋势。①

(三)统筹区域协调发展,实现区域间的良性互动

我国幅员辽阔,地区发展很不平衡。改革开放以来,边疆各地区都有很大发展,但地区发展的差距也在不断扩大。逐步扭转地区差距扩大的趋势,促进地区协调发展,不仅是重大的经济问题,也是重大的政治问题,不仅关系现代化建设的全局,也关系社会稳定和国家的长治久安。

统筹区域发展,就是要继续发挥各个地区的优势和积极性,逐步扭转地区差距扩大的趋势,实现共同发展。国家要从宏观政策上支持欠发达地区加快发展。根据我国当前区域发展的实际情况和全面推进现代化建设的要求,中央明确提出了促进地区协调发展的战略布局:坚持推进西部大开发,振兴东北地区等老工业基地,促进中部地区崛起,鼓励东部地区加快发展,形成东中西互动、优势互补、相互促进、共同发展的新格局。这是一个把握规律、统揽全局的重要决策。

(四)统筹城乡发展,实现城乡间的良性互动

城乡关系是一国特别是发展中国家的经济社会发展过程中需要认真对待和正确处理的一个基本关系。搞清楚城乡关系的历史定位,是正确处理城乡关系的前提。改革开放以来,我国边疆长期存在的城乡分割的发展体制逐

---

① 中国社科院:《中国社会形势分析与预测》,科学出版社 2005 年版。

渐松动,一系列消除城乡壁垒的措施陆续成为现实,城乡关系明显改善,城乡一体化发展取得了长足进步。进入新世纪新阶段,我国正处在从城乡二元经济结构向城乡一体化迈进的历史转折点上。

统筹城乡经济社会发展,逐步改变城乡二元经济结构,是我们党从全面建设小康社会全局出发作出的重大决策。农业是国民经济的基础,没有8亿农民的小康,就不可能实现全面的小康;没有农村的现代化,就不可能有全国的现代化。全面建设小康社会,重点在农村,难点也在农村。我们党历来重视"三农"问题,但是由于种种原因,城乡差距、工农差距仍呈不断扩大的趋势。统筹城乡经济社会发展,首先,这是我国工业化、城镇化进入加速发展时期的客观现实。1990年以来,特别是20世纪90年代中后期,我国的经济结构发生重大调整,使边疆地区基础设施的投入奠定了城镇化的基础,工业化在消费和出口的拉动下逐步升级,经济增长开始由工业化单引擎拉动发展到工业化与城镇化的双引擎拉动。这必将加速推动工业化和城镇化进程中的非农就业。其次,这是落实科学发展观的必然结果。科学发展观是全面、协调、可持续的发展观,它必然要求把农村和城镇的发展作为现代化建设同等重要的任务来推进。再次,这是伴随着我国信息化建设长足发展的重要趋势。以信息化带动工业化,是我国边疆地区加速工业化,发挥后发优势,实现生产力跨越式发展的新机遇,自然也是城乡一体化加速发展的新机遇。此外,社会主义市场经济体制的建立,为边疆加快城乡一体化发展提供了有利的体制环境。党的十六届三中全会把建立有利于逐步改变城乡二元经济结构的体制作为重要任务,必将为进一步加速城乡一体化发展注入强大动力。在这样的时代背景下,我们应顺势而谋,因势而动,珍惜机遇,抓好机遇,统筹城乡经济社会发展,实现城乡良性互动,在全面建设小康社会进程中努力开创城乡协调发展的新局面。

在社会主义市场经济体制初步建立的条件下,统筹城乡发展,实现城乡良性互动,关键是要抓好四个环节。一是合理调整国民收入分配结构和政策,加大对农业的支持和保护力度。农业是基础产业,又是弱势产业,要承担自然风险和市场风险。加快农业农村发展,增加农民收入,光靠市场调节不行,国家必须加强扶持和保护。这是世界各国普遍的做法。国民收入分配要向农业倾斜,通过税收政策、财政转移支付等,加强对农业、农村的支持。要进一步落实对农业"多予、少取、放活"的方针。二是农业和农村自身要加快发展,推进城镇化。要继续实施农业和农村经济结构的战略性调整,加快科技进步,全面提高农业综合生产能力,提高农业素质和效益。要深化农村改革,充分调动农民的积极性,加快农村社会发展,加强农村的基础设施建设,推动农村劳动力向非农产业和城镇转移,加快农村工业化、城镇化进程。三是城市发展要和农村发展相协调,充分发挥城市对农村的带动作用。随着现代化进程的推进,城市必然还要进一步发展,但要防止规模过大、标准过高的倾向,注意以城市繁荣带动农村发展。要把更多的财力等社会资源用于农村,并更好地为农村产业结构调整、劳动力转移和农民增收创造条件。四是统筹推进城乡改革,消除体制性障碍。要逐步建立城乡统一的劳动就业制度、户籍管理制度、义务教育制度和税收制度等,逐步形成有利于城乡相互促进、共同发展的体制和机制。

(五)坚持可持续发展,实现人与自然的良性互动

统筹人与自然和谐发展,必须处理好经济建设、人口增长与资源利用、生态环境保护的关系,推动整个社会走上生产发展、生活富裕、生态良好的文明发展道路。我国人口众多,资源相对不足,生态环境承载能力弱,这是基本国情。边疆地区资源相对富集,但生态环境承载能力非常弱,随着经济快速增长和人口的不断增加,水、土地、矿产等资源不足的矛盾将会比较突出,生态环境形势十分严峻。高度重视资源和生态环境问题,增强可持续发展的能力,是全面建设小康社会的重要目标之一,也是关系中华民族生存和长远发展的根本大计。

第一,促进人和自然协调与和谐,开创文明发展的道路。人是生产力中最具有决定性的力量。保护和改善环境,使人们在优美的生态环境中工作和生活,身体健康,心情舒畅,人民群众的积极性和创造力能够得到更好的发挥,对于推动生产力的发展将产生积极影响。自然环境是人类发展生产的物质基础,人与自然和谐了,生态系统保持在良性循环水平,生产的发展才能获得永续的空间。保护环境能促进科学技术进步。从全球范围来看,出于节约资源、保护环境的需要,循环经济、绿色经济正在成为世界经济发展的重要方向,促进循环经济、绿色经济发展的环境技术已列入世界先进技术的范畴,成为世界各国争相角逐的对象。从国内情况看,近年来我国通过淘汰落后的生产工艺和设备,关闭污染严重的企业,促进了包括环境技术在内的科学技术的发展,进而带动了产业优化升级和结构调整。人和自然的协调与和谐是生产力发展水平的重要标志。生产力是人类征服自然、改造自然的实际能力。人类在向自然界索取的时候,不能超越自然所能承受的限度,不能违反自然

规律。恩格斯在《自然辩证法》中就告诫我们:不要过分陶醉于我们对自然界的胜利。在第一步都确实取得了我们预期的结果,但是在第二步和第三步却有了完全不同的、出乎预料的影响,常常把第一个结果又取消了。因此,在发展生产力的过程中,必须促进人和自然的协调与和谐,将社会生产力与自然生产力相协调,将经济再生产与自然再生产相协调,实现在生态环境良性循环和自然持续供应前提下的生产力持续发展,只有这样,才能称得上是生产力的高度发达。

第二,树立以环境保护为核心的生态文明观。由于受到自然的严重束缚,古代"天人合一"的自然观只能是人类被动地适应自然,工业革命提高了人类改造自然的能力,但在天人对立自然观的影响下,在一个多世纪中创造出无与伦比的巨大物质财富的同时,也付出了沉重的环境代价。生态文明观是人类社会经过几千年的农业文明和工业文明之后,在深刻认识人与自然关系的基础上形成的崭新的科学的文明观,既是对古代"天人合一"自然观的继承与发展,也是对天人对立自然观的反思与醒悟,是可持续发展战略的道德伦理基础,代表着先进文化的前进方向。生态文明倡导社会实施可持续发展,走资源节约型和循环经济的发展道路,实行绿色消费,努力实现人和自然的协调与和谐。把生态文明观有机地融入精神文明建设,有利于加强社会主义思想道德建设。随着生态文明的普及,在进一步提高劳动者精神文化素质的同时,也必将促进先进生产力的发展。

第三,使人们在优美的生态环境中工作和生活符合最广大人民的根本利益。环境保护是一项功在当代、利在千秋的崇高事业,是强国富民安天下的大事,直接体现了广大人民群众的切身利益。尽管边疆地区在环境保护上做了很大的努力,但是我们也必须清醒地看到,全国特别是边疆地区污染物排放的绝对量依然很大,七大水系1/3以上的河段达不到使用功能要求,近1/3的国土被酸雨笼罩,城市空气和水污染十分突出。水土流失、荒漠化仍在发展,生态功能还在下降,生物多样性继续减少。据专家测算,仅环境污染的损失就占当年 GDP 的 4% ~8%。环境污染和生态破坏成为影响一些地区经济发展和社会稳定的重要因素。改善环境质量、维护生态平衡成为新世纪全国人民的迫切愿望。

(六)促进区内发展和对外开放的良性互动

对外开放政策促进了我国的改革、发展,经济全球化趋势又为改革与发展带来重大机遇和挑战。我国边疆的经济体制改革必须积极适应新的形势,对外开放要服务于边疆改革和发展,边疆改革和发展要考虑国际环境。

完善社会主义市场经济体制,全面建设小康社会,必须锐意推进改革。边疆经济社会生活中存在的深层次矛盾,只有通过深化改革才能解决。改革仍处在攻坚阶段,要坚持解放思想,勇于开拓创新。必须坚持社会主义市场经济的改革方向,注重制度建设和体制创新;坚持尊重群众的首创精神,充分发挥中央和地方两个积极性;坚持正确处理改革发展稳定的关系,有重点、有步骤地推进改革;坚持统筹兼顾,协调好改革进程中的各种利益关系;坚持科学发展观,贯彻落实"五个统筹"。要统筹推进各方面的改革,努力实现宏观经济改革与微观经济改革相协调、经济领域改革和社会领域改革相协调、城市改革和农村改革相协调、经济体制改革和政治体制改革相协调,使各方面改革相互促进。

在新的发展阶段,边疆地区必须适应经济全球化深入发展和我国加入世贸组织的新形势,在更大范围、更广领域和更高层次上参与国际经济技术合作和竞争,提高对外开放水平。要坚持"引进来"和"走出去"相结合,统筹利用国际国内两个市场、两种资源,更好地促进边疆地区现代化建设。要把利用外部有利条件和发挥自身优势结合起来,充分发挥我国市场广阔、劳动力资源丰富的优势。必须始终把扩大内需作为经济发展的基本立足点和长期战略方针。要处理好内需与外需、利用外资与利用内资的关系。要注重引进先进技术、管理经验和高素质人才,提高自主创新能力。要扬长避短,趋利避害,既要敢于扩大开放,又要善于保护自己,在扩大开放中注意维护我国企业利益和国家经济安全。

第六节　构建边疆发展战略体系

一、边疆发展战略体系内容

把边疆发展提到战略高度,就必须构建边疆发展战略体系,把边疆发展战略的实施作为一项复杂的系统工程。边疆发展战略体系至少由八个战略组成:新农村建设战略、新型工业化战略、城镇化战略、人力资源开发战略、科教兴边战略、可持续发展战略、扩大对内对外开放战略、构建和谐社会战略。八大战略相互依存、相互促进、相互制约、相辅相成、相得益彰。八大战略又可细分为若干子系统,由若干分战略组成。

二、社会主义新农村建设战略

《中共中央关于制定国民经济和社会发展第十一个五年规划的建议》指出:"建设社会主义新农村是我国现代化进程中的重大历史任务。要按照生产发展、生活宽裕、乡风文明、村容整洁、管理民主的要求,坚持从各地实际出发,尊重农民意愿,扎实稳步推进新农村建设。"①中央提出的社会主义新农村的内容,即"生产发展、生活宽裕、乡风文明、村容整洁、管理民主",包含了农村物质文明、政治文明、精神文明、社会文明等多方面的内容。其中,"生产发展"是建设社会主义新农村的物质条件,"生活宽裕"是建设社会主义新农村的具体落实,"乡风文明"是建设社会主义新农村的思想基础,"村容整洁"是建设社会主义新农村的环境氛围,"管理民主"是建设社会主义新农村的体制保障。社会主义新农村建设是在社会主义条件下,反映一定时期农村社会以经济发展为基础,以社会全面进步为标志的社会状态,是农村以农民为主体,经济社会发展的历史过程,是解决"三农"问题的战略思想和战略举措。

三、边疆新型工业化战略

实现工业化是我国边疆地区现代化进程中艰巨的历史任务。信息化是加快边疆实现工业化和现代化的必然选择,边疆地区要坚持以信息化带动工业化,以工业化促进信息化,走出一条科技含量高、经济效益好、资源消耗低、环境污染少、人力资源优势得到充分发挥的新型工业化路子。推进产业结构优化升级,形成以高新技术产业为先导、基础产业和制造业为支撑、服务业全面发展的产业格局。优先发展信息产业,在经济和社会领域广泛应用信息技术。积极发展对经济增长有突破性重大带动作用的高新技术产业。用高新技术和先进适用技术改造传统产业,大力振兴装备制造业。继续加强基础设施建设。加快发展现代服务业,提高第三产业在国民经济中的比重。正确处理发展高新技术产业和传统产业、资金技术密集型产业和劳动密集型产业、虚拟经济和实体经济的关系。走新型工业化道路,必须发挥科学技术作为第一生产力的重要作用,注重依靠科技进步和提高劳动者素质,改善经济增长质量和效益。

---

① 《中共中央关于制定国民经济和社会发展第十一个五年规划的建议》,人民出版社2005年版,第8页。

四、边疆城市化战略

在边疆地区要实施多元化的城市化战略。就是在城镇化过程中,大中小城市和城镇都要发展。没有必要强调非要以大城市为重点,或者非要以小城镇为重点。关键是我们要根据工业化发展的阶段性要求,按照比较优势原则,综合考虑不同区位资源条件、人口规模和经济发展水平,把发展特大城市、大城市、中等城市和有重点地发展小城市(镇)有机结合起来。在经济欠发达、人口相对较少的西部地区,可以在扩展县市城镇的同时,重点建设和发展那些区位优势强、资源条件好、人口规模大的中心城镇。在经济发达地区,可以在继续扩张现在大中城市的基础上,对已经形成的小城镇群或小城镇带进行整合,实现由镇到城的转变。

五、人力资源开发战略

人力资源是第一资源,人力资源开发战略是边疆发展战略的基础战略,全面开发人力资源,变人口大国为人力资源强国是边疆省区各级政府全面建设小康社会的第一选择。要树立发展新理念,要把人力资源开发作为振兴边疆地区经济的关键,把培养人的创新精神和开发创新能力作为人力资源能力建设的重要任务;要深化教育体制改革,建立学习型社会;要加强人才和劳动市场体系建设,完善政府服务。要把全面开发人力资源作为全面建设小康社会的第一目标;要致力人力资本开发。人才资源已成为最重要的战略资源,人才在综合国力竞争中越来越具有决定意义。边疆省区如何把沉重的人口压力转化为丰富的人才资源,把潜在的人才资源转化为现实的人才资源,使之成为边疆社会经济发展的不竭动力,已经成为摆在边疆地区面前具有基础性、决定性、战略性的紧迫而艰巨的任务。必须把人才强边战略作为人才强国战略的有机组成部分,把人才强边作为边疆发展战略的重点。知识经济的兴起,知识经济时代的来临,知识成为经济增长和社会发展的动力和基础。知识经济时代的两大特点是全球化、知识化。仅从知识化看,20世纪60年代以来,微电子、计算机、通信技术等新兴产业迅速发展,带来了信息化、网络化、智能化、集成化的经济走向,不仅兴起了信息产业、发展了网络经济、催生了知识经济,也对经济、社会、政治、文化各方面产生深刻影响。知识化的发展趋势,对我国尤其是边疆省区实现现代化十分关键。边疆人力资源发展战略应该以人的知识化作为方向,以人力资源能力建设作为根本。

六、科教兴边战略

知识经济的基本特征是知识不断创新,高新技术迅速产业化。知识创新的核心是科学技术创新。在知识经济中,科学技术起着非常重要的作用,它对于知识的创造、传播、转移和提供广泛的科技基础教育并使它们融入经济、社会、文化各领域,都有显现和潜在作用。边疆实施知识化发展战略以缩小与东部乃至全国的知识差距,必须实施科技兴边战略,促进科学技术进步,实施技术创新,建立边疆的技术创新体系,促进企业技术创新,提高边疆地区的竞争力。科学和教育是实现国民经济可持续发展的基础。科技进步和经济社会发展,从根本上说都取决于劳动者素质的提高和大量合格人才的培养,都取决于教育的发展。高度发达的物质文明和精神文明是现代化的重要标志,两种文明都离不开发展科技与教育。教育担负着提高全民族的科学文化水平、培养人才的重任,各级学校是使受教育者树立正确世界观、人生观的园地。边疆要发展,教育是基础、是根本。必须大力发展边疆教育事业,巩固基础教育,普及九年制义务教育,大力发展职业教育和成人教育,积极发展高等教育,民族地区还要优先重点发展民族教育。

七、可持续发展战略

坚持可持续发展,是我国特别是边疆经济社会发展进入新阶段的客观要求。新世纪我国进入了全面建设小康社会、加快推进社会主义现代化的新的发展阶段。新世纪的头 20 年,是我国迈向第三步战略目标的关键时期,在这个时期,要全面建设惠及十几亿人口的更高水平的小康社会,使可持续发展能力不断增强,生态环境得到改善,资源利用效率显著提高,促进人与自然和谐,推动整个社会走上生产发展、生活富裕、生态良好的文明发展道路。坚持可持续发展,是科学发展观的基本内容。坚持可持续发展,就是要在发展经济的同时,统筹人与自然的和谐发展,处理好经济建设、人口增长与资源利用、生态环境保护的关系。边疆省区必须建立可持续发展战略,把可持续发展战略作为边疆发展战略的根本。

八、构建和谐社会战略

边疆地区必须贯彻中央构建和谐社会战略思想,从边疆的实际出发,按照"生产发展、生活宽裕、乡风文明、村容整洁、管理民主"的要求,全面抓好边疆和谐社会的构建,保持边疆经济持续快速协调健康发展,发展边疆社会主义民主,落实依法治国的方略,加强思想道德建设,维护和实现社会公平和正义,加强边疆社会管理。努力构建和谐的边疆民族宗教关系,维护社会稳定。构建和谐的国际周边环境,维护边境安全。

九、扩大对内对外开放战略

边疆地区必须适应新形势,扩大对内对外开放,提高对外开放水平,积极参与经济全球化。要改善贸易结构,突出特点,扩大对外贸易;要改善投资环境,扩大利用外资;要实施"走出去"战略,加强与周边国家经济技术合作;要坚持对外开放国策,完善涉外经济体制;要实施发展区域经济合作战略;要建立沿边开放经济带战略。同时要扩大对内开放,实施横向联合与合作战略,提高对内开放水平。

第二章 边疆经济联动发展战略

第一节 边疆经济联动发展构想

一、边疆经济特征

边疆地区正处于全面建设小康社会和加快现代化发展进程的特殊历史时期。改革开放二十多年来,是边疆地区历史上经济增长最快、各族人民生活水平改善最明显的时期。然而,与内地以及全国平均水平相比,这一时期发展不平衡性却呈现进一步扩大的态势,边疆的发展面临着严峻的挑战。

(一)经济结构特征

改革开放以来,边疆地区经济发展水平有了很大提高,传统社会遗留下来的面貌已经发生了根本性的改变,但是,由于边疆地区大多地处偏远、交通落后、信息封闭,发展起点低,科技文化滞后,远离经济发达重心区域,工业化、城市化水平普遍较低,绝大部分人口至今仍生活在信息不畅、环境极端封闭的乡村县镇等经济发展"孤岛"。农村产业结构仍以农业和牧业为主,工业结构也偏重于采掘工业、原材料工业及农畜矿产品加工业等资源密集型产业,因而经济结构具有典型的初级性特征。这一特征决定了边疆地区经济实力薄弱,投资规模小,消费水平低,大部分企业、个人和广大农民的收入水平有限,又决定了边疆地区经济结构转型的艰巨性。正因为如此,边疆地区面临着由于经济环境恶劣而带来的比内地高得多的制度变革风险,即影响因素复杂,现实起点低,个人和企业自我发展能力弱,对政府的依赖性强,内部差异大,因而边疆发展只能是联动渐进式地推进。

(二)经济体制特征

改革开放以来,边疆地区已初步打破了以往高度集中的计划经济体制,市场机制已不同程度地渗透到了城乡经济生活的各个方面。但是,由于计划经济体制影响深刻,市场化发展程度明显低于内地,在全国处于落后状态。

究其原因,主要是由于受特殊的历史、区域、民族等因素影响,经济观念、市场观念、竞争意识淡薄,市场化程度发展缓慢,加上狭隘的地方保护主义和乡土意识,使其难以形成统一的市场;计划经济时期建成的一批国有企业,由于资金、市场、体制等多种约束,转制和改革滞后,尚未根本摆脱计划经济模式的影响;消费品市场容量小、层次低、城乡差异大,劳动力市场、生产资源市场、土地市场、技术市场、要素市场基本上仍处于萌芽状态;地区封锁、部门分割阻碍着生产要素的合理有序流动和优化配置,要素价格不能准确反映要素的稀缺程度和供求关系;原有的专业银行向商业银行转轨的进程尚未完成,国家政策性银行、保险市场、股票和债券等证券市场尚处于初创阶段;行政机构臃肿,行政开支大,吃"皇粮"的人员比重比全国高出30%～40%,有些省区行政事业费比重甚至是全国平均水平的1倍至2倍,远远超出了当地财政的承受能力。因此,面对边疆地区的现有体制障碍,现代化不仅是促进各民族自身变革的基本动力源泉,而且更是一场深刻的社会变革。这就需要加快体制改革,改革完善经济体制,进行制度创新,逐步改变以往那种脱离民族发展实际、违背经济法则的发展行为模式,使各民族人民最大限度地参与全面建设小康社会和现代化的发展进程,其最终目的就是要增强边疆地区的全面建设小康社会和现代化发展能力。

（三）经济外向度特征

经济改革证明,中国已经成为经济全球化的最大受益者,经济全球化给中国的经济增长、创造就业、改革深化以及实现对发达国家的有效追赶带来了巨大的推动力量。但是,中国各省区在参与经济全球化进程时,却表现出极为明显的不平衡性特征,特别是边疆地区,不仅参与全球化的进程缓慢,而且开放型经济发育程度、开放程度普遍相对较低。这表明边疆地区利用国内外资金、技术、资源、市场的程度和能力均相对较低,应积极采取全面开放政策,努力构建开放型经济,加速边疆地区的双重开放,构建边疆国际经济合作带,提高边疆地区的国际市场化程度。

二、边疆经济增长与发展

（一）对边疆经济增长与发展的理解

边疆经济增长是指边疆区域总产出的量的增加以及这种产出能力和水平的实际提高,具体体现为该区域所创造的实物或折算价值在时间方向上的客观增长量以及这种创造能力的实质性提高。因此,经济增长集中在经济实力的增长。边疆经济发展不仅意味着特定区域中产业的增加和产出能力的提高,还意味着随之而出现的经济结构(如产业结构、产品结构、贸易结构、技术结构等)、政治体制、文化法律甚至观念习俗等方面的变革。可见,边疆经济发展实质上是边疆地区社会经济基础由旧的组成和结构向新的组成和结构发生本质变化的过程。

边疆地区经济的增长与发展具有巨大的差别,经济增长只是量的增长,而经济发展还包含着质的飞跃。但二者又有密切的联系。第一,经济增长是经济发展的必要前提和基本动力,它是一切经济进步的首要物质条件。经济增长的不断"积蓄"才会推动经济发展,如果没有这种"积蓄",经济发展就会变成无源之水。因此,一般说来,没有经济的增长就不可能有经济的发展,但有了经济增长并不一定就有经济发展。比如粮食产量、钢产量或能源生产量的增加等,虽然是产业结构发生根本变化的必要条件,但并不是充分条件。只有当经济增长到一定程度才能实现经济发展,因此,只有发展而无增长的情况一般是不可能的,若在个别情况下即使出现也只能是短期的或是局部的。第二,经济发展能够反过来促进经济增长。边疆地区经济健康有序的发展,就会为经济增长创造更好的环境、机会和机制,从而有利于促进经济的协调、持续与稳定的增长,并能很好地带动社会发展向有利于经济增长的方向转变。第三,经济增长和经济发展同属于历史范畴,都需要进行动态考察,对于同一时期不同国家或地区,从横向上看,有的以经济增长为主,有的以经济发展为主;从时间纵向上观察,每个国家或地区都会先后不一地交替经历着经济发展为主的时期和经济增长为主的时期。一般一个地区由落后经济走向发达经济要经过增长为主—发展为主—增长为主—发展为主的多层次循环。因此,经济增长和经济发展是互相联系、共同作用于边疆地区经济的运动过程之中的。

(二)边疆经济增长与发展的动力源泉

边疆经济增长与发展滞后于内地,根本上讲就在于经济总量小、技术质量低、劳动力资源差、机制体制性障碍多。所以,我们要从资本积累、劳动力资源改善、科学技术进步、创新体制机制、提高市场化程度等方面注入经济增长与发展的动力。

1. 增加物质技术资本积累。从边疆经济增长与发展角度,我们把资本描述为带来增值的价值。它包含物质资本、人力资本、金融资本和技术资本。边疆地区发展的资本积累,可体现为建筑物与厂房、机器设备、交通设施和存货等物质生产要素能力的加强,也可以直接体现为资金数量的增长和科技共享率等。其中前者的积累有利于促进资金数量的增加,而资金数量的增加又可以转化为物质生产要素和高素质劳动力的增加。三者共同构成了一个边疆经济发展资本的积累。积累的存在是边疆地区"再生产"的源泉,积累的不断增加则是边疆地区"扩大再生产"的必要前提。因此,边疆地区资本积累得越快,就意味着经济发展的资本投入量增加得越快,也就越能有力地推动边疆地区的发展。在市场经济条件下,边疆地区的资本积累,主要是通过市场化程度的提高来引入和聚集国外和国内发达地区的资本。

2. 改善人口与劳动力资源条件。边疆地区人口与劳动力资源条件主要包含人口数量、密度、增长速度、人口结构与整体素质等方面的数量和质量特征。这一条件的好坏要看它是否适合和有利于边疆地区经济的发展。边疆地区在改善人口与劳动力资源条件方面,核心是要提高人口与劳动力资源的质量,使劳动者提高接受新的生产知识的技能和能力,增加高层次专业技术人才的比例,使人口与劳动力具有良好的身体素质、文化素质、技术素质、心理素质等。要通过市场机制引导内地普通劳动力和不同层次、不同类型的人才向边疆地区流动和迁移。

3. 推进科学技术的进步。科学技术进步在经济增长与发展中最重要的贡献,体现在劳动生产率的迅速提高上,即随着技术的长足进步使同样的生产要素投入能提供越来越多的产出。因此在各国各地区的经济增长与发展中,资金和劳动等要素投入量的增加固然起到较大的作用,但其中技术进步的作用是至关重要的。2000 年,中国对外技术依存度为 50%,设备投资 60%以上靠进口,科技进步的贡献率只有 39% 左右,发达国家科技进步贡献率平均达 70% 以上。我们要通过技术引进、技术援助或技术贸易等方式,促进科技要素的互补性区域流动,使边疆地区都能不同程度地分享科技进步的成果,促进经济的联动发展。

4. 促进资源集成。民族地区经济发展过程,实际上是自然条件、资源、劳动力、资本和技术设备等要素的投入和集成的动态过程。这些要素在任何地区的优劣丰欠状况都是不一样的,也都是互相联系和互相制约的。比如自然条件优越与自然资源丰富的地区,如果没有特定的劳动力与资本等要素的投入,自然条件与自然资源的优势也无法发挥出来。因此,经济的增长与发展必须靠各种生产要素的共同作用,这种共同作用的效果则取决于诸要素的集成程度。边疆地区要具体对本地区各种要素进行深入具体的分析,按不同地区的特殊情况来集成各种生产要素。要加强区内资源和区外资源的集成,因为任何资源在各地区中的分布都是不平衡的,这种资源贫富差异性必然会推动地区间资源的流动。任何地区的消费能力和市场容量均是有限的,如果只以本地区市场为目标,单靠本地区消费能力的增长来进行市场扩宽,将会使市场容量很快趋于饱和而限制生产和经济的持续发展。所以我们不但要促进民族地区资源与内地发达地区资源的集成,还要促进各类资源与市场的集成。

5. 推进体制机制创新。按照新经济制度学的观点,边疆地区经济的增长和发展不完全取决于政府拨多少款、安排多少人,而主要取决于自身体制机制的创新程度,也就是说,主要取决于有利于各种生产要素向边疆地区涌流、有利于边疆地区各方面的创造性、积极性充分发挥的制度安排。所以,国家要深化改革边疆地区的经济体制,提高边疆地区的经济市场化程度。进一步改革边疆地区的财政政策、产业政策、货币政策,改善我国与周边国家的经济秩序,健全经济法律法规制度,依法维护边疆地区经济秩序,改善边疆经济增长和发展的社会环境。边疆地区要从区域实际出发,推进国有企业改革、财政管理体制改革,完善产业发展政策。

三、边疆地区经济发展水平评价

在评价边疆地区发展状况时,我们应该撇开具体的分等级的指标,抓住一般的本质的指标。我们认为,城市化水平、产业构成状况、环境优化程度、区域创新能力和可持续发展能力是判断区域经济发展的五大标志。

(一)城市化水平

城市化水平是农村聚落变化为城市的过程,也就是在原先的农村地域中城市要素逐渐增大的过程,主要体现在三个方面内容的变化。一是城市地域扩大,农业用地不断转变为城市用地;二是农民由专业农户转为非农户,农业劳动力逐渐转移到城市中的第二、三产业;三是城市人口增加,城市人口比重逐步提高。边疆地区城市化水平普遍低于内地。城市化的产生是经济发展到一定时期的必然产物,边疆城市化水平随边疆地区经济的发展而逐步提高。2000 年至 2004 年,我国边疆地区城市化水平平均年增长率为 33%。①经济增长水平与城市化水平存在着内在的对应关系,不同地区城市化的发展

① 见《2004 年国家统计年鉴》,第 48 页。

速度,也反过来表现着本地区经济增长与发展的速度。

（二）产业结构状况①

产业结构的产生是以经济发展为根本前提的,产业结构并不是人类社会一开始就存在的,产业结构的产生是经济发展到一定历史时期的必然产物,产业结构必然会随着经济发展水平的提高而发生变化。边疆地区产业结构质量普遍比内地发达地区差,有的地区产业结构形式还是以农业占主导地位的第一产业比重大于第二产业,第二产业比重又大于第三产业。产业结构的演进表征着经济结构的变化,不同的产业结构模式表征着该地区经济发展的水平和特点。如果第一产业大于第二产业,第二产业大于第三产业,就表现出该地区商品经济不发达,经济发展水平低,各区域之间的经济联系少,市场化程度低。如果第二产业大于第一产业,第一产业大于第三产业,就表现出该地区第一产业地位下降,从事第一产业的农村剩余劳动力分别向第二、三产业转移,城市经济在地区经济中的核心作用扩大,该区域经济发展到工业化初期,从传统经济社会开始向工业化阶段迈进。如果第二产业大于第三产业,第三产业大于第一产业,这是该地区经济发展到工业化中期的重要标志,第一产业地位继续下降,第二、三产业比重同时上升,经济发展水平进一步提高,地区内的横向联系进一步加强,第三产业地位和作用日益重要。如果第三产业大于第二产业,第二产业大于第一产业,这是工业化社会的标志,标志着该地区工业化水平和经济发展水平达到了相当高的程度。以边疆省份为单位进行地区经济发展、产业结构评价,我国边疆地区大部分处在经济发展的工业化初期,即第二产业大于第一产业,第一产业大于第三产业。

（三）环境优化程度

环境是相对某一个中心事物或过程而言的,边疆地区经济所赖以发展的环境,主要是指直接或间接影响边疆地区经济发展的外部空间、条件和状况,具体可以归纳为自然环境、社会政治环境和教育科技环境等方面,这些环境的变化与改良程度同边疆地区经济发展状况具有很密切的关系,边疆地区经济的发展会直接或间接地提高环境的改良程度,而环境的改良与优化又反过来促进边疆地区经济的进一步发展。因此,许多环境因素的优化程度对边疆地区经济的发展具有明显的标志作用。在自然环境的优化过程中,要增强环境保护意识,促进产业生态化,生态产业化,实现生态保护与资源开发的有机

① 参见李悦:《产业经济学》,中国人民大学出版社1998年版。

统一。在经济环境的优化过程中,要依法建立有序的、公平的、竞争的市场环境,改善水、电、路、通信、能源供给、环境保护、文教卫生等基础设施条件。在教育科技环境的优化过程中,要建立幼儿教育、初高中教育、职业教育、成人教育、高等教育的网络体系,加强科研和实用技术的推广,不断提高劳动者素质。

(四)区域创新能力

创新是边疆地区不断发展的不竭动力,是提高边疆地区产业竞争力的关键,是实现边疆地区可持续发展的根本途径。边疆地区经济的增长和发展要着力于提高人才竞争力、科技竞争力、制度竞争力、管理竞争力,主动迎接经济全球化和信息网络化的挑战,必须提高区域创新能力。边疆地区创新的基本途径应该是:第一,培养和引进创新型人才。人才是知识创造、传播和创新的主体,也是边疆地区能够持续竞争的基础,国与国之间的竞争,区域与区域之间的竞争,说到底是人才的竞争,要促进边疆地区创新,必须培养和引进创新型人才。第二,开发创新型技术,提高自主技术创新能力。开发创新型技术是促进边疆地区产业创新、提高地区竞争力的有效途径,要建立和健全技术市场,加大企业技术改进力度,促进实用技术的研究和推广,要建立、健全新的科技投入体系。第三,培育创新型产业。创新型产业大多是技术创新型产业,具有高度渗透性、高度倍增性和高度带动性,它既是地区产业结构调整的领头产业,也是地区产业升级的重要推动力量,同时,还将为结构调整提供市场需求和技术支撑。要加强对边疆地区,特别是边疆老工业基地的传统产业的改造,要大力发展高新技术,把工业化和信息化发展结合起来,以信息化带动工业化,促进各行各业经济方式的转变。第四,建立良好的激励创新机制。完善的市场机制和健康的市场活动,是区域创新的先决条件,也是区域创新的基础,建立良好的激励创新机制,对于促进市场主体的空间基地和推动地区创新的健康发展具有很重要的意义,要建立民主、法治、公平、正义的政策环境和市场控制环境。

(五)可持续发展能力

可持续发展是边疆地区正确处理和协调人口、资源、环境以及相互联系的共同发展战略,是当代人类社会进步的指导原则。可持续发展既要反映全球区域和部门的相对独立性,又要反映它们之间的相互作用。是既满足当代人需要又不危害后代人满足其需要的能力,既符合局部人口利益又符合全球人口利益的发展。边疆地区可持续发展的基本目标应该是:社会格局合理,社会生活稳定和持续协调;总体发展水平不断提高,即社会、经济、文化和政治生活水平的提高;地区发展的基本均衡性增强;环境状况良好和稳定,物质生活水平提高,物质财富积累增加。

四、边疆地区经济发展战略的制定

边疆地区经济发展战略是对该地区发展的全局性谋划,具有客观性、系统性、全局性、区域性、综合性等特征。

（一）边疆地区经济发展战略制定的基本原则

1. 可行性原则。边疆地区经济发展战略的制定必须认真分析区情,确定区域发展阶段,掌握边疆地区经济运行规律。只有从区情研究开始,弄清边疆地区现实的和潜在的优劣势,并注意优劣势的互相转化,分析现实的经济水平及经济结构,才能确保边疆地区经济发展战略的可行性。

2. 预见性原则。边疆地区经济发展战略的制定是建立在科学分析基础上的,但它必须具有一定的预见性。这个预见性不是凭空想象,而应该既有压力又有动力。压力就是只有通过努力奋斗才能实现,动力就是要高而可攀,能够振奋人们的精神。

3. 独立性原则。边疆地区经济发展战略的制定是建立在对边疆地区经济深入研究的基础之上的。事实上,边疆地区经济只是大边疆地区经济系统的一个组成部分。它必须处理好边疆地区与大边疆地区的关系,按照相对独立性的原则,充分利用本地区所拥有的自然、经济、社会、科学等资源,争取尽快发展本地区经济,不断提高本地区人民生活水平。

4. 阶段性原则。边疆地区经济发展战略必须具有长远的眼光,充分考虑经济发展的延续性。如果一个时期的发展战略的实施不能为以后经济发展打下坚实基础,甚至该时期的发展战略目标的实现以牺牲长远利益为代价,那么这个战略就是失败的。因此,一定时期的发展战略应当考虑到阶段性特点,准确把握本阶段的发展动向,避免提出不切合实际的过高或过低的发展目标,影响长远发展大计。

（二）边疆地区经济发展战略制定的基础

边疆地区经济发展战略制定的基础是指对内外环境的分析和准确的把握。

1. 区情分析。首先,对区域内经济发展的历史进行剖析,并着重分析近十年来区域历史的发展,总结经验和教训,从中发现问题作为借鉴。其次,要分析发展现状,包括经济条件分析、人文条件分析、环境条件分析。区域经济条件分析,要着重分析地理位置和资源状况、人口与劳动素质、科技水平、经济水平与经济结构和基础设施状况。人文条件分析主要是文化教育、商品经济观念、竞争意识、干部素质等方面的分析,把握人文条件的积极作用与消极影响。环境条件分析包括市场环境、社会环境和生态环境的分析。通过上述分析,比较准确地把握本地区的性质以及发展阶段,正确地认定本地区所处的经济发展阶段,发展战略目标的确定、结构目标的确立才具有可行性。

2. 外部环境的分析。边疆地区经济是一个开放性系统,无论大区域还是国家、国际的外部环境,都会在一定程度上影响其发展,尤其上一级区域产业重点及区域的政策变化,影响更大。在制定边疆地区经济发展战略时,还必须展望国家、其上一级区域的宏观政策的走向和经济发展的总趋势,根据本区所承担的任务确定外部环境对本区经济发展的影响程度。一般说来,外部环境对区域经济发展的影响有两类情况。一是为边疆地区经济未来的发展提供了机遇。这样就要抓住时机,充分利用,把战略目标定得高些;二是边疆地区经济发展的外部环境比较严峻,这样就要"治理整顿",适时调整发展战略,尽量减少外部环境的消极影响。

(三)边疆地区发展战略构成

一般来讲,边疆地区经济发展战略方案构成应包括战略思想、战略目标、战略重点、战略布局、战略步骤和战略措施。战略思想亦称战略方针,它是一个战略的纲,是确定战略目标、战略重点和战略措施等的依据。战略目标是战略主体,在未来一个较长的时间内,是发展预期达到的总要求和总水平,也是一定时期的总任务,它包括经济发展、人民生活、科技进步、社会发展、社会稳定等方面构成的目标体系。战略重点是指在经济发展过程中,对实现战略目标具有关键意义的区域、部门、环节和要素。战略布局就是发展要素在产业部门间的合理配置和空间上的布局,也是产业在区域范围内的布局。战略步骤是从时间上来安排地区经济发展战略的实施,重点是安排战略阶段间的衔接,划分战略阶段必须充分考虑经济发展阶段演化的规律性、经济发展要素的制约性、完成战略目标的必要性、实施战略管理的可行性。战略措施是为实现区域经济发展战略目标,保证战略重点和战略步骤的实施而制定的具体对策,它要解决经济发展中的各主要环节面临的问题,提出解决这些问题的方针政策。

五、边疆经济发展战略构想

根据对边疆经济特征、经济发展内涵、经济发展水平评价和经济发展战略制定的分析,提出边疆经济"三化联动、构筑一带"的发展战略构想,即农业产业化、新型工业化、服务业现代化联动发展,构筑边疆国际经济合作带。

这一构想成因主要有四点:一是边疆经济发展的基本特点;二是边疆地区所处的区位特点;三是贯彻落实国家提出的科学发展观;四是社会主义市场经济体制不断完善。目前,我国边疆地区经济发展呈现出区域分割、资源性经济突出、发展差异性大、产业联动性弱、产业化程度低等特点。我国加入世贸组织、东盟自由贸易区建设的推进、大湄公河次区域经济合作的深化等对发挥我国边疆地区区位优势、提升对外开放水平、加强国际经济合作有着重要的推动作用。我国提出以人为本的科学发展观,统筹经济社会发展、统筹城乡发展、统筹区域发展、统筹经济社会与自然发展、统筹国内发展与对外开放。"五个统筹"对促进边疆地区工业化、农业产业化和服务业现代化的联动发展,构建国际经济合作带提供了理论指导。随着改革的不断深入,我国社会主义市场经济体制不断完善,工业、农业和第三产业市场化程度不断提高,边疆新型工业化、农业产业化和服务业现代化推进的国际国内"两个市场"空间不断扩大。所以,实施"三化联动,构筑一带"的经济发展战略是调整边疆地区经济结构、提高经济素质、加快经济发展的必然选择。

第二节　边疆农业产业化[①]

一、农业产业化是边疆传统农业走向现代农业的必由之路

农业是一个系统工程,产前、产中、产后是一个整体的产业链。在市场化程度比较低,特别是在计划经济体制下,边疆农业的链条被人为地割断,农业难以正常运行,农业的活力被减弱,农业的效益大量流失。市场经济是效益经济,提高农业经济效益,必须使产前、产中、产后连贯起来,一体化运作。提出农业产业化不过是还农业的本来面目,把被人为割断了的农业产业链重新连接起来;把被肢解了的农业有机体重新组合起来,形成一个完整意义上的

---

① 参见曾业松:《新农论》,新华出版社2004年版。

农业,进而提高农业的质量,增强农业的效益,促进传统农业向现代农业转变。

农业产业化是以市场为导向,以家庭承包经营为基础,以主导优势产业培植为重点,以企业及中介组织为中枢,以各参与主体获得平均利润为目的,促进资源优化配置的一种新型的一体化、市场化的农业经营体制。这种体制的积极作用在于:促进农业产业结构的战略调整;培育大批龙头企业和经营组织,带动亿万农民进入市场,形成农户和企业之间"利益共享、风险共担"的经营机制;提高市场经济环境下农民的组织化程度,提高农产品的竞争力和农民的收入,加快农村经济的发展。农业产业化是我国农业在走向市场经济和现代化、国际化的新形势下,农业生产关系的重大创新,是经营管理体制和组织形式的重大突破。

目前,我国边疆农业产业化存在的主要问题是:农业产业组织规模实力不强,农业的整体竞争力弱,农业产业链短,中介组织发育滞后,产业化企业和农民之间的利益机制不健全,外部的限制因素也比较多。面对农产品供给已由全面短缺变成普遍过剩,农产品进口逐步扩增,消费者对农产品要求越来越高,市场流通渠道越来越宽,企业之间的竞争更加激烈,产业化的内涵和特征有了新的发展,产业化经营要解决的矛盾也有所变化。边疆农业产业化推进,要紧紧围绕农业增效、农民增收和推进农业结构战略性调整的中心任务,以培育有竞争优势和带动能力的龙头企业为重点,以提高农业生产的市场化和组织化程度为基础,以科技创新和重大先进适用技术的推广为动力,以建立与国际市场相适应的农产品质量标准和检测检验体系为保障,全面提高农业产业化经营水平。

二、市场化调整:以市场为导向,调整产业结构,培育主导产业,发展特色产业

(一)调整农业结构是农业产业化的必然要求

按照产业化的要求,对于单一粮食种植结构为特征的传统农业结构必须进行战略性的大调整。农业结构的战略性调整应该包括两个层次:其一,从市场需求出发,对农产品品种和质量以及农业区划布局进行调整,解决"种养什么"、"怎么种养"、"种养多少"的问题;其二,从农业效益出发,大力发展农产品加工业,转变农业增长方式,促进农业向深度进军,解决"人往哪里去"、"钱从哪里来"的问题,其目的是要实现农业由低产、低效、低生产率向高产、高效、高生产率转变,创造一个农产品竞争力增强、农业增效、农民增收、企业增利、财政增强的多赢局面。

　　农村改革以后,农作物生产品种多样化,农村经济经营多业化,农村劳动力就业多元化。农业经济打破传统的城乡分割、产业分割的格局,形成新的利益格局。随着城乡居民的消费观念、消费方式的变化,农业的生产目标、生产方式也需要跟着变化。现代农业要走向市场化、全球化,农业结构面临着新一轮更大、更为深刻的调整。从某种意义上说,农业产业化对农业结构调整提出了客观要求,同时也为农业结构调整提供了广阔的空间和舞台,提供了良好的制度环境。所以,要把农业产业化经营好,关键要根据市场需求把农业结构调整好。

　　(二)农业结构的战略性调整要坚持科学的依据和目标

　　农业结构的战略性调整既要适应经济规律,又要适应自然规律,应坚持以市场为导向,把转变农业增长方式,发展优势、高产、高效、生态、安全农业作为核心;把增加农民收入、推进农业现代化作为基本目标。具体地讲,结构调整必须根据市场需求、自身优势、科技进步和可持续发展等四个方面的要求:1. 发展始终适应市场变化的农产品。深入了解市场需求,正确估价消费动向,及时作好适应性调整,实现产业结构优化、产品结构优化、品质结构优化、上市时间结构优化、贸易结构优化。2. 充分发挥边疆地区自然条件、生物资源丰富多样的优势,发展最具竞争优势的农产品。从各地实际出发,主攻"四品",即特色产品、优质产品、无公害产品、精深加工产品。重点打好"五张牌",即打好"大牌",扩大生产基地,凸显规模优势;打好"品牌",发展名优特稀产品,实施名牌战略;打好"绿牌",发展无公害食品、有机食品和绿色食品,冲破"绿色壁垒";打好"标准牌",开展农产品质量认证,推进农业标准化建设;打好"都市农业牌",既提供精美、安全、卫生、营养的农产品,又为城市提供优美的田园风光和清新空气,使农业由单纯的生产功能拓展为生产、生活和生态功能。3. 依靠科技进步,发展高质量、高效率的农产品。应加强边疆农业科学技术的研究,加速先进适用技术的转化与应用,切实把农业发展转移到依靠科技进步、提高农产品质量和效益的轨道上来。农业产业化企业和组织应对生产基地农户实行统一供种、统一技术、统一植保、统一加工销售,提高农产品质量,创造农产品品牌,扩大国内外市场份额,实现农产品不断增值,促进农民收入增长。4. 促进人与自然的和谐,实现农业的可持续发展。农业结构调整,必须节约、保护、合理利用水资源和土地资源,促进农业和农村经济的可持续发展,再不能以破坏生态为代价。必须树立全新的环境保护理念,促进环境保护与经济发展融合,促进政府支持与市场化手段结合,还应注重环境保护技术创新,不断提高环保水平。

（三）农业结构调整的方向

边疆农业结构调整的方向应该是:按照农业产业化经营的本质要求,努力实现优化区域布局、优化农产品品质、发展精深加工和提高农产品质量标准的有机统一。1. 充分发挥各地的比较优势,采取综合措施,促进优势农产品和特色农产品向优势产区集中,逐步形成有特色的支柱产业或主导产业,乃至具有国际竞争力的农业产业带。2. 培育商品基地,推进优质农产品规模经营,要按照"围绕龙头建基地,突出特色建基地,连片开发建基地"的要求,巩固和提高现有农产品基地建设水平,积极发展有鲜明特色的商品基地。基地建设应由政府统一规划,龙头企业组织实施,真正形成市场牵龙头、龙头带基地、基地连农户的运行机制,并遵循"谁兴建,谁受益"的原则,鼓励多种渠道、多种形式、多种经济成分建设农产品生产基地。3. 发展农产品精深加工,连成农业产业链,使农产品加工各个环节都可以吸收农民就业,把农民从土地上有序地转移出来;使各个环节都可以实现产品增值,增加农业效益和农民收入。努力把农产品加工业提高到一个新的水平,把食品加工业发展成一个大产业。4. 提高农产品质量标准,促进农业产业结构升级。要在优化品种、品质结构,大力发展优质农产品生产的同时,着重抓好质量安全管理。要引导和帮助农民按标准组织生产,科学用肥,安全用药,从源头上保证农产品质量安全。要建立健全统一、权威的农产品质量标准体系和检验检测体系,建立市场监管制度和监测制度,保证农产品的质量安全。

三、产业化经营:产业与市场贯通,农户与市场承接

（一）企业化经营是农业产业化的关键

农业产业化的本质特征是经营企业化、生产集约化、产品标准化,其中最关键的是农业经营企业化。企业化寓于产业化之中,贯穿于农业产业化全过程。企业化有利于促进农业从传统的小农经营方式向高度商品化的农业企业经营方式转变,有利于促进农民从传统的农业生产者向具有市场意识、风险意识、投资意识、科技意识的农业企业家方向转变,有利于解决当前我国边疆地区农业存在的生产分散化和非组织化问题。

农业产业化按照市场牵龙头、龙头带基地、基地连农户做法,已经形成"市场＋企业＋基地＋农户"等多种运行模式。在这里,龙头企业起着关键和核心作用。农业产业化龙头企业把农业生产、加工、销售环节联结起来,有效延长农业产业链条,通过对农产品的精深加工,增加农业的附加值,使农业的整体效益得到显著提高;农业产业化龙头企业把分散经营的农户联合起来,有效地解决分散经营的小农户与大市场的对接问题,通过在更大范围和更高层次上优化配置资源,提高农业生产的组织化程度,使农业科技创新、吸纳先进生产要素和科学管理有适宜的组织载体;农业产业化龙头企业把中国农业与国际国内市场联系起来,有效地把农业标准和农产品质量标准全面引入到农业生产、加工、流通的全过程,通过创造农业品牌,推动农业和农村经济向规模化、集约化和市场化方向发展,增强我国边疆地区农业的国际竞争力。农业企业化经营,突破原有社区的局限,突破传统生产关系的束缚,是一种既适合中国国情,又符合边疆地区农业发展规律和趋势的规模经营、集约经营的好形式。

（二）大力发展农业产业企业

市场主体是企业,农业产业化经营的主体也是企业,发展壮大农业产业企业是农业产业化发展的关键环节。我们认为,应该从以下几个方面大力发展农业产业企业。1. 增强企业市场开拓能力。农业产业企业一方面要研究市场需求,运用信息技术建立市场预测系统,运用先进的商务手段和物流配送方式建立营销体系;另一方面要研究农产品供给,与基地农户签订合同,明确双方的主体地位和权利义务,提高订单履约率。用"公司＋农户"来表示经营结构是不完整的。"公司＋农户"是以稳定、可靠的市场份额为前提的。没有市场份额,企业和农户的利益都没有保障。因此,准确的表达应为"市场＋公司＋农户"。2. 增强技术创新能力。农业产业企业没有技术创新的能力,不仅企业自身的发展受到影响,而且千家万户的农民利益也无法得到保证。农业产业企业应当自觉地加快技术创新和推广步伐,充分引进、吸收、消化先进的生产技术、设备工艺、管理理念,提高产品开发、生产、销售、管理和服务全过程的科技含量,使企业成为技术创新和推广的主要力量。农业产业企业要加强与科研院所、大专院校以及推广机构的合作,走农科教和产学研相结合的道路,搞好农业科技研发;要围绕主导产品采用先进技术,搞好技术推广;有条件的龙头企业要组建自己的研究开发机构,加速科技成果的转化,成为有自主知识产权、创新能力强的现代农业企业。3. 增强资金融通能力。资本是企业的"血液"和"命脉",是企业实力最集中的体现。企业要增强资金的融通能力,一是可以通过改制、改造、兼并等方式,与小型农副产品加工企业进行资产重组,实现低成本扩张;二是可以靠大联强,通过增量扩股、配股扩股、上市融资等多种形式,实现产权结构多元化,拓宽融资渠道借力发展自己;三是可以通过信贷支持增强资本实力;四是以独资、合资等形式引进外资。4. 增强企业管理能力。首先要实现企业理念创新。农业企业多数是家庭化、家族化的中小型企业,小生产意识比较突出,必须树立现代经营管理理念,实现企业主个人创新向企业全员创新转变,发挥个人智力向发挥群体智力转变。其次是实现组织管理创新。农业企业至今仍然受着传统的管理方式影响,应用现代企业制度改造龙头企业,健全企业法人治理结构,提高经营管理水平。再次是努力培养和造就有世界眼光、战略思维,懂经营、善管理,办事公平、作风正派的企业经营管理人才。

(三)建立农民和企业共同发展的利益机制

目前,边疆地区农业企业与农民的分配机制不完善,多数企业与农户之间的权责不明确,运作不规范,利益不均衡,合同关系不稳定。发展农业产业化要引导企业与农民建立共同发展的利益机制。1. 要增强农民和企业推进农业产业化的主体意识。农业产业化的主体是农民和企业,农业产业化是政府推动、企业联动、农民主动三者相互促动的结果。政府必须善于运用市场手段调动农民的积极性,使农民主动投入农业产业化过程,要以实现、发展和保护农民的最大利益为推进农业产业化的出发点。龙头企业是农业产业经营的组织载体和产业化链条中的关键环节。在农业产业化中企业是投资的主体,是科技创新的主体,是生产基地建设的主体。组织农户实行专业化、标准化、规模化生产,创造有竞争力的农产品品牌,参与国内外市场竞争都要靠农业企业,农业产业化推进要以实现和发展企业的最大利益为落脚点。2. 建立共同发展的利益机制。根据边疆各地区的实践经验,农业产业化联结机制应该多样化,较为普遍和合理的做法主要有三种:一是企业按合同保护价收购农产品;二是企业将一部分超额利润还给签约农户,进行利益的二次分配;三是在股份合作制中实行按股分红、红利均等。概括起来,就是通过买卖关系、契约关系、股份合作制等,使企业与农户之间保持利益均沾、风险共担、共同发展的关系。但无论哪种利益联结方式,都要坚持农民和企业自愿互利的原则,切不可强加干预。这样,企业与农户之间才能形成稳定的利益分配机制,调动农户、企业、社区性合作组织和各方面的积极性,建立坚实的生态化的生产基地,提供符合质量标准的农产品原料,带动产业化发展。

四、标准化生产:建立农产品质量安全保障体系

农产品质量安全就是要求农产品在保证供求基本平衡的基础上,以保护城乡消费者权益,提高农产品的市场竞争力为目标,全面提高农产品质量安全水平,健全农产品质量安全保障体系,实现农产品的无公害生产和消费。

(一)农产品质量安全的重大意义

1. 农产品质量安全是加快边疆农业现代化发展的客观要求。农产品质量安全水平是现代农业发展的重要内容和主要标志。我国边疆农业正处在由传统农业向现代农业的转型时期,要求农产品生产必须由数量型向数量与质量并重型转变,农业生产管理必须由偏重数量向注重质量安全管理转变。加强农产品质量安全管理,全面推进农业标准化建设,规范农业生产全过程管理,是加速实现农业现代化的必然要求。

2. 农产品质量安全是提高民众生活质量的根本要求。全面建设小康社会,人们的生活方式不断走向现代化,人的生活质量将不断提高。农产品质量安全对于提高广大人民群众生活质量和生命健康具有重要意义。近年来,随着我国城乡居民收入不断增加,名、特、优、稀农产品和质量安全的农产品已成为城乡居民消费的新热点。但是多年来我国农业生产在满足农产品产量大幅度增长的同时,伴随着农药、肥料、兽药等农业投入品的大量使用,以及工业"三废"和城市生活垃圾对农业生产的污染,使得农产品中农药残留、兽药残留和其他有毒有害物质超标导致的食品安全问题越来越成为社会广泛关注的焦点。全面加强农产品质量安全管理已成为一项重要而紧迫的任务。

3. 农产品质量是全面提高边疆农业国际竞争力的现实要求。随着农业经济全球化进程的加快,面对国际国内两个市场,提高农产品国际竞争能力成为当前农业发展的一个重要任务。国际农产品贸易竞争,不但是价格的竞争,更是质量和信誉的竞争。我国蔬菜、水果、水产品、肉类等劳动密集型产品,是传统的出口创汇产品,具有一定的价格竞争优势。近年来,部分产品受质量等因素的影响出口受阻,被拒收、扣留、退货、销毁和中止合同现象时有发生。一些发达国家以健康与安全为由,设置技术性贸易壁垒,加大了我国农产品出口难度。面对这种严峻的形势,只有加强农产品质量安全管理,全面提高农产品国际竞争力,才能使更多有竞争优势的农产品"走出去"。

（二）加强农产品质量安全的三个体系建设

国际上发达国家非常重视农产品质量安全，人们根据生产方式的不同，把农业称为生态农业、有机农业、生物农业等，它们在农产品质量安全管理上具有国际化、系统化、法律化、检测体系现代化、高度重视发展有机食品等特点。尽管我国多年来高度重视农产品质量安全，全面加快"绿色食品"发展，促进了边疆地区农产品质量安全生产，但与加入世贸组织后国际农产品贸易的要求相比还有不少差距。我们认为，边疆地区加强农产品质量安全的战略措施，主要是建设三个体系，即安全标准体系、检测检验体系和质量认证体系。

1. 农产品质量安全标准体系。一要制定农业标准化规划。合理规划农产品质量安全标准体系和标准数量，科学确定农业标准制定原则和依据，逐步实现我国农业标准体系和标准管理体系。二要重点制定农产品产地环境、生产技术规范和产品质量安全标准，并使我国主要农产品品种、生产、质量、安全、包装、保鲜等方面的国家标准或行业标准基本配套，农产品生产经营的各环节都有相应的标准可遵循。三要加快农产品中农药残留、兽药残留、动植物疫病以及有毒有害物质限量国家标准或行业标准的制定。四要切实搞好标准化的实施。农业标准化实施要以农民、行业、企业为主体，加强政府的监管职能。

2. 农产品质量安全检测检验体系。一要制定规划，合理设置农产品质量安全检验检测机构，加强农产品质量安全检测检验体系建设。建立一批综合性、专业性和区域性质检中心。二要积极引进先进的检测技术和设备，加快新型检验检测手段的研制和开发，充实仪器设备，完善检测手段，努力缩小与发达地区在检验检疫方面的差距。三要建立农产品质量安全例行检测制度，定期对全国农产品质量安全情况进行监测，为实施农产品质量安全管理提供科学依据，为国内消费提供可靠信息。

3. 农产品质量安全认证体系。我国农产品的标准及认证体系正在与国际接轨：一是与世界食品法典委员会制定的有关食品标准以及 ISO、WTO 等国际组织制定的有关产品标准趋向协调、统一；二是 IFOAM 标准正在提高指导性、原则性、规范性和权威性的基础上，力求协调地区和国家之间的标准；三是地区和国际标准在保证认证的公正、公平、公开的前提下，正在进一步寻求相互认可、相互尊重，实现标准等值、地位对等，以削弱和淡化因标准歧视所引起的技术壁垒和贸易争端。

（三）强化监控五个关键环节

为了确保农产品质量安全,必须大力加强下面五个环节的管理,对农产品质量安全实施强有力的监控:1. 产地环境。要保障农产品质量安全必须制定相关农产品的产地环境标准,严格农产品的产地环境的管理,全面开展农产品生产基地环境监测,采取切实有效的生态环境净化措施,保证农产品产地环境符合要求,从源头上把好农产品质量安全关。2. 农业投入品。严格控制工业"三废"和城市生活垃圾对农业生态环境的污染,重点解决化肥、农药、兽药、饲料添加剂等农业投入品对农业生态环境和农产品的污染。按照国家法律法规,建立农业投入品禁用、限用公告制度。强化农业投入品市场的监督,严厉打击制售和使用假冒伪劣农业投入品行为。通过市场准入管理,引导农业投入品的结构调整与优化,逐步淘汰高残毒农业投入品品种,发展高效低残毒品种。3. 生产过程。农产品生产、经营者从生产、加工到贸易的全过程,都要严格执行相关标准。4. 包装标识。要根据不同农产品的特点,积极推行产品分级包装上市和产地标识制度。5. 市场准入。无论是生产基地,还是农产品批发市场、农贸市场,都要逐步建立农产品自检制度。产品自检合格,方可投放市场或进入无公害农产品专营区销售。

五、社会化服务:农业产业化的系统工程

农业社会化服务是现代农业区别于传统农业的重要标志。发展和完善农业社会化服务体系,是农业产业化建设的一项基础性的系统工程。从各国农业社会化服务的发展趋势来看,主要有三个特征:一是市场化,如欧盟各成员国过去农业推广经费大部分都由农业资助,20 世纪 90 年代后,国家的推广资金下降了一半,农业发达的丹麦、法国、荷兰大部分资金来自非政府组织。二是多元化,社会各方面都已参与到农业服务,政府、企业、合作社和个人都在农业社会化服务中发挥着重要作用。三是系列化,尤其是农业发达的国家,系列化综合性服务已成为农业社会化服务的主要形式,形成工农商一体化。中国的农业社会化服务明显滞后,给农业产业化的推进带来制约,与发达国家和发达地区相比,我国边疆地区农业社会化服务的主要差距是:服务队伍弱小、服务水平低下、服务机制不活、服务功能薄弱等。边疆地区农业产业社会化服务体系建设要在发展新型组织、改造官办组织上拓展思路,着重解决好几个问题。

（一）明确农业社会化服务体系建设的目标

建设农业产业化服务体系最根本的目标,就是为农业产业化发展和现代化建设提供高效、优质服务。根据当前农民最迫切的需要,应建立健全以下几个服务体系:1.建立完善的农产品供求信息服务体系。发布农产品供求信息是指导农户安排生产的一项主要手段,是农业产业化发展产前服务的重要内容。要依托现有的各级各种"农网",收集和发布各种农产品供求信息,更大范围地扩大信息宣传。更大程度上为农户生产提供系统的信息服务,指导农户"以需定产",帮助加工企业"以求定供"。2.建立健全优良种苗繁育推广服务体系。种子种苗是最基本的农业生产资料,是农业增产的内因和各项技术措施的载体。要重点扶持种植业种苗基地建设,对繁育推广机构的引、繁、推等功能要科学分工、合理布局,避免重复建设和恶性竞争。3.建立健全农业生产技术综合服务体系。农业生产技术综合服务包括耕作技术指导、病虫害防治、灾害性天气预测预报和农产品采收等服务。要加强农业技术推广网络建设,鼓励农业科研和技术推广人员开展技术承包和技术入股,努力探索实行农业技术研究、推广项目的招投标制度,引入市场竞争机制,调动广大科技人员的积极性和创造性。实行重要服务项目由政府补助服务组织代理、一般服务项目由服务组织自理的机制。4.建立健全农产品质量检测服务体系。农产品的市场竞争力关键在于产品的质量。要提高农产品的市场竞争力,必须加快农产品质量检测服务体系的建设。重点要抓好种植业质检中心、畜牧业质检中心建设。通过实行质量管理,生产更多的"放心"食品。5.建立健全农产品加工销售服务体系。这是实现农产品有效增值的重要手段,也是促进农业产业化发展的重要措施。要继续扶持各级农业产业化龙头企业的发展,重点培植各类具有较强市场开拓能力的营销组织,通过改造和改制等手段,引导农工商公司等农业国有企业参与农产品加工和销售服务。

（二）发展农业社会化服务的原则

农业社会化服务必须从各地实际情况出发,选择农民最急需的服务项目入手,逐步地由单项服务向多项服务、系列服务乃至综合配套服务发展,努力建设一个适合不同地区生产力发展水平的、多样化的农业社会化服务体系。其具体原则是:1.农民接受服务实行自愿的原则。服务组织要根据农民的需要开展服务,通过提高服务质量和服务效益吸引农民,不要代替农户做那些自己可以决策和自己干得了的事情,或者暂时不愿接受的事情。2.服务体系发展实行量力而行的原则。既要抓紧,又不要操之过急,不强求一律,要从不同地区的实际情况出发,因地制宜,积极稳步发展。3. 基本实行有偿服务的原则。服务实体要根据保本微利的要求,合理收取服务费用,不以盈利为目的。属于国家和集体经济组织对农民的扶持,以及协调组织方面的工作,实行无偿服务。

(三)创造农业社会化服务的外部条件

要营造好服务的外部环境,提高服务效能,必须建立财政、计划、税务、金融和供销等部门为农业服务的机制,形成支持农业社会化服务体系建设的合力,建立完善的农业支撑与保护体系。1. 财政部门要保证政府鼓励的农业技术研究、技术和品种推广项目的资金投入,按照农业产业化发展和农业现代化建设要求编列各项资金预算;2. 计划部门要对农业社会化服务建设项目优先立项,指导制定农业社会化服务发展规划;3. 金融部门特别是农村信用社和农行要明确定位,面向农业农村,为农业社会化服务组织提供信贷服务;4. 税务部门要对农业社会化服务组织按农业企业和龙头企业的税收优惠规定给予扶持;5. 工商、土地和规划等部门也要提供相应的优质服务。

第三节　边疆新型工业化

工业化是经济社会发展的一个中间过程,发达国家已经完成了工业化,进入后工业化时代,而发展中国家正在奋力进行工业化。我国边疆地区大部分处于工业化中期,工业文明相对内地比较低,推进新型工业化面临着许多挑战。没有工业化,就没有城市化,也就没有农业现代化。工业文明是边疆地区社会文明进步不可逾越的历史阶段。实现工业化是我国边疆地区现代化进程中艰巨的历史性任务,信息化是边疆地区加快工业化和现代化的必然选择。大力推进新型工业化将会推进边疆工业的历史性跨越,加快边疆全面建设小康社会的进程。

一、新型工业化的内涵

新型工业化是基于我国经济发展遇到来自就业、资源和环境等方面的压力,同时也面临信息技术带来的产业革命等新的历史性机遇等多方面因素进行全面综合分析的基础上所得出的结论,是科学发展观的体现。因此,对其内涵的理解着重于提高科技含量与信息化、可持续发展、人力资源开发利用以及最终提高经济效益等方面,强调统筹信息化与工业化的关系,通过信息化带动工业化;统筹经济发展与人口、资源、环境之间的关系,强调生态建设和环境保护,实现可持续发展;统筹产业升级与就业的关系,处理好资本技术密集型与劳动密集型产业、高新技术产业与传统产业、虚拟经济与实体经济的关系。从上述几个方面来理解新型工业化已经达成共识,但是,如何理解这几个方面各自的内涵则存在明显的差别。

信息化与工业化。在信息化与工业化的关系上,有人认为工业化与信息化之间的关系是一个前提和发展、源泉与载体的关系。而更多人强调信息化带动工业化,包括:产生了信息及通信设备制造业、软件业、信息服务业等诸多新兴产业;与传统产业结合,迅速提高劳动生产率,有效地改进微观和宏观经济管理,催生新的生产经营方式和新的业态。有人把信息化带动工业化理解为信息技术对传统产业部门改造。有的学者对此提出了异议,认为信息化带动工业化体现在信息化与工业化的互动与融合。按照信息化生产方式,生产和消费规模的扩张不一定非要由高物耗来支撑,完全可以建立在低成本基础之上。关键是实现工业化与信息化的互动与融合。

可持续发展与工业化。国内对可持续发展进行探索已经有了一段时间,但到目前为止还没有真正融入工业化体系。党的十六大提出全面、协调和可持续的科学发展观和走新型工业化道路以后,各级政府和学界对于发展方式的重视程度达到前所未有的高度。要求在工业化过程中充分考虑生态环境对经济发展的负作用,解决当前我国经济发展和资源持续利用之间的矛盾。虽然大家比较赞同"新型工业化道路,也就是可持续发展的工业化道路,既要经济发展,又要生态环境的保护",但在具体认识上还存在一定的差异。一些人强调科技进步和知识创新对自然资源的替代,经济发展应当考虑其对生态环境的负面作用;另一些人强调可持续发展要求形成新的经济发展模式,从对自然资源竭泽而渔的做法转向以再生能源为基础、重复或循环利用资源的经济模式。

人力资本与工业化。在对待就业与人力资本方面,刘世锦等人认为,在"以人为本"的新型工业化下,主要着眼点就不再仅仅是提高工业产值、建立工业体系、发展高科技、增加机器设备等"物",而是更重视提高人的专业化素质,增加人的选择机会,满足人的参与和享受需求等。"以人为本"的新型工业化是让尽可能多的人参与,为尽可能多的人服务,而不是"只为少数人服务"。对如何真正实现"以人为本"存在着不同观点。一种观点认为,人力资本投资是新型工业化的本质反映。理由是:我国劳动力资源优势主要表现在数量上,从整体上看素质还比较低,而高科技产业和知识密集的服务部门其基础是人力资本。另外,由于市场竞争环境的变化,促使资本对劳动的替代作用增强,劳动生产率提高很快。同时,随着工业化进程的不断深化,创造就业不仅仅涉及数量,对劳动力的质量要求也相应提高。解决这一问题的关键就是提升人力资本。另一种观点认为,走新型工业化道路面临技术选择问题,从赶超经济发展看,需要选择先进技术;而从劳动力过多看,需要扩大就业的适应技术。

所谓新型工业化,就是"坚持以信息化带动工业化,以工业化促进信息化,走出一条科技含量高、经济效益好、资源消耗低、环境污染少、人力资源优势得到充分发挥的新型工业化路子"。与传统的工业化相比,我们认为要从新型工业化的突出特点上去把握其内涵,其突出的特点有三个:

(一)以信息化带动的、能够实现跨越式发展的工业化

发达国家都是在工业化之后推行信息化的,中国是一个后发展的国家,这些年信息化发展很快,我们完全可以在工业化的过程中推进信息化,以信息化带动工业化,以工业化促进信息化,从而发挥后发优势,实现生产力的跨越式发展。顺应新形势,新型工业化以科技进步和创新为动力,注重科技进步和劳动者素质的提高,在激烈的市场竞争中以质优价廉的商品争取更大的市场份额。

(二)能够增强可持续发展能力的工业化

在发达国家实现工业化特别是在快速发展的时期,大多数是以消耗能源、以牺牲环境为代价,这种"先发展、后治理"的模式,代价是很大的。所以,我们在实现工业化的过程中特别强调生态建设和环境保护,强调处理好经济发展与人口、资源、环境之间的关系。新型工业化道路,依托以信息技术为代表的科技革命,为在加快发展中降低资源消耗,减少环境污染,提供强大的技术支撑,从而大大增强我国的可持续发展能力和经济后劲。

(三)能够充分发挥我国人力资源优势的工业化

在发达国家实现工业化的过程中注重机械化和自动化,与此同时出现了一些失业问题。中国的国情是人口多,劳动力成本比较低,我们要在工业化的进程中充分考虑到这个国情,处理好资本技术密集型与劳动密集型产业的关系,处理好高新技术产业和传统产业的关系,处理好虚拟经济和实体经济

的关系。既充分利用工业化来提升劳动生产率,又着眼于扩大就业,发挥我国人力资源的优势。

二、边疆新型工业化面临的问题

我国提出新型工业化战略,给边疆工业的跨越式发展提供了难得的机遇,它将推动边疆地区信息化的发展,推动传统产业的发展,推动劳动密集型产业的发展,增强边疆工业化在国内国际的竞争力,增强与世界经济的融合度,但也要看到边疆地区面临着新型工业化的许多挑战和问题。

(一)基础差,时间短,任务重

主要工业化国家在实现工业化的过程中花了两百多年的时间,中国却要在短短的几十年实现工业化,使全世界工业化人口增加一倍多,这必然对全世界工业化进程产生巨大贡献,任务极其艰巨繁重。与内地相比,边疆地区工业化程度低,基础薄弱,实现新型工业化的任务更加艰巨繁重。

(二)人口多,结构不合理,就业压力大

国际通常用三个结构性指标作为衡量一个国家是否达到工业化的标准,即农业产值占 GDP 的比重必须降到 15% 以下;农业就业人数占全部就业人数的比重降到 20% 以下;城镇人口上升到 60% 以上。我国边疆七省区人口结构和就业压力都比内地矛盾更为突出,2004 年边疆七省区农业产值占 GDP 的比重达 28.86%,农业就业人数占全部就业人数比重达 66.58%,城镇人口占 32%。① 农村人口向非农产业和城市的转移,是中国边疆地区新型工业化进程中最为重要、最为艰巨的任务。

(三)大众消费能力与新型工业化成果不相一致

中国的人均国民收入还不到 1000 美元,边疆地区大部分地方不到 500 美元,与发达国家的人均国民收入两三万美元有相当大的差距,所以在中国许多产品必须很便宜才能符合消费者的购买能力。工业化发展到一定阶段必定会使大批量生产的工业制成品面向大众的消费能力形成一对矛盾,那就得降低成本,最终表现出来的就是产品降价、居民收入水平的提高和市场的迅速扩大。城市低收入家庭和农民收入水平低是解决大众消费能力与新型工业化成果不相一致问题的关键。目前,占全国总人口一半以上的农民只能分享 15% 的 GDP 份额,边疆地区农民能分享的 GDP 份额更少,农村人口的收入

---

① 资料来源:《云南统计年鉴》,云南人民出版社 2005 年版。

和消费增速减缓。

（四）资源、环境问题严峻

人均资源短缺是我国的基本国情,如果我们不从根本上改变高能耗、高物耗的经济增长模式,发展需要和资源供应的矛盾将日益尖锐,整个世界的资源、环境、生态体系都支撑不住。比如美国3亿人口消耗世界25%的石油,如果我国也像美国一样,整个世界的石油可能都不足以满足我国消耗。发展不足和发展不当是造成环境问题的重要原因。新型工业化正是一种资源节约型和可持续的工业化道路。然而,我国目前用同样的能源、原材料消耗,生产出来的价值量仅相当于发达国家的1/4,甚至于1/6;我国每吨钢能耗为164公斤标准煤,而世界先进水平只需要80公斤标准煤。边疆地区虽然资源较之内地富集,但环境治理的任务相当繁重,特别是水土流失严重,地质灾害频繁。

（五）高技术成果转化效率低

我国边疆企业开发和创新能力差,以企业为主体的产业技术创新体系尚未建立起来,产量增长迅速而与先进水平相比的技术差距没有缩短,属粗放型经济增长,大量低技术、低附加值的产品供过于求,许多高技术成果游离于经济之外,得不到转化,资源利用率特别是科技资源的利用率极低,造成巨大的浪费。目前我国边疆地区高技术成果的商品转化率在8%左右,而产业转化率仅在4%左右。另一方面,经济发展中急需的大量高技术、高附加价值的产品严重依赖进口。这种高技术成果转化效率低的状况严重制约着我国经济的增长。

（六）新型工业化基础不平衡与区域产业结构趋同并存

在传统的计划经济体制下,各地方政府长期追求工业自成体系,盲目地上项目、铺摊子,造成重复投资、重复引进、重复生产现象十分严重,最终导致各地区之间产业结构严重趋同,分工协作程度弱化,产业、产品缺少特色,未能体现比较优势和协作效益。据有关资料显示,尽管东、中、西部的资源和经济技术环境存在很大差别,但在工业产品结构中,相似程度却很高。东部与中部地区结构的相似率为93.5%,中部与西部的相似率更高达97.9%。趋同化涉及的产业和产品众多,从初级产品到以家电为代表的机电产品,再到支柱产业,目前还有继续加深的趋势。

（七）在市场经济的竞争规则中处于弱势地位

在世界范围内,市场竞争的规则往往是以发达国家为主制定的,首先体现了发达国家的利益要求,只要我们融入国际经济,就必须遵守这些规则。近年来,发达国家制定了众多企业标准,如环境标准(ISO14000 等)、技术和质量标准(ISO9000 系列等)、估价标准、安全标准,等等。由于我国特别是边疆地区技术结构中关键性基础技术和应用水平落后,核心技术和具有自主知识产权的产品较少,关键技术受制于人,这就意味着我国不可能获得更多的利益。

(八)信息化基础环境较差

信息化一方面是硬件工具和技术层面的进步,如机器的更换、频道的增宽;另一方面还有更重要的内容,就是信息的本身,我们缺乏有关行业、地区的数据库资源,如一个待开发地区的沿途物产是什么? 产业结构是什么? 没有这些最基础的数据,就无法了解当地的实际情况。没有数据资源,再宽的频也没有用,无法进行投资决策,引进外资搞工业化就困难。也有不少信息由于不符合国际规范而没有可利用的价值。

(九)企业规模小,无法抵御实力雄厚的国际竞争对手

我国边疆地区缺少一批主业突出、创新能力强、有综合实力和国际竞争力的大公司,尚没有形成以大企业为核心、以众多中小企业为其配套协作的企业群体。工业生产领域中许多重要产业的整体规模与技术水平不相称。作坊式的手工劳动仍普遍存在于农业和其他一些低技术构成产业中。企业普遍生产技术水平落后,形不成规模经济,产品不能适应市场需求变化,根本无法与有实力的国际大企业抗衡。

(十)城镇化水平偏低

2004 年,中国城镇人口占全国人口总数的 41.8%,农村人口占全国人口总数的 58.2%。中国的人均 GDP 处于下中等收入国家水平。按照生产结构、劳动力配置结构和城乡人口结构分布三项指标进行综合评价,中国的城镇化水平只有国际低收入国家城市化水平的 57.30%。边疆七省区城镇化水平更低,只达到 32%,连拉丁美洲 73% 的一半都不到,影响了大量农业剩余劳动力向非农产业转移。

三、实施产业转型战略

通过对边疆地区新型工业化面临挑战的分析,我们认为,边疆地区推进新型工业化必须实施产业转型战略,也就是说,加快产业转型是边疆新型工业化的必由之路。产业转型是指一国或地区在一定历史时期内,根据国际和

国内经济、科技等发展现状和趋势,通过特定的产业、财政金融等政策措施,对其现存产业结构的各个方面进行直接或间接的调整。就边疆地区来说,产业转型指从旧的产业结构布局转向以高新技术产业为先导、基础产业和制造业为支撑、服务业全面发展的产业新格局,更好地发挥边疆地区各种经济优势,促进经济社会的发展。

产业转型对新型工业化的作用和意义在于:为信息技术的发展提供一个广阔的平台;提高整个工业的技术水平、效益水平和竞争力;实现社会资源的优化配置;使生产结构与需求结构相适应。我们对产业转型的战略作如下选择:

（一）在更大范围、更宽领域、更高层次上参与世界经济竞争

把我国所具有的市场优势、低成本制造优势和产业基础优势,与发达国家所具有的资金优势、技术优势和管理优势充分地结合起来,加快我国产业转型的步伐。紧跟当代世界产业发展的主流,顺应我国产业结构不断外向化、国际化的客观趋势,积极参与国际分工,利用全球资源和世界市场,在全球范围内进行资源配置,提高经济体系的运行效率,促使产业结构加速升级,增强国际竞争力。更多地吸引外资进入国内市场,通过外商投资企业引进先进技术、工艺、设备和管理经验,推动相关产业的技术进步;适度开放我国农产品市场,引进外国农业技术、资金,通过国内外市场竞争加快农业结构调整,促进农业现代化;进一步开放服务业市场,加快银行、保险、证券、电信、商贸、运输等服务业的外资引进,促进我国服务业的发展。鼓励企业将国内成熟的工业技术转移到海外,加大开发和利用国际资源的力度。加强对信息、生物医药、新材料、消费类电子及家用电器等领域的重点出口,依靠技术创新建立我国出口产业和产品新的动态比较优势,在未来的国际分工和国际贸易中争取较为有利的位置。逐步建立超前反应、以间接调控为主的进出口调控体系,启动重点敏感商品的进口预警系统和汽车、化肥、钢铁行业预警机制,增强抵御各种外部风险与冲击的能力。通过大力发展计算机软件等信息产业和相关产业的发展,大大促进以信息、知识为重要基础的市场经济的发展,促进与世界各地区、各国之间的经济联系。培养具有一定规模的"重量级"企业集团,以充分发挥其创新和综合竞争能力。引导龙头企业和大企业集团,主动承担产品结构调整和技术结构调整的重点项目,培育和发展一批产业转型的重点依托企业,使结构的优化升级成为它们的内在追求;并通过这些企业自主地实施技术创新、管理创新、组织创

新、产品创新和企业信息化,带动产业整体素质和竞争力的提升。一些幼稚产业也要立足高起点,注意规模效益,提高技术水平,强化整体素质,成为能替代进口、增加出口的强势产业。注意发挥比较优势,逐步向核心技术领域推进。

(二)跨越式发展

以信息化作为新型工业化最核心的内容,把信息产业摆在优先发展的地位,用工业化支持信息化,为信息产业的发展和基础设施建设提供物资、能源、资金、人才和市场,迎头赶上世界信息化水平。把信息技术与传统产业结合起来,将高新技术渗透到各个产业中去,用高新技术改造传统产业,引导工业向高增加值、高竞争力、高信息含量的方向发展,变劣势产业为优势产业,实现工业本身的跨越式发展。制造业是实现工业化的水之源、木之本。在世界产业结构的调整中,部分制造业将从发达国家中转移出来,抓住制造业发展的国际分工机遇,加快以高新技术产业对制造业的改造,把一部分具有优势的制造业用新技术武装起来,通过分化、替化、重组、整合,突破传统制造业的某些制约和限制,促进传统制造业的跨越式发展。将高新技术与传统农业结合,促使农业产业转型,变劣势农业为优势农业,以促进传统农业的跨越式发展。城镇化是工业化的载体,要加快推进城镇化进程,以城市化彰显跨越式发展战略的后发优势。

(三)加大科技和科技人才投入

立足于高起点,以加快高科技产业化发展为核心,加强对科技研发的投入。抓住技术创新不放松,坚定不移地淘汰落后技术,陆续淘汰一批能耗高、污染严重的落后设备,使企业的总体技术装备赶上发达国家的技术水平。企业应该更多地注重研发工作,建立起研发中心,把生产中遇到的技术问题迅速地转移到实验室,进行深入研究分析,将研发成果迅速投入生产实践。创造有利于高科技创业的经济社会法规政策环境,特别是要完善资本市场,鼓励创业投资事业的发展;借鉴欧美、日本等发达国家的经验,制订完善的风险投资业的相关法律法规,扶植高新技术中小企业的成长。加强人力资源建设,培养和造就掌握先进科学技术和管理知识、创新能力强、适应经济和社会发展需要的各类专业人才队伍和企业经营管理队伍,采取多种措施开发人才资源,留住人才,用好人才和吸引人才。注重培养工业生产制造领域里的高级技术工人,引进高、精、尖技术项目科研人才。增加教育投资,坚持教育适度超前发展。

（四）加速提高居民收入，启动消费升级

提高城乡居民收入水平，提高机关事业单位工作人员和广大企业职工工资待遇，足额发放下岗职工基本生活保障金和失业救济金，提高城镇居民最低生活保障线水平。大力推进农业产业化经营，支持乡镇企业调整结构和转变机制，取消对农民的乱收费、乱摊派，切实减轻农民负担，增加农民收入。在发展经济的基础上，努力提高城乡居民实际购买力。现阶段多数城镇居民家庭已经基本解决了衣食和部分用的问题，正在向提高住、行水平和生活质量的阶段过渡，住宅、汽车、教育、电信、计算机、旅游等是现阶段城镇居民消费升级的主要领域，也将成为拉动新的高增长产业的主要力量，并相应带动建筑、建材、机械、石化、电子等工业部门的较快增长。抓紧消除制约消费结构升级的体制和政策障碍。发展消费信贷，为居民住、行及其他消费行为提供金融服务。

（五）城乡和地区间产业结构协调布局

中国应当走一条城、镇、乡与东、中、西交叉立体型的城乡和地区间产业结构协调布局发展道路。城市化步伐的加快将带动农村人口向城市转移，是解决城乡产业结构协调布局的主要途径。积极推进城镇化进程，建立城乡人口有序流动的机制。城市规模的扩大以农业的产业化为前提，农业产业化又能推动工业化，工业化可以吸纳更多的农民进城。改革现行户籍制度，形成有利于城乡协调发展的人口管理机制。开发的战略重点是深化改革、扩大开放、改善投资环境，充分发挥中、西部地区经济增长的潜力，以市场为基础促进生产要素向中、西部流动；加快中、西部基础设施建设，搞好一批交通、水利、通信、电网及城市基础设施等重大工程；加强生态环境的保护和建设，通过退耕还林还草等生态建设工程，改善中、西部地区的生产条件和自然环境；发展特色经济，推进优势资源的合理开发和深度加工，培育优势产业；抓好中、西部地区的教育工作，积极发展科技，培养和引进大批人才；实行新的特殊政策，使中、西部地区成为外部投资者的投资乐园。

（六）经济社会可持续发展

把实施可持续发展战略放在更突出的位置，坚持经济与社会的协调发展，处理好人口、资源、环境关系。坚持计划生育基本国策，加快人口与计划生育法制建设，控制人口自然增长率，重点做好农村和流动人口计划生育工作，促进优生优育，提高人口质量，缓解就业压力。认真做好老龄人口和社会保障的工作，发展老龄事业，维护社会稳定。完善资源保护和利用的法律法规,强化执法监督,健全资源的有偿使用制度,维护矿产等资源的国家所有者权益。加强生态环境保护,强化全国人民的环境意识,动员各方面力量重视环境保护事业。努力改善城乡环境质量,减少污染物排放量,使生态恶化趋势得到遏制,提高森林覆盖率和城市建成区绿化覆盖率,抓好天然林、重点防护林体系和天然草原的保护和建设,推进岩溶地区石漠化综合治理,健全环境、气象和地震监测体系,做好防灾减灾工作。

（七）三次产业比例协调

按照新型工业化要求,我国三次产业的演变规律应是第一产业比重下降,第二、三产业比重上升。国民经济总量增长从主要由第一、二产业带动转为主要由第二、三产业带动的结构。第一产业主要是从传统农业向优质高效农业转型,提高农产品的附加值,加快农业劳动力向第二产业和第三产业转移。第二产业是产业转型的重点,有重点地发展高技术产业,大力振兴装备工业,加快改造传统产业。

四、建设边疆群体支柱产业

推进边疆新型工业化进程,必须处理好工业化与信息化、高新技术产业与传统制造业、工业化与科技创新、工业化与人文资源开发、工业化与资源消耗和环境污染等关系,积极推进工业结构的优化升级,努力形成边疆各省区的群体支柱产业。

（一）边疆新型工业化必须处理好几个关系

第一,要处理好工业化与信息化的关系。发达国家是在工业化之后与推进信息化的进程结合起来,以信息化带动工业化,以工业化促进信息化;信息化是加快实现工业化的手段,工业化是信息化的物质载体,两者相互促进,而不是相互替代。第二,要处理好高新技术产业与传统制造业的关系。英、美、德、日等发达国家的工业化只是制造业部门在国民经济中的比例增大,产业结构不断转换的过程。20世纪90年代以来,随着计算机、通信和网络技术的飞速发展,科技、知识成为经济增长的不竭源泉,以知识创造、发明创新为基础的高新技术产业成为带动经济增长的"火车头"。因此,要正确处理发展高新技术产业和传统产业、资金技术密集型产业和劳动密集型产业的关系,以高新技术改造和提升传统制造业。第三,要处理好工业化和科技创新的关系。我国边疆地区工业进程中要注重高新技术产业的发展,要正确认识知识经济的挑战,要处理好信息化问题,前提是要处理好工业化和科技创新的关系。在知识经济时代,经济增长的基础在于社会有足够存量的知识和发明,并且具有能将发明应用于实际经济的创新能力。因此,在我国的新型工业化进程中,对研发和科技创新应予以高度重视。第四,要处理好工业化与人力资源开发利用的关系。我国边疆地区过去的工业化走的是以外延扩张为主的粗放式道路,主要依靠物质资本和劳动力的大规模投入而非通过提高投入要素效率来促进经济增长。但是,随着资本和劳动力投入达到一定界限后,要素投入的边际产出率趋于下降,这必然影响到工业化的速度和质量。因此在知识经济时代,必须转变经济增长方式,提高综合要素生产率,重视对人力资源的开发和利用。第五,要处理好工业化与资源消耗和环境污染的关系。边疆地区新型工业化不能再走"先发展、后治理"的老路,在工业化进程中,要特别强调生态建设和环境保护,处理好经济发展与资源、环境之间的关系。因此,不但要依靠高新技术改造传统产业,降低能耗和环境污染程度,而且要转变经济增长方式,走集约式发展道路,使经济效益和社会效益同步提高。

(二)积极推进工业结构优化升级

工业结构调整要坚持新型工业化的方向,以市场为导向,企业为主体,技术进步为支撑,有进有退,有所为有所不为,切实转变工业增长方式,不断提高工业的整体素质和综合竞争力。

1. 改造提升传统产业。各省区应充分利用现有的工业基础,从调整产品结构入手,积极采用高新技术和先进适用技术改造传统产业,大力推广节能降耗、资源综合利用和环保新技术,扶持发展技术含量高、附加值大、市场适应力强、有竞争力的产品,要大力发展具有比较优势和竞争力的名牌产品,积极开发适应市场和消费需求变化的特色产品,努力培育边疆省区在国内外市场具有较强竞争力和较高知名度的品牌,推动产品更新换代和加强产品技术储备。围绕增加品种、改善质量、节能低耗、防止污染和提高劳动生产率、发展先进生产力的要求,认真支持采用高新技术和先进适用技术改造重点行业、企业和产品,有重点地改组改造整合各省区的骨干企业,整体推进加工工业发展,集中力量扶持优势产业和特色产品,提高整体竞争力,振兴工业经济。

2. 大力发展高新技术产业。边疆省区要按照有所为、有所不为原则,突出各自比较优势和特色,确定有限目标,集中力量,择优发展:内蒙古重点抓好稀土、生物技术、新材料等新技术产业;新疆重点加强生物技术、信息技术、新能源、新材料、矿产资源开发等领域;甘肃重点加强生物技术和新医药、新材料、电子信息和先进制造技术等产业发展;云南重点加强生物技术、信息技术、新能源、新材料、矿产资源开发等领域;广西重点培育现代生物医药、电子信息、新材料、机光电一体化等高新技术产业;西藏以发展藏医藏药为主。边疆地区工业结构优化升级,必须下决心淘汰落后生产力,要综合运用技术、经济、法律、行政等手段,关闭产品质量低劣、浪费资源、污染严重、不具备安全生产条件和资源枯竭的厂矿。淘汰落后设备、技术和工艺,压缩过剩生产能力。

3. 优化企业组织结构。按照专业化分工协作和规模经济原则,加快企业组织结构调整优化,进而有为,退而有序,抓大要强,抓小要活。依靠优胜劣汰的市场经济机制和必要的经济调控,形成产业内适度集中、企业间充分竞争,大企业为主导、大中小企业协调发展的格局。鼓励和支持拥有知名品牌、技术先进、竞争力强的企业,按照不同行业生产技术特点,以资本为纽带,以有特色的名牌、拳头产品为中心,通过上市、兼并、联合、重组等形式,形成各省区重点行业、特色产业的若干拥有自主知识产权、主业突出、优化组合好、竞争力强的大公司和企业集团,提高产业集中度、专业化水平、产品开发能力和整体经营水平。鼓励吸纳劳动力强和科技型中小企业的发展,促进中小企业向"专、精、特、优"方向发展,提高与大企业的配套能力。

(三)建设边疆地区的群体支柱产业①

边疆地区要运用老企业建设新的产业环境,实施名牌和大集团战略,形成各具特色、富有竞争力的群体支柱产业。这里我们对边疆几个省区群体支柱产业的建设作一些探讨。

1. 内蒙古:可形成冶金、化工、机械、建材、稀土、生物技术、新材料支柱产业群体。冶金工业以包钢为重点,建设重轨、薄板、高速线材、无缝钢管等项目,有色工业要加强矿山勘探,发展规模冶炼和深加工。化学工业在巩固和扩大盐碱化工领先优势的基础上,发展石油化工、煤化工、精细化工。机械工业要发挥军工企业优势,辐射和带动机械工业发展,争取在包头建立重型汽车定点生产基地。建材工业一方面加大水泥、玻璃、陶瓷等传统行业技术改造力度,另一方面利用高岭土、石墨、石材等优势资源发展特色产品;稀土产业要加快稀土冶金及功能材料国家工程研究中心建设,突出抓好稀土高纯单一氧化物、稀土荧光粉、铵铁硼永磁材料、稀土永磁电机和镍氢电池等项目。生物技术要发展有特色和优势的蒙药、现代生化药品和微生物工程产品,继

---

① 陈秀山、张可云:《区域经济理论》,商务印书馆 2003 年版,第 100～114 页。

续加强羊胎素、免抑肽制剂、金双歧制剂、双歧转基因抗癌新药等项目建设；新材料着力开发纳米材料合金粉、纳火碳酸钙、高纯氧化锗、稀土改性 MC 尼龙等新材料产品，形成新的产业规模。

2. 新疆：可形成石油天然气、石油化工、纺织、特色产品、有色金属及高新技术等支柱产业群体。石油天然气要加快塔里木、准噶尔、吐哈三大盆地及其他盆地的勘探开发，抓住"西气东送"机遇，重点建设吐鲁番顺酐和田天然气发电、乌鲁木齐等城市气化及汽车加气站工程，加速形成天然气利用产业。石油化工抓好乌石化、塔里木石化厂炼油装置配套完善等项目，大力发展基本有机化工、新型合成材料及精细化工产品。纺织业要发挥棉花优势，大力发展优质纱、布，提高精梳纱、无结头纱、无梭布的生产比重，注重印染、服装等深加工的配套开发并使产品向"细、薄、轻"方向发展，加强亚麻和生丝原料基地建设，促进深加工。特色农产品要大力发展番茄酱、果蔬饮料、葡萄酒；高新技术产业要加快推进优质种子、种苗、种畜及生物提取技术、胚胎移植技术、风电机组国产化、镍矿湿法冶炼、难处理金矿采选、油气伴生资源综合利用等高新技术研究，促进成果产业化。

3. 甘肃：可形成石化、有色冶金、医药、轻纺、食品等产业群体。石化重点抓好 60 万吨乙烯工程建设和下游产品开发，探索地下煤层气和煤化工，大力开发合成材料、有机化工原料、专用材料等。有色冶金工业重点建设 5 个基地（兰州、金昌、白银、西成、靖远）的 100 万吨生产能力和 20 万吨深加工能力，突出发展新型合金材料、结构材料、功能材料和稀土材料。医药工业要加快中药、藏药、新型合成药及生物制药的开发，主要发展人用疫苗、动物防疫疫苗、微生物发酵与酶技术应用、特色中藏新药与新制剂、中草药提取新技术、新型医疗器械等。轻纺食品工业要积极发展化纤行业，增加异型、异性纤维品种和比重，提高装饰、产业用面料比重；发挥麻纺行业潜在优势并力争成为服装面料为主的重要毛纺产品生产基地。食品工业以农副产品深加工为主，着重形成玉米淀粉、马铃薯淀粉、优质葡萄酒、啤酒、麦芽、蕃茄酱等有竞争力的生产能力，积极开发现代绿色、保健营养和休闲食品等。相应改造机械、电子、建材等工业。

4. 西藏：可发展藏医药业、高原特色生物产业和绿色饮料业、农畜产品加工、民族手工业和旅游业等产业群体。藏医药业要把传统优势与现代科技、生产工艺结合起来，做大做强藏医药业，提高藏药现代化的科研、开发生产的综合实力和整体水平。高原特色生物产品和绿色饮料业要大力发展高原食用菌、红景天、人参果以及经济林果等高原特色资源加工业及矿泉水、啤酒、植物保健饮料等绿色食品饮料产业。农畜产品加工要大力发展牦牛、优质青稞等农畜产品深加工,延伸产业链,提高附加值。民族手工业要大力发展地毯、氆氇等民族手工业,开发精品;旅游业要大力发展特色旅游,以独特的人文和自然景观,深度开发旅游资源,构筑多元化的特色旅游区域,形成自然、人文、观光、休闲、度假齐全的大旅游产业体系。

5. 云南:可形成烟草、生物资源、旅游、矿产、电力的支柱产业群体。烟草产业坚持科技兴烟,增强技术创新能力和市场开拓能力,加快与国际知名烟草企业合作,以资产为纽带、名牌产品为龙头,整合云南烟草企业,培育成跨行业、跨地区、具有国际竞争力的大型烟草企业集团,努力建设全国最大的低危害烟草科研和生产基地。加快开展生物资源开发创新产业,加快蔗糖、茶叶、天然橡胶、畜牧业、水产养殖、林产和以天然药材为主的现代医药、绿色保健食品、花卉、绿化园艺、生物化工等产业的发展,抓好中国云南野生生物物种资源库、中华生物谷、国家中药现代化科技产业(云南)基地和昆明国际花卉拍卖市场建设并建成全国最大的生物资源开发新基地。旅游产业要突出特色,形成"一个中心,三大片区"的旅游产业布局,使观光游览、休闲度假、会议展览(昆明)、生态文化、少数民族风情(滇西北)、热带雨林、边境跨境旅游(滇西南)、地热火山、亚热带风光(滇西)、岩溶地貌精品(滇东南)、古滇文化、历史遗迹(滇东北)各显异彩,开发和提升生态、民俗、边境、会展、休闲度假、科考、康乐体育、探险等八大旅游产品,建设省内、大西南、东南亚三个国内外旅游环线。矿产业进一步发挥磷化工和有色金属比较优势,重点发展高浓度磷复肥和商品磷酸,开发磷化工及衍生物等精细磷化工产品,继续发展和提高锌、铜、锡、铝等有色产品,引进国内外资金技术,组建新的大型集团,建成全国重要的磷化工和有色工业基地。培育电力产业,抓住"西电东送"机遇,发挥水能和区位优势,开拓国际国内市场,积极做好小湾、糯扎渡、景洪、高桥、马鹿塘、苏帕河梯级、槟榔江梯级等电站的开工建设或前期工作,配合国家做好金沙江流域水电开发前期工作,进一步优化电源结构,配套开工建设一批大容量、高参数水电及大型坑口电站。

6. 广西:可形成机械、铝化工、轻工食品、医药产业群体。机械工业要以优势企业和拳头产品为龙头、机电一体化为方向,重点发展技术含量高、市场前景好的汽车工业、数控机床、电工电器和动力、工程、农用、港口机械。轻工食品工业要以制糖工业为重点,提高蔗糖生产的机械化、自动化、产业化水平,充分利用热区和海洋资源优势,发展粮油食品、果蔬、肉类、水产品等系列食品加工业,通过实施名牌战略,重点开发罐头食品、功能食品、保健食品和绿色食品。医药产业重点发展有特色的中成药、海洋生物药品。化工重点扩大赖氨酸、山梨酸、柠檬酸、山梨醇、甘露醇、味精、变性淀粉、木薯精、金红石型钛白粉等精细化工产品的生产能力。铝产业要充分利用水电优势和丰富的铝土矿资源,优先发展氧化铝,滚动发展电解铝。轻工业要大力发展林浆纸结合工业;石油天然气业要开发利用天然气,做好大型炼油厂、天然气分离厂和天然气化工等项目的前期准备工作。

五、推进农村新型工业化

农村工业化的战略转变,不仅关系到边疆地区"三农"问题的解决,而且关系到新型工业化的建设,关系到边疆地区全面建设小康社会和现代化建设。

(一)形成城乡一体、区域一体的农村工业化新战略

首先,要实现农村工业化与国家工业化的全面整合,必须把农村工业化从原来的农村经济层面上升到国家工业化层面。要始终坚持新型工业化的方向,按照城乡一体化的要求,把农村工业化推向更高阶段,融入国家工业化和新型工业化的主流;要扭转国家基础设施投资和工业发展政策中的城市化倾向,加大国家对农村工业化直接支持的力度,构筑城乡一体化的基础设施网络,如发展高速交通网、统一处理污染系统等,改善乡镇企业发展的硬环境,为集中和吸引外来投资创造良好的条件;要按照专业化分工协作的原则和现代产业发展的趋势,把原先以地域为核心、以行政为联系纽带的产业组织形式,改变为以行为、产品为核心,以资产、商业信誉为联系纽带的产业组织形式,形成城乡一体的产业组织体系,使农村工业化尽快融入整个国家工业现代化进程。

其次,农村工业化战略调整,必须把我国工业化发展战略和农村经济发展需要结合起来。要始终使农村工业保持与自然和谐的特点,注重发展以循环经济为特征的生态工业、可持续工业,建设优美、高效、持续的生态工业园区。乡镇企业要发挥优势,重点发展农副产品加工业和第三产业,壮大一批农业产业化龙头企业,创造一系列知名品牌,坚持以工补农,以工促农,以工建农,以工强农,真正实现"反哺"农业,造就一支农产品加工业的主力军;同时,要从各地实际出发,鼓励农民创业,兴办城镇和农村的服务业,培育一支活跃于城乡市场的地方军。

再次,农村工业化新战略还应该兼顾地区发展差异,实现农村工业的梯度发展。在沿海和大中城市郊区,要通过大规模的技术改造和制度创新,消除乡镇企业与城市的现代化水平差异,融入新型工业化体系。对于内陆地区,要继续发展或保持一些资本密集度低,易于农业剩余劳动力进入的乡镇企业,加快农村工业化发展,使不同的地区按照不同的发展水平,完成工业化不同阶段的战略任务。

(二)改造乡镇企业,造就现代企业群体和现代产业队伍

农村工业化战略调整的重要内容是对乡镇企业进行现代化改造。从宏观角度看,乡镇企业的现代化改造是国家工业化、农业现代化发展的需要。从微观上看,也是自身发展的需要。我国乡镇企业本来就先天不足,发展又极不平衡。在经济落后、融资困难、基础薄弱的农村,工业产业集中度很低;工艺、技术、装备落后,资源浪费严重,经济效益低下。在一些经济发达、基础较好的地方,工业持续高速扩张,但是产需矛盾和结构矛盾都非常突出,低水平生产能力过剩与高附加值产品短缺同时并存,产业趋同和重复建设禁而不止。综观各地农村工业的现状,还存在一些误区:有的单凭热情,"村村点火,户户冒烟",一哄而上,一哄而下;有的盲目瞎干,浪费资源,破坏生态,劳民伤财,代价惊人;有的地方不守信用,"笑脸招商,闭门宰客",只顾眼前,不看长远;有的强调中国特色、本地特色,忽视世界标准、国际规范;有的片面追求企业数量、产品产量,忽视质量、品牌、品种、效益、环保;有的重非农工业发展,忽视生态工业成长,等等。所有这些都需要不断改造。

首先,要实现乡镇企业与传统工业的分离,成为现代化企业群体。特别是有实力有条件向城市进军、向世界市场进军的农村工业企业,要按照城乡工业全面整合的要求,借鉴现代企业在产权制度和产业组织方面的经验,提高企业现代化水平和国际竞争能力,从"传统工业部门"转变为"现代工业部门",变成国家工业化的生力军。

乡镇企业进一步深化产权制度改革,要坚持政企分开的原则,把产权制度改革扩大到所有的乡镇企业,并根据不同的规模实施不同的企业制度。集体资产多、企业运行好、经济效益高的大中型企业,应改制为股份有限公司,并争取转化为上市公司。改制初期可以允许原投资者的集体或基层政府部分持股,但在条件成熟时要把这部分股权转让给相关企业或其他投资者,消除政企不分的存在基础。为了使产权可以自由流动,要扩大产权交易的范围和内容。对于小规模的企业,可通过拍卖转为私营企业或合伙制企业。

乡镇企业引进技术、完成技术升级,政府要制定专门的金融政策,建立乡镇企业现代化促进基金,对乡镇企业先分门别类,重点支持,然后由点到面,逐步扩大。初期应该重点支持一些技术含量较高以及为农业服务、为外贸出口服务的企业。同时,要加强乡镇企业社会化服务体系的建设。服务应该是综合性的,应包括国营指导、信息提供、投资咨询、技术开发乃至融资等具体内容。要特别重视推广信息化技术,建立农产品供求市场价格动态预测预报系统,为乡镇企业提供国内外准确的市场信息,使乡镇企业产品更好地适应国内外市场的消费需要。

其次,要实现从业人员与传统农业的分离,造就一支专业化、职业化的现代产业队伍。这是改造乡镇企业的又一项重要任务。要推动乡镇企业员工的专业化与职业化,使乡镇企业职工成为完全意义上的产业工人或专职员工。有些地方成立乡镇企业工会,把乡镇企业员工融入工会系统,应该予以支持和肯定。要全面提高农民的科技文化素养,启动素质工程,以"富脑袋"带动"富口袋"。要逐步缩小城乡之间的社会保障差别,形成统一的社会保障制度,在乡镇企业全面推广社会保障制度。鉴于乡镇企业的大部分职工考虑到最终的保障,不愿放弃承包的土地,为使员工彻底离开农业后没有后顾之忧,应尊重农民的选择,不要强迫农民交地,也不要强迫农民以土地换取社会保障。

此外,乡镇企业需要更名、正名,建立能以服务、指导为主要职能,有效促进发展的管理部门。乡镇企业是个什么概念?过去和现在都很模糊。概括起来,"乡镇企业"的内涵主要是指:乡镇村办的企业,办在乡镇的企业,以及农民出资的,起源于农村的,以工补农的企业。过去多数人都把它看成是乡镇集体经济组织创办的企业,这是从企业产权和性质来说的。但是,经过改革,乡镇企业的产权已经多元化。既有集体所有制的,也有股份合作制的,还有个人所有的,等等。即使苏南这样的地方,曾经以集体经济为主要特征而著称于全国,如今95%的乡镇企业都已完成改制。因此,这种解释已经不符合现实了。于是人们又有一种解释:就是办在乡镇的企业。这是从区域角度说的。然而即使企业办在乡村,但是产权复杂,有民间资本,有国有资本,甚至有国外资本,而这些企业都不太愿意自称"乡镇企业",生怕别人说它们太土,说它们落后,说它们不规范、层次太低,产生歧视。还有一种说法,乡镇企业就是中小企业。这是从规模上说的。企业越大,越往大城市跑,因为大城市是市场的制高点。企业大了强了,自然要去占领制高点。留在农村的就自然是中小企业,或者说主要是小企业。因为它们是中小企业,就叫它们是乡镇企业,这也是说不通的。至于说起源于农村的、以工补农的,就叫乡镇企业,更觉得不准确、不顺当。所以,相对来说,还不如干脆笼统点,就叫农村工业。政府的农业、农村部门要成立机构,行使服务、指导等职能,还不如就叫农村工业发展局。

客观上说,企业都是市场的主体,在市场上不分大小,不分地域,都具有平等竞争的权力,都要遵循优胜劣汰的经济规律。企业能否生存发展,靠的是质量、信誉和竞争力,并不完全在于身份的定位。之所以要给它一个身份定位,目的只是为了管理。既然是为了管理,那么就应该理顺关系。市场经济条件下,通行的做法是按行业来分类。从目前情况看,农村工业实际上已经分为两部分:一块是非农工业产业,一块是农产品加工产业。实行城乡统筹,城乡工业要整合,要并轨,要一体化。非农工业比如高新技术产业、制造业等,就可能跳出农业部门管理范围。农业部门想管也难,除非给这些企业好处。实际上,给这些企业好处也管不了。在这种情况下,政府农村工业管理部门干什么? 怎样才能有所作为? 笔者以为其主要职能应该是服务、指导、规划、调研。从规范管理和促进发展的角度考虑,首先,应遵循市场经济规律,发挥自身优势,理直气壮地把农产品加工业的大旗扛起来,把农产品加工业培育成国家工业的支柱产业;其次,应从块状经济角度,紧紧抓住农村工业园区建设。全国现有2015万家乡镇企业中有87%分散在行政村和自然村中,如果一半集中到工业园区,将对我国工业化、城市化水平的提高作出巨大的贡献;再次,应从推动农村工业化、城市化的角度出发,在农村劳务经济的基础上,鼓励农民到城市、城镇创业,也鼓励城市居民下乡创业和进城打工的农民回乡创业,兴办农民创业工程,只有有人创业,才能建立企业,增加农民就业。也就是说要着力培植农村民营企业、中小企业,或者说就是要把民营经济当作农村工业化的总抓手。

(三)大力推进农业工业化,提升农业生产力

实现农村工业化的新战略还应包括农业工业化。农业工业化是农村工业化的重要组成部分,在农村工业化过程中要把推进农业工业化作为一项重要任务。

首先,要用现代工业的理念谋划农业发展。用现代工业部门提供的物质技术条件来装备农业,实现农业生产机械化,改变以人力为主的农业耕作方式;用工业生产方式调整农业结构,组织农业生产经营,实现农业的产业化、

农村与城市的一体化,改变农业与其他各业长期分割的状态;用工业企业的思维方式来管理农业,把工业企业的管理理念、营销手段引入农业,实现农业的企业化、市场化,打破小农经济的经营思路。

其次,用工业发展的目标建立标准化的农产品生产、加工、贸易体系,实现农产品多层次增值,改变农业产业链条短、农业比较效益低、农民收入增长缓慢的局面,提高农业经济效益,加快农业现代化进程。农产品加工业是农村工业的优势和特色,是农业工业化的延伸。农产品加工业范围广,链条长,增值空间大,是提高农产品效益、增加农民收入、增强农业竞争力的重要途径。作为农业主管部门抓好农产品加工业是责无旁贷的,应把它作为农村工业的主导重点。

再次,按产业化经营思路和社会化服务的要求,发展农用工业。农业生产资料是农业的前提条件,过去一直由商业部门垄断。在体制改革过程中应理顺关系,把生产资料的生产经营改由农业部门管理。

第四节　边疆服务业现代化

一、推进边疆服务业现代化的重要意义

(一)服务业现代化的内涵

我国由于长期处在计划经济体制下,服务业这个概念,包括第三产业的概念最早出现是 1985 年,国家统计局在向国务院写的一个报告中,第一次提出要把我们国民经济统计里面的服务业列入第三产业统计,到现在为止才二十余年。服务业的概念和第三产业的概念是可以等同的。1997 年 9 月召开的党的十五大提出要加快发展现代服务业,党的十五届五中全会关于"十五"计划的纲要,也提出了现代服务业的发展,但是没有严格的定义。2002 年 11 月党的十六大报告提出:"推进产业结构优化升级,形成以高新技术产业为先导、基础产业和制造业为支撑、服务业全面发展的产业格局。""加快发展现代服务业,提高第三产业在国民经济中的比重。"①还是没有严格的定义。这也说明我国的服务业现代化尚处在一个探索过程和成长时期。

我们认为,所谓服务业现代化,应该是与传统服务业相对应的概念,是传

---

① 《江泽民文选》第 3 卷,人民出版社 2006 年版,第 545 页。

统服务向现代服务演进的过程。服务业现代化是伴随信息技术和知识经济的发展而推进,用现代化的新技术、新观念和新服务方式改造和提升传统服务业,大力发展新兴服务业,创造需求,引导消费,向社会提供高附加值、高层次、知识型的生产服务和生活服务的过程。现代服务业的产生有三个前提条件:一是工业化比较发达,二是信息化的发展,三是知识和技术相对密集。它广泛地渗透在所有的服务业领域中。现代服务业具有以下特点:一是现代与传统的交融性;二是要素的智力密集性;三是产出的高增值性;四是供给的多层次性;五是服务的强辐射性。

(二)服务业现代化的战略意义

大力推进边疆服务业现代化,是加快边疆工业化和城镇化的必然要求,对促进边疆地区国民经济协调发展,提高经济效益和效率,扩大劳动就业,加快城镇化进程,改善群众生活,都有着重大的作用。改革开放二十多年来,我国边疆地区服务业得到较快发展,但与经济发展阶段和人均收入应达到的水平相比有相当大的差距,特别是与内地发达地区相比,边疆地区服务业的水平十分低。目前边疆服务业中存在的主要问题是:第一,总量不足,比重过低。2004 年我国服务业在国内生产总值中的比重和从业人员占全部就业人口比重分别为 40.7% 和 28.6%,不仅大大低于发达国家 70%~80% 的水平,也明显低于发展中国家 50%~60% 的水平。而边疆七省区就更低,比重为33.4%。① 第二,内部结构落后,传统服务业比重过高,现代服务业发展明显滞后和不足,特别是信息产业和金融业非常滞后。第三,服务领域狭小,服务水平不高,多数服务领域不适应经济发展的要求,服务手段落后。所以,我们除了认识加快服务业现代化的重要意义,更要认识我国特别是边疆地区推进服务业现代化的艰巨性和紧迫性。

从国家发展战略上考虑,推进服务业现代化的重要意义最起码有三点:一是经济的增长点。国际经验证明,服务业的快速发展一般发生在一个国家整体经济从低收入发展到中高收入的过程中,而在未来 15 年至 20 年中国正好经历这样一个低收入到中高收入的过程,所以服务业应该是中国未来经济重要的增长点。二是整体国民经济效益提高的必经之路。我国现代服务业发展滞后是国民经济整体效益不高的主要原因。另外它是未来提供就业的重要渠道。现在跨国公司正向外转移部分服务,随着制造业的外包,服务业

---

① 连玉明、武建忠:《中国国力报告》,中国时代经济出版社。

也正在外包,一个劳动密集、知识密集、服务密集的行业将有利于缓解就业的压力。三是有利于建立一个知识型的社会。只有建立发达的信息化服务体系,提高人民的生活质量,大幅度提高国民素质,才能为中国进入知识经济社会铺平道路,发达的服务业既是走向经济社会的里程碑也是建设小康社会必不可少的一部分。另外它是我国可持续发展的一个必然选择,战略研究的结果表明按照当前我国工业发展速度,到2020年我国环境污染和资源消耗都将达到非常严重的程度。信息技术的进步和广泛应用为我国提供一个重要的机遇,那就是中国人可以从容地在中国向全世界出售服务,这种产业既没有污染,又不消耗大量的资源和土地,是我国这样一个人口密集、人均资源短缺大国的必然选择。另外发展服务业可以帮助我国实现科技跨越的战略。我们的战略研究基础上提出的建议就是要加速发展现代服务业,这是一个预测。对中国2020年服务业发展的预测,预计在2010年至2015年第二个五年,它的发展将要超过GDP的发展,这是三个五年平均的发展速度。① 我们的战略研究提出一个目标,就是到2020年我国应该建成一个先进的、基于信息网络的现代服务体系。这个现代服务体系是要面对各种不同的需求,像城市、农村、边远地区、发达地区,应该是能够满足所有人的需求,并且是在不同发展阶段、不同地区都能够负担得起,都能够用得了的、很高效益的、安全可靠的和支持可持续发展的一个服务系统。

(三)服务业现代化国际发展趋势

我们分析一下国际服务业现代化的发展趋势能更加深刻地认识发展现代服务业的重要意义。第一个发展趋势是世界经济结构正在或者已经从工业主导型转向了服务主导型。在20世纪80年代到2000年期间,世界服务业的增加值在世界GDP里从56%增加到61%,在OECD(经济合作与发展组织)国家这个比例达到了70%,现代服务业随着物质生产力的提高而提高,由于自动化技术的广泛普及而把服务业从物质生产里分离出来,在OECD国家服务部门提供的就业机会1987年占到了63.9%,而1997年达到68.2%,在美国服务业提供78%的工作机会。第二个发展趋势是在服务业内部为生产服务的比重大大增加了。在发达国家为生产服务的比重达到了50%,在美国达到54.8%,欧盟为52.3%,日本是54%。第三个发展趋势是在IT的投资、信息技术的投资很大。按照美国商业部的报道,1996年通信、银行业等其他

---

① 　连玉明、武建忠:《中国国力报告》,中国时代经济出版社。

服务部类在 IT 投资里信息技术投资已经达到了整体设备投资的 3/4,在欧盟 2001 年的一个报道里,对 OECD 国家劳动生产率的研究,服务业是一个 IT 密集(信息技术密集)的领域,国际的服务贸易正在快速发展。在服务市场、服务提供者这两方面,国际化、全球化正在成为一个重要趋势。我们要把握全球服务业现代化的发展趋势,发挥我国特别是边疆地区服务业的后发优势,加快推进服务业现代化。①

二、边疆地区加快服务业现代化的重点领域

(一)旅游产业

边疆省区以各具特色旅游资源而闻名世界,我们应树立现代旅游理念,按支柱产业的要求整合资源优势,开发独具特色的旅游商品,构建丰富多彩的旅游线路,建设现代化、多层次的旅游交通与营销网络,优化旅游服务环境。根据各省区旅游资源的不同特点,构筑观光、休闲、会展三位一体的旅游服务产业格局。

(二)广义文化产业

要结合边疆省区实际,积极发展广义文化产业,也就是发展以科技服务、教育、卫生、文化、娱乐、新闻出版、广播电视等行业组成的广义文化产业。大力实施集团化战略,积极组建科技服务集团、教育集团、医疗集团、文化产业集团等。通过广义文化产业的发展,提高边疆各民族的素质,促进社会事业发展,改善消费结构,提高边疆地区的经济素质和文化素质。

(三)金融服务业

金融是现代经济的核心,是现代服务业的"黏合剂"。边疆省区要以省府、区府为核心区位,高水准规划和发展金融街区,积极引进重要金融机构进驻,形成各具特色的金融区块;加大与内地大城市金融机构的合作力度,推进区域性市场与国际金融市场的连接;加强企业和个人信用数据库建设;加快中小企业融资立体式担保体系建设,营造诚信环境。

(四)商贸物流业

边疆省区商贸物流业发展既要抓区域商务集聚度的提高,加强现代大型综合购物中心建设;又要抓商贸辐射,高度重视地、县、乡三级商贸网络的建设,疏通区域物流渠道;还要抓国际物流通道建设,高度重视出口贸易和边境

---

① 连玉明、武建忠:《中国国力报告》,中国时代经济出版社。

贸易,形成点线连接、集中辐射的商贸物流格局。

(五)信息服务业与软件业

加强信息基础设施建设,本着统筹规划、统一标准、统一管理、联合建设、互联互通、资源共享、适度超前的原则,在充分发挥现有信息基础设施作用的前提下,更大范围、更高起点地建设边疆各省区信息基础设施。促进电信、电视、计算机三网融合。推进数字化城市工程,建成公共信息、金融信息、电子商务服务和政务信息交换网络系统;积极发展新一代数字移动通信网,形成卫星、光缆、微波相互配套的立体通信网。依托大城市,推行软件业"联盟化、集团化"运作,设立软件开发基金,建立软件工程中心、测试中心和认证中心。

(六)中介服务业

大力发展和积极引进会计、法律、咨询、评估等高水平中介企业,设立从事研究、开发、设计的机构,加快中介机构与挂靠的政府部门脱钩,提高中介服务业的市场化程度。要加强与国际国内著名的中介服务企业的合作。

(七)房地产

培育金融信贷、咨询、设计、开发、市场交易与物业管理等各类房地产中介服务市场,引进著名房地产中介企业集团,形成一条龙配套服务体系;加快住房产业现代化,住宅建设要在信息化、智能化、生态化和新技术、新材料、新设备、新工艺等方面有所突破,提高房地产业科技含量。

(八)社区服务业

积极推进社区服务社会化、产业化,适应城市居民服务消费的需要,加强社区文化、体育、卫生、幼教和养老等服务设施和网点建设,努力开拓社区服务领域,提供家庭服务、便民利民服务、面向特殊群体的福利服务等,为社区居民、特殊群体和机关、企事业单位提供优质的社会化服务。

(九)农村服务业

发展农业产前、产中、产后服务的行业和为提高农民生活质量服务的行业;推广科技信息服务,改善农资供销服务,加强各类技术和专业服务;培育和扶持农业服务专业户,鼓励发展各类农业服务组织,建立健全社会化服务体系。

三、加快边疆地区服务业现代化的对策选择

(一)优化行业、组织和区域结构

优化行业结构,重点发展以信息、科技、金融、会计、咨询、法律为代表的

现代服务业,提高服务业整体水准;积极发展新兴服务业,譬如需求潜力大的房地产、物业管理、旅游、社区服务、教育培训、文化体育等,形成新的经济增长点;改组改造传统服务业,运用现代经营方式和服务技术,提高技术水平和经营效率。优化企业组织结构,主要是依托有竞争力的企业,培育形成一批多元投资主体的大公司和大集团,促进企业联合重组,实行网络化、品牌化经营,同时,鼓励经营方式灵活、服务品种多样、各具特色的中小企业发展。优化地区结构,主要是要求中心城市逐步实现"三、二、一"的产业结构,着重发展现代服务业和新兴服务业。

(二)推进行业体制机制创新

一要推进市场化,推进部分服务行业的资源配置由政府为主向市场为主转变。加快垄断行业管理体制改革,放宽准入领域,降低准入条件,使外资更多地参与服务业特别是现代服务业的发展。加快服务业国有经济布局的战略性调整,使国有服务业企业真正成为市场竞争主体,鼓励非国有经济在更广泛的领域参与服务业发展。

二要推进产业化,推进应该由企业经营的服务领域从政府办向企业办的转变。以政企分开、政事分开、事业企业分开、营利性机构与非营利性机构分开为原则,加快事业单位改制。

三要推进社会化,推进后勤服务、配套服务由内部自我服务为主向社会服务为主的转变。企事业单位及有条件的政府机构,其后勤服务设施都要面向社会开放,营利性的后勤服务机构都要改制为独立法人企业,鼓励各种所有制经济兴办面向政府机构和企事业单位的后勤服务。

(三)提高对外开放水平

现代服务业是国际性的服务行业,除国家明令的行业外,要向国际和国内市场全面开放。要重视人才培养和引进,吸引国内外现代服务业方面的优秀人才。要培育一批有国际竞争力、有信用、有知名品牌的大企业,形成集聚效益和规模效益。要按国际规则引导工业企业,将其核心竞争力以外的附属服务剥离成社会化的专业服务,扩大现代服务的需求,要运用现代新型业态和组织方式改组改造传统服务业。大力吸引外商投资现代服务业,鼓励现代服务业领域知名跨国公司在边疆省会建设地区总部、研发机构、办事机构等。以我国提供的国际援助项目为重点,大力支持代理服务企业开拓周边有发展前景的国际市场。

(四)营造社会环境

要突破体制障碍,打破部门垄断,放宽市场准入,加快适宜产业化经营的社会事业改革进程,鼓励非公有制经济兴办服务业;采取必要的政策措施,健全市场法规,加强市场管理,规范市场行为,提高诚信水平;继续完善服务价格政策,规范服务收费和作价行为;加强行业自律,提高和改善服务质量;严格打击非法操纵市场的行为,改善消费环境,切实保护消费者权益;加快适宜产业化经营的社会事业改革,建立各种经济成分平等竞争的市场环境。

第五节　构建边疆国际经济合作带

我国边疆省区有 22800 公里的陆地边境线,216 个口岸,涉及国内 9 个省区,境外 15 个国家。要发挥特殊的区位资源优势,就应该树立边疆中心意识和边境城镇意识,超越国界,实施边疆对外开放战略、横向联合与合作战略和对外区域合作战略,努力构建边疆经济合作带,提高边疆对外开放水平,促进经济社会协调发展。

一、构建边疆国际经济合作带的内涵和依据

我们所说的边疆国际经济合作带,是指与我国陆地边境沿线相联系的横跨国内外一定区域内的经济合作区。① 它从东北辽宁丹东沿中国边境线蜿蜒向北、向西,再向西南接着向东南延伸至广西东南中越边境以北部湾海线交合处东兴港的整个边境线。边疆国际经济合作带包括狭义、广义两层次的区域。从狭义层次来看,是指中国境内辽宁、吉林、黑龙江、内蒙古、甘肃、新疆、西藏、云南、广西 9 省区,与中国有地缘关系的朝鲜、俄罗斯、蒙古、哈萨克斯坦、吉尔吉斯斯坦、塔吉克斯坦、巴基斯坦、阿富汗、印度、尼泊尔、不丹、锡金、缅甸、老挝、越南等 15 个国家的全部和部分地区,这是一个沿边境可以兴起并有可能最终形成的经济合作带,是一个紧密层次的国际合作带。从广义层次来看,是指中国境内 9 省区与境外俄罗斯亚洲地区,特别是西伯利亚远东地区、蒙古、俄罗斯欧洲部分、中亚、西亚、南亚次大陆、中南半岛广大地区之间沿边境可能形成的包括上述紧密合作带以及与之关联的松散合作区域在内的中外经济合作带。本书重点从狭义层次上来进行探讨。

构建边疆国际经济合作带有充分的理论依据和现实依据。

---

① 董藩等:《构建缘西边境国际经济合作带》,东北财经大学出版社 2004 年版,第 37 页。

"剩余出路"论是亚当·斯密首先提出的。在著名的《国富论》中,他除了提出"反对政府干预经济,倡导自由放任"的基础性的、核心的经济思想外,同时阐述了他的自由贸易理论。亚当·斯密自由贸易理论的基础是"地域分工论"。在论述"地域分工论"的同时,他提出了"剩余出路"论。他认为,通过对外贸易来扩大本国产品市场,刺激总需求,可以产生促进本国经济增长的动力。亚当·斯密假定一国在开展对外贸易之前处于不均衡状态,存在闲置的资源或剩余产品。当该国由封闭转向开放后,便可出口其闲置产品或者由剩余资源生产的产品,即对外贸易为本国的剩余产品提供了"出路"。他说道:不管对外贸易在哪些国家之间发生,它都具有两种明显的利益,即它使用本国土地和劳动力生产出来的剩余产品得以实现,并且换回本国的需求的其他产品,通过用剩余产品与国外产品相交换,"剩余"产品也就被赋予了价值。由于出口的是剩余物或者由闲置资源生产的产品,因而无须其他部门转移资源,也不必减少其他的国内经济活动。出口所带来的收益或由此而增加的进口也没有机会成本,因而必然促进该国的经济增长。中国目前国内市场的供求状况与亚当·斯密阐述的这一理论的前提是比较吻合的,应该成为我国构建边疆国际经济合作带的理论依据。

党的十六大报告提出:"适应经济全球化和加入世贸组织的新形势,在更大范围、更广领域和更高层次上参与国际经济技术合作和竞争,充分利用国际国内两个市场,优化资源配置,拓宽发展空间,以开放促改革促发展。""进一步扩大商品和服务贸易。实施市场多元化战略,发挥我国的比较优势,巩固传统市场,开拓新兴市场,努力扩大出口。""进一步吸引外商直接投资,提高利用外资的质量和水平,逐步推进服务领域开放……大力引进海外各类专业人才和智力。"①党的十六大提出的坚持"引进来"和"走出去"相结合,全面提高对外开放水平的方针,对构建边疆国际经济合作带提供了指导思想。

(一)提出构建边疆国际经济合作带的首要现实依据在于边境内外广大地区产业互补关系的存在和供需对接的动力

从中国工业经济的发展情况来看,劳动密集型产业和某些技术密集型产业与境外处于边境国际经济合作带上的国家相比,呈现出明显的优势,而中国境内合作带区域以及整个中国产品的剩余也主要体现在轻工行业上。边

---

① 《江泽民文选》第 3 卷,人民出版社 2006 年版,第 551 页。

境处于沿边国际经济合作带的国家普遍轻工业不发达,消费品不但短缺,而且技术含量低、质量差。这样,境内外地区在产业优势发展和产品供需对接方面就存在明显的需求动力。

(二)提出构建边疆国际经济合作带的依据在于资源的趋同性和互补性

由于地理特征的共同性,使处于境内外合作带区域的土地资源、矿产资源、水能资源、生物资源都具有趋同性和互补性的特点。这样就有开发资源所需要的技术、人才、信息等方面的合作的需求动力,也有交通、通信、环保等方面的合作的内在冲动。

(三)提出构建边疆国际经济合作带的依据在于技术梯度的客观存在

处于经济合作带上的境内外国家和地区的贸易主要基于新产品与新工业的引入和创新。当我国开发某种产品获得成功后,企业便获得了一定的市场垄断,在国外掌握该项技术之前,暂时拥有了技术领先优势,可以出口利用该技术生产的产品。但新技术会随着专利权转让、技术合作、对外投资、国际贸易等途径流传到国外。外国企业将获得这些新技术,自产这类产品并减少进口,并凭借廉价的劳动力获得向世界市场,甚至原创新国出口的优势。

(四)提出构建边疆国际经济合作的依据在于非经济因素构成的社会条件

这里的非经济因素特指文化、意识形态、民族渊源、宗教信仰、社会制度等。中国沿边区与毗邻的境外地区之间有许多同质或相关的社会因素,这为双边甚至多边贸易、投资、技术及其他合作提供了便利的条件。由于历史的原因,俄罗斯、蒙古、越南、老挝、朝鲜与中国国情相近,技术水平相适应,近年来彼此间扩大经济技术交流的要求和趋势日益明显。

二、构建边疆国际经济合作带的战略意义

(一)有利于中国对外开放空间结构的战略性调整

党的十一届三中全会后,我国进行了深圳、珠海、汕头、厦门四个经济特区的建设,随后又开放了十四个沿海港口城市,接着相继将珠江三角洲、长江三角洲、闽南厦漳泉三角地区辟为沿海经济开放区,然后是开放辽东半岛、山东半岛,创办海南经济特区,开发和开放上海浦东新区等,并在一些开放城市的适宜地区设立了保税区。二十多年来,中国实现了对外开放的历史性飞跃,为全世界所瞩目。但是,从空间经济布局中可以明显看出,中国的对外开

放显现出严重的东倾沿海的单一局面,中国二十多年的开放战略和政策主要受惠于东部沿海地区,见表2—1。构建边疆国际经济合作带可以发挥边疆地区国际地缘优势,大力推进沿边开放的步伐,促进对外开放的空间战略结构调整,形成中国全方位对外开放的格局。我们应该在战略部署、法律制定、政策安排等方面对沿边开放作出全面、科学的规划,大力推动这一国际经济合作带的形成。

表2—1　中国外商投资企业空间分布情况　　单位:户、亿美元

	企业数		投资总额		注册资本			
					中方		外方	
	1999 年	2000 年	1999 年	2000 年	1999 年	2000 年	1999 年	2000 年
东部	170889	170781	64435.0	6817.2	3745.0	3919.8	2641.2	2817.8
中部	24203	21929	703.8	721.9	451.7	446.3	258.5	259.1
西部	16715	15732	495.8	502.9	321.7	325.5	187.8	193.9
不分地区	629	645	151.2	204.8	117.0	147.8	79.2	102.2
全国	212436	209087	7785.7	8246.8	4635.5	4839.5	3166.8	3372.0

注:本表数据系根据相关年度《中国统计年鉴》计算得出。

(二)可以极大地增加中国经济的需求总量

到20世纪90年代中期,中国宏观经济运行中的供大于求现象已经十分明显,有效需求不足演化成经济运行中的主要问题。需求不足表现在:商品价格水平持续下降或者处于低迷状态;生产能力大量闲置,工业生产能力大约过剩45%左右,工业产品供大于求70%以上,农产品库存大大超过正常水平;投资增长水平明显下降。造成需求不足的原因是多方面的,过分依赖国内市场是其中之一。中国产品出口市场严重失衡,仅中国香港、日本、美国、韩国就集中了海关出口额的60%以上,见表2—2;而陆地周边国家人口多,面积巨大,对他们的海关出口额所占比重却很小,见表2—3。当然,导致目前对沿边国家出口数量有限、比率低的原因是多方面的,但国家没有把它们作为国际贸易的重点是重要原因之一。如果能够调整对外经济工作思路,高度重视沿边国际贸易。在未来20年中,对这些国家的出口额将会成倍增加,可以想象这将对中国的总需求产生多么大的影响。

表2—2　中国对主要国家（地区）海关出口比率状况（%）

	1992 年	1993 年	1994 年	1995 年	1996 年	1997 年	1998 年	1999 年	2000 年
中国香港	44.13	24.03	26.74	24.19	21.78	23.95	21.09	18.91	17.86
日本	13.76	17.20	17.82	19.13	20.44	17.42	16.16	16.63	16.72
韩国	2.87	0.31	3.64	4.50	4.97	4.99	3.41	4.01	4.53
美国	10.11	18.49	17.73	16.61	17.66	17.90	20.67	21.52	20.91

注:本表数据系根据相关年度《中国统计年鉴》计算。

表2—3　中国对周边主要市场海关出口比率状况（%）

	1992 年	1993 年	1994 年	1995 年	1996 年	1997 年	1998 年	1999 年	2000 年
俄罗斯	2.75	2.93	1.31	1.12	1.10	1.11	1.00	0.77	0.90
蒙古	0.16	0.09	0.04	0.04	0.05	0.03	0.03	0.04	0.04
中亚	0.34	0.28	0.19	0.17	0.14	0.14	0.25	0.33	0.31
南亚次大陆	1.13	1.36	1.32	1.51	1.33	1.30	1.23	1.36	1.04
中南半岛	1.53	1.50	1.60	2.14	1.79	1.78	1.54	1.45	1.80

注:本表数据系根据相关年度《中国统计年鉴》计算。

（三）有利于在国际合作中提高中国的地位和维护国家安全

随着生产技术的发展,对资源的需求将变得越来越广泛,各国必须通过交换,利用国内外两个市场,互通有无,取长补短。对外开放,特别是对外经济贸易的大发展,不仅对国民经济发展具有不可替代的重要作用,还有利于提升一国的国际地位,有利于维护国家安全。中国要增强在国际舞台上的影响力,就要进一步发展经济,加强各方面的配合协调。大力开展国际合作,更充分地利用境外的资源和市场,既能从经济上分享利益,又可加强对外合作。中国人均资源占有量少,资源储备很不平衡。有的资源探明储量很少,不能满足长远甚至目前经济发展的需要;有的资源由于开发资金、技术等问题不能解决,难以开发出新产品满足市场需要。这就需要借助对外经济贸易活动来解决。发展沿边对外经济贸易有利于加强中国与世界各国的相互了解和友好关系,创造建设现代化的良好外部环境;有利于抑制个别大国对中国采取敌视态度和损害行动,维护国家的安全。

（四）有利于促进对内开放，全面提升中国的开放水平

开放应该包括两个方面，即对内开放和对外开放。对内开放就是改革搞活，促进国内和边疆地区各种生产要素的流动；对外开放包括对西方发达国家开放、对以俄罗斯为重点的独联体东欧国家开放、对第三世界发展中国家开放。总之，开放是全面的、全方位的，是对整个世界、对所有类型国家的开放。中国各个地区之间各有优劣势，一些地区的优势可能恰恰是另一些区域的劣势，因此，各区域要利用构建边疆国际经济合作带的战略机遇，确立相互依靠、相互支持、相互促进、共同发展的理念，打破区域之间的封闭状态，广泛合作，建立开放式的经济网络，引进各类资金，加强技术协作，扩大人才交流，进一步改善整个空间经济布局和人才结构，加快经济与社会的全面发展。要利用构建边疆国际区域经济合作带的条件，推动内地省区与周边国家的全面开放和全面合作，全面提升中国的对外开放水平。

三、实施构建边疆国际经济合作带战略

边疆省区要致力于推进构建边疆国际经济合作带战略的实施，包括"引进来"与"走出去"战略、横向联合与合作战略、对外区域合作战略。

（一）实施"引进来"与"走出去"对外开放战略

1. 坚持市场多元化对外贸易。发挥边疆省区比较优势，巩固传统市场，开拓新兴市场，优化市场结构、商品结构、贸易方式结构和经营主体结构。扩大商品和服务贸易，进一步优化贸易环境。主动参与区域经济合作，积极发展与上海合作组织成员贸易关系，大力发展货物贸易，努力增加品种，改进质量，形成一批具有国际竞争优势的系列贸易产品。加快发展比较优势的贸易服务，不断提高贸易在出口中的比重，重视和发展技术贸易，鼓励成熟的产业技术出口，带动技术装备以及成套设备出口。坚持以质取胜，提高出口商品和服务的技术含量和附加值，大力引进国外先进技术改造传统产业，切实抓好重要资源性商品、劳动密集型产品和农产品的深度加工，提高传统出口产品的技术含量和附加值。深化外贸体制改革，推进外贸主体多元化，要进一步完善外贸法律法规，建立一套符合国际通行做法的外经贸法制体系，依据公开、统一的法律法规进行管理。加快政府职能转变，形成适应社会主义市场经济发展的、符合国际贸易规范的对外经济贸易体制。大力推进中介组织改革，强化行业自律机制。深化国有外经贸企业改革，推进经营主体多元化，努力形成各种所有制企业平等竞争、内外企业共同发展的对外贸易新格局。

完善有关税收制度和贸易融资体制,强化税收和金融支持体系。

2. 进一步吸收外资直接投资。积极合理有效地利用外资,是边疆地区对外开放的重要组成部分,是必须长期实行的方针,要进一步扩大利用外资规模,优化利用外资结构,提高利用外资的质量和水平,充分发挥吸收外资在促进边疆经济增长、结构调整、扩大就业和增加税收等方面的重要作用。有部署地推进金融、电信、贸易和旅游等服务区域的开放,积极探索通过收购、兼并和投资基金、证券投资等多种方式利用中长期投资。把利用外资与国内企业的改组改造结合起来,鼓励跨国公司投资农业、制造业和高新技术产业,兴办研究开发机构。改善投资环境,对外资企业实行国民待遇,提高政策透明度。

3. 实施"走出去"战略。随着我国边疆地区经济发展水平的提高和我国加入世贸组织,实施"走出去"战略的条件越来越具备了,要求也更加迫切了。边疆地区要在参与国际竞争中掌握主动权,必须积极实施"走出去"战略。要建立健全管理制度,鼓励和支持有条件的各种所有制企业对外投资,带动商品和劳务出口。进一步深化企业改革,加快建立适应市场经济要求的企业制度,着力在企业内部形成适应国际市场竞争的管理体制和经营机制。要以资本为纽带,积极推动跨行业、跨区域、跨所有制的企业重组,形成一批拥有自主知识产权、核心竞争力强的大企业集团,着力提高参与国际竞争的能力,积极参与经济全球化竞争。鼓励和支持优势企业扩大对外投资,建立国外销售网络、生产体系和融资渠道。

(二)实施横向联合与合作战略

1. 参与"泛珠三角经济圈"。适应时代潮流,广东省委、省政府提出从珠三角到大珠三角再到泛珠三角的区域协调发展战略,提出"泛珠三角经济圈"的构想,包括广东、海南、福建、江西、湖南、四川、广西、云南、贵州和香港、澳门两个特别行政区即"9 + 2"的构想,既符合经济发展规律,也符合东、中、西部结构的国家发展战略。边疆六省区中的广西属紧密层经济圈、云南属半紧密层经济圈。密切"泛珠三角"经济联系,广西、云南可参与的重点合作的领域有:通过产业整合促进区域产业协调发展、培育区域优势产业;参与产业分工合作;参与共建区域统一市场,促进区域经贸合作;参与构建区域信息平台和区域交通网络;发挥政府间的协调作用,确立合作保障机制。

2. 参与小西北地区经济一体化进程。小西北地区包括甘肃、青海、宁夏三省区。小西北地区地理相连,有较为丰富的资源,在历史上有过许多的经济合作,形成了一些合作组织,并取得了合作的成效,有在省区间进行经济合作的基础和实现地区经济一体化的可能性、必要性。小西北的合作重点是推进省区企业重组,发挥甘肃省的大企业在产业整合中的骨干带头作用,促进小西北地区进入跨区域发展,建立产业联动体系。推进区域经济空间结构重组,形成一个优势互补、合理分工、协调发展的产业布局体系,形成以黄河经济为纽带,通过经济空间结构重组,形成以兰州、银川、西宁为一级发展级,以兰青、包兰、黄河沿线为轴线,点、线、面结合,多层次、网络协调发展的产业布局体系,形成不同功能分区的增长极体系和发展重点不同的产业带体系。

3. 发挥优势,加强横向经济联合与协作。如云南以滇沪、滇粤合作和省院、省校合作为重点,大力推进西南六省区市七方的联合协作,加强与江苏、浙江等沿海地区的紧密合作以及与全国其他省区市的合作。广西充分发挥承东启西的地缘优势,东引西联,进一步扩大联合协作的地域和领域,依托西南出海大通道,加强与西南地区的合作,联合发展交通、能源等重大基础设施,抓紧建设南(宁)、贵(阳)、昆(明)跨行政区域的经济带。新疆以要素资源的互补为基础,发挥欧亚大陆桥的作用,加强沿桥区域的经济合作,联合发展外向型产业,联建出口商品基地,共同参与国际竞争,发挥综合优势,共建大通道,联合走西口。发展会展经济,把乌鲁木齐建成我国西部国际商贸中心,继续办好中国昆明进出口商品交易会,办好南宁"中国—东盟"博览会。

(三)实施对外区域合作战略

1. 实施大湄公河"黄金四角"合作战略。20世纪90年代,中国、泰国政府及有关专家学者提出在中、老、缅、泰4国相连地区建立"金四角经济合作区"。这一倡议得到亚洲开发银行的支持,现在"金四角经济合作区"逐步向"黄金四角自由贸易区"发展。"金四角"应成为中国—东盟自由贸易区的有机组成部分。要按照自由贸易区的运行模式积极参与"黄金四角自由贸易区"建设。促进昆明、老挝、曼谷经济走廊建设。发展跨国旅游与旅游联网。

2. 参与大湄公河次区域战略合作。2002年11月成功举行了第一次大湄公河次区域经济合作领导人会议。2005年7月5日又在云南昆明举行了大湄公河次区域经济合作第二次领导人会议。这标志着大湄公河次区域合作步入一个新的阶段。云南与广西应充分利用已参与大湄公河次区域合作十多年建立起来的通道、项目、人文、旅游、友谊、公关、品牌等优势,强化合作。通过跨领域的措施加强基础设施网络建设,推进贸易投资便利化,深化农业领域发展的合作,扩大私营领域的参与和提高竞争力的合作,积极推进教育、文化、卫生等方面的合作;加强开发人力资源和技术运用能力方面的合作,参与国际资源和环境保护活动,促进国际循环经济发展。建立互惠互信友好合作的政治、经济、科技合作、贸易、海关、医疗卫生、环境保护、禁毒及防治传染病、打击走私及国际恐怖活动等相关机制的建设合作。

3. 参与中国—东盟自由贸易区建设。2004 年 11 月 29 日,在万象举行的第八次东盟与中国领导人会议(10 + 1)发表了《落实中国—东盟面向和平与繁荣的战略伙伴关系联合宣言的行动计划》,会后双方签署了《中国—东盟全面经济合作框架协议货物贸易协议》及交通合作谅解备忘录等文件,中国还与大湄公河次区域五国签署了关于共同推进建设大湄公河次区域信息高速公路的谅解备忘录。这标志着双方关系更加全面、系统、规范和务实,也有利于云南、广西抓住新机遇更全面地参与"10 + 1"合作。要抓住框架协议带来的新机遇,发展边疆省区贸易合作,要抓住中国(云南)—泰国果蔬"零关税"的机遇,大力发展云南、广西等地的果蔬名优特产品,建设面向东南亚的果蔬进出口集散中心和物流体系,推进物流国际化。要抓住机遇促进双方产业分工,要瞄准东盟市场,按照原产地规则扩大对东盟市场的投资。要锲而不舍地与沿边国家探索建立中国—东盟陆上毗邻国家边境跨国自由贸易区。如:探索建立中老方向云南"磨憨—磨丁"边境跨国自由贸易区;中越方向云南"河口—老街"边境跨国自由贸易区;广西"凭祥—谅山"、"东兴—芒街"边境跨国自由贸易区。实施电子商务战略,大力发展电子商务,积极参与"电子东盟",重视培育与"电子东盟"接轨的环境,以电子商务促进电子国际大通道物流现代化。

4. 参与中亚合作战略。中亚地区位于亚欧大陆的结合带,是亚欧大陆的接合部。中亚国家是指苏联解体后独立出来的位于中亚的国家,主要有哈萨克斯坦、吉尔吉斯斯坦、塔吉克斯坦、乌兹别克斯坦和土库曼斯坦。我国与中亚 5 国彼此开展区域经济合作,既具有战略意义,又对双方具有实际利益。2001 年 6 月,中国、俄罗斯、哈萨克斯坦、吉尔吉斯斯坦、塔吉克斯坦和乌兹别克斯坦 6 国元首在上海举行会晤并签署了《"上海合作组织"成立宣言》,成立了"上海合作组织",它对促进我国与 5 国睦邻友好合作关系,加强亚太地区安全有重大和深远的意义,对在冷战后摒弃冷战思维,探索新型的国家关系、新型安全观和新型区域合作模式提供了重要经验,而且也对世界的和平、稳定与发展产生积极、深远的影响。边疆省区中内蒙古、新疆、甘肃均有条件积极发展与"上海合作组织"、独联体有关国家、中东国家等的经济、贸易、交通、运输、旅游、投资、技术等方面的合作。

第六节　发挥设施、体制联动功能

人类社会可以说是以人为中心的设施、制度和意识形态所构成的统一体。从这个意义上讲,直接联动边疆经济发展的应该主要是设施和体制。下面我们将探讨如何发挥设施和体制在边疆地区农业产业化、新型工业化、服务业现代化和国际经济合作带建设中的联动功能。

一、发挥基础设施的联动功能①

（一）基础设施在边疆经济发展中的地位和作用

基础设施是指为直接生产活动以及满足人们基本需要,实现可持续发展提供共同条件和公共服务的设施和机构,一般包括交通运输、动力、通信、给排水、水利、排污等设施,以及教育、医疗保健、公共卫生、环境保护和法律、秩序等系统。按照赫希曼划分广义的基础设施和狭义的基础设施的观点,具有技术上的不可分性以及较高的资本——产出比率(假定产出完全可以衡量)的基础设施部门,如交通运输、动力、通信、给排水、水利、排污等狭义的基础设施,也称为经济性的基础设施或生产性的基础设施。而广义的基础设施则还包括教育、医疗保健、环境保护、公共卫生和法律、秩序等。基础设施也可以分为三大类,一类是经济性的基础设施,包括交通、电力、通信、水利等设施;一类是社会事业基础设施,包括教育、科技、文化、卫生等设施;一类是城市功能性基础设施,包括城市房屋、交通、给排水、供气等设施。我们主要探讨的是如何发挥经济类的基础设施在经济发展中的联动作用。

基础设施是直接生产部门赖以建立和发展的基本条件;基础设施的发展水平,直接和间接地影响生产部门的成本和效益,影响其供给的数量和质量;基础设施是决定一国或地区国际竞争能力的关键因素;基础设施对于满足人类基本需要、提高城乡人民生活水平也具有非常重要的意义。基础设施是涉及经济增长、环境保护、生活质量、社会可持续发展的基础性产业,其在一国或一个地区提升经济实力和市场竞争中的地位和作用,越来越受到各国、各

---

① 参见唐建新、杨军:《基础设施与经济发展》,武汉大学出版社2003年版。

地区政府和经济学家的重视。古典经济学家亚当·斯密在关于经济发展政策以及国家职能的阐述中提出国家应有三项职能,其第三项职能就是"建设并维持某些公共事业及某些公共工程"①。我国有学者从经济史的角度论述了基础设施对国民经济发展的影响,认为基础设施为分工和协作的发展创造了条件,为联系和交往提供了保证,保持了最终产品的质量,保证了后备物资的形成,加速了再生产过程,等等。基础设施建设具有投资的聚集性、时间的延续性、建设的超前性、功能的联动性等特点。也就是说搞基础设施建设要有资金的规模聚集,建设的周期相对要长,建设的项目要与经济社会发展的需要适度超前,基础设施建设对经济社会事业发展的拉动和联动作用比较强。②

我国边疆地区经济发展中长期存在着基础设施供给不足的瓶颈,直接导致低效率的资源配置和经济波动,表现在:其一,长期以来,由于投资不足,基础设施数量短缺,不能满足经济持续快速增长的有效需求。其二,基础设施滞后导致经济增长的结构出现偏差,如交通运输、邮电通信、信息传输等基础设施,长期以来在 GDP 中比重很低,有的还下降了,这不仅中断了连接产业与市场的中间环节,而且破坏了产业发展的重要条件。其三,基础设施空间布局失衡阻碍了区域经济发展。我国中西部地区,特别是西部地区,基础设施严重不足,通达性极差,仅就路网密度而言,东部是西部的 6 倍、中部的 3 倍。其四,现有基础设施的技术含量低,如低等级道路在路网中占绝大部分,边疆地区好多乡村还没有通电。

(二)边疆基础设施发展模式设计

从实践上看,在世界经济发展史上,基础设施的建设主要有如下几种发展类型:第一种是超前型,即基础设施建设相对于直接生产活动超前一个时期。英国等西欧发达国家由于起步较早,大体属于基础设施超前发展一类的国家。第二种是同步型,即基础设施与生产消费引起的需要相适应,直接生产部门与基础设施的形成和扩大同步发展,美国、加拿大、瑞典等国均属于这种类型。第三种是滞后型,即基础设施发展落后于直接生产部门。这是 20 世纪 50 年代以来具有代表性的发展类型,前苏联、东欧以及大多数发展中国家,其中包括作为发展中社会主义国家的中国以往基础设施的建设,均属于这种类型。要发挥基础设施在边疆经济发展中的联动功能,边疆地区的基础设施

---

① ［英]亚当·斯密:《国民财富的性质和原因的研究》,商务印书馆 1974 年版,第 253 页。
② 刘景林:《论基础结构》,《中国社会科学》1983 年第 1 期。

建设应选择"同步型"的发展模式。"同步型"发展模式既符合我国基础设施配置能力,也切合边疆地区生产力水平和投资能力,使基础设施发展与直接生产部门的发展相适应。

比较确切的表述,边疆基础设施发展的模式应该是需求导向、整体"同步"、个别"超前"、协调发展。边疆地区最大的需求是建立社会主义市场经济体制和满足人民不断提高的生活水平和生产质量的需求,这就要求我国政府建设能够使边疆地区社会资源得以流动和优化配置并覆盖大范围的基础设施,建设提高生存质量、具有高科技含量的并能满足服务需求的边疆地区基础设施。经济发展对基础设施具体的需求就是,建设基本适应与边疆农业产业化、新型工业化、服务业现代化联动发展的基础设施。当前急需建设的基础设施是关于边疆区域内水、电、路、气、能源、信息传输或其他经济资源流动配置的基础设施工程。边疆地区相对于内地地广人稀,地质情况复杂,不可能大推进式地建设基础设施,但是为了加快经济发展,促进农业产业化、新型工业化和服务业现代化联动发展,提高国内国际市场竞争力,加速资源转化,我们必须利用一切可以利用的条件,保持基础设施与经济增长的同步发展,对于涉及国防安全、人民生存和发展、群体支柱产业整体发展的基础设施还是应该超前发展,并以此求得边疆地区全部基础设施的协调发展。

(三)优化边疆基础设施的质量标准

基础设施是社会得以生存发展的基础,它的规模和质量决定着边疆社会经济发展的规模和极限。目前边疆地区基础设施建设方面存在的问题,一方面是基础设施存量水平不高,另一方面是基础设施质量低下,与经济和社会的现代化建设不相适应。因此,基础设施的发展方向,应是在提高基础设施存量水平的同时,下大力气优化基础设施的质量技术标准。

铁路建设方面,首先应重点加强对既有干线和路网的挖潜改造,重点提高运力不足路段的干线标准,改善技术装备水平,实现提速扩能增效。其次是加快对新建成干线的配套建设,完善路网结构,使之尽快达到设计能力;在此基础上,再考虑必要的新线建设。公路建设重点在于加快公路主干线规划的实施进度,努力提高高速公路的通车里程。沿海港口应扩大集装箱、矿石等专业码头的吞吐能力,提高作业效率。民航建设一方面要有计划地扩建能力严重不足的干线机场候机楼;另一方面要加强大型机场空管设施、输油管线等配套建设,提高机场利用效率和全天候起降能力。

邮电通信的发展重点应是加快广大农村地区的电话普及速度,同时提高城市通信网的技术水平,逐步实现通信网向数字化、高速率和宽带化的过渡。电力建设的重点是加强电网建设,提高电网调峰能力;改善水、火电比重,逐步淘汰小火电。

城市基础设施的建设重点放在:(1)环保设施。目前我国边疆城市污水处理率和垃圾无害化处理率分别只有7%和6%,要下大力气提高此两项指标。(2)城市供水。重点解决100个严重缺水城市的生活和工业用水问题。(3)城市道路系统。着力改善城市交通结构,加快建设特大城市快捷轨道交通系统。据对国外一些城市(如东京、纽约、巴黎、伦敦等)的观察分析表明,在市内客运交通中,公共交通占有绝对优势,并且在大城市的客运交通中,轨道运输往往又占有较大的比例,居主导地位。虽然国外发达国家私人汽车相当普及,但在国外真正解决城市交通问题的主要还是依靠地下铁路、市郊铁路等以轨道交通系统为主的公共交通运输系统。

水利和生态环境建设更是今后基础设施建设的重点。1998年长江和嫩江、松花江全流域性的特大洪水给我们以血的警示,暴露出我们在水利防洪以及生态环境保护方面存在的严重问题。我国边疆地区的防洪工程只能抵御20年或50年一遇的洪水,而美国的防洪标准是500年一遇的洪水。生态环境的破坏更是令人触目惊心。因此,对水利和防洪工程的建设投入应加大力度,同时要注意提高技术标准;生态环境建设方面要加快长江和黄河水土保持项目、大型防护林工程、防沙治沙项目的进度,提高边疆地区社会和经济可持续发展的能力。

(四)积极推进边疆信息高速公路的建设

人类正处在由工业社会向信息社会转变的时期,信息"已经成为生产力的组成部分,而且是驱动生产力发展的决定性因素"。所谓信息高速公路,是指利用现代通信技术的光导纤维为主干道,把电话、有线电视和计算机有机地联成四通八达的网络,通过网络向众多的用户终端传输各种声音、图像、文字和数据等信息,提供广泛的信息服务。它从本质上讲是一个高速度、大容量、服务对象广泛的信息传输网络。信息高速公路是高新技术的产物,可以用来全面、有效地改造和装备边疆地区原有的传统产业,大力推进边疆地区农业产业化、新型工业化和服务业现代化,大大提高生产能力和经济效益,推动边疆地区国民经济的跨越式发展。信息高速公路将使边疆地区经济社会可持续发展能力增强。

建设边疆信息高速公路是一项复杂而浩大的系统工程,国家应高度重视边疆地区信息基础设施建设,使边疆地区在全国信息高速公路建设中占有一定的位置。边疆地区要根据国家的统一规划,认真做好本省市信息高速公路建设的长远规划,多渠道筹集建设资金,大力培养信息人才,提高技术水平,学习和借鉴西方国家和国内发达地区的先进经验,发挥后发优势,加快信息基础设施建设步伐,加大培养信息市场的力度,逐步缩小与先进地区的差距。

(五)边疆基础设施建设的资金筹集整合

基础设施建设的资金筹集合力的形成应该是发展财政投融资,同时进一步放松对基础设施产业投融资的垄断和控制,通过市场利益诱导机制的作用,吸引更多的民间资本和国外资金参与我国边疆基础设施建设。在发展财政投融资方面,要增大国债发行量;积极而又稳妥地利用部分养老保险金参与基础设施建设;增大政策性银行筹资量;对接受"保本微利"定价管理的基础设施中的骨干项目提供财政担保;出售部分国有资产用于基础设施建设新项目的投资。在引进民间资本方面,发育资本市场,为民间资本投资提供资金来源;借鉴外国经验,积极引导民间资本进入基础设施建设领域;授予土地开发权,实行外部经济内在化。在利用外资推动基础设施建设方面,基本思路应该是,在国家宏观调控与计划指导下,通过健全和完善政策法规,不断改进引进外资的外部环境,在坚持内资为主、外资为辅原则的同时,大胆引进外资进入基础设施建设领域。在方式上,应采用直接投资和间接融资并举、重点放在直接投资上的方针。在直接投资上,要鼓励外国资本在我国建设合资和独资的基础设施项目,鼓励采用 BOT 等项目融资方式建设大型基础设施项目。

二、发挥体制机制联动功能①

从制度经济学的观点出发,政府给社会提供的不是物质产品,而是制度产品。我们讲科教兴国、人才强国,但从根本上讲,应该是教育立国、制度兴国。没有教育的发展和制度的创新就不可能实现中华民族的伟大复兴,教育出素质、出人才,制度兴国家、兴民族。边疆地区的发展,边疆地区的农业产业化、新型工业化、服务业现代化和国际合作带的建设必须靠体制、机制联动

---

① 邢贲思:《完善社会主义市场经济体制》,人民日报出版社 2003 年版。

推进。因此,我们要深化改革,使各种社会生产要素有利于向边疆地区流动,向边疆经济产业注入新的体制和机制。

(一)深化国有企业改革,为加快新型工业化提供体制保证

建立健全国有资产管理和监督体制。坚持政府公共管理职能和国有资产出资人职能分开。国有资产管理机构对授权监管的国有资产依法履行出资人职责,维护所有者权益,维护企业作为市场主体依法享有的各项权利,督促企业实现国有资产保值增值,防止国有资产流失。建立国有资产经营预算制度和企业经营业绩考核体系。积极探索国有资产监管和经营的有效形式,完善授权经营制度。建立健全国有金融资产、非经营性资产和自然资源资产等的监管制度。

完善公司法人治理结构。按照现代企业制度要求,规范公司股东会、董事会、监事会和经营管理者的权责,完善企业领导人员的聘任制度。股东会决定董事会和监事会成员,董事会选择经营管理者,经营管理者行使用人权,并形成权力机构、决策机构、监督机构和经营管理者之间的制衡机制。企业党组织要发挥政治核心作用,并适应公司法人治理结构的要求,改进发挥作用的方式,支持股东会、董事会、监事会和经营管理者依法行使职权,参与企业重大问题的决策。要坚持党管干部原则,并同市场化选聘企业经营管理者的机制相结合。中央和地方党委要加强和改进对国有重要骨干企业领导班子的管理。要全心全意依靠职工群众,探索现代企业制度下职工民主管理的有效途径,维护职工合法权益。继续推进企业转换经营机制,深化劳动用工、人事和收入分配制度改革,分流安置富余人员,分离企业办社会职能,创造企业改革发展的良好环境。

加快推进和完善垄断行业改革。对垄断行业要放宽市场准入,引入竞争机制。有条件的企业要积极推行投资主体多元化。继续推进和完善电信、电力、民航等行业的改革重组。加快推进铁道、邮政和城市公用事业等改革,实行政企分开、政资分开、政事分开。对自然垄断业务要进行有效监管。

(二)深化农村改革,为加快农业产业化进程提供体制保证

完善农村土地制度。土地家庭承包经营是农村基本经营制度的核心,要长期稳定并不断完善以家庭承包经营为基础、统分结合的双层经营体制,依法保障农民对土地承包经营的各项权利。农户在承包期内可依法、自愿、有偿流转土地承包经营权,完善流转办法,逐步发展适度规模经营。实行最严格的耕地保护制度,保证国家粮食安全。按照保障农民权益、控制征地规

模的原则,改革征地制度,完善征地程序。严格界定公益性和经营性建设用地,征地时必须符合土地利用总体规划和用途管制,及时给予农民合理补偿。

健全农业社会化服务、农产品市场和对农业的支持保护体系。农村集体经济组织要推进制度创新,增强服务功能。支持农民按照自愿、民主的原则,发展多种形式的农村专业合作组织。鼓励工商企业投资发展农产品加工和营销,积极推进农业产业化经营,形成科研、生产、加工、销售一体化的产业链。深化农业科技推广体制和供销社改革,形成社会力量广泛参与的农业社会化服务体系。完善农产品市场体系,放开粮食收购市场,把通过流通环节的间接补贴改为对农民的直接补贴,切实保护种粮农民的利益。加大国家对农业的支持保护,增加各级财政对农业和农村的投入。加强粮食综合生产能力建设。完善扶贫开发机制。国家新增教育、卫生、文化等公共事业支出主要用于农村。探索建立政策性农业保险制度。

改善农村富余劳动力转移就业的环境。农村富余劳动力在城乡之间双向流动就业,是增加农民收入和推进城镇化的重要途径。建立健全农村劳动力的培训机制,推进乡镇企业改革和调整,大力发展县域经济,积极拓展农村就业空间,取消对农民进城就业的限制性规定,为农民创造更多的就业机会。逐步统一城乡劳动力市场,加强引导和管理,形成城乡劳动者平等就业的制度。深化户籍制度改革,完善流动人口管理,引导农村富余劳动力平稳有序转移。加快城镇化进程,在城市有稳定职业和住所的农业人口,可按当地规定在就业地或居住地登记户籍,并依法享有当地居民应有的权利,承担应尽的义务。

(三)完善市场体系,为推进服务业现代化提供体制保证

加快建设全国统一市场。强化市场的统一性,是建设现代市场体系的重要任务。大力推进市场对内对外开放,加快要素价格市场化,发展电子商务、连锁经营、物流配送等现代流通方式,促进商品和各种要素在全国范围自由流动和充分竞争。废止妨碍公平竞争、设置行政壁垒、排斥外地产品和服务的各种分割市场的规定,打破行业垄断和地区封锁。积极发展独立公正、规范运作的专业化市场中介服务机构,按市场化原则规范和发展各类行业协会、商会等自律性组织。完善行政执法、行业自律、舆论监督、群众参与相结合的市场监管体系,健全产品质量监管机制,严厉打击制假售假、商业欺诈等违法行为,维护和健全市场秩序。

大力发展资本和其他要素市场。积极推进资本市场的改革开放和稳定发展,扩大直接融资。建立多层次资本市场体系,完善资本市场结构,丰富资本市场产品。规范和发展主板市场,推进风险投资和创业板市场建设。积极拓展债券市场,完善和规范发行程序,扩大公司债券发行规模。大力发展机构投资者,拓宽合规资金入市渠道。建立统一互联的证券市场,完善交易、登记和结算体系。加快发展土地、技术、劳动力等要素市场。规范发展产权交易。积极发展财产、人身保险和再保险市场。稳步发展期货市场。

建立健全社会信用体系。形成以道德为支撑、产权为基础、法律为保障的社会信用制度,是建设现代市场体系的必要条件,也是规范市场经济秩序的治本之策。增强全社会的信用意识,政府、企事业单位和个人都要把诚实守信作为基本行为准则。按照完善法规、特许经营、商业运作、专业服务的方向,加快建设企业和个人信用服务体系。建立信用监督和失信惩戒制度。逐步开放信用服务市场。

（四）深化涉外经济体制改革,全面提高对外开放水平

完善对外开放的制度保障。按照市场经济和世贸组织规则的要求,加快内外贸一体化进程。形成稳定、透明的涉外经济管理体制,创造公平和可预见的法治环境,确保各类企业在对外经济贸易活动中的自主权和平等地位。依法管理涉外经济活动,强化服务和监督职能,进一步提高贸易和投资的自由、便利程度。建立健全外贸运行监控体系和国际收支预警机制,维护国家经济安全。

更好地发挥外资的作用。抓住新一轮全球生产要素优化重组和产业转移的重大机遇,扩大利用外资规模,提高利用外资水平。结合国内产业结构调整升级,更多地引进先进技术、管理经验和高素质人才,注重引进技术的消化吸收和创新提高。继续发展加工贸易,着力吸引跨国公司把更高技术水平、更大增值含量的加工制造环节和研发机构转移到我国,引导加工贸易转型升级。进一步改善投资环境,拓宽投资领域,吸引外资加快向有条件的地区和符合国家产业政策的领域扩展,力争再形成若干外资密集、内外结合、带动力强的经济增长带。

增强参与国际合作和竞争的能力。鼓励国内企业充分利用扩大开放的有利时机,增强开拓市场、技术创新和培育自主品牌的能力。提高出口商品质量、档次和附加值,扩大高新技术产品出口,发展服务贸易,全面提高出口竞争力。继续实施"走出去"战略,完善对外投资服务体系,赋予企业更大的

境外经营管理自主权,健全对境外投资企业的监管机制,促进我国跨国公司的发展。积极参与和推动区域经济合作。

(五)深化财税金融改革,为边疆经济联动发展增添资金活力

分步实施税收制度改革。按照简税制、宽税基、低税率、严征管的原则,稳步推进税收改革。改革出口退税制度。统一各类企业税收制度。增值税由生产型改为消费型,将设备投资纳入增值税抵扣范围。完善消费税,适当扩大税基。改进个人所得税,实行综合和分类相结合的个人所得税制。实施城镇建设税费改革,条件具备时对不动产开征统一规范的物业税,相应取消有关收费。在统一税政前提下,赋予地方适当的税政管理权。创造条件逐步实现城乡税制统一。

推进财政管理体制改革。健全公共财政体制,明确各级政府的财政支出责任。进一步完善转移支付制度,加大对中西部地区和民族地区的财政支持。深化部门预算、国库集中收付、政府采购和收支两条线管理改革。清理和规范行政事业性收费,凡能纳入预算的都要纳入预算管理。改革预算编制制度,完善预算编制、执行的制衡机制,加强审计监督。建立预算绩效评价体系。实行全口径预算管理和对负债的有效监控。加强各级人民代表大会对本级政府预算的审查和监督。

深化金融企业改革。商业银行和证券公司、保险公司、信托投资公司等要成为资本充足、内控严密、运营安全、服务和效益良好的现代金融企业。选择有条件的国有商业银行实行股份制改造,加快处置不良资产,充实资本金,创造条件上市。深化政策性银行改革。完善金融资产管理公司运行机制。鼓励社会资金参与中小金融机构的重组改造。在加强监管和保持资本金充足的前提下,稳步发展各种所有制金融企业。完善农村金融服务体系,国家给予适当政策支持。通过试点取得经验,逐步把农村信用社改造成为农村社区服务的地方性金融企业。

完善金融监管体制。依法维护金融市场公开、公平、有序竞争,有效防范和化解金融风险,保护存款人、投资者和被保险人的合法权益。健全金融风险监控、预警和处置机制,依法严格实行市场退出制度。强化金融监管手段,防范和打击金融犯罪。增强监管信息透明度并接受社会监督。处理好监管和支持金融创新的关系,鼓励金融企业探索金融经营的有效方式。建立健全银行、证券、保险监管机构之间以及同中央银行、财政部门的协调机制,提高金融监管水平。

（六）巩固和发展公有制经济，大力发展非公经济，建立健全现代产权制度，为边疆经济发展提供根本制度保证

推行公有制的多种有效实现形式，加快调整国有经济布局和结构。要适应经济市场化不断发展的趋势，进一步增强公有制经济的活力，大力发展国有资本、集体资本和非公有资本等参股的混合所有制经济，实现投资主体多元化，使股份制成为公有制的主要实现形式。发展具有国际竞争力的大公司大企业集团。继续放开搞活国有中小企业。以明晰产权为重点深化集体企业改革，发展多种形式的集体经济。

大力发展和积极引导非公有制经济。个体、私营等非公有制经济是促进我国社会生产力发展的重要力量。清理和修订限制非公有制经济发展的法律法规和政策，消除体制性障碍。放宽市场准入，允许非公有资本进入法律法规未禁入的基础设施、公用事业及其他行业和领域。非公有制企业在投融资、税收、土地使用和对外贸易等方面，与其他企业享受同等待遇。支持非公有制中小企业的发展，鼓励有条件的企业做强做大。非公有制企业要依法经营，照章纳税，保障职工合法权益。改进对非公有制企业的服务和监管。

建立健全现代产权制度。产权是所有制的核心和主要内容，包括物权、债权、股权和知识产权等各类财产权。建立归属清晰、权责明确、保护严格、流转顺畅的现代产权制度，有利于维护公有财产权，促进非公有制经济发展；有利于各类资本的流动和重组，推动混合所有制经济发展；有利于增强企业和公众创业创新的动力，形成良好的信用基础和市场秩序。这是完善基本经济制度的内在要求，是构建现代企业制度的重要基础。要依法保护各类产权，健全产权交易规则和监管制度，推动产权有序流转，保障所有市场主体的平等法律地位和发展权利。

第三章　边疆新农村建设

第一节　边疆新农村建设的意义

一、社会主义新农村建设的提出

党的十六届五中全会制定了新农村建设的战略,具有重大的历史意义和现实意义。这是由我国经济社会发展的新阶段、新特点和未来发展的新任务、新目标所决定的,这不仅仅是为了农业、农村的发展和农民的富裕,而是关系到实现国家的长治久安和中华民族的伟大复兴。

从总体上看,我国正处在体制深刻转化、结构深刻调整、社会深刻变革的历史时期,经济社会已进入以工促农、以城带乡的发展阶段。我国农业农村发展正在发生重大而深刻的变化,呈现出一系列明显而积极的趋势,同时也暴露出农业农村发展的许多深层次矛盾和问题。

(一)农村发展的积极趋势

1. 经济社会总体上进入以工促农、以城带乡的发展阶段,国民收入分配格局正在发生重大变化。工业反哺农业、城市支持农村在全党全国基本形成共识,统筹城乡发展在许多方面得到体现,国家财政支农资金大幅度增加,新型工农、城乡关系正在加快形成。"多予"有了良好开端,"少取"迈出了历史性步伐,"放活"正在积极推进。

2. 农业农村经济结构调整在更宽领域、更高层次展开,农村经济增长方式正在发生重大变化。农业区域化布局、优质化生产、标准化管理和产业化经营取得明显进展,绿色生产、节约生产和清洁生产开始出现并不断扩展。农村二、三产业从注重外延增长转向注重内涵发展。农村劳动力中非农产业就业比重不断上升。农村经济增长更加依靠科技进步和劳动者素质的提高。

3. 农村改革向纵深推进,农村经济运行机制正在发生重大变化。农村改革进入攻坚阶段,各项改革措施综合配套推进,涉及的领域越来越广,触及的矛盾越来越深,影响的范围越来越大。具有划时代意义的全面取消农业税的目标已经实现。农村综合改革在试点基础上即将普遍推开。粮食购销市场化和经营主体多元化格局初步形成。农村信用社改革迈出重要步伐。农村集体经济和农民合作经济组织在实践中不断发展。

4. 农民权益保护开始步入规范化、法制化轨道,农民经济社会地位和发展环境正在发生重大变化。保护农民权益的法律法规不断健全,权益保障工作取得积极进展。社会各界对农民工的认识有了新的提高,各地政府对农民工的管理和服务方式有了明显改进。征地补偿和安置办法正在完善,补征地农民的长远生计受到重视。

5. 对外开放全方位拓展,农业发展面临的国际市场环境正在发生重大变化。随着我国对外开放不断扩大,特别是加入世贸组织以后,农产品市场竞争日趋国际化,对农产品质量安全的要求明显提高。农业发展越来越注重利用两个市场、两种资源。国外资金、先进技术、管理经验的引进步伐加快。农业"走出去"战略取得进展。应对国际农产品贸易争端的能力有所增强。

6. 农村基础设施和生态环境建设受到重视,农民生产生活条件正在发生重大变化。国家对农村基础设施建设支持力度逐步加大,农村电网、道路、饮水和沼气等建设取得积极成果。退耕还林、退牧还草和天然林保护等生态工程建设深入推进,水土保持和土地沙化治理继续加强,很多地方农村生态环境趋于好转。

7. 农村社会事业发展步伐加快,公共产品供给机制正在发生重大变化。农村更加注重经济社会协调发展,农村公共事业开始更多地纳入公共财政支持范围。农村义务教育普及率得到提高。新型农村合作医疗制度试点工作加快推进。农村部分计划生育家庭奖励扶助和"少生快富"扶贫工程继续扩大。广播电视"村村通"工程取得进展。

8. 农村基层组织和民主政治建设得到加强,乡村治理方式正在发生重大变化。村民自治制度更加健全,村务公开普遍实行,农民物质利益和民主权利受到保护和尊重。适应税费改革后的新形势、新要求,县乡政府更多转向社会管理和公共服务,基层干部的工作任务、方式和作风逐步转变。

(二)农村发展呈现出的新矛盾

1. 农业资源短缺和生态环境脆弱,与持续提高农业综合生产能力的要求不相适应。我国人均自然资源较少,而且相当长时期内耕地缩减、淡水短缺、人口增加的趋势不可逆转,部分地区生态环境还在继续恶化,农业发展的资源和环境约束日益趋紧。持续提高农业产出水平,确保粮食安全,确保生态安全,任务十分艰巨。

2. 农业生产力总体水平不高,与支撑国民经济平稳较快发展的要求不相适应。当前我国农业物质技术装备水平还比较低,相当大程度上仍在靠天吃饭。如果这种局面不能得到根本改变,就很难适应人口增加和生活水平提高对农产品不断增长的需求,很难持久保证农产品的质量安全和优质化、多样化的供给,很难长期有力支撑国民经济又快又好地发展。

3. 农村公共服务能力严重滞后,与农村社会全面进步的要求不相适应。目前农村社会事业和基础设施与城市的差距很大。农民素质普遍偏低。农村上学难、看病贵、社会保障水平低、公共设施薄弱等问题相当突出,严重制约农民生活质量的提高和农村社会的全面进步。

4. 农民收入水平低和增收难,与全面建设小康社会的要求不相适应。最近两年农村收入虽然增加较多,但城乡居民收入差距扩大的趋势并没有根本改变,农民收入增长缓慢依然是最为突出的矛盾。如不采取更有力的措施破解这一难题,将直接影响全面建设小康社会的进程。

5. 农业农村发展的体制性障碍依然存在,与加快发展农村生产力的要求不相适应。影响农村经济社会发展的制约因素还很多,城乡二元结构还未根本破除,各种要素在城乡之间合理配置的机制还未完全建立,农村综合改革和其他各项改革的任务仍然相当艰巨。

6. 农产品市场竞争力不强,与扩大对外开放的要求不相适应。我国已进入加入世贸组织的后过渡期,国内外市场的竞争日趋激烈。我国农业经营规模小、组织化程度低、科技实力弱,在国际竞争中处于不利地位,加上国际市场中贸易保护主义又有新的表现,劳动密集型农产品的比较优势难以充分发挥,土地密集型农产品的比较劣势更加凸显。这不仅使我国农产品出口的困难加剧,而且使国内市场的压力增大。如何提高农业的整体素质和竞争力,是我国面临的一个重大课题。

(三)建设社会主义新农村的提出

在我国农村发展进入新的历史时期,党中央高瞻远瞩,提出了建设社会主义新农村的战略。《中共中央关于制定国民经济和社会发展第十一个五年规划的建议》指出:"建设社会主义新农村是我国现代化进程中的重大历史任务。要按照生产发展、生活宽裕、乡风文明、村容整洁、管理民主的要求,坚持从各地实际出发,尊重农民意愿,扎实稳步推进新农村建设。"中央提出的建设社会主义新农村的总要求,即"生产发展、生活宽裕、乡风文明、村容整洁、管理民主",包含了农村物质文明、政治文明、精神文明、社会文明等多方面的内容,其中,生产发展是建设社会主义新农村的物质条件,生活宽裕是建设社会主义新农村的具体落实,乡风文明是建设社会主义新农村的思想基础,村容整洁是建设社会主义新农村的环境氛围,管理民主是建设社会主义新农村的体制保障。

党的十六届五中全会提出的建设社会主义新农村的主要任务:一是坚持"多予少取放活",加大各级政府对农业和农村增加投入的力度,扩大公共财政覆盖农村的范围,强化政府对农村的公共服务,建立以工促农、以城带乡的长效机制。二是培养有文化、懂技术、会经营的新型农民,提高农民的整体素质,通过农民辛勤劳动和国家政策扶持,明显改善广大农村的生产生活条件和整体面貌。三是推进现代农业建设,加快农业科技进步,加强农业设施建设,调整农业结构,转变农业增长方式,提高农业综合生产能力。四是全面深化农村改革,稳定并完善以家庭承包经营为基础、统分结合的双层经营体制,发展多种形式的适度规模经营,推进农村综合改革,深化农村流通体制改革,鼓励和引导农民发展各类专业合作经济组织,健全党组织领导的充满活力的自治机制。五是大力发展农村公共事业,加快发展农村文化、教育、卫生、人口等公共事业的发展。六是千方百计增加农民收入,采取综合措施,广泛开辟农民增收渠道,加大扶贫开发力度,提高贫困地区人口素质。

二、边疆新农村建设的内涵和特性

(一)新农村建设的内涵

"社会主义新农村"是指在社会主义条件下或社会主义制度下,反映一定时期农村社会以经济发展为基础,以社会全面进步为标志的社会状态。主要包括以下几个方面:一是发展经济、增加收入。这是建设社会主义新农村的首要前提。要通过高产高效、优质特色、规模经营等产业手段,提高农业生产效益。二是建设村镇、改善环境。包括住房改造、垃圾处理、安全用水、道路整治、村屯绿化等内容。三是扩大公益、促进和谐。要办好义务教育,使适龄儿童都能入学并受到基本教育;要扩大新型农村合作医疗试点,使农民享受基本的公共卫生服务;要加强农村养老和贫困户的社会保障;要统筹城乡就业,为农民进城提供方便。四是培育农民、提高素质。要加强精神文明建设,倡导健康文明的社会风尚;要发展农村文化设施,丰富农民精神文化生活;要加强村级自治组织建设,引导农民主动有序参与乡村建设事业。

国家农业部农村经济研究中心主任柯炳生认为,所谓"新农村"应该包括五个方面,即新房舍、新设施、新环境、新农民、新风尚。这五者缺一不可,共同构成社会主义"新农村"的范畴,即要因地制宜地建设各具民族和地域风情的居住房,而且房屋建设要符合"节约型社会"的要求;要完善基础设施,道路、水电、广播、通讯、电信等配套设施要俱全,让现代农村共享信息文明;生态环境良好、生活环境优美,尤其是在环境卫生的处理能力上要体现出新的时代特征;使农民具备现代化素质,成为有理想、有文化、有道德、有纪律的"四有农民";要移风易俗,提倡科学、文明、法治的生活观,加强农村的社会主义精神文明建设。除以上五个方面外,笔者认为还有两个重要的方面,即新产业和新政策,培植农村新兴产业、调整优化产业结构,提高产业效益,增强新农村建设的产业支撑能力;落实和完善农村的各项政策,建立新农村建设的政策保障机制,充分调动农民群众建设新农村的积极性和创造性。新农村建设具体表现在七个"新"上,即:新产业、新房舍、新设施、新环境、新农民、新风尚、新政策。

(二)边疆新农村建设的特性

1. 全面性。边疆新农村建设全面综合反映社会文明进步的程度,具有全面性。新农村建设不仅仅是一个村镇建设的问题,而且是一个村民发展的问题;不仅仅是一个经济建设问题,而且是一个包括社会、政治、经济、科技、教育、文化、交通、人民生活、社会治安和社会保障等涉及社会生活方方面面的有机统一体,是社会综合发展程度的标志。

2. 动态性。边疆新农村建设是一个过程,具有动态性。边疆新农村建设作为一定历史时期社会形态的表现形式,必须反映时期特征,因而其衡量标准不是一成不变的,而是随时间的变化、社会的发展而变化发展的。建设工作不可能一蹴而就,毕其功于一役,必须锲而不舍,不断推进。

3. 层次性。边疆新农村建设是在现有基础上进行的,而各地的基础是不相同的,具有层次性和复杂性。不同地区由于历史、环境、基础的不同,建设的速度和目标也各不相同,所以各地反映的新农村在内容上、程度上、要求上也有所不同,模式也不可能千篇一律。

4. 务实性。边疆新农村建设是事关边疆经济和社会发展全局的大事,是事关边疆农民群众民生事业发展的实事,是事关边疆和谐稳定的要事,具有强烈的现实性和深远的战略性,必须从实现发展和维护农民的利益为出发点和落脚点,必须从每一件关乎民生的事情做起,必须从农民自身生存发展的环境改善做起。

(三)韩国"新村运动"对边疆新农村建设的启示

自 20 世纪 60 年代以来,韩国工农业发展、城乡之间、区域之间的发展严重失衡,农村问题十分突出。农村人口的大量无序迁移,带来了诸多的城市问题和社会难题。农村劳动力老龄化、弱质化,农业后继无人,加上农业机械化发展滞后,使部分农村地区的农业濒临崩溃的边缘。

韩国政府自 1970 年开始发起了"新村运动",设计实施了一系列的开发项目,以政府支援、农民自主和项目开发为基本动力的纽带,带动农民自发参加家乡建设活动。政府不仅是强有力的组织者,而且是积极的直接参与者,并投入大量的人力、物力和财力。从"新村运动"开始到 1980 年的 10 年间,政府投资额达到了 27571 亿韩元。

韩国政府对农村的财政投入,涉及农村各个领域。包括农村住房和公路、桥梁、水利、电力等基础设施;农村基础教育、卫生保障、社会保障等公共服务体系;此外,韩国政府以"新村运动"的名义,大量投资,扶持农村经济持续发展,从而增加农民收入。由于政府长期不懈的努力,韩国在最近 30 多年的城市化、工业化过程中实现了城乡经济的协调发展,实现了城乡居民收入的同步提高。20 世纪 70 年代到目前为止 30 多年时间内,韩国城乡居民收入之比始终在 1:0.8、1:0.9,最低是 1970 年的 1:0.7。

韩国"新村运动"的经验告诉我们,在城市化、工业化高速发展过程中,城乡居民收入同步提高是完全可以实现的。农村的发展不是对城市发展的制约,而是对城市发展的一种推动。农村的发展,农民素质的提高,会进一步加快和推动整个社会经济的发展。

韩国"新村运动"的经验启示我们,解决一个国家的农业、农村、农民问题,属于农村综合开发与发展的范畴,即:农业技术、教育、增收、文化、环境、设施、卫生、健康、团结、进取、耐心、创意、智慧、勤劳、勇敢、友善、合作、互助、文明。只要我们解读一下反映韩国"新村运动"的《新村之歌》的歌词就会得到启示,《新村之歌》歌词是:"清晨的钟声响起来,新的一天开始了,咱们快快起床来,去建我们的新农村,用我们的力量建设舒适的新农村。除旧换新茅草屋,修起村里宽马路,建设绿色的家园,精心维护和改善,用我们的力量建设舒适的新农村。大家齐心协作互助,辛勤挥汗而劳作,努力增加收入,建设富裕的新农村。用我们的力量建设舒适的新农村。我们大家无比坚强,英勇奋战、辛勤劳作,辛勤劳作、英勇奋战,创建我们新祖国,用我们的力量建设舒适的新农村。"

三、边疆新农村建设的意义

较之内地,边疆新农村建设任务更重,意义更大,主要表现在:

（一）建设社会主义新农村,是边疆地区贯彻落实科学发展观的重大举措

科学发展观是指导发展的世界观和方法论的集中体现,揭示了我国经济社会发展的客观规律,是马克思主义发展理论的重大创新。建设社会主义新农村,促进城乡协调发展,是科学发展观的题中应有之义。坚持以人为本,必须立足于城乡全体居民,让占人口大多数的农民群众参与发展进程、共享发展成果。实现全面、协调、可持续发展,必须着眼于所有城镇乡村,重视把农村的事情办好。这就要求我们必须加快农村经济发展,推动农村社会全面进步,建设好农村这个最大的生态屏障。如果脱离农民群众的愿望,忽视农民群众的利益,发展就没有真正体现以人为本;如果农村经济社会发展滞后,农村生态环境没有明显改善,发展就不可能真正做到全面协调可持续。边疆地区应深刻认识建设社会主义新农村与落实科学发展观的内在联系,更加自觉、更加主动地推进社会主义新农村建设,促进经济社会发展尽快转入科学发展轨道。

（二）建设社会主义新农村,是确保边疆地区现代化建设顺利推进的必然要求

国际经验表明,能否保持工农城乡之间的协调发展,是现代化建设成败的重要前提。一些国家较好地处理了工农城乡关系,经济社会得到了迅速发展,较快地迈进了现代化国家的行列。但也有一些国家没有处理好工农城乡关系,导致农村长期落后,人口过分向城市集中,形成了数量庞大的城市贫困阶层,致使经济停滞甚至倒退,现代化进程严重受阻。我国边疆地区大多是人口多、二元结构明显的欠发达地区,在推进工业化、城镇化过程中,必须深刻汲取国内外正反两方面的经验教训,走具有自身特色的工业与农业协调发展、城市与农村共同繁荣的现代化道路。尽管边疆地区做了很大努力,但长期形成的工农失调、城乡失衡状况还没有根本改观,有些方面还在加剧。如果城乡差距进一步扩大,农村不能摆脱落后面貌,边疆地区就不可能成为真正意义上的现代化地区。我们要准确把握边疆地区基本区情和经济社会发展规律,确保社会主义新农村建设与工业化、城镇化同步推进,把农业农村发

展纳入整个现代化进程,让亿万农民共享现代化成果。

(三)建设社会主义新农村,是边疆地区全面建设小康社会的重点任务

我们正在全面建设的小康社会,是惠及十几亿人口的更高水平的小康社会。改革开放以来,我国边疆地区经济社会持续快速发展,城市面貌发生了巨大变化,但农村面貌变化相对较小。目前不少城市的发展水平已经接近或达到一些发达地区水平,但农村却还有一些地方通不了路、看不起病、上不起学、喝不上干净水。现在,我国边疆七省区的城镇化率为32%,大部分人口生活在农村,农民依然是一个十分庞大的社会群体。如果农业问题解决不好,农村面貌得不到有效改变,农民生活得不到明显改善,全面建设小康社会就会成为空话。因此,实现全面建设小康社会的宏伟目标,重点在农村,难点也在农村。我们要通过推进社会主义新农村建设,加快农村全面建设小康社会的进程。

(四)建设社会主义新农村,是边疆地区保持国民经济平稳较快发展的持久动力

扩大内需是边疆地区经济发展的长期战略方针和基本立足点。农村人口占大多数,集中着边疆地区数量最多、潜力最大的消费群体,是边疆地区经济增长最可靠、最持久的动力源泉。通过推进社会主义新农村建设,可以加快农村经济发展,增加农民收入,使亿万农民的潜在购买意愿转化为巨大的现实消费需求,拉动整个经济的持续增长。特别是通过加强农村道路、住房、能源、水利、通信等建设,既可以改善农村的生产生活条件和农民的消费环境,大大释放消费潜力,又可以消化部分行业的过剩生产能力,促进相关产业发展。推进社会主义新农村建设,激活农村的巨大需求,不仅是解决农村经济发展突出矛盾和问题的应对之策,更是保持国民经济平稳较快发展的长久之计。

(五)建设社会主义新农村,是边疆地区构建社会主义和谐社会的重要基础

构建社会主义和谐社会的一个重要方面,就是要把农村的事情办好,使农民安居乐业、和睦相处,使农村安定有序、充满活力。农村总体是稳定的,干群关系是好的,但也存在许多不容忽视的矛盾和问题。特别是征地拆迁、环境污染、土地承包和农民工工资拖欠等引发的纠纷屡屡发生,有的甚至引发群体性事件和恶性事件,影响了一些地方的社会稳定。相当数量的农民受教育程度低、就业技能低,在市场竞争中处于不利地位;一些农民生存压力

大、待遇不公平、心理不平衡,处理不好就会引发社会矛盾。我们必须保持清醒认识,思想上高度重视,工作上加大力度,通过推进社会主义新农村建设,切实加快农村发展,维护农民合法权益,缓解农村社会矛盾,减少农村不稳定因素,为构建社会主义和谐社会打下坚实基础。

第二节　边疆新农村建设的战略思考

一、边疆新农村建设的现状

改革开放以来,尤其是进入"十五"发展期间以来,我国边疆地区各省区农村经济和社会发展取得了显著的成效,新农村建设有一个较好的基础,主要表现在:

(一)农村经济蓬勃发展[①]

1. 优势特色产业发展势头良好,结构调整逐步优化升级。各地在积极保护和提高粮食综合生产能力的前提下,坚持从战略性主导产业、区域性优势产业和地方性特色产品三个层次上,大力推进农业结构调整,农产品市场竞争力不断增强。以甘肃为例,甘肃省位居全国前列的一批优势产业和特色产品得到进一步发展,马铃薯、中药材、玉米制种、苜草和酿酒原料等区域性优势产业的播种面积达到2230万亩,占农作物播种面积的比重达到40%,资源优势逐步转化为产业优势和经济优势。西藏2000年农业增加值已经达到36.32亿元,粮食总产量达到96.22万吨,牲畜存栏数为2266万头(只),基本实现粮食、油类自给,人均占有肉、奶量高于全国平均水平。

2. 劳务经济加快发展,农民收入途径不断扩大。各地区把劳务输出作为减少农民、富裕农民、提高农民素质的一项战略性任务来抓,采取多种有效措施,不断加大培训力度,创新输转模式,加大转移力度,取得显著成效。以甘肃为例,2004年,甘肃省向新疆输出劳务工人员60多万人,创劳务收入18.5亿元。全年甘肃省共输转农村劳动力600多万人次,创劳务收入近100亿元。

3. 各项支农政策和措施成效显著,农民的政策性实惠增加。以全国大力实施退耕还林建设为例,甘肃省1999年至2004年共完成退耕还林建设任务

①　参见《甘肃省十一五经济社会发展研究》,甘肃人民出版社2004年版。

1930.7万亩,农民享受退耕还林政策得到的收入达36.608亿元;云南的红河州农民在退耕还林政策上的实惠共计4.8744亿元,人均增加收入146元。①特别是全国农村实行免征农业税后,边疆农民得到的实惠就更多。各地积极实施以"两减免、三补贴"为主要内容的各项支农惠农政策,使农民得到更多实惠。

(二)基础设施逐步改善,生活环境不断优化

在国家西部大开发政策的大力支持下,边疆各地积极争取国家政策和项目,组织实施了农网改造、林业生态建设、人畜饮水改造、县乡道路建设、农村中小学校舍建设、小康住宅建设等一批基础设施项目建设,同时不断加大农田土地的改造力度,使一些中低产田得以改良,农村基础条件进一步改善,农业发展有了后劲,可持续发展有了保证。

(三)科技教育加快发展,农民素质不断提高

随着农村经济的稳步发展和农民收入的不断提高,边疆各地区逐年加大了对教育和科技的投入,中小学校舍建设、远程教育网络建设、电化教育设施投入成为各地农村投资的重点。2004年甘肃省农民人均教育支出166元,占农民家庭消费支出的比重为11.34%,比2000年提高4.32个百分点。与此同时,各地不断加大对农民的科技培训,培养农村科技能人。广大农民积极学用新型科技,农用新科技在农村得到广泛普及。

(四)民主法制不断健全,文化生活进一步改善

在国家加强民主法制建设的大环境下,农村基层民主法制建设取得了很大成绩,广大干部群众法律意识、法制观念普遍增强,以宪法为核心,农业法、村民委员会组织法为重点的与农民生产生活密切相关的法律法规广泛普及;依法治村活动广泛开展,在村党支部的领导下,依法建制、以制治村、民主管理、民主监督的工作格局逐步形成;普遍实行村民自治,村务公开,农村基层民主得到发展。与此同时,农村居民文化生活水平不断得到新的提高。随着农民生活条件的改善,农民更加重视自身素质的提高,在文化、服务、娱乐等方面的支出不断增加。移动电话、计算机开始进入农户家庭,扩大了农户接受外界信息的能力和渠道,农村居民的信息化水平不断提高。

边疆地区新农村建设取得了可喜的成绩,但与社会主义新农村建设的标准和要求相比还有很大差距,制约农村经济繁荣、社会稳定发展的因素依然

---

① 参见《红河州情》第五期,2005年1月。

存在,社会主义新农村建设任重道远。边疆社会主义新农村建设存在的主要困难和突出问题,主要表现在:

1. 现代农业处在初级发展阶段,农业产业化经营层次低。边疆民族地区在农作物种植和畜产品养殖过程中,更多地追求数量的增长,不注重质量的提高,更忽视了品牌效应,盲目效仿和低水平重复建设现象突出,且多以零散种养为主,尚未形成规模效应和集约效应。与此同时,农产品加工大多停留在初级生产、加工上,精深加工很少,因而农产品科技含量低,附加值不高,竞争力较弱。此外,农户与加工或营销企业尚未结成真正的利益共同体,合同不规范,订单履约率较低。

2. 农村基础设施和农业生产条件改善投入严重不足。尽管随着西部大开发战略的大力推进,边疆农村基础设施建设投入力度不断加大,农业生产生活条件不断改善提高,但总体来看,农村基础设施投入严重不足。以甘肃为例,农业基建投资占甘肃省基建投资的比重不但没有提高,反而呈下降态势,由2.51%下降到0.76%,下降了1.75个百分点,严重制约了农村基础设施的建设步伐,成为农业和农村经济发展的瓶颈因素。调查显示,由于受农村基础设施投入不足瓶颈制约,永登县部分行政村灌溉和生活用水设施严重老化,导致水资源浪费。同时村上没有进行科技服务活动的场所,没有文化设施,村民一般不进行集体文化生活,也没有生产和生活垃圾、污水等处理设施,从而很大程度上影响了农村居民的正常生产和生活。

3. 城乡收入差距扩大,影响社会和谐发展。调查数据显示,1999年以来,甘肃省城乡居民收入呈逐步扩大趋势,城乡居民收入比由1999年的3.09∶1发展到2004年的3.98∶1,差距越来越大。导致城乡居民收入差距扩大的主要原因,还在于农业生产力发展水平低,劳动生产率低,农业产业化发展缓慢,与市场经济体制相适应的农业保护政策体系还没有完全建立起来。城乡居民收入差距日趋扩大,导致社会不稳定因素增加,从而影响了社会的和谐稳步发展。

4. 村镇建设杂乱无章,人居环境条件恶劣。调查显示,边疆地区普遍存在乡镇基本没有进行建设规划,农户住宅位置沿袭历史,随处而建,比较凌乱。农户住宅80%是普通砖瓦房,20%是年久的土坯房,安全系数不高。同时农户基本没有环保意识,随意堆放农作物副产品、肥料等,村庄卫生很差,秩序很乱,脏乱差问题十分突出。云南红河州红河县人畜共居现象达10%左右。

5. 劳动力素质低,思想观念落后。绝大多数农民的素质不容乐观。突出表现在:农民思想还比较保守,传统的小农意识根深蒂固,生产、生活和行为方式都与现代社会生活的要求差距甚远。在思想素质方面,由于保守和小农意识根深蒂固,普遍存在"小富即安"心理,缺乏干大事创大业的开拓进取精神;同时缺乏诚信意识,常常有造假行骗不守诚信行为出现。在文化素质方面,农村居民受教育程度普遍偏低。据调查显示,2004 年甘肃省农村劳动力中,小学及以下文化程度占56.39%,初中文化程度占31.35%,高中以上文化程度仅占12.26%,农村劳动力平均受教育年限为 6.77 年,仅刚达到小学毕业水平。由于农民科技知识低下,对新事物、新技术缺乏认识,从而阻碍了接受新事物、学习使用新科技的能力。在技能素养方面,具有一技之长的人还比较少,导致种地只能粗放经营不能集约经营,打工则只能卖苦力打粗放工,严重地制约了农民的增收。在道德素质方面,赡养父母、尊老爱幼等传统美德有滑坡趋势,关心集体、热心公益等集体主义观念正在逐步淡化,赌博、封建迷信等不良社会风气有抬头的趋势。农民素质不高的现状严重制约着和谐社会发展进程。

6. 农村医疗卫生、科技、文化、教育、社会保障等各项社会事业建设滞后,发展水平普遍较低。(1)农村医疗条件差,医疗水平低。目前农村合作医疗在甘肃省农村几乎是空白,农民生一场大病往往意味返贫。同时农村医务人员水平低,药品价格反映强烈,医疗卫生状况令人担忧。(2)科技文化投入不足,教育负担加重。尽管近年来农村居民科技和文化水平有很大提高,但总体来看,科技文化投入不足,底子薄、基础差、人才缺、资金少、设施差的状况未从根本上改变。农村科技水平发展落后,缺乏多种形式的文化活动和体育活动,民间文化遗产得不到发挥和有效保护。同时一些学校巧立名目,违规多收费,学杂费一路飙升,教育乱收费现象屡禁不止,农民苦不堪言。(3)社会保障难以保证。由于县乡没有稳定的公共财政,因而对社会保障的投入严重不足。部分乡镇既没有实行最低生活保障制度,又没有实行养老保险和医疗保险制度。同时农村弱势群体保障体系薄弱,一些乡镇五保户供养没有经费来源,残疾人保障经费未能足额发放。

7. 村级集体经济相对薄弱,村级组织难以正常发挥作用。调查显示,边疆地区部分乡村没有集体经济收入,正常的办公费用都依靠转移支付来维持,因此村级组织作用无法发挥,村党组织及村委会的凝聚力、战斗力、号召力随之减弱。同时由于包产到户后以家庭为单位的农村经济发展,也致使无人关心集体事业的现象的产生,村委会虽实行村民自治,但一些政策、规划在本村因无人参与支持而无法实施,出现了"政治淡化"、"管理淡化"的现象。

二、边疆新农村建设的战略思考

从战略上思考,边疆新农村建设重点实施六项建设,推进四个战略转型。

(一)实施六项建设

1. 新型农民建设。边疆新农村建设的主体是农民,新农村的主人是农民。第一,要提高农民的素质。要大力加强农村教育、文化、人口、卫生等社会事业,着力提高农民的思想道德素质、科技文化素质、身体健康素质和精神素质,提高农民建设自己家园的能力。第二,要充分运用市场、行政、法律、宣传等手段,培育和发挥农民建设新农村的潜能和积极性,发挥农民建设新农村的主体作用,依靠农民群众建设新农村。第三,要实现好、发展好、保护好农民的利益,建设新农村的出发点和落脚点都是为了人民的利益,要使农民全面享受新农村建设的成果。第四,转变农民生活方式,培育农民文明行为。

2. 农村产业建设。边疆新农村建设的物质基础是经济产业。在新农村建设中要面向市场,依托资源,加强宏观产业发展规划,支持和引导农民大力发展农业产业、工业产业、现代服务业。要实施工业反哺农业、城镇支持农村的方针,努力培育农村经济产业,调整农村产业结构,促进城乡产业统筹发展,提高农村产业效益,拓宽农民增收的渠道,不断增加农民收入,为新农村建设增加物质技术积累。

3. 基础设施建设。基础设施是新农村建设的物质文化载体。首先,要抓好农村安居工程实施,抓好村庄规划,做好农村房屋的设计,要引导农民合理投资房屋设施建设,解决好农民的居住问题。其次,要抓好农村水、电、路、通信等基础设施建设。再次,要抓好教育、科技、文化、卫生、体育等社会事业基础设施建设。最后,要抓好贫困地区农民的居住设施问题,要实施"整村推进"工程,加大扶贫攻坚力度,改造人畜共居、夜不蔽风、日不蔽雨的农房。

4. 农村环境建设。要实施沼气、厕所、水源等环境生态工程。要在有条件的地方大力推广沼气、厕所、节能三位一体的农村环境建设工程。要改造村庄道路设施,加强村庄绿化,实施农村卫生行动计划,改变农村卫生面貌和生态环境,提高农民生活环境质量。

5. 和谐农村建设。要实现、发展和保护好农民的利益,调整农村各阶层的利益关系,促进农村社会公平正义。要加强农村和谐的社会基础工作,推进和谐家庭、和谐村落、和谐乡镇的建设,树立文明乡风。要加强依法治村工作,切实维护农村的稳定,为农民创造良好的治安环境。

6. 管理机制建设。要促进农村管理方式转变,由单一的行政管理方式向法律、行政、教育综合管理方式转变,促进农村管理的民主化、法制化和科学化。要确立农民在新农村建设中的管理主体地位,依靠农民管理农村。要深化农村管理体制改革,建立健全农村管理的体制机制,充分发挥村民自治的优势。

新农村建设是经济社会发展的系统工程,不能就新农村建设谈新农村建设,新农村建设必须贯彻工业反哺农业、城市支持农业的方针,大力推进农村的工业化和城镇化,促进工业和农业的统筹发展,城市和农村的统筹发展。作为目标的新农村建设是需要几代人奋斗的,作为过程的新农村建设,我们必须立足现实,点面结合,扎实有序地推进。

(二)重点推进四个战略转型①

1. 农业产业的战略转型

脸朝黄土背朝天,一家一户搞单干,自给自足小生产,这是几千年来中国农业的基本形象。中国经过二十多年的改革开放,农业产业素质虽然提升了许多,但上述现象并未得到根本改造。中国农业产业未来的发展方向,是从传统农业产业向现代农业产业转型。这种战略转型的主要内容包括:(1)技术基础转型。既要发挥传统耕作技术的优势,又要用现代科学技术改造武装农业产业,大大增加农业产业的技术含量,改善农产品品质,提高农业劳动生产率和土地产出率。(2)产业结构转型。低层次的产业结构是与自给自足的自然经济和封闭狭小的市场需求相适应的。面对着市场范围的扩大和竞争的加剧,面对着需求层次的提升和需求多样化,农业产业的供给结构必须进行战略性调整,以适应市场需求的变化。这种结构调整不是一次性的,不是靠行政命令推动的,而应该成为一种市场导向的有内在动力的生产者自主行为。(3)产业组织转型。农业产业的生产、加工、储运、服务等环节,应通过专业性产业组织分工协作去完成,发挥分工优势,以提高产业的组织化程度和市场竞争能力,形成规模效益。

2. 农村社会的战略转型

由于特殊的历史原因,中国农村与城市形成了互相分割的二元结构。农

---

① 参见曾业松:《新农论》,新华出版社 2004 年版。

村的社会意识、社会结构、社会运转方式与城市相比有很大的不同。城市已经不同程度地进入了现代社会行列,而农村大都还停留在落后的传统社会阶段。以血缘为纽带的宗法关系,以地域为界限的村落群体,"鸡犬之声相闻,老死不相往来"的封闭状态,一家一户的细小规模经营,贫弱的经济和不便的交通,阻碍着农村向现代社会形态的转变。要改变这些不利条件,是有相当难度的,但也不是无路可走。综观各国社会转型的历史经验,解决这一问题的根本路径是城乡互动、良性转换。通过推进工业化和城镇化战略,有序地把一部分农村人口转化成非农产业人口,进而游离土地变为城镇人口,从而融入现代社会生活之中。通过教育、文化、科技、人员交流、产业联系、各种媒体的纽带和中介作用,把城市现代文明输入农村,逐步改造农村的社会意识和社会结构,把农村演变到现代社会形态中来。

3. 农民身份的战略转型

人是万物之灵,人权是各种社会权能中最基本的权能之一,解决中国的"三农"问题必须以人为本。离开了对农民作为"人"的终极关怀,不从根本制度和体制上解决农民的身份歧视和社会地位问题,中国的"三农"问题就永远不会有一个令人满意的结果。长期以来,中国的农村政策存在着"见物不见人"的情况,反复加以强调和"狠抓"的是"农业"、"粮食"等对象,至于作为其主体的人——农民的状况如何,则漠不关心。当需要向农民索取的时候,用各种办法把农民管得很严;当社会福利总量增加,切割"蛋糕"向社会成员分配的时候,又通常把农民排除在体制之外。解放农民,还农民一个平等的社会地位,是解决"三农"问题的关键所在。解决农民"国民待遇"问题,不能仅靠道义诉求,需要有实际措施和步骤。在义务教育、户籍管理、迁徙自由、市场准入、劳动就业、公共用品使用、民主参与等诸多领域,完全可以逐步取消对农民的歧视性限制,在解放农民的路上迈出实质性步伐。

4. 农村管理方式的战略转型

长期以来,边疆农村的管理忽视了农民的管理主体地位,村民自治没有真正落到实处,有的地方没有真正形成科学的农村社会管理格局。在建设社会主义新农村过程中,应转变农村社会管理方式,积极推进农村社会管理的民主化、法治化、科学化。(1)加强农村社会建设和完善社会管理体系。健全党委领导、政府负责、社会协同、农民参与的社会管理格局。大力推进基层民主政治建设,扩大基层民主,健全基层自治组织和民主管理制度,完善公开办事制度,保证人民群众依法直接行使民主权利,管理基层公共事务和公益事业,对干部实行民主监督。完善村民自治,健全村党组织领导的充满活力的村民自治机制。(2)加强农村社会主义法治建设。坚持有法可依,有法必依,执法必严,违法必究。坚持法律面前人人平等。加强对农村执法活动的监督,推进依法行政,维护司法公正,提高执法水平,确保法律的严格实施,维护法制的统一和尊严,防止和克服地方和部门的保护主义。拓展和规范农村法律服务,积极开展法律援助,加强法治宣传教育,提高农民法律素质,尤其要增强农村公职人员法治观念和依法办事能力。(3)增强农村社会和谐基础。建立和完善农村社会保障体系,认真解决农民群众最关心的现实问题,正确处理新形势下人民内部矛盾,畅通诉求渠道,完善农村社会利益协调和社会纠纷调处机制。全面贯彻执行党和国家的民族、宗教、法律法规和政策,切实维护民族和谐团结,积极引导宗教事业与社会主义事业相适应。

(三)核心是解决"三农"问题①

1. 农民问题

农民问题是"三农"问题的中心问题。农民是农业的主体,是农村的主人。从根本上说,农业、农村问题都是农民的问题。因此,从农民问题着手,解决农业、农村问题的关键是农民这一根本。

解决农民的问题,要研究农民的历史,尤其要研究现实中社会的变革、转型对农民的影响和促进。历史的教训和农村改革的经验告诉我们:农民问题出现的根本原因是不了解农民,不尊重农民,不能正确对待农民。解决农民问题首先要唤醒社会理解农民,自觉尊重农民,重视和发挥农民的作用;同时要千方百计提高农民素质,全面塑造新人格。

农民问题是千年之久的话题。历史的中国以农为本。特别是农民频繁地造反,使得统治者不能不重视农民。统治者从他们的利益需要出发,一方面要借重民力,发展生产;一方面又惧怕民力,害怕激生民变。所以在农民问题上,多采取重农和重税的两面政策,一是为了富国强兵,二是为了弱化民力,目的在于保持国家力量的优势。与此同时,一方面采取压制手段,要农民安分守己;一方面采取愚农手段,弱化民智,要农民做顺民。概括起来,就是只重民力,而不重民利。

中国革命受益于农民,但建国后在涉农政策上又出现了偏颇。国家决策

---

① 参见陆学艺:《"三农论"——当代中国农业、农村、农民研究》,社会科学文献出版社2002年版。

向城市和工业倾斜,形成了二元经济社会结构,人为地制造了三大差别。党的十一届三中全会对待农民提出两条准则——经济上要保护农民的物质利益,政治上要维护农民的民主权利。改革开放以来,还利与民,还权与民,农民受益、受惠。但受益者常常又成受害者,增收不多,负担加重,无数"大盖帽"围着一顶"破草帽"。市场经济给了农民平等的机会,工业化、城市化引导着农民走向小康,但是知识化、信息化、全球化的挑战令农民应接不暇。环境的严峻、自身的不足,成为新时期农民面临的大难题。

一是长期存在的国民待遇问题,带给农民一系列的经济、社会的不平等。国家工业化靠农业积累,吃亏的是农民。改革开放后,城乡居民收入差距一度缩小,但又逐渐拉大。即使如此,发展农村事业本该由国家投资,结果却又以"人民事业人民办"为名向农村转嫁。吃亏的始终是农民。农民在政治上处于弱势,有人说农民是个天生的"受气包"。此外,农民在社会保障、医疗保健、住房、福利等各个方面都不同程度地受到不平等的待遇。目前来看,农民所受的不平等待遇,在改革开放中有所改变,但尚未根本消除。

二是社会阶层分化和农村内部分化加剧,形成一系列的差距和失衡。在当代中国社会各阶层中,农民阶层与其他阶层的差距不仅仅表现在收入和经济地位上,而且还表现在受教育程度上,表现在对各种社会资源的拥有份额上。农民阶层与其他阶层的落差,如果任其发展,阶层冲突将不可避免,社会断裂将难以愈合,对稳定和发展都将带来巨大的破坏性。从农村内部看,分化也不断加大。改革初,我们主张让一部分人先富起来。农村人只是由于种田技能的差异而形成一定的贫富差距。市场经济目标的确立,多元化社会价值被越来越多的人所认同。农村人有了更广阔的择业天地,真正的大分化开始了。一部分人完全进入了非农产业,进而融入了一个新的阶层。他们中有经营成功的百万富翁、千万富翁,甚至亿万富翁;也有人经营失利,负债累累,甚至倾家荡产。这种因择业不同,工作技能不同,而出现的职业分化是正常的现象,也是社会的进步、历史的进步。这种分化还会加剧,贫富差距也还会以更快的速度扩大。对这种分化应加以积极引导,并认真做好收入分配的调节工作。同时,也不能否认,有些人用非法手段诈骗钱财,特别是一些农村干部以权谋私,聚敛财富,成了农村的暴富者,已引起很多人的强烈不满。由于阶层之间的差距与农民阶层内部分化出现的差距叠加在一起,农村社会的矛盾就显得格外复杂,一旦有冲突就会格外剧烈。

三是农民人口众多,带来巨大的就业和贫困等一系列的压力。根据中国第五次人口普查统计,我国现有农村人口 80739 万,占总人口的 60% 多一点。10 年中接近 10% 的农村人口已从农村转移,融入了城市人的群体。城市化的水平每年提高近一个百分点。问题的严重性在于农村每年还将以千万计的人口在增加。最保守的估计,到 2020 年,我国的人口将达到 16 亿。即使我国城市化水平达到 50%,农村仍有 8 亿人口。农村人口的持续增长,不仅造成土地资源紧张,水资源也越来越紧缺,生产生活的压力越来越大;脱贫致富,增加收入,难度增加;劳动力转移,安排就业,难上加难;食物供给、住房改善,都是大问题。如此庞大的、如此快速增加的农民群体,要想通过教育培训提高素质,更难以在短期内奏效。这些问题哪一个解决不好,都会引发一系列社会问题,甚至引发社会冲突,影响社会稳定。今日中国人口多到惊人的地步,而这些人口都集中在农村,成为严重制约国家发展的一个特大难题。其问题之重要,解决之艰难,怎么强调也不为过。

农民问题是社会的问题,也是农民自身的问题。问题表现在农民身上,根子出在政府的决策和社会制度上。因此,农民要新生,制度要创新。要彻底转变解决农民问题的指导思想,创新有关农民利益的各项经济社会制度。

为了解决好农民问题,历史上的政治家、思想家以及农学家们提出过好多理论。封建朝代多主张以"劝农"、"抚农"、"安农"政策,稳定和延续王朝的统治。而孙中山先生主张"非耕者有其田不可",提出了革命性的"还农"思想,这是一个了不起的突破。社会的变革和发展,特别是改革开放的实践,充分证明"耕者有其田"是解决农民问题首要的前提,但仅仅如此是不够的,还必须进一步实现"得其利"、"有其权"、"受其教"、"获其医"。真正还给农民一个平等的国民待遇,并把传统的农民转变为新型的现代化公民。

"得其利"是农民从事一切生产经营活动、追求美好生活的基本目的。利是人的本能追求。农民种地要有利,发展各种新型农业为的是利;离土离乡,办厂经商,为的也是利。让农民得利,符合经济社会发展规律,符合农民根本愿望,这是任何国家的政府都必须坚定不移贯彻到底的指导思想。富民富国是最高的政治目标,富民是富国的前提和基础。农民在中国是最庞大的,也是经济收入最低、竞争实力最弱的阶层,实行富民政策,首要的是实现"藏富于民、长富于民"。"藏富于民"就是要废除一切"与民夺利"的政策,建立支持和保护农民、农业的法律政策体系,通过补农、助农、护农,让农民拥有财富,享受不断提高的现代物质文化生活,保持发展经济的活力。"长富于民"就是不断改革调整生产关系,促进农村经济发展,增加农村居民收入,走可持续发展的道路,确保农村居民长久富裕。

"有其权"是农民当家作主享受现代文明生活的必然要求。权是人生存的基本前提,我们应把农民当做与每个社会成员平等的人。还给农民权力和国家主人的地位,既要清除来自社会的障碍,实现"还权于民";又须清除农民自身的障碍,培养农民维权、用权的权力观。在"还权于民"问题上,要尽快走出认识的误区,不要以农民素质低为借口阻碍向农民放权;不要以农村工作难为由阻碍农民享有自治权;不要以搞经济重要为理由阻碍农民行使政治民主权;不要以为当官就是"为民做主"的官老爷,农民连自己的主也不会做;不要以为领导就是农民的代言人,农民连自己都不会代表。农民的事情要不要你做主,农民的利益要不要你代言,要由农民自己决定。在培养农民权力观的问题上,要针对农民长期受封建思想灌输,缺乏民主基因的历史和现状,教育农民珍视手中的权力,正确使用手中的权力,依法保护手中的权力。现阶段农民的民主权利还停留在民主选举阶段,停留在低层次民主活动,决不能满足于初步建立的民主制度和形式,不能满足于初步的成效和有限的进步。为农民利益着想,必须通过示范推广教民做主,使农民真正拥有经营自主权、收入支配权、政治民主权、国民教育权等,真正成为农村经济、政治、文化和社会生活的主人。

"受其教"是提高农民自身素质,实现农业、农村现代化的根本途径。改变农民的命运离不开教育,引导农民跟上时代,与历史同行更不能忽视教育。农民教育是历史的话题,也是现代的话题。教育制度必须改革,内容必须革新,方法必须创新。我们要改革城乡失衡的教育制度,教育投入向农村倾斜,绝不能再产生新的文盲,让新一代农村人成为"睁眼瞎"。农民教育要首先补上民主、科学这一课,千方百计强化提高农民素质,改变农村文化的贫困。在政治理想和政策教育方面,要批判奴隶主义、封建主义的愚民教育,要铲除实用主义、教条主义的欺民教育,也要吸取教育农民时理论实际脱节、言行宗旨背离的教训。在文明道德教育方面,要继承传统的勤劳、善良、讲修养等中华美德,并把它与民主、法治、讲公德等现代文明意识统一起来,形成东西方道德文明结合的全新的思想道德体系。

"获其医"是农民平等享受医疗卫生资源,提高农民健康素质的基本要求。要建立健全农村医疗卫生服务体系,一方面,要大力发展农村公共卫生事业,改善公共卫生设施,加强农村疾病预防、妇幼保健、爱国卫生事业建设;另一方面,要建立健全农村医疗卫生网络,改善医疗卫生设施,提高医疗卫生人员素质,解决农民看病难、看病贵的问题;此外,要深化农村卫生体制改革,促进国有、股份制和私立医院共同发展,建立健全农村医疗卫生保障体制,大力发展农村合作医疗。

让农民得其利、有其权、受其教、获其医是一个完整的解决农民问题的思路。它虽然和有其田的思想存在着一定的关联性,但是它比有其田的提法更全面、更丰富、更有现实的和长远的意义,它简明扼要地概括了解决农民经济、政治、文化和社会多方面问题的思想理论和政策措施。得其利,不仅要让农民有产,还要让农民有业。有其权,不仅要让农民做人,还要做主人。受其教,不仅要农民改变角色、身份,还要农民更新价值观念、行为方式和生活习惯,使农民成为现代文明社会中不仅有自尊,而且切实受到社会尊重的职业化劳动者。获其医,使农民平等享受卫生资源,不断提高农民健康素质,改变农民的卫生行为方式。

2. 农业问题

农业与人息息相关,是最早与人类相伴随的产业。它是古老的、悠久的、传统的;也是最有生命力的,不断现代化的。

农业是人的衣食之源,生命之源,也是人类家园中最重要的生物链、生态链。人类生存发展离不开农业,而农业发展取决于"天",取决于"地",更取决于人。天不助农,地不利农,人不爱农,农业就无从发展。农业与天、与地、与人同在。天灾、地患、人祸,都可能影响和危害农业。

天有不测风云,时节变化多端。农业要看老天脸色,自然风险无法预料。中国古人讲天时,讲天理。讲天时就是指农业要顺应天时。淮南子刘安发明二十四节气,教导人们适时耕种,别误农时,别误农事。古人特别讲天理,主张天人合一,要求人们认识自然规律,适应自然规律,按照自然规律办事;要求人们懂气候、季候、物候,一年四季,顺天应变,以求五谷丰登,六畜兴旺。后来还有人提出人定胜天,充满战天的豪气,但对人的智能的估量似乎超越了时代。然而从今天来看,只要有科技创新精神,在某些方面"胜天"一筹,也许是能够办到的。人工降雨就是一个成功的范例。现代化农业既不能违天时也不能抗天理,只要识天象、得天力,实现天与人的良性互动,而不要盲目地去干与天斗的蠢事,现代农业一定能有一个新景观、新气象。

地有不同的形、不同的貌、不同的质,农业生产必须因地制宜,不能摆脱地理环境制约。无地不能生根发芽,贫地不能丰产丰收。什么地种什么,这是一个最基本的问题。中国古人讲地利、讲地气,就是根据地形、地貌,择地而耕、择地而林、择地而牧、择地而渔;根据地质、地温,适地选种、适时播种、及时收割、及时收藏。平原、草原、山林、丘陵、湖泊、湿地,不仅产出粮食作物,形成常规农业;而且产出无数土特产品,构成特色农业。现代人利用地理、地力,不仅形成大规模优势产业带而且构成众多特色产业区,成为农业经济中一道道闪光的亮点。土地是一个深厚而博大的有机世界,蕴藏着供养人类的乳汁。只要我们应用不断发展的地理科学、生物科学,注意保护利用,合理开发,真正做到地尽其用,而不是盲目地去干过度开发的蠢事,就能开创一个生态平衡、特色鲜明、优质高效、安全、可观赏的新型农业。

农业问题,最关键的是人。中国古人讲"人和",讲"人治",十分重视人的因素。"人和"不仅是指人际的和谐,而且还包含着人与天地的和谐,即"天人互动"、"天人感应"。"人治"不仅是指对社会、对民众的管理,也包含着对大自然的治理。传统农业主要依靠人的体力。现代农业很大程度上取决于劳动者的素质和智力。智力劳动是一种创造性劳动,主要体现为科学技术的开发和应用,体现为经营管理的改革和创新。古代中国,农学由于统治者重农而受到重视,传统农业科学技术长期走在世界前列。物候历法、水利工程、传统农具、育种技术等,被称之为古代农业"四大发明",对人类的农业文明做出了重大贡献。但是,近代以来我国农业科学技术与世界先进水平相比出现了差距,农业劳动者的素质与现代农业的要求存在着距离。中国农业劳动者队伍庞大,如果说在传统的密集型农业时代是优势的话,但在今天集约型劳动成为普遍选择,农业劳动力大量过剩已成为严重的问题。中国现代农业面临深刻的革命,成功的关键在于能否大规模地消化、转移劳动力;能否整体地提高农业劳动力素质。说到人与农业的关系,人们还常常走入误区:饥饿威胁之下,思农重农,大力兴农;丰衣足食之时,往往轻农,甚至弃农。更重要的是一些统治者常常出台挤农之策,一味夺农、伤农、害农,以致使人厌农,不愿言农,更不愿务农。新时期,我们要切实把农业发展放在国民经济的首位,既要想到国家粮食安全,又要体会"粒粒皆辛苦"。一方面要勤农励农;一方面要补农助农。

传统农业是生存问题、温饱问题;特定的历史条件下,也是社会问题、政治问题。解决问题多数情况下靠"老天爷"、"土地爷"、"万岁爷"。这个历程既漫长,又痛苦。现代农业是质量安全问题、效益效率问题,很大程度上关系到科技创新和市场化、现代化、全球化问题。解决问题最终要靠科技进步,靠市场,靠资本投入,靠政策和制度创新。在知识经济和信息化、全球化的时代,农业观念和农业管理思想发生了重大改变,农业经营模式发生了重大变革,农业增长方式发生了新的变化。

农业现代化是两百多年来世界农业发展的大趋势。农业现代化从本质上说是生产方式的一场革命。具体地说,就是要把传统的农业逐步转向现代工业技术装备的工厂化产业;转向运用现代科学技术的高智能型的发达产业;转向以市场为导向的高投入、高产出的高效益产业;转向制度合理、管理科学、服务完善的社会化产业;转向人与资源、环境、经济社会协调发展的可持续产业。进入新世纪,我国农业正由简单劳动和土地相结合的传统农业,转变为知识和资本为主的各种生产要素通过市场作用优化配置,产生更高生产力的现代农业。为了进一步推进中国农业现代化,把农业的弱势变为强势,建立城乡一体、农工商一体的农业新体系,增强农产品的竞争力,实现农业增效、农民增收,必须以科技改革为动力实现农业的改革性改造,提高农业生产力;必须实施市场化、产业化战略,重组农业经济结构、技术结构、管理结构。简言之,就是通过推进科学改革、制度变革和结构调整,走出一条中国特色农业现代化道路,使中国农业有一个质的飞跃,实现历史性跨越。

农业现代化,关键是农业科技现代化。农业是再生之源,活力之源。人的智慧一旦与农业资源结合,就能开辟新的天地。农业随着科技的创新不断更新形态。人的创新能力没有止境,农业的发展前景风光无限。人类进入知识经济社会,一切的发展都在于知识化。以知识为基础后盾的新型经济形态已经展现在我们的面前。21 世纪上半叶,我们要基本实现农业现代化,必须适应农业产业化、市场化和全球化需要,花大力气全面实施科教兴农战略,把科技进步放在农业发展的关键地位,大力推进农业科技革命,在科研攻关、成果转化、农民素质提高和科技体制改革方面取得突破性进展,实现农业科技的跨越式发展。

农业市场化,是小农业走向大农业、封闭农业走向开放农业、传统农业走向现代农业、温饱农业走向小康农业,实现城乡一体化的过程。实现农业市场化,要求农业要以市场为中心,建立市场体系健全、运行机制完善、市场关系规范、市场竞争有序、宏观调控有度的农村经济体制。农村改革一开始就以市场化为趋向。20 世纪 90 年代加快了市场化进程。农民作为市场经济主体有了"什么赚钱种什么"的自由选择空间。农业以市场为导向,实现了以粮食为主向以畜牧业为主的农业结构转变,以初级产品为主向以精深加工为主的产品结构转变,以农业生产为主向以非农产业为主的多元化的就业结构转变。实践证明,农业市场化是农业现代化的前提,是应对经济全球化挑战、繁荣农村经济、增加农民收入的必然要求和选择。当前农村市场经济体制还未成熟。我们不仅要推进农产品的市场化,而且要推进生产要素的市场化;不仅要加快市场化步伐,加强农村市场体系建设,而且要进一步完善农业农村市场化体制;不仅要建立统一、开放、规范、有序的国内市场,而且要全面开拓国际市场。

农业产业化是我国农业经营体制的一次重大创新。从人民公社到家庭承包是新中国以来农业经营模式的一次重大革命。实行农业产业化,以"市场＋公司＋农户"为主要方式,把一家一户的小规模经营组织起来和大市场对接,找到了一条有时代特征的农业经营模式和组织形式,可以说是农业经营模式的一次更为重要的革命。农业是一个系统工程,产前、产中、产后是一个整体的产业链。农业的链条被人为地割断,农业就难以正常运行,农业的活力被减弱,农业的效益大量流失。市场经济是效益经济,提高农业经济效益,必须使产前、产中、产后连贯起来,一体化运作。提出农业产业化不过是还农业的本来面目,把被人为割断了的农业产业链重新连接起来;把被肢解了的农业有机体重新组合起来,形成一个完整意义上的农业,进而提高农业的质量,增强农业的效益。实行农业产业化,就是要实行集约化经营,标准化生产,最重要的是实行农业企业化。推进农业产业化关键是要吸纳先进生产要素,采用先进管理方式,提高农业规模效益;探索和建立企业与农民之间应有的一种利益共享、风险共担的利益机制,把分散的农户组织起来,建立大规模的农产品生产基地,以适应农业市场化、现代化的需要;同时,要形成"政府调控市场,市场引导企业、企业带动农户"的新机制。

农业社会化服务是现代农业区别于传统农业的重要标志。为适应农业生产专业化、农产品商品化发展的需要,传统上由农民直接承担的农业生产环节越来越多地分化出来,发展成为独立的新兴涉农部门。在市场经济条件下,这些为农业服务的机构和组织,同农业生产结成了稳定的相互依赖关系,形成一个有机整体。现代农业越发展,越需要全方位、高水平的社会化服务。农业社会化服务是一个庞大的经济系统,也是一个复杂的社会系统。它贯穿于农业生产的全过程,并且延伸到农业生产资料的供应和农产品加工、销售以及金融、法律服务。在我国,发展和完善农业社会化服务体系是农业现代化建设的一项重要基础工程。为了建立充满活力的新型的农业社会化服务体系,应认真总结农业发达国家社会化服务体系建设的经验,探讨我国农业社会化服务体系建设的思路。在我们尚无条件建立完全市场化的社会化服务体系的时期,应发挥政府扶持和市场机制的双重作用,以政府扶持为重要保障,以市场机制为调节手段,调动国家经济技术部门发展农业社会化服务的积极性,鼓励支持企业、专业协会和各类经济技术人员、经纪人等投入农业社会化服务行列;同时应建立激励机制,整合社会资源,促进政府、企业和民间组织分工合作,优势互补,形成上下贯通、运转灵活的全方位的农业社会化服务体系。

农业国际化是指一个国家或地区的农业与世界经济日益融合的过程,也就是各国农业按比较优势原则调整和重组国内农业资源,在世界范围内进行优化配置,实现资源和产品在国内国际市场双向流动,参与国际经济循环的过程。其内涵主要是:农业生产国际化、农业资本与技术国际化、农业市场国际化。农业国际化是带有根本性和方向性的战略,绝不是权宜之计;是全方位地与国际惯例接轨,绝不是单纯的国际市场准入;是整体地推动农业和农村向现代化迈进的系统工程,绝不是单纯地出口创汇。目前,我国农业国际化的步子虽然已迈出,但发展相对滞后,尤其是在外向型企业数量、农产品质量、进出口管理体制等方面,还存在许多不适应的地方。要加快农业国际化进程,使中国农业走上国际化轨道,就要把农业产业化链条置身于世界经济之中,向国际市场和国际生产两个领域双向延伸,主动参与国际分工与国际合作,加快区域经济与国外市场的对接,实现国内外比较优势的结合与互补,形成"基地 + 企业 + 国际市场"的国际化产业链,造就全新的农业国际化发展新格局。

农业现代化是我们多年来孜孜追求的目标。只要把现代农业技术和传统农业技术结合起来,实行技术密集型、资本密集型和劳动密集型并重的方针;只要把市场化、产业化、社会化和国际化结合起来,保持中国农业的传统优势,兼收并蓄国外农业的各种长处,一定能够打造优质、高产、高效、生态、安全、园艺化的新一代农业;一定能使中国农业成为走在现代化前列、科技含量高、产出效率高、人与自然和谐、世界一流的农业,在世界农业文明史上书写新的辉煌篇章。

3. 农村问题

农村是与城市相对的一个概念。社会生产力发展到一定阶段,产生了商品交换的需要,促进了市场的发育,开始形成经济中心;居住民的集中,政权组织的设置,同时形成了政治、文化的中心;这些中心的集合体就是城市。显然,在这城市以外的居住分散的农业地区就是农村。

传统的农村社会是一个小农经济为基础的、宗法权力为主导的礼治社会。从两千多年前的《礼记》一书中,我们看到儒家有一个社会理想:即政治上追求"大同",经济上追求"小康"。在后来的一些文人志士中,也不乏有人追求田园牧歌式的社会理想。如陶渊明的《桃花源记》,就表达了一种既无君臣又无税赋、户户怡然自乐的农家生活理想。然而,这些理想,总是不能完全实现。除了文景之治、盛唐时代、康乾盛世,农村算是安定,农民还能乐业。大多数时候,农村总是经济凋敝,农民总是衣食难保。农村成了战乱和苦难的代名词。

新中国成立以后,农村风气和面貌为之一新。土地改革使农民分得了7亿多亩耕地,得到了巨大的实惠;农民政治地位提高,确有一种当家作主的感觉;农村的文化氛围空前活跃。但是,土改的政策能量刚刚开始释放,我们就全面构筑城乡分割的二元经济社会。以画地为牢的户籍制度为壁垒,人为地割断了城乡的联系,把占人口80%的数亿农民紧紧捆缚在土地上。农业创造的大量财富成为工业化建设的原始资本。城乡之间产生了差距,工农之间出现了鸿沟。农村发展失去了活力和原动力,又一次成为封闭、落后和保守的代名词。

20世纪70年代末开始的改革终于触动了农村古老的神经、僵化的体制。以家庭承包为主的经营制度取代了长期的"大锅饭"体制,农民有了生产经营的自主权,焕发了投资一切的劳动热情。全面推行市场经济后,农民在平等原则、效益原则和竞争规则的引导下,获得了更多的权利与自由,激发了巨大的聪明才智。农民面向市场,走出乡村,进厂进城,务工经商,汇成滚滚洪流,进一步冲击着城乡分割的二元结构和制度。工业化的发展甜头、城镇化的发展前景、全球化的发展趋势,提供了难得的战略机遇,对农村的发展产生了前所未有的积极影响。

农村既是改革的先行区、试验区,又是改革中最难攻的堡垒、最难闯的关口。在农业社会向工业社会转型,或者说在传统社会向现代社会转型时期,改革、发展曲折而又坎坷。由于历史和现实的种种原因,传统思想障碍依然顽固;城乡分割的制度没有根本改变,调整利益格局阻力重重。深层次的社会问题依然存在、突发性的社会问题随时可能发生。

农村经济问题是农村问题的核心。农村种种矛盾,其起因归结起来,几乎都与经济有关。解决经济问题是解决农村各种矛盾的前提和条件。农村承载的人口太多,人均占有可利用资源太少,人与自然的矛盾突出。农村经济不单是农业经济,随着工业化、城市化、全球化的发展,将越来越多地包含城市经济的内容。面对知识化、信息化和国际化对农村的压力,经济结构与市场需求的矛盾、发展要求与政策体制环境的矛盾、"走出去"与竞争力的矛盾越来越突出。而最严重的问题是向农村索取过度,至今,我们还没有完全废除夺农、挤农的政策和体制。

农村社会问题是农村问题的集中表现。有社会学家指出,未来中国最头疼的问题,可能就是农村社会问题。这些问题甚至有可能比贫穷问题更为严重:农民阶层与其他阶层的差距逐渐加大;农村内部分化日益加剧;农村地区之间的发展越来越不平衡。农村社会存在的各种失衡、失调、失范和失落现象,随时可能导致矛盾的冲突。怎样建立体现公平而又能协调发展的社会制度和机制成为一个重要课题。

农村文化问题是农村的根本性问题。农村文化的贫困是农村贫穷、落后的根源。现实中的农村文化,既有我们多年来灌输的封建思想的影响;还存在各种思想和本地习俗结合所形成的农村礼俗文化。改革开放以后,特别是信息化时代的到来,农村先天缺少的科学文化和民主基因得到补习和加强。但各种思想文化也纷纷向农村渗透,多年绝迹的恶俗陋习死灰复燃,重新抬头。农村文化的贫困,原因在于教育的失误。历史上封建统治者推行愚民教育,诱导农民逆来顺受、听天由命,造成了农民文化的贫困和人格的缺陷。建国后,教育向城市倾斜,农村教育基本上交给地方,至今还被看着是地方事业。在城市教育由国家财政负担经费,而农村教育则要靠农民集资来办,被歧视的是农民。农民享受不到平等的受教育的权利,严重影响了农民素质和竞争力的提高。

农村组织管理问题是农村问题的又一个关键。中国历史上农村存在两个组织关系:一个是政权体系,一个是宗族体系。政权体系上至朝廷,下至乡村,拥有强大的控制权力。宗族体系以共同祖先为纽带,宗族首领身兼地方豪绅和基层官吏,在征收赋税摊派劳役,维持社会稳定,传承文化风俗,救助教化乡民等方面起着重要作用。政权和宗族体系犹如异曲同工,在权力的顶层是皇权,实质是人治,是专制。如果说传统社会以"家庭为本",而现代社会则是"以人为本"。农村管理理念已经彻底改变。现实中国农村是一个超大型的社会。其稳定需要有效的治理,其进步需要强力的推动。因此,科学的组织体系和有效的管理体制成为解决农村问题的重要保证。更为重要的是农村基层党组织本应发挥领导核心作用,却处于尴尬境地;与行政组织的关系,与农民自治组织的关系,普遍存在不和谐的局面。能否建造一个适应现代化发展需要的高效率、低成本的新型乡村治理结构,关系到中国政治、社会的稳定和发展,关系到中国农业和农村的现代化,关系到中国农民的权利、地位和前途命运。

解决农村问题,首先要明确发展思路和战略。根据城乡统筹思想和现代化目标,必须跳出"以农言农"的传统,从战略上总体把握,统筹安排。从总体上说,应该"三化"并举,以"三化"带"三农":即以工业化带动农民收入提高,以城镇化带动农村劳动力转移,以城乡一体化带动城乡共同发展。农村工业化、城镇化和城乡一体化是辩证的统一体。工业化居于主导地位,是城镇化和城乡一体化的核心;城镇化是工业化和城乡一体化进一步扩张的载体;城乡一体化是城镇化和工业化的目标,也是工业化和城镇化的归宿。

农村问题的实质是制度。要把重农决策化为措施和行为,必须按照城乡统筹思想和现代化目标,创新现代农村制度。基于我国社会不平等集中表现为农民阶层与其他阶层之间的地位之差、权利之差、能力之差和收益之差,现代农村制度必须赋予农民阶层国民待遇,赋予农民平等的人权、财富分配权和公共产品、公共福利的共享权。建立民主化、法治化的现代农村政治制度,开放、公平的现代农村市场经济制度,科学、文明的现代农村文化制度,赋予农民各种权利的规范的现代农村社会制度。

农村问题是农民和农业问题的延伸和展开,比起农民、农业问题更广泛、更复杂。解决农村问题需要远大的战略眼光,不停顿地深化改革。现代化中的农村一天天走向工业化、城镇化和城乡一体化;工业化、城镇化和城乡一体化的农村才能真正现代化。现代化的农村毕竟还是农村,但已不是传统意义上的农村,它将成为用工业化装备了的园艺化的农业产区,成为与城市和谐发展、良性互动的文明化的生活乐园。

(四)正确处理建设社会主义新农村的几个重要关系

新农村建设是经济社会发展的系统工程,是一个历史过程,不能毕其功于一役,不能就农村谈农村,更不能就农村谈新农村建设。作为目标的新农村建设,是需要几代人不懈奋斗的,作为过程的新农村建设,我们必须立足现实,坚持不懈地推进。在新农村建设过程中必须正确处理好以下六个重要关系。

1. 新农村建设与新型工业化的关系

要认真贯彻工业反哺农业的方针,以市场为基础,运用政策手段,引导工业物质技术向农村延伸。要立足农村实际,依托资源优势,面向市场,大力发展农村工业。农村工业的发展要走新型工业化的路子,要加强与优势企业合作,开发节约型、环境友好型、效益型的产品;发展富民面大、附加值高的生物产业和食品加工业;要大力发展农村经济合作组织,提高农村经济的组织化程度,为农村工业化的推进提供桥梁纽带条件。

2. 新农村建设与城镇化的关系

要贯彻城市支持农村的方针,加快城镇化进程,促进城乡统筹发展。要坚持从实践出发,实施多元化城镇化战略,积极发展农村城镇。发挥小城镇的积极和辐射功能,带动新农村建设。农村城镇建设要坚持规划为龙头,设施为基础,文化为灵魂,管理作保障的原则,提高建设质量和效益。大力发展农村集贸市场,为农民群众的生产、生活和农村经济的繁荣提供良好的市场环境。

3. 新农村建设与体制机制建设的关系

新农村建设过程中要坚持落实和完善各项支农政策,建立"三农"投资的长效机制;要建立以工促农、以城带乡的长效机制,推动城市公共设施向农村延伸,推动城市公共服务向农村覆盖;要加快建立新农村建设工作的评价和激励机制,激励广大干部转变作风,求真务实,发展农村经济,增进农民福祉。要建立新农村建设的科学评价体系,正确引导新农村建设工作的深入展开。

4. 新农村建设与科学规划的关系

要加强规划制定和实施的指导工作。要立足当前,着眼长远,统筹安排,科学规划新农村建设的各项工作。要把新农村建设转到科学的轨道上,尊重自然规律、经济规律和社会发展规律。要因地制宜、分类指导、以点带面、量力而行、尽力而为地推进新农村建设。做到不急于求成,不搞一刀切,不强迫命令,不包办代替,不搞形式主义,扎扎实实地做好每一项惠及农民的新农村建设工作。各级领导要切实转变作风,深入农村,深入基层,加强工作指导。

5. 新农村建设重点指导与全面实施的关系

要从实际出发,分类别抓试点,抓重点,总结点上的经验,带动面上的实施。要遵循新农村建设的规律,重点加快城乡结合部的农村建设,充分利用城镇社会生产力要素集聚的优势,发挥城镇对农村的辐射功能。要抓好小康示范村的建设和扶贫攻坚示范村的建设。总之,各个层次的重点示范村都要切实抓好,抓出成效,抓出经验,发挥示范作用。要认真扎实地抓好面上新农村建设的各项任务的落实,从农民最需要的每件事情抓起,从农业的每一项任务抓起,从农村的每一项基础工作抓起,抓产业建设、设施建设、环境建设、体制建设,特别要坚持不懈地抓农民素质工程的实施,提高农民素质,转变农民生产、生活方式,塑造新型农民。

6. 新农村建设与基层组织建设的关系

农村基层党组织是党在农村全部工作的基础。建设社会主义新农村,必须充分发挥农村基层党组织的领导核心作用。要继续开展农村党的建设"三级联创"活动和先进性教育活动,加强以村党组织为核心的村级组织配套建设,加强党风廉政建设,不断增强农村基层党组织的创造力、凝聚力、战斗力,特别是要加强村班子建设,努力培养事业心强、能干事、公道正派的带头人。要加强农村群团、民兵组织建设。广大农村基层干部身处农村第一线,工作十分辛苦,既要对他们政治上严格要求,又要在工作上大力支持,更要在生活上热情关心,满腔热情帮助他们提高素质,充分调动他们率领农民群众建设社会主义新农村的积极性和主动性。

第三节　边疆现代农业建设①

一、农业和现代农业的特点

(一)农业的特点

农业是最古老、最传统的产业,是基础产业、第一产业。现有的其他产业都是从农业中分离出来的,只有农业为其他非农产业提供剩余劳动和食物,才可能有其他产业的分立和发展。农业是人类对植物、动物、微生物的生长繁殖过程及其所处的环境条件进行干预,以取得社会所需要的产品的物质生产部门。广义的农业包括农、林、牧、副、渔。狭义的农业泛指种植业。它的显著特点是自然再生产和经济再生产交织在一起的生产过程。其主要特点为:

---

① 参见罗崇敏:《农业经营管理纲论》,作家出版社 2000 年版。

1. 农业的生产对自然环境的特殊依赖性,使农业生产表现出地区性和不稳定性

由于农业生产都在大自然中进行,农业生物都生活在一定的自然环境中,自然条件好坏、自然灾害大小都影响到农业的生产成效,光、热、气、水、土直接影响着农业产品的产量和品质。这些自然因素总的趋势是相对稳定的、有规律的,但对某一年、某一月、某一天来说又具有不稳定性。气候变化会带来长周期、短周期及突发性的自然灾害。这种气候的变化性和自然条件的不稳定性,也造成了农业的不稳定性和丰年与灾年相间出现的产量差异性。

自然条件在地球上的分布具有明显的差异。因地球接受太阳光的不同,形成了不同的气候带。赤道两侧,南北回归线之间,阳光直射或接近直射,所得到的光热最多,为热带;在南极、北极圈内为寒带;介于热带和寒带之间的地区为温带。因地形地貌的不同,形成了山地、丘陵、平原、湖泊,加上大气环流、地形起伏、海陆差异、洋流海潮等现象,使地球气候十分复杂。复杂的气候和地形作用于农业,就形成了许多生产条件不同、生产内容各异的农业区,使农业表现出明显的地区性差异。

2. 土地是农业生产最基本的生产资料和最重要的劳动手段

任何社会的生产和生活都离不开土地,土地是一切生产和一切存在的源泉。在农业中土地作为重要的生产资料和劳动手段,有着不可替代的作用。土地作为农业生产资料和农业生产力的组成部分,其重要作用不仅在于它是植物的生存载体和人们劳动的场所,而且更重要的在于它提供了植物的重要营养来源和根系发育的物理环境。没有土地,农作物栽培就难以进行。机器、建筑物等其他生产手段用坏后,还可以用新的来代替,而土地则是一个无法代替而且存在有限的生产手段。为了使这个生产手段发挥它最大的效力,首要的问题就是保持和提高土地的生产力。自古以来,在农业中都把土地看得十分重要。土地不可移动,资源有限,但具有多宜性特点,即可种植多种作物,为不同的作物提供适宜的生产基地,这就为农业专业化和区域性种植提供了条件,所以,在农业生产过程中土地理应得到高度重视和保护。

3. 农业资源的可更新性

农业生产中的自然资源,包括土地资源、水资源、气候资源及生物资源都是可以更新的,即可重复使用或连续使用。土地的肥力可以在种植过程中提

高;水和气在不断的周转中被多次利用;太阳光(光和热)可以说是取之不尽的;生物的产量和品质可以一代一代被提高和改进。农业资源的这种性质,要求我们把用和养结合起来,把眼前利益和长远利益结合起来,使农业资源长新和永续利用。如果滥用农业资源搞掠夺经营,有些资源就可能退化和毁灭,使农业生产难以为继。

4. 经济再生产和自然再生产交织性

在农业中,农产品的增殖过程是在生物体内进行的。农业的主要对象是生物体。农业生产实际上是创造良好的生物生长条件。生物产量的形成包含着自然再生产的过程。农业的经济再生产是指一定生产关系的人,利用一定的生产资料,作用于劳动对象以取得经济效益的过程,在这一点上是和其他生产部门一致的。但不同的是,在农业中经济再生产必须和自然再生产结合起来。农业生产不仅取决于社会条件、生产规模、劳动分工、生产工具、生产方法和生产技术,也取决于生产对象本身,如农业生物自身的内在特征和功能;同时也取决于生产资料,如土壤水分、养分,生产环境,如光、热条件等。所以经济的再生产过程,不管它的社会性质如何,在这个部门(农业)内,总是同一个自然的再生产过程交织在一起。

(二)现代农业的特点

现代农业是相对传统农业而提出的概念。现代农业是建立在现代科学体系基础上的大农业。是广泛应用现代科学技术、现代化工业装备和现代管理科学的专业化、社会化和商品化的农业。现代农业不仅赋有历史性的发展内涵,而且是一个世界性的综合概念,即农业生产力水平经历着由低级向高级、由量变到质变的发展过程。其主要内容包括:在经济形态上,由传统的自给自足的自然经济转变为社会化的商品经济;在生产手段上,用现代的科学技术和装备改造原始落后的技术和装备;在经营管理方法上,运用与现代市场经济相适应的科学管理方法管理农业。现代农业除具备一般农业的共性特点外,还有以下基本特征:

1. 生产手段的机械化和自动化

机械化、电气化的农业生产工具和设备,代替了人畜力的工具和设备。凡是能使用机器操作的部门和工序都完全使用了机器操作,电力在农业中得到了广泛应用,电子计算机等自动化设备在农业中广泛使用,在畜牧业和蔬菜、花卉温室等生产领域,形成了自动化和工厂化生产。

2. 生产技术的科学化

建立在现代科学基础上的农业生产技术,代替了单纯依赖经验的传统技术。在农业生产中的各个领域,现代科学技术得到了广泛应用,农业生产已经越来越需要依靠深入揭示客观规律的科学作指导。农业生产由经验转化为科学,大大提高了农业生产力水平。

3. 生产过程的社会化

农业生产的社会化分工越来越细,协作范围越来越广泛而密切。一方面,农业生产的地域分工、企业分工日益发展,形成了农业生产的区域化、专业化;另一方面,原来在农业生产中的许多生产过程,如繁育良种、肥料制作、饮料加工、农机修理、农产品的加工销售等,不断地从农业中分离出来,形成一系列为农业生产服务的部门。产前、产中、产后部门的广泛联系,又形成了农工商一体化的农业综合经营。生产过程的社会化,极大地提高了农业的商品化水平。

二、建设边疆现代农业的基本思路

建设现代农业是我国农业发展的方向,也是边疆社会主义新农村建设的重要内容。总的来看,我国边疆地区农业仍处于传统农业向现代农业的过渡阶段,很多地方农耕文明特点比较突出,原始农业特征不乏其例,推进现代农业建设任务相当繁重。特别是从人口多、耕地少、水源缺乏的实际出发,建设边疆现代农业不仅要提高物质技术装备水平,而且要充分利用人力资源;不仅要提高劳动生产率,而且要提高土地产出率;不仅要充分利用农业自然资源,而且要切实保护和改善生态环境,走中国边疆特色新型农业现代化道路,增强社会主义新农业建设的产业支撑。

(一)坚持用现代物质条件装备农业

通过合理使用农业投入品,突破耕地和淡水短缺的约束,提高资源产出效率;通过推广使用农业机械,减轻劳动强度,提高劳动生产率;通过加强农田基础设施建设,提高抗灾减灾能力,实现高产稳产。加强种子、化肥、农药、农膜等农业生产资料的生产和市场管理,扩大测土配方施肥范围,引导农民增施有机肥,科学施用化肥,减少环境污染。加强先进适用农机具的示范和推广工作,逐步提高重要农时、重点作物、关键生产环节和粮食主产区机械化作业水平。发展设施农业,推进畜禽养殖小区建设,改善防疫条件和养殖环境。要切实加强农田水利建设,扩大中央和省级小型农田水利补助专项资金规模,完善农田水利建设和管理机制。实施沃土工程,改善耕地质量,全面提升地力。健全森林生态效益补偿机制和造林补助机制。

（二）坚持用现代科学技术改造农业

科技创新是决定一个国家现代农业建设进程快慢和竞争力强弱的关键因素。当前，世界农业科技进步加快，各国越来越重视科技在农业发展中的作用。从整体水平看，我国农业科技与发达国家存在较大差距，科技进步在农业增长中的贡献率还比较低。我们必须正视这个现实，加大对农业科技进步的支持力度。要加快构建国家农业科技创新体系，大力提高自主创新能力，加大农业生物技术、信息技术、食品生物工程技术等高技术的研发力度，特别要在良种培育、先进种养技术集成配套、农产品精深加工、资源高效利用和生态保护等方面取得新的重大进展。要改善技术创新的投资环境，鼓励大型涉农企业建立农业科技研发中心。要健全基层农业技术推广体系，建立多元化的技术推广机制，加快科技成果的转化、应用和普及。要按照建设资金节约型、环境友好型社会的要求，大力发展循环农业，积极发展节地、节水、节肥、节能等节约型农业。

（三）坚持用现代经营形式发展农业

把农业生产、加工、流通等环节有机联结起来，形成完整高效的产业体系，是农业发达国家的普遍做法，也是建设现代农业的基本经营形式。近些年来，我们在实践中大胆探索，找到了产业化经营这条发展现代农业的路子。农业产业化经营有利于解决分户生产与市场对接的矛盾，有利于实现农业多层次、多环节增值增效，有利于农民分享农产品加工流通环节的增值收益，有利于研发推广优良品种和先进适用技术，有利于发展规模经营和标准化生产，归根结底有利于提高农业的整体素质和竞争力。要切实把产业化经营作为一件带有全局性、方向性的大事来抓，贯穿于现代农业建设的全过程。加大国家扶持力度，搞好发展规划，发挥资源优势，突出地方特色，以市场需求为导向，以科技进步为支撑，以深加工为重点，不断延长产业链，形成产业集群。要继续培育壮大龙头企业，推广龙头带基地、公司连农户、产加销一条龙等多种模式，完善企业和农户利益联结机制。加快发展各类专业合作经济组织，在信贷、财税和登记等方面给予支持，提高农民进入市场的组织化程度。

（四）坚持用现代发展理念指导农业

发展理念至关重要，有什么样的农业发展理念，就会有什么样的农业发展道路。坚持用现代发展理念指导农业，最重要的是以科学发展观为指导，转变发展观念,创新发展模式,提高发展质量。要注重树立和运用大资源理念,立足于全部国土资源,合理有效利用耕地、林地、草原、淡水、海洋、生物、光热等各种资源,不断提高资源综合利用效率。注重树立和运用大农业理念,拓宽农业发展的内涵和外延,全面发展农林牧副渔各业及其加工与流通,增强和发挥农业的食物营养、工业原料、就业增收、生态保障、观光旅游、文化传承等多种功能。注重树立和运用大食物理念,积极开发粮食和非粮食食物,增加动物性食品供给,广辟食物来源,满足人民群众对食物的多样化需求。注重树立和运用大市场理念,充分利用农村市场和城市市场、国内市场和国际市场、产品市场和要素市场、现货市场和期货市场,发展现代流通方式,扩大流通范围,消除流通障碍,提高流通效率。注重树立和运用大生态理念,充分发挥林草等植被的生态屏障作用,营造农田防护林网,搞好水土保持,治理面源污染,推进废弃物的减量化、无害化、资源化,发展循环农业、节约农业,实现农业可持续发展。

(五)坚持确保边疆地区粮食安全的方针

在推进现代农业建设过程中应始终毫不松懈地抓好粮食生产,确保国家粮食安全。这是经济发展和社会稳定的基础,也是建设现代农业的重要任务。从长远看,我国边疆地区人口增长对粮食需求的压力会越来越大,耕地、水资源对粮食生产的制约也呈加重趋势,这决定了任何时候对粮食生产都不能有丝毫放松,越是建设现代农业,越是要高度重视粮食生产。我们应坚持立足国内实现粮食基本自给的方针,稳定发展粮食生产,适度利用国际市场,努力保持供求平衡。要坚决保护好耕地特别是基本农田,继续加大政策扶持力度,引导农民稳定粮食播种面积,提高综合生产能力。控制农业生产资料价格过快上涨,优化粮食品种结构,提高单产水平,持续增加种粮收益。明确粮食主产区、主销区和产销平衡区的保障粮食安全方面的责任。搞好粮食宏观调控,完善重点粮食品种最低收购价政策,把握好储备粮吞吐和粮食进出口的时机与力度,保持合理的粮价水平。

第四节　改善边疆农民生活质量

持续较快增加农民收入、提高农民生活水平和生活质量,是社会主义新农村建设的基本出发点和根本目的,也是"三农"工作的永恒主题。我们应客观分析农民增收的形势,大力拓宽农民增收的渠道,努力克服农民增收的困难,尽力增加农民的收入,改善农村设施条件和农民生活环境,提高农民生活质量。

一、努力增加农民收入

(一)深入推进农业结构调整,充分挖掘农业内部增收潜力

我国边疆地区农业发展不仅资源种类丰富,而且市场前景广阔,为农业内部增收提供了巨大的潜力和空间。充分发挥农业的多种功能,广泛利用各类资源,是推进农业结构调整、挖掘农业内部增收潜力的基本途径。进一步发挥农业的食物营养功能,在重视发展粮食生产的同时,大力发展畜牧、水产等养殖产品,发展蔬菜、水果等园艺产品,发展木本粮油、食用菌等林特产品,发展无公害、绿色、有机等健康食品,提高农产品效益和质量安全水平。进一步发挥农业的工业原料功能,增加优质专用农产品生产,发展精深加工业,培育国内外市场知名品牌,扩大优势农产品出口,提升农产品竞争力和附加值。进一步发挥农业生态保障功能,完善退耕还林配套政策,搞好水土保持和沙化治理,改善生态环境。进一步发挥农业观光旅游和文化传承的功能,展示乡土风俗民情,保护传统农耕文化,发展一村一品,形成特色经济。要拓宽视野,广开门路,全面开发和有效发挥农业的多种功能,多渠道创造新的就业机会和收入来源。

(二)发展壮大县域经济,形成农村内部增收合力

当前和今后一个相当长时期,我国大部分人口生活在县域,农村大部分劳动力就业在县域,农民大部分收入来自县域,扩大内需的潜力主要也在县域。发展壮大县域经济,是确保农民持续较快增收的重要途径,是确保社会主义新农村建设取得成效的重要基础,也是确保国民经济平稳较快增长的重要支撑。实践证明,县域经济发展快的地方,农民收入增长就快,农村面貌改变就快,城乡差距缩小就快。高度重视县域经济的重要作用和地位,加强规划和指导,加快投资、财政等管理体制改革,激发县域经济发展活力,增强承接产业转移能力。把乡镇企业作为发展县域经济的主要载体,积极引导乡镇企业转变机制和增长方式,加快技术进步和产业升级,增强市场竞争能力。要把小城镇作为发展县域经济的重要平台,统筹城乡产业布局,引导各类企业向小城镇集中,吸引农民工就业创业,吸纳农村人口,促进服务业的发展。把壮大县域经济作为一项大战略,全面振兴和繁荣农村经济,切实增强扩大

农民就业、带动农村发展的能力。

（三）促进农村富余劳动力转移就业，拓宽农民外部增收空间

大批农村富余劳动力进城务工就业，是加快推进边疆地区工业化、城镇化的必然要求，是工业带动农业、城市带动农村、发达地区带动落后地区的有效形式，也是农民持续较快增收的重要渠道。应把促进农民进城务工就业放到更加突出的位置，结合各地实际，抓紧制定和完善相关政策措施，尽快解决涉及农民工的各种突出问题。实行城乡平等的就业制度，建立健全城乡就业公共服务网络，加强输入地和输出地的联系和协调，为农民免费提供政策咨询和就业服务。要严格执行最低工资制度，建立农民工工资合理增长机制和工资支付保障制度。要完善农民工劳动合同制度，加强职业安全卫生保护，改善劳动环境。逐步建立农民工社会保障制度，依法将农民工全部纳入工伤保险范围，加快解决大病医疗保障问题，探索适合农民工特点的养老保险办法。帮助农民工解决住宿、子女上学等实际问题。要保障农民工的土地承包权，使他们进退有路。在农民工政策问题上，不是要搞特殊照顾，而是要做到公平对待，使他们的贡献得到充分肯定，使他们的劳动得到充分尊重，使他们的权益得到充分保障，使他们的付出得到合理回报，激发亿万农民工投身现代化建设的热情和积极性。

（四）不断提高农村劳动力整体素质，增强农民就业创业能力

培养造就有文化、懂技术、会经营的新型农民，是建设社会主义新农村的迫切需要，是把我国边疆地区巨大人口压力转化为人力资源优势的重要途径，是促进农民增加收入的根本之计。边疆地区农村劳动力整体文化水平较低，大多缺乏职业技能。加强教育培训，提高农村劳动力综合素质，是一项重要而紧迫的任务。应大力发展农村职业教育，继续加强农村劳动力培训，提高农民的文化科技素质和职业技能。应加快建立政府扶助、面向市场、多元办学的教育培训机制，扩大教育培训规模，提高支持补助标准。通过职业教育和技能培训，使走出去的劳动力有较强的务工技能，留下来的劳动力能掌握先进的农业技术，增强他们适应工业化、城镇化和农业现代化的能力。

（五）继续实施扶贫开发工程，进一步减少贫困人口

我国边疆地区扶贫开发已经进入解决温饱和巩固温饱并重的阶段，任务非常艰巨。应继续坚持开发式扶贫的方针，加强整村推进、扶持龙头企业和转移就业培训，提高贫困地区人口素质，改善基本生产生活条件，拓宽增

收渠道,把扶贫开发工作的着力点下沉到村、落实到户。各项扶贫资金和扶贫措施要协调配套,以贫困村为基本单位,扶持一个见效一个。继续对缺乏生存条件地区的贫困人口实行易地扶贫,对丧失劳动能力的贫困人口建立救助制度。继续动员党政机关、沿海发达地区和社会各界参与扶贫开发事业。

二、实施新型农民素质工程

(一)实施农村义务教育工程

着力普及和巩固农村九年制义务教育。应继续实施国家西部地区"两基攻坚"工程和农村中小学现代远程教育工程。建立健全农村义务教育经费保障机制,进一步改善农村办学条件,逐步提高农村中小学公用经费的保障水平。加强农村教师队伍建设,加大城镇教师支援农村教育的力度,促进边疆地区城乡义务教育均衡发展。加大力度监管和规范农村学校收费,进一步减轻农民的教育负担。

(二)实施农村劳动力技能培训工程

提高农民整体素质,培养造就有文化、懂技术、会经营的新型农民,是建设社会主义新农村的迫切需要。应继续支持新型农民科技培训,提高农民务农技能,促进科学种田。扩大农村劳动力转移规模,增强农民转产转岗就业的能力。应加快建立政府扶助、面向市场、多元办学的培训机制。整合农村各种教育资源,发展农村职业教育和成人教育。

(三)实施农村卫生事业建设工程

积极推进新型农村合作医疗制度试点工作,中央和地方财政应提高补助标准,在全国农村普及新型农村合作医疗制度。政府应不断增加投入,加强以乡镇卫生院为重点的农村卫生基础设施建设,健全农村三级医疗卫生服务和医疗救助体系。建立与农民收入水平相适应的农村药品供应和监管体系,规范农村医疗服务。加大农村地方病、传染病和人畜共患疾病的防治力度。加强农村卫生人才培养,组织城镇医疗机构和人员对口支持农村,鼓励各种社会力量参与发展农村卫生事业。加强农村计划生育服务设施建设,继续稳定农村低生育水平。

(四)实施农村文化事业工程

应重点加强县文化馆、图书馆和乡镇文化站、村文化室等公共文化设施建设,继续实施广播电视"村村通"和农村电影放映工程,发展文化信息资源共享工程农村基层服务点,构建农村公共文化服务体系。推动实施农民体育健身工程。积极开展多种形式的群众喜闻乐见、寓教于乐的文体活动,保护和发展有地方和民族特色的优秀传统文化,创新农村文化生活的载体和手段,引导文化工作者深入乡村,满足农民群众多层次、多方面的精神文化需求。扶持农村业余文化队伍,鼓励农民兴办文化产业。加强农村文化市场管理,抵制腐朽落后文化。

（五）实施农村社会保障制度建设工程

应按照城乡统筹发展的要求,逐步加大公共财政对农村社会保障制度建设的投入。进一步完善农村"五保户"供养、特困户生活救助、灾民补助等社会救助体系。探索建立与农村经济发展水平相适应、与其他保障措施相配套的农村社会养老保险制度。大力实施边疆地区计划生育"少生快富"扶贫工程,积极探索建立农村最低生活保障制度。

（六）实施文明新风工程

大力弘扬以爱国主义为核心的民族精神和以改革创新为核心的时代精神,激发农民群众发扬艰苦奋斗、自力更生的传统美德,为建设社会主义新农村提供强大的精神动力和思想保证。应深入开展农村形势和政策教育,认真实施公民道德建设工程,积极推动群众性精神文明创建活动,开展和谐家庭、和谐村组、和谐村镇创建活动。积极引导农民崇尚科学,抵制迷信,移风易俗,破除陋习,树立先进的思想观念和良好的道德风尚,提倡科学健康的生活方式,在农村形成文明向上的社会风貌。

三、加强乡村基础设施和人居环境建设

（一）应着力加强农民最急需的生活基础设施建设

巩固人畜饮水解困成果,加快农村饮水安全工程建设,优化解决高氟、高砷、苦咸、污染水及血吸虫病区的饮水安全问题。有条件的地方,可发展集中式供水,提倡饮用水和其他生活用水分质供水。加快农村能源建设步伐,在适宜地区积极推广沼气、秸秆气化、小水电、太阳能、风力发电等清洁能源技术。应大幅度增加农村沼气建设投资规模,有条件的地方,要加快普及户用沼气,支持养殖场建设大中型沼气。以沼气池建设带动农村改圈、改厕、改厨。实施农村电网改造的续建配套工程。加强小水电开发规划和管理,扩大小水电代燃料试点规模。进一步加强农村公路建设。积极推进农业信息化建设,充分利用和整合涉农信息资源,强化面向农村的广播电视电

信等信息服务。引导农民自愿出资出劳,开展农村小型基础设施建设。按照建管并重的原则,逐步把农村公路等公益性基础设施的管护纳入国家支持范围。

(二)加强村庄规划和人居环境治理

随着生活水平提高和全面建设小康社会的推进,农民迫切要求改善农村生活环境和村容村貌。政府应切实加强村庄规划工作,安排资金支持编制村庄规划和开展村庄治理;应从各地实际出发制定村庄建设和人居环境治理的指导性目录,重点解决农民在饮水、行路、用电和燃料等方面的困难,凡符合目录的项目,应给予资金、实物等方面的引导和扶持。加强宅基地规划和管理,大力节约村庄建设用地,向农民免费提供经济安全适用、节地节能节材的住宅设计图样。引导和帮助农民切实解决住宅与畜禽圈舍混杂问题,搞好农村污水、垃圾治理,改善农村环境卫生。注重村庄安全建设,防止山洪、泥石流等灾害对村庄的危害,加强农村消防工作。村庄治理要突出乡村特色、地方特色和民族特色,保护有历史文化价值的古村落和古民宅。应本着节约原则,充分立足现有基础进行房屋和设施改造,防止大拆大建,防止加重农民负担,扎实稳步地推进村庄治理。

第五节　建设新农村保障体制

一、全面深化农村改革

(一)深化以农村税费改革为主要内容的农村综合改革

从2006年起,中央政府已宣布在全国范围取消农业税。要巩固税费改革的成果,还要进行农村综合改革,应努力推进乡镇机构改革,转变乡镇政府职能,创新乡镇事业站所运行机制,精简机构和人员,妥善安置分流人员。应按照强化公共服务、严格依法办事和提高行政效率的要求,解决机构臃肿的问题,加强政府社会管理和公共服务的职能。加快农村义务教育体制改革,建立和完善各级政府责任明确、财政分级投入、经费稳定增长、管理以县为主的农村义务教育管理体制,中央和省级政府应更多地承担发展农村义务教育的责任,深化农村学校人事和财务等制度改革。应加快推进"省直管县"财政管理体制和"乡财县管乡用"财政管理方式的改革。应对乡村债务进行清理核实,化解乡村债务,完善涉农税收优惠方式,确保农民直接受益。深化国有农场税费改革,国有农场应逐步剥离办社会的职能,转变经营机制,在现代农业建设中发挥示范作用。

（二）推进农村金融改革

应完善农村信用社法人治理结构和运行机制。县域内各金融机构在保证资金安全的前提下,应将一定比例的新增存款投放当地,支持农业和农村经济发展。扩大邮政储蓄资金的自主运用范围,引导邮政储蓄资金返还农村。调整农业发展银行职能定位,拓宽业务范围和资金来源。国家开发银行应支持农村基础设施建设和农业资源开发。继续发挥农业银行支持农业和农村经济发展的作用。在保证资本金充足、严格金融监管和建立合理有效的退出机制的前提下,鼓励在县域内设立多种所有制的社会金融机构,允许私有资本、外资等参股。大力培育由自然人、企业法人或社团法人发起的小额贷款组织,规范民间借贷。加快发展多种形式、多种渠道的农业保险。努力解决农户和农村中小企业贷款抵押担保难问题。

（三）统筹推进农村其他改革

稳定和完善以家庭承包经营为基础、统分结合的双层经营体制,健全在依法、自愿、有偿基础上的土地承包经营权流转机制,有条件的地方可发展多种形式的适度规模经营。加快集体林权制度改革,促进林业健康发展。完善粮食流通体制,深化国有粮食企业改革,建立产销区稳定的购销关系,加强国家对粮食市场的宏观调控。加快征地制度改革步伐,按照缩小征地范围、完善补偿办法、拓展安置途径、规范征地程序的要求,进一步探索改革经验。完善对被征地农民的合理补偿机制,加强对被征地农民的就业培训,拓宽就业安置渠道,健全对被征地农民的社会保障。应积极推进小型农田水利设施产权制度改革。

二、加强乡村治理机制建设

（一）不断增强农村基层党组织的战斗力、凝聚力和创造力

充分发挥农村基层党组织的领导核心作用,为建设社会主义新农村提供坚强的政治和组织保障。要以建设社会主义新农村为主题,结合农村实际,有针对性地开展党员教育,解决党组织和党员队伍中存在的突出问题,解决影响改革发展稳定的主要问题,解决群众最关心的重点问题。加强农村基层组织的阵地建设,继续搞好农村党员干部现代远程教育,加大政策理论、法律法规和实用技术培训力度,引导农村基层干部发扬求真务实、踏实苦干的工

作作风,广泛联系群众,增强带领群众增收致富的能力。加强基层党风廉政建设,巩固党在农村的执政基础。充分发挥农村共青团和妇联组织的作用。

(二)切实维护农民的民主权利

健全村党组织领导的充满活力的村民自治机制,进一步完善村务公开和民主议事制度,让农民群众真正享有知情权、参与权、管理权、监督权。完善村民"一事一议"制度,健全农民自主筹资筹劳的机制和办法,引导农民自主开展农村公益性设施建设。开展村务公开民主管理示范活动,推动农村基层志愿服务活动。加强农村法治建设,深入开展农村普法教育,增强农民的法治观念,提高农民依法行使权利和履行义务的自觉性。妥善处理农村各种社会矛盾,加强农村社会治安综合治理,打击"黄赌毒"等社会丑恶现象,建设平安乡村,创造农民安居乐业的社会环境。

(三)培育农村新型社会化服务组织

增强农村集体组织经济实力和服务功能,发挥国家基层经济技术服务部门作用,应鼓励、引导和支持农村发展各种新型的社会化服务组织。推动农产品行业协会发展,引导农业生产者和农产品加工、出口企业加强行业自律,搞好信息服务,维护成员权益。鼓励发展农村法律、财务等中介组织,为农民发展生产经营和维护合法权益提供有效服务。

(四)建立改变城乡二元结构的机制

要进一步消除制约城乡协调发展的体制性障碍,促进城乡资源要素的合理流动和优化配置,努力改变城乡发展差距过大的状况。改革经济社会管理方式,逐步建立城乡一体的管理体制和机制;改革劳动和就业管理体制,建立城乡统一的劳动力市场和公平竞争的就业制度;改革户籍管理制度,放宽农民进城就业和定居的条件。加快建立城乡基础设施共同发展的机制,促进基础设施向农村延伸;努力建立城乡公共服务均等供给的制度,促进公共服务向农村拓展;逐步建立城乡衔接的社会保障体系,促进社会保障向农村覆盖。

第四章　边疆城市化建设

第一节　城市化内涵、意义及建设历程

一、城市化内涵

城市化一词来自英语 Urbanization,也译作"都市化"、"城镇化"。对于什么是城市化,学术界见仁见智,大都根据自己专业的特点对城市化的定义做出不同的解释。比较多的经济学家认为:所谓城市化,简单地说,就是农村人口转移为城镇人口的过程,或者指变农业人口为非农业人口、农业活动向非农业活动的转换过程,即生产方式的转换过程。有的认为,城市化主要应从城市经济发展演变和产业重新组合的过程去认识,一般是指由经济工业化、人口城市化、社会生活方式城市化所引起的人口不断聚集、城市不断扩大、城乡差别不断缩小的一种发展过程。

城市地理学家认为,地球表面某一地域内,城市性状态逐渐扩大和发展的过程,就是城市化,注重地域空间组织的变化。

社会学的一些学者认为,伴随着产业革命,出现了人口脱离农村向城市集中的现象和人类生活方式的转变,变传统落后的乡村社会为先进的现代化城市社会的自然历史过程。这就是所谓的城市化运动。

日本京都大学经济学教授山田浩之认为,城市化的内容,大的方面可分为以下两个:一个是在经济的基础过程中的城市化现象;另一个是在社会文化过程(或上层建筑)中的城市化现象,对后者,用一句话来说,就是生活方式的深化和扩大。所谓在经济的基础过程中的城市化,从大的方面又可分为两个方面来考察:人口密度在提高,第二次产业和第三次产业比例的增长,或者是人们的经济活动,例如产业和职业的多样化,生活活动和业余活动的多样化,社会的阶层结构的复杂化、人们的社会的地域的移动在增加。第二,是以城市性质的外延的扩大为特征。即在从来不是城市地域的郊外,也就是在农

村使城市的经济活动(或者是城市机能)——从大的方面可分为产业活动和居住活动——扩散,城市日益向外膨胀。

　　还有的国内学者认为,城市化是指城市的发展壮大,国内人口由分散的农村向城市集中的社会进步过程,它包含:1. 城镇人口增加,农村人口相对减少,城镇人口在国家总人口中的比例不断提高;2. 城市数量增加,规模扩大,城市状态(主要是一个国家的城市体系结构,城市地区分布)变化;3. 城市经济关系和生活方式普及和扩大,农村逐步实现城市生产方式和生活方式。城市化一般是以城镇人口占总人口的比例作为主要指标来加以衡量的。

　　上述种种对城市化概念的理解和概括,均有一定的理论依据,也反映了城市化进程中的现实,只是侧重点有所不同,但是比较共同的认识是,城市化是个历史的过程,是经济社会发展的过程,也是社会现代化的发展过程。城市化作为人类经济社会发展的历史过程,可以分为性质迥然不同的"城市乡村化"和"乡村城市化"两个阶段。在现代条件下,城市化的本质是乡村城市化,是人类生产和生活方式由乡村型向城市型转化的历史过程。其中包括同时发生的两个过程:一是农业人口向非农业人口转移,向城镇集中,城镇人口增长,农村生产、生活方式和生活质量逐步城市化;二是城市区域扩大和城镇数量逐渐增加,城市不断发展完善的过程。也就是说,城市化不仅是农业人口转移为非农业人口,并向城镇集中的过程,而且是城镇在空间数量上的增多、规模的扩大,功能和设施的逐步完善以及城市的经济关系和生活方式、价值理念广泛渗透到农村的过程,经济社会生活由乡村型向城市型的过渡。在农村大规模集中地建立农民自己的经济文化中心,把越来越多的农民从土地上转移出来,使其物质生活和精神生活得到极大的提高,实现城乡协调发展,最终实现消除城乡差别和工农差别。城市化不单从量的方面来衡量,而且要从质的方面作考察。它包括生产要素的集聚、工业化的生产方式、城市的集聚、城市体系结构组成和地区分布的变化,资源配置方式、经济结构的演进、生活方式等综合变更的结果。城市化既是城市在广度上的扩展,又是城市在深度上的发展。城市化最本质的内涵是城市自身实现向更高层次发展,国民经济中的各种生产要素组合而成的生产函数向更高层次变革,向城市现代化迈进。通常把表示城市化水平和城市化程度的指标称为城市化率。它是衡量一个国家和地区经济发展水平的重要标志,也是衡量一个国家或地区社会组织程度、管理水平和社会文明程度的重要标志。

二、边疆城市化建设的重要意义

城市化是经济社会发展的必然趋势，也是工业化、现代化的重要标志。我国边疆地区正处在城市化发展的关键时期。坚持大中小城市和中小城镇协调发展，逐步提高城市化水平，对于扩大内需、推动国民经济增长，对于优化城乡经济结构、促进国民经济良性循环和社会协调发展，都具有重大意义。

（一）有助于促进边疆地区工业化

城市化既是工业化推进的结果，又是促进工业化发展的强大动力，工业化是城市化的经济内容，城市化是工业化的空间落实。工业化、城市化相互促进，协调发展，是现代经济社会健康发展的重要标志，现在人类进入世界范围的城市化推进工业化和现代化的新阶段，可以说，工业化离不开城市化，因为城市化不仅可以为边疆工业化提供便利的交通、快捷的信息、良好的市场、发达的科技与教育，以及先进的城市设施等必要的条件，而且可以大大增加有效需求，一方面，城市化将大大地促进城镇建设，扩大基础设施建设投资；另一方面，城市化又使相当一部分农业人口转入城镇人口，从而将大大提高最终消费需求。

（二）城市化有利于促进边疆农业现代化

城市化不仅能够从根本上解决我国长期存在的二元经济结构矛盾，而且能有力地促进农业现代化，使农业有可能向集约化、规模化经营，摆脱传统的小农生产方式。边疆地区"三农"问题表面上看是落后的传统农业与现代农业的矛盾，从根本上讲，是农业的发展与城市化滞后的矛盾。从长远看，农民增收、农业发展、农村产业结构调整和农村稳定等根本问题的解决，只有靠工业化和城市化，靠大量人口向非农产业转移。中国边疆的工业化和现代化起步点在城市，而落脚点是在农村，要使广大农村人口非农化和城市化，最终实现农业现代化和农村现代化，必须大力推进城市化。

（三）城市化有利于促进边疆地区服务业现代化的发展

工业化、城市化发展到一定阶段，将出现第三产业大发展趋势，将有利于推进服务业现代化，城市化是第三产业发展的载体，因为第三产业的快速发展需要一定的人口规模条件。没有一定数量的服务对象，现代服务业就发展不起来，现代服务业落后又必然会影响城市化演变，反之城市化的发展也会给第三产业带来加速发展的机遇，创造大量的就业机会，城市化本身也是一个就业化的过程。目前，我国边疆服务业的服务对象主要是占三分之一多的城镇居民,而广大农村居民由于生活方式和收入水平的限制,消费能力较低,对服务业需求不足。据有关专家计算,城市化率与第三产业的合理比值范围是0.8~1.5,工业化作为城市化的第一推动力,其功能主要是完成量上的扩张,而城市化在质的方面的进步,则主要是靠现代服务业后续动力。

（四）城市化有利于提高边疆地区人口素质和劳动生产率

由于边疆地区城乡差异的客观存在,农村在生产、教育、文化、科技及环境设施等方面大大落后于城市,因而人口素质与城市相比有明显的差距。目前,我国边疆尚存的文盲和半文盲80%以上在农村,而城市由于教育较发达,信息量大,工作、生活节奏快,竞争力强,这些都有利于人的能力培养、工作效率和文明水平的提高。因此,只有城市化的发展才有可能加快人口素质的提高,同时,城市化又会促进工商企业向城镇集中,转变生产方式、经营方式,提高劳动生产率,扩大规模效应。

（五）城市化有利于边疆资源的整合利用

城市化不仅能合理节约利用土地,而且有利于保护和合理利用水资源和其他资源,有利于环境保护与生态平衡。据联合国组织分析,世界上25个最有经济实力的国家,拥有世界上281个百万人口城市的70%。全世界24亿城市人口占用20万平方公里的城市用地,人均为83.3平方米,仅是农业人口人均用地的1/2~1/3,而现代化基础设施、社会服务设施,因其规模、管理水平高,使人均成本低。城市化能够促进边疆地区人力资源流动,使人力资源合理配置,可以更好地利用边疆地区劳动力资源丰富的优势,发挥劳动密集型产业在边疆地区经济增长和出口增长中的作用。

城市化对边疆地区经济增长的推动作用,根本原因在于城市化以能量集聚、要素集聚为特征。集聚人口、集聚经济和社会能量,从而产生集聚效应和规模效益,所以,边疆地区必须依靠加快城市化,积极提高城市化水平,从抑制城市化转化为积极主动、因势利导地推进城市化,这应该是边疆地区经济社会发展的一大战略。

三、中国城市化建设历程[①]

（一）中国城市的产生与发展

中国是世界上著名的文明古国,也是世界上最早的城市发源地之一。关

---

① 参见朱铁臻:《城市现代化研究》,红旗出版社2002年版。

于中国古代城市产生的年代,学术界众说纷纭,有的认为是夏代或夏代以前,有的说是商代,有的说是周代。中国古籍记载,鲧、禹时代就开始了造城。考古发掘发现了中国原始社会后期的一些防御设施,如沟涂、土墙等。20世纪70年代末至80年代初,随着登封王城岗、淮阳平粮台两座龙山文化城址及偃师商城的发现,我国早期城市的研究进入了一个新阶段。20世纪80年代初以来内蒙古中南部先后发现了包头阿善、凉城老虎山等十余座石城址,时代相当于龙山文化早期。湖南澧县的城头山城址,被人认为是中国"最早的城",年代距今6000年延续至距今4000年。

城市是聚落发展到一定阶段的产物。从聚落形态的发展演变上看,以仰韶文化前期聚落为代表的中国新石器时代发达的聚落形态,是原始农业与定居生活方式发展的必然结果。它具有凝聚性、内向性和封闭性的特点,就聚落间的关系而言处于基本平衡的状态。距今约5500年至4600年之际,即仰韶时代后期到龙山时代前期阶段,中国进入了一个发生着深刻的社会变革的时期。

从原始聚落到城市,是聚落形态发展史上的一次飞跃性的质的变化。城市作为初期国家的权力中心在功能和性质上都与原始聚落有本质的不同。但城市的出现,绝不是横空出世,而是原始聚落形态进一步发展的必然结果。它脱胎于原始聚落形态,其所包含的许多文明因素都萌生于原始聚落尤其是其最终形态——中心聚落之中,二者有着千丝万缕的联系。中心聚落无疑是城邑的前身,这反映了城邑对中心聚落的继承性。

国外历史学家、地理学家把城市发展历史分为古代城市、中世纪城市、近代城市和现代城市。中国有的学者把中国城市发展历史分为:城市产生的前期(原始社会原始居住形式及原始居民点的形式),城市产生时期(奴隶社会殷商及西周时期),城市发展时期。在城市发展时期中又分为春秋战国时期、秦汉时期、三国至隋唐时期、宋元时期、明清时期、近代城市萌芽和产生时期、中华人民共和国时期。

近代中国城市是工业革命的产物,近代中国城市发展经历了两个阶段,即19世纪40年代至70年代为第一阶段;70年代以后为第二阶段,中国近代城市形成一开始就出现以下几种形态:第一种城市形态,是由于帝国主义侵略,根据不平等条约直接开辟的商埠城市。第二种城市形态,是随着外国资本入侵,资本主义工商业在中国开始发展而造就的一批城市。第三种城市形态,是随着铁路、水路、公路的畅通而形成和发展起来的城市。

(二)中国城市化的历史进程

人类从山林走向平原,从江河走向湖海,从农村走向城市,这是人类祖先遗传的群居基因和人类经济社会发展的必然要求。工业革命是城市化的主要动因。工业化过程是一个不断增强集聚性的过程。世界城市化经历了近三个世纪,是一个逐步扩展的历史进程。由于一个国家城市化可达到的水平,既受经济发展水平的影响,又受人口、地理、资源等自然条件的制约。因此,世界各国城市化的历史进程速度和途径有着差异,城市化所达到的最高水平也不相同。中国的城市化真正的发展阶段应该从中华人民共和国成立算起。它是伴随着中国工业化和经济改革而发展的。它与世界城市化有着基本的共同点,又有着自己的特殊性。中国由于工业化起步较晚,新中国成立后,城市发展又走了一大段曲折的道路,城市化进程具有明显的阶段性。

我国早期阶段的城市化步履蹒跚,1949 年至 1957 年为城市化短暂的正常发展阶段;1958 年至 1965 年,为城市化大起大落、不稳定发展阶段;1966 年至 1977 年为城市化停滞阶段;1978 年至 1997 年为城市化复苏和发展阶段;1998 年以后为城市化快速发展时期。由 1949 年的城市化起点 7.3%,到 1998 年城市化率 30.4%,其中,自然增长部分接近 50%,其余部分为机械增长,即农村人口迁徙入城镇。1966 年至 1978 年城市化率一直在 12% 左右徘徊。从 1979 年开始,城市人口逐渐上升,进入了第二个黄金时期。由 1978 年的全国城镇人口 11402 万人,占全国总人口的 11.8%,增至 1985 年全国城镇人口为 21197 万人,占全国总人口的 20.3%。特别是 1986 年以后,全国城镇人口发展较快,由 1986 年的 23317.65 万人,占全国总人口的 21.9%,到 1994 年增长为 34301 万人,占全国总人口的 28.62%。1995 年全国城镇人口为 35174 万人,占全国总人口的 29.04%。2004 年全国城镇人口为 54632.6 万人,占全国总人口的 41.8%。1979 年至 2004 年,城镇人口年均增长速度为 0.9%。

据 2000 年 11 月第五次全国人口普查,全国城镇人口增长到 45594 万,占全国总人口的 36.09%。按全国 31 个省区市城市化排序,上海城镇人口高居榜首,为 88.3%,随后依次是北京、天津、广东、辽宁、黑龙江、吉林、浙江、内蒙古、福建、江苏、湖北、海南,其城市化水平均高于 40%;城市化水平后 5 位分别是西藏、河南、云南、贵州、甘肃,其城市化水平不足 25%;新直辖市重庆,城市化水平仅为 33.1%,低于全国平均水平。分东中西看,东部地区各省城市化水平均高于全国平均水平;西部 12 个省区市除内蒙古外,都低于全国平均水平,而西部地区中的边疆地区城市化水平就更低。即使到 2004 年,边疆八省区的城市化率也远低于全国平均水平,云南 29.5%,广西 33%,西藏 15%,甘肃 40%,新疆 35.15%,内蒙古、吉林、黑龙江分别为 47.5%、49%、52.8%。

回顾这一段城市化进程,我们既要看到我国城市化进入了一个全新的、较快发展的阶段,又要看到与世界城市化水平相比,中国城市化水平仍比较低,城市化滞后于工业化,滞后于经济发展。因为中国城市化是在总人口高增长的条件下推进的。一方面农村人口不断向城镇转移;另一方面农村人口自然增长较快,而且增长的绝对量大于转移量,必然造成城市化的速度缓慢。1978 年我国的城市化落后于工业化 26.4 个百分点。1978 年至 1998 年,尽管我国经济一直保持较高增长,但城市化水平年均只提高 0.63 个百分点,其中1995 年至 1998 年平均每年仅提高 0.47 个百分点。据世界银行资料,中国目前的城市化水平仅相当于下中等收入国家 1980 年的水平,比目前世界平均水平还低 10 多个百分点。

世界城市化进程表明,一国城市化率在 30% 以前为早期阶段,30% ~ 70% 为中期阶段,70% 以后为后期阶段。我国目前为城市化中期阶段。由30% 至 70%,美国用了约 70 年,英国用了约 90 年。我国实现中期阶段城市化目标大约需 50 年。

理论界通常认为,城市化率与工业化率的合理比值范围是 1.4 ~ 2.5,而我国的城市化率与工业化率的比值只有 0.65 左右。我国城市化滞后于经济发展的另一个原因是过多地受人为的宏观控制,受土地、资金、行政管理等政策制约。从一定意义上讲是计划经济的管理模式没有完全突破的表现,还不适应市场经济的需要。例如,城市数量的增长随意性很大,忽高忽低,有的年份一年增加 50 多个城市(1994 年),而近几年则增加很少,甚至为零增长和负增长。完全用行政手段卡死,这是违背城市化发展规律的,这种状况亟待改变。再如僵化的户籍制度,人为地将城乡居民割裂开来,似乎人们天生地成为农村人或城里人,农民就命里注定永远要陷在泥土里,这种户籍管理制度,虽然近年来有所松动,但改革的步伐仍较缓慢,一定程度上还制约着中国经济的持续快速增长和工业化进程。

四、边疆城市化建设特点

中国城市化与西方发达国家走过的路不完全相同,中国边疆城市与内地相比也有着自己经济的、自然的、民族的和社会的特点。

（一）城市化水平比较低，城市数量不足，规模偏小

城市化水平，一般是用城市人口占总人口的比重来衡量。但也有的学者认为，城市化进程是一种多维现象，没有单个的度量能够如实地反映城市化的各个方面，除了城市人口占总人口的比重外，还要增加三个指标来衡量城市化：一是城市的数目；二是绝对的城市人口数量；三是不同规模等级中的城市人口分布及其增长率。还有的提出要增加土地利用指标，从土地性质和地域结构来反映城市化水平及其质量。中国边疆地区城市化是在总人口高速增长的条件下推进的，有相当于农村劳动力 30% 左右的剩余劳动力及其赡养的人口不能转移到城镇中去，必然造成城市化的速度缓慢。目前，中国边疆地区城市化总体水平与内地、沿海相比是很低的，城市数量严重不足，规模偏小，是城市短缺的地区，许多经济社会矛盾问题都是由此派生的。

（二）城市化进程是机械渐进式的发展态势

建国五十多年来，中国经历了几度经济上的冒进和政治因素的冲击，使城市化出现过几次大起大落，边疆地区也不例外，这就在一定程度上也造成城市化进程的缓慢和波折。但从总体上看，城市化是机械渐进式的推进。城市人口大多数情况下是逐年有所增长，其中 2/3 都是城市人口自然增长，由农村转移到城市的人口（机械增长）约占 1/3。渐进式的发展，是符合现阶段中国国情和经济发展水平的。

（三）城市化的地区分布不平衡

边疆地区由于受地理条件、经济发展水平和历史文化等多种因素的影响，造成生产力布局和城市分布不均衡，城市化在各个地区的发展极不平衡，沿江、沿路城市相对集中，边疆内陆地区，地形气候比较复杂，经济发展相对缓慢，人口密度小，城市稀疏。在建设"大三线"的指导思想下，国家曾一度计划向中西部倾斜，而实际结果并不成功。到 2004 年东部地区有城市 260 个，中部地区有城市 226 个，西部地区有城市 174 个，边疆省区只有 161 个。①

（四）城市化以乡村经济发展和繁荣为基础

西方发达国家的城市化，大都是以农民破产、工业化迅速发展来实现的。1978 年后中国内地发达地区的城市化主要是以工业化迅速发展来推进的。而中国边疆地区的城市化始终是以乡村经济的发展繁荣为基础。1978 年后

---

① 资料来源：《泰吾士世界地图集》。

中国农村实行家庭联产承包责任制和大力发展乡镇企业,边疆地区农村经济迅速发展,农村剩余劳动力从传统农业中转移出来,从事非农产业,从而冲击着城市,促进着城市发展。这种建立在农村经济发展和繁荣基础上的城市化,是中国边疆地区城市化的一大特点,也是城乡协调发展的结果。历史经验告诉我们,城乡关系协调与否,是城市化的关键。

(五)边境城镇化进程加快

党的十一届三中全会以前,边境沿线基本上不对外开放,首要任务是稳固边境,边境的发展置于次要地位,边民的来往甚少,边境民众大部分处于一种自给自足自然经济状态。随着我国深化改革和对外开放的深入和扩大,边境口岸全面对外开放,国内外城镇要素向边境城镇涌进,边境城镇建设力度加大,口岸建设水平提高较快,从而加快了边疆地区城镇化的进程。

五、世界城市化建设趋势①

世界城市化的建设主要表现为两种形式:一种是集中性城市化形式,主要是指经济社会活动从空间上分散状态向空间上集中状态发展的一个过程。表现为随着生产力的发展和布局的变化,人口不断向城市地域大量集中。这种形式在城市化初期占有主导地位。另一种是分散性城市化形式,这是指城市的生产方式和生活方式向外扩散的一种社会过程。主要表现为城市的生产和生活方式逐步被周围乡村吸收,城市人口向四周区域扩散,从而使城市中心人口不断减少,城市内的工厂、企业、商店、服务性行业也向周围扩散。世界城市化建设趋势,主要表现为:

(一)大城市迅速发展

尽管世界各国都在限制大城市的扩张,但大城市的增长却似乎是不可阻挡的趋势,不仅大城市的数量在增加,而且地域范围也不断扩大,甚至出现众多的城市连绵区、城市群、城市带、城市圈。1950 年,全世界只有一座上千万人规模的大城市,其人口仅占世界城市人口的 1.7%,到 2004 年,世界上千万人口的大城市增加到 16 座。据联合国有关资料,预计 2015 年,一千万人口以上的超级城市将达到 29 座,占同期世界城市总人口的 10.9%。② 人口的高度集中所产生的巨大的集聚效应是推动大城市增长的根本机制。

---

① 参见叶裕民:《中国城市化之路》,商务印书馆 2001 年版。

② 资料来源:联合国《全球城市展望》(1994 年修订版)。

（二）大城市经济圈发展

当今世界城市化一个新特征是随着城市化的高速推进和全球城市圈域经济的发展,出现了以大城市为中心的圈域城市发展态势。使大城市改变了过去孤立演化的状态,从原来界线清楚的单一"点"发展,向各城市相互联系,地域相互蔓延,甚至向多个大城市地区连片发展转变,形成以大城市为中心的城市圈域经济发展新格局。这一全球城市圈域经济发展的新变化,迅速成为全球经济发展的主流,极大地影响和促进世界经济的发展,并成为21世纪区域经济发展的新模式。

（三）逆城市化现象将在一些发达国家出现

目前,发达国家城市化已经有一个新的发展阶段,因而具有新的空间表现形式。大城市的人口和就业岗位,向大都市区外围的小城镇甚至乡村地区和远方的小城市分散,这一过程称为逆城市化。西欧、北美一些国家这种趋势极为明显,郊区化进程急剧加强,富裕阶层开始向大城市的郊区囤积,而在老城市中心形成了"社会危险集团"（失业人员、退休工人、黑人和外国工人）,由此可能带来尖锐的社会问题。

（四）城市化将朝着城市专业化的方向推进

由工业集中化引致城市经济专业化,是发达国家城市化所走过的道路。现在,发展中国家也逐步进入工业化的高潮期。工业化对发展中国家城市化方向的影响,和发达国家是相同的。从分工效益、规模效益以及获得比较成本优势出发,按专业化原则确定城市发展目标,这是发展中国家普遍采取的城市发展战略。城市专业化多是以开发某种自然资源为基础,城市规模一般不很大,同时具有不同层次的专业性。如可分为工矿城市、石油城市、林业城市、水产城市、港口城市、旅游城市、科技城市等。城市专业化目的在于合理规划城市发展方向和布局,更好地发挥城市优势、多功能作用以及在全国和区域内的分工协作。但是,城市专业化要考虑到近期和远期的不同发展目标,要分析资源的可利用程度,使城市做到可持续发展。

（五）城市现代化加速建设

随着现代科学技术的发展,城市的生产和社会生活将进入现代化发展阶段,城市的方方面面都离不开现代化,城市产业结构向合理化、高级化、生态化发展,以提供多种服务,特别是在大力发展城市的第三产业迅速向信息化、智能化方向迈进,使其成为城市化的新鲜动力。如:美国的产业结构在2000年的GDP中服务业占61%,制造业占30%,农业占9%。

第二节　边疆城市化战略选择

一、坚持走中国特色的城市化道路

我国人口多、底子薄,发展不平衡,推进城市化的同时面对着实现经济增长、社会发展和解决人口众多、资源紧缺、环境脆弱、地区差异大等许多问题和矛盾。边疆地区城市化是中国城市化的一个重要组成部分,更是基础薄弱、城市化推进难度大的一部分。这就决定我们必须贯彻科学发展观,坚持走中国特色的城市化道路。

一是坚持保护环境和保护资源的基本国策。坚持城市化发展与人口、资源、环境相协调,合理、集约利用土、水等资源,切实保护好生态环境和历史文化环境,走可持续发展、集约式的城镇化道路。

二是全面考虑经济社会发展水平、市场条件和社会的可承受程度。发挥市场对推进城市化的重要作用,通过市场实现城市化进程中各种资源的有效配置,吸引各类必需的生产要素向城市集聚,同时发挥政府的宏观调控作用,加强和改善政府对城市化的管理、引导、规范。

三是坚持走多样化的城市化道路。推进各级各类城市协调发展,形成合理的城市体系,提高城市综合承载能力,发挥各级各类城市和小城镇在一定区域范围内的职能作用。

四是根据各地经济社会发展水平、区位特点、资源禀赋和环境基础,合理确定各地城市化发展的目标。因地制宜地制定城市化战略及相关政策措施,加强城市之间的经济联系和分工协作,实现城市以及地区优势互补和共同发展。

五是通过深化改革,研究制定适合我国国情、符合社会主义市场经济规律的政策措施和体制机制,营造城市化发展的良好环境。

二、实施城镇多元化战略

(一)多元化战略是中国边疆地区城镇化的必然选择

中国边疆的城市化由国情的特殊性所决定,具有更多的自身特点。中国人口密度大,工业化发展滞后,交通通讯设施落后,存在很多不利因素。我们既不能不求作为,也不能急于求成;既不能照搬照抄别国模式,也不能盲目求大、求全。鉴于国情的复杂性,城市化必须坚持大中小城市并举、城市城镇并举,走多元化的城镇化道路;城市化发展必须与工业化、信息化同步进行,还要与保护生态环境结合,与保护农民利益结合。党的十六大报告提出:农村富余劳动力向非农产业和城镇转移,是工业化和现代化的必然趋势。要逐步提高城镇化水平,坚持大中小城市和小城镇协调发展,走中国特色的城镇化道路。这是中央基于对中国国情的准确判断所做出的科学决策,更是边疆地区城镇化战略的指导思想。

(二)多元化战略既是城镇化全面发展的战略,又是城镇化分区域发展的战略

在边疆地区城镇化进程中,大中小城市和小城镇都要发展。没有必要强调非要以大城市为重点,或者非要以小城镇为重点。关键是我们要根据工业化发展的阶段性要求,按照比较优势原则,综合考虑不同区位资源条件、人口规模和经济发展水平,把发展特大城市、大城市、中等城市和有重点地发展小城市(镇)有机结合起来。多元化战略,也是城市化分区域发展的战略。在经济欠发达、人口相对较少的西部地区,要重点建设和发展县城,实现小县大城。在中部地区,可以在扩展县市城镇的同时,重点建设和发展那些区位优势强、资源条件好、人口规模大的中心城镇。在经济发达地区,可以在继续扩张现有大中城市的基础上,对已经形成的小城镇群或小城镇带进行整合,实现由镇到城的转变。

(三)推进小城镇建设与大城市发展的有机结合

需要特别指出的是,我们不要盲目反对大城市发展战略,也不要把小城镇战略过于理想化。应当把小城镇建设与大城市发展结合起来。从世界城市化发展史看,工业化中期阶段,大城市聚集居民、吸纳劳动力就业的成本远远低于中小城市和小城镇。适度扩张大城市,甚至特大城市,让农民向大城市和特大城市聚集,也是合乎发展规律的选择。我们不必担心,更不要试图阻挡农村劳动力进入大城市。世界城镇化发展史还告诉我们,当大城市发展到一定阶段,居民必然还会由大城市再向中小城市及小城镇扩散,这也是普遍规律。所以,我们应顺乎潮流,不要一味地阻挡农村劳动力向大城市转移;同样,在我们进入经济社会适宜发展小城镇阶段的时候,必须不失时机推进小城镇建设。如果不顾客观条件,一哄而上,势必劳民伤财。

综上所述,在我国边疆地区要推进城市化,除了多元化道路,可以说别无选择。实施多元化的发展战略,应该以大城市为主导,积极发展中小城市,支

持特大城市周围卫星城镇的发展,支持省(区)会经济发达地区城市群或城市带的发展,带动和支持一批有显著特点、基础较好并具有发展潜力的小城镇,建立起具有合理规模的大城市、具有规模效益的中小城市和特色城镇协调发展的城镇化网络。

三、坚持大城市主导战略

国际经验表明,规模较大的城市才会产生明显的聚集效应,从而带来较高的规模效益、较多的就业机会和较大的经济扩散效应。中国人口太多,尤其农民太多,从就业来看,城市越大给农民带来的就业机会才越多。因此,我们需要发展大城市。

但是,多年来,我国的城市化政策和舆论大多主张限制大城市的发展。

一些舆论认为,发展大城市与发展中小城市相比有很多弊端。比如,大城市会引起环境污染、交通拥挤,会占用大量土地,引起地价上涨。这种看法有一定道理,但不全面。大城市的交通和污染问题取决于城市的规划和管理是否科学、合理。地价高,并不一定是坏事,地租收益可以增加政府财政收入,为城市发展提供重要的资金保障。至于说小城镇比大城市节约土地,也不尽然。有关部门研究表明,按建成区面积计算,我国200万人以上大城市、20万人口以下的小城市、建制镇三者人均占地的比例是1:2:3.1,这说明正是大城市最节约土地。还有人认为大城市需要巨额投资,发展大城市超出国家财政的能力。其实,这不过是计划体制下的传统观念。过去什么投资都靠财政,如果仍然用政府的巨额投资建设大城市,财政的确负担不起。但我们现在搞的是市场经济,大城市如果具有良好的经济效益,用于建设的巨额投资能够得到充分的回报,就能吸引各方面的投资。只要我们把市场机制引入公共设施建设,改变过去单纯依赖财政投资的方式,就一定能吸引大量的民间投资。

当然,大城市发展中的确存在失业、贫困、犯罪和交通、污染等问题。但是,我们不必夸大它,也不用回避它。"城市病"不是无法解决的,也不是必然发生的。无论如何,大城市对经济发展的积极作用是最主要的,决不是负作用所能抵消的。有人说我国人口基数大、农民多,不能走集中发展大城市的路子。一句话,就是不想让农民进大城市。我们认为这是一种误导。有些地方采取限制大城市发展的做法,是不合潮流、不合时宜的,也是不符合国家城镇化战略的,应该得到纠正和调整。

需要进一步说明的是:我们讲发展大城市的必要性,决不是说只发展大城市。我们主张以大城市为主导,同时也主张大中小城市有序发展,更多地是要发展中小城市,并且最大限度地带动小城镇建设。我国中小城市近些年发展较快,具有较强的发展活力,尽管也存在着旧体制负担,但由于市场经济所占份额已经超过了旧体制的成分,城市的发展也形成了一定的规模,吸纳人口和要素的潜力不断增大。根据王小鲁等有关专家研究发现,从10万人到1000万人的城市都有较明显的规模收益,其中100万人至400万人这个规模区间收益最高。可以称为最优规模。由此,专家们认为,城市也并不是越大越好。从规模效益的角度看,应当注重发展一二百万人口规模的城市。对已有的特大城市,要按照城市化发展规律,向更高的层次推进,要着重调整功能和结构,而不是限制发展。

综上所述,我们必须纠正"严格控制大城市规模"的做法,按照市场经济条件下效益优先的原则,对不同地区、不同环境下的大城市制定不同的发展政策。要鼓励有条件的中心城市向国际化大都市方向发展。如对云南的昆明、新疆的乌鲁木齐、内蒙古的呼和浩特、甘肃的兰州、黑龙江的哈尔滨等城镇密集地区的核心城市,应通过调整行政区划给予足够的发展空间,通过加大城市基础设施投资力度,创造更多的就业门路和岗位,提高城市对新增人口的吸纳能力,形成大都市群、大都市带。

四、实施小城镇发展战略

(一)发展农村小城镇是我国边疆地区发展的客观需要

从我国边疆地区城市化发展的现实情况看,大城市发展严重不足,需要发展大城市,提高城市的规模效益和产业聚集度,才能推进我国的工业化、现代化;才能加快农村劳动力向城市转移的步伐;才能通过城市对周边地区的辐射和带动能力,为小城镇产业的升级和高科技的发展创造良好的条件。但从农村、农民的现实情况看,由于大中城市的生活成本和就业成本较高,农民外出打工的工资很难支撑城市定居生活的需要;由于城市国有企业下岗职工面临就业困境,国家实施社会保障面临财政压力,公共基础设施建设处在较低水准,不同程度上筑起了农民进城定居的门槛,而绝大多数农民自身素质不高、劳动技能较差,在城市就业市场上缺乏竞争力,难以保持稳定就业并取得较高收入。这就在客观上造成了农民要向大中城市转移,成本高、难度大。使得相当一部分农民望城却步。

从我国边疆地区小城镇建设的现状看,小城镇是农村的经济、政治、文化中心,是乡镇企业和民营中小企业的载体,基础设施条件不高,门槛自然比各类城市低得多。农民要进城,很容易就会把目光落在小城镇上。无论是河北的白沟,还是广东、浙江的小城镇,市场兴起的时候,经商者的各种费用都是很低的,支个摊就可以卖东西。正是很低的成本,使经商者有利可图,才吸引农民,实现人口的聚集。我国现有八亿多的农民,对于那些没有条件进入大中城市居住和就业的农民来说,要使他们中的绝大多数转移到非农产业,可行的办法只有从实际出发,先搭台子把城镇建起来,提供就业岗位把农民聚集起来,然后一步一步提高城镇的建设水平和质量。这也许就是中国特色,就是"小城镇、大战略"。从 1988 年到 2000 年,我国的建制镇从 10609 个增加到 19692 个。这个时期小城镇发展的主要特点是数量在增长。但是经济发展水平不高,交通、通讯不发达,平均人口仅为 6871 人,很多建制镇的非农业人口在 2000 人以下。2000 年 6 月 13 日,中共中央、国务院颁布《关于促进小城镇健康发展的若干意见》后,城镇化的发展重点从数量的增长转变为规模的扩大和质量的提高。随着户籍等制度的突破和松动,农民进入小城镇的环境和条件得到明显改善,越来越多的农民在市场利益的驱动下,在政府行为的推动下,实实在在地走进了小城镇。

与此同时,我们也看到,发展大城市并不排斥小城镇,发展小城镇也不阻碍大城市。两者是相互联系、相互补充、相互促进的。小城镇位于农村之首,与农村经济有着天然的千丝万缕的联系,是实现农业现代化的重要支撑点;小城镇又是城市之尾,与大中城市关系密切,是大中城市进一步发展的基础和后盾。

从以上分析可以看出,在我国边疆地区积极发展小城镇有其客观必然性。这是当前促进农村经济和各项社会事业全面发展的需要,也是一个具有长远意义的战略。目前,不少的农村人口在向小城镇移动,乡镇企业在向小城镇集中,小城镇建设的质量也在提高,小城镇发展已经成为趋势。我们认为必须坚持大城市和小城镇共同发展,协调发展。农民可以根据自身条件,能进大城市的进大城市,能进中小城市的进中小城市,大多数条件不足的可以酌情进小城镇。

（二）农村小城镇的发展思路

当然,也有专家认为发展小城镇缺乏足够的聚集效应,吸引力有限,而对土地资源的占用和浪费明显高于大城市。这些问题是客观存在的。但是,我们认为小城镇规模小,水平低,缺乏聚集效应、规划效益和吸引力,存在资源浪费等问题,都是可以解决的。为了提高小城镇建设的效益,应该加强城镇的科学规划,在城镇数量的布局、城镇规模的把握、城镇功能的定位上,做到合理布局;应该强调小城镇的特色,凸现区域优势、资源优势、产业优势、人文优势和自然禀赋优势等,以保证小城镇健康发展。

在小城镇的目标上,要根据城市化不同阶段的特点和要求,把小城镇建设目标与经济社会发展目标、地区可持续发展目标统一起来,优先安排基础设施和公共服务设施建设,使小城镇建设既具有中心意识,成为现代社会文明进步的象征;又具有面向未来的领先意识,朝着高度城市化阶段的小都市迈进。

在小城镇的格局上,要考虑我国经济发展水平不高、区域差异很大的现实,根据其自然条件和经济特点,确定城镇规模结构。研究人员发现,1984年到2000年,市辖建制镇从612个增加到7622个,增加了11.5倍;县辖建制镇从6211个增加到12158个,只增加了约1倍。在我国规模最大的城市周围和城市群地区,建制镇的分布密度更明显高于全国市辖区。上述情况说明,市辖镇的增长远快于县辖镇的增长,在城镇化进程中,小城镇更容易在城市辖区内生长发展。所以,城镇化进程中,我们顺应趋势,在特大城市周围及城市群地区,加快发展小城镇,在与大城市一定距离内和交通干线附近形成小城镇群落。我国城区非农人口200万以上的城市现有13个,100万至200万的城市27个。要通过产业结构升级,把这些城市建成现代大都市。同时也应把发展周围小城镇作为一个大战略来抓。城镇发展的重点应放到现有的县城和部分有产业特色、基础条件好、发展潜力大的建制镇,使之尽快完善功能,集聚人口,发挥农村地域性经济、文化中心的作用。

在小城镇建设的标准上,要研究新的设镇标准,提高设镇质量,突出设镇的规模效益。我国现行的设镇标准制定于1984年,已不适应农村经济社会的发展要求。有的地方小城镇看似遍地开花,但都规模太小,达不到一定的人口集聚,浪费了投资;有的地方规模很大,超过一定的人口限度,带来了就业、教育、治安、交通、卫生环境等一系列问题。所以,我们制定的设镇新标准,要有利于促进城镇化进程,建立合理的区域城镇体系,同时要使少数具备条件的小城镇能够不断提升自己,发展成为有更强带动能力的小城市。

在小城镇的功能定位上,要和当地的文化历史、产业特色及原有经济、教育、环境等城市结构紧密配合,充分展现自身特点。如云南大理是一个历史悠久、风光秀美、民族特色非常浓郁的白族自治州。大理人根据这些优势，在规划中把它定位成山水园林城市和国际旅游城市。由此，现在的大理城，既看到山，又看到海。城在山中，城在林中，也在水边。这是一个成功的规划。

　　总之，如果我们用发展的眼光和创新的意识，用一个好的规划来引导城镇的发展，防止盲目建设，遍地开花；防止低水平重复建设、浪费土地等公共资源，就能从根本上改变缺乏特色，风格雷同，修一条路、建两排房的低层次模式，切实提高小城镇的质量和水平。这样，我国边疆农村城镇化道路不仅可以走得通，而且能够成为中国城市化的一个鲜明特色。

五、实施城市特色建设战略

（一）城市特色建设的内涵和意义

　　城市特色是指不同于其他国家和地区的城市主要特点的总和，形成城市的整体优势，由此产生城市发展的动力、活力和核心竞争力。城市特色是一个集合的概念，与城市个性有着密切的联系，但它又不同于城市个性。城市特色具有层次性。中国城市的特色有：地区城市的特色，如南方、北方、长江三角洲、珠江三角洲、沿海等城市特色；类型城市特色，如旅游城市、工业城市、煤炭城市、边境城市等；规模城市的特色，如大、中、小城市的特色；个别城市的特色，如京、津、沪、渝、穗以及春城、羊城等。城市特色既是城市资源的集聚和合理有效配置，以形成丰富多彩、光芒四射的特色，又是适应市场经济的需要。特别重要的是，城市特色是国家特色的基础和前提，没有不同城市特色的整合与集聚，就没有国家特色。中国特色社会主义在一定意义上要通过发展城市特色和特色城市来体现。总之，城市特色是城市发展的道路和方针，是建设中国特色社会主义的重要组成部分，要落实和具体化。

（二）建设富有特色的城市

　　富有特色的城市包括经济结构特色、历史文化特色、社会结构特色、城市布局特色和建筑形象特色等。

　　1. 经济结构特色。经济结构包括所有制结构、产业结构、组织结构、部门结构、企业结构、技术结构等。不同城市由于其历史文化、资源条件、地理位置、发展水平不同而形成不同的经济结构。产业结构最能显示城市的经济特色，显示出不同城市的动力、活力、吸引力和竞争力。产业结构的不同，决定着整个城市的规划设计、居民结构、功能分区、城市布局、城市建筑等。边疆省区的产业结构调整要特别重视从趋同性、无差别的结构调整到具有特色的产业结构上来;要根据资源优势、市场需求、城市发展处理好第一、二、三产业的关系;要善于形成特色产业,发展特色产品,突出特色工艺,重视特色人才,形成特色风格,创建特色品牌,开展特色管理;要以特色求生存,以特色求发展,以特色招商引资,以特色树名牌;要根据自然地理特点和经济的内在联系,充分发挥中心城市的作用,努力发展各具特色的区域经济。

2. 历史文化特色。城市在长期的历史发展中,受到物质生活、文化传统、民俗风情、社会风气、宗教信仰、地理环境、气候条件等因素的综合作用,从而形成了自己独特的城市历史文化。历史文化反映在城市特色上是多方面的:反映在城市物质结构和形态上,如城市的布局、规划、设计、设施、建筑、园林上,云南丽江的四方街,小桥流水、小巷石街,别具特色。反映在宗教信仰及文化传统上,如拉萨是有一千三百多年的历史古城,遍布雄伟壮观的寺庙,有闻名遐迩的布达拉宫、大昭寺、哲蚌寺、色拉寺和罗布林寺;内蒙古的呼和浩特市,战国时赵武灵王曾在此建云中郡,16世纪延汗在此建宫殿,以青砖筑城而称"呼和浩特"即蒙语"青色之城"之意,城内有明、清所建11座喇嘛庙宇,城南有昭君墓,城外多处可领略草原风情、观察民族习俗。边疆省区在突出历史文化特色的同时,要重视发展民族特色的文化产品、旅游产品,如文艺作品、民间礼乐、民族歌舞、民族服饰、手工艺品等。

3. 社会结构特色。国家或社会的特色是城市特色和农村特色组合而成的。中国特色的社会主义市场经济必然要在每一个城市中得到体现,并在不同的城市形成各自的特点和风格,要处处体现"以人为本"。如云南玉溪市红塔区,既有现代化大企业玉溪卷烟厂的现代化厂房,又有云南第一村大营街村,典型地反映出使一部分人先富起来,同时先富起来的人群带动和帮助其他人群共同富裕的思想。玉溪卷烟厂不仅帮助云南众多的县的烟农致富,而且通过帮助邻近的大营街村从贫穷落后的小村发展卷烟用水松纸、过滤嘴棒工业,目前大营街村已建成年产值达20亿元的现代化小城镇,并被誉为"云南第一村"。

4. 城市布局特色。边疆省区的城市布局,要善于因地区、因地形、因地质、因规模、因资源、因产业、因民族等进行不同的空间布局,要有特色街道、特色小区、特色景点、特色文化;要适应经济社会发展的需要,能显示其城市发展特色,民族自治地方的城市布局更要突出民族特色、民族文化传统特色。

5. 建筑形象特色。建筑是人们对美的理解和追求,建筑的色彩是人们情感世界的折射;建筑的功能不仅为人们提供生活、工作、交往、娱乐、交换的场所,更是科学、技术、文化、艺术的综合体。城市建筑是城市精神和形象的表现,也反映城市的经济社会发展水平和文化特色。边疆省区应在保持各自特色的基础上,随着经济社会的发展,居民生活的逐渐富裕,生活质量的不断提高,从提升城市精神和形象出发,从整体结构、体量大小设计造型;乃至内部设计和装饰,都应能反映并追求丰富多彩、生动活泼、引力无限、独具匠心考虑,以能充分显示现代经济社会发展和文化进步的时代特征。

(三)城市特色建设的基本要求

1. 处理好中小城市的特色。一要把握中小城市特点,突出中小城市特色:规模适中,一般无大城市的交通紧张、环境恶化等"城市病";城市发展的弹性大,易于规划;灵活性强,发展潜力、动力明显,有利于预见性地调整产业,发挥"船小好调头"的优势;类型多,可按不同类型突出特色求发展,如文化名城、历史文化名城、旅游城市、工业城市、矿业城市、港口城市、边境城市等。二要在"特"和"专"上做文章,以特或专制胜:以人为本,在建设和谐城市、绿色城市、最适宜人居住城市上做文章,以提高人民的生活水平和生活质量为根本,促进经济社会协调发展和可持续发展,使人民安居乐业,得到较高的生活质量,就会有吸引力,有声誉;以"声誉"、"美誉"取胜,重视名人、名家、名校、名企业、名牌产品的发掘、培养、宣传,成为知名度高的城市;以"公关"为特色,加强与海内外的联系,高朋满座,能慕名而来,满意而归;以"特"取胜,以"有"换"无",重视交流、交往、流通,重视交换靠市场发展,要有所为有所不为。

2. 按城市现代化要求建设城市特色。城市现代化是应用科学技术的成果于城市的发展与建设,使城市的经济发展、居民的生活质量与文化科技素质,使社会关系与科学技术的进步和社会生产力的发展相适应。城市现代化离不开城市经济现代化,但不仅仅限于经济,还应包括政治、社会、文化、生态环境各个领域,以及思想观念、思维方式、生活方式、精神风貌等意识形态。人是现代化的主体,又是现代化的归宿,现代化必须通过人来实现,城市现代化离不开人的现代化。衡量城市现代化要依据下列标准:一是经济发展到一定的水平,可计量的经济、社会、环境等指标达到了公认的现代化标准(国家的或省的)。二是该城市规划、设计、建设,城市基础设施和住房建设,从形象到内容,从结构到功能,从组织到形态,都与经济发展相适应,比较广泛地应用现代科学技术的成果。三是居民的生活水平和生活质量,基本上消灭了个体贫困现象,居民的文化、意识、观念、道德、行为与整个经济社会发展相适应。四是城市的整体社会关系和谐发展,生态环境达到良好的状态,并为整个地区和全国的生态环境作出贡献。

3. 正确认识城市形象,以建设城市特色。城市形象是城市文化和精神的外在表现,不应盲目追求城市物质结构和物质形态,什么都争"第一",把吉尼斯纪录视为时髦。应充分理解城市形象的根本是人的素质、形象、精神风貌,是城市的文化。人是城市的核心,文化是城市的灵魂。边疆省区要特别重视提高城市居民的文化水准、道德修养、精神风貌、遵纪守法观念,以综合反映城市的形象。同时,要特别重视在城市改造、住宅建设中对历史古迹的保护,切忌拆除真的历史古迹而制造假古董,使本来很有特色的城市丧失魅力。

第三节　边疆城市全息式建设思路

由于历史、经济、政治、文化等诸多因素,我国边疆地区的城市建设普遍存在系统性、有机性不强的问题,导致边疆城市建设功能不全、规划建设滞后、成本高、效益低。笔者认为,站在新的历史起点,建设边疆城市要有战略思维和历史眼光,实施城市整体全息式建设思路。

全息是一个生物学概念,它反映物体在空间存在时的整个情况的全部信息。① 中国古代哲学思想中就蕴涵着生物全息理论,中医学中的"阴阳五行",风水学中的"左青龙、右白虎,前朱雀、后玄武",反映的就是生物全息。城市全息式建设,就是要把城市作为一个有机整体,注重城市建设的横向联合整体联系,使其各项建设之间信息畅通、有机运行。即城市中系统与子系统之间,系统与系统之间,子系统与子系统之间都是全息的,城市的每一部分都是全息元,同一系统的全息元之间高度全息,全息元与全息元之间的对应部位高度全息共振。整个城市成为一个全息感应的网络体系,网上的任何一组成部分都能感应到来自其他部分乃至整个城市整体效应的所有信息,使城市有机有序地建设和发展。

城市全息式建设就是要使城市规划、设计、建设、管理形成一个有机整体;使城市经济建设、政治建设、文化建设、社会建设,乃至设施建设形成一个有机的建设系统;使城市的各项建设、各方面发展有机进行。全息式建设思

---

① 参见张颖清:《生物体结构的三定律》,内蒙古人民出版社 1982 年版,第 1 页。

路应该是:城市建设要以素质为本,以规划为龙头,以设施为基础,以产业为支撑,以文化为灵魂,以机制为动力,建设边疆人本化、生态化、信息化、现代化的城市。

一、边疆城市规划与设计

(一)城市规划的基本任务

城市规划是引导城市政治、经济、社会、人口、生态环境合理发展以及建设与管理城市的重要依据和手段。也是对一定时期内城市的经济、社会、土地空间多维发展和各项建设的综合部署、具体安排及实施管理。城市是一个社会大系统,城市规划不是一个抽象的分析概念和单纯的技术活动,而是一种具体的历史实践,揭示和建立城市空间系统符合历史社会价值的发展秩序。城市规划是一种综合性的社会规划。它是以城市和社区为对象,以人为主体,以物质环境建设为手段,以满足社会的需要和促进城市发展为目标。现代城市规划,已经不是单纯的城市建设规划或物质形态规划,而是转向注重社会发展规划、人文规划。有的学者指出:城市规划同时具有三种属性,它是一门科学,是一项政府职能,又是一项社会活动与社会实践。从本质上讲,城市规划是一项战略性、综合性很强的科学,也是城市发展过程中控制目标偏离的作用机制,是政府指导和管理城市的基本手段。城市规划搞不好,城市发展就会迷失方向,甚至会步入歧途,带来不堪设想的严重后果。

边疆城市规划事业在曲折的道路上不断发展,但在现实的城市规划实践中,遇到的最大难题是规划向权力屈服。往往是"规划、规划,纸上画画,墙上挂挂,不如领导一句话"。规划缺乏权威性。换一届领导,提出一个思路,更改一次规划。而当今,由计划经济体制向市场经济体制过渡,又出现了新的问题,在很多情况下,"长官意志"又转向"老板意志"。"规划、规划,纸上画画,钞票哗哗,全靠老板一句话"。最突出的问题是不合理地追求土地开发的高强度,即高容积率和高密度,从而导致较为严重的社会和环境问题。

两千多年前我们的先哲就提出城市建设要"精于相地"、"天人合一"。八个字概括了"天"、"地"、"人"三大要素的和谐结合,实际就是中国早期的规划全息理论。在这"八字"理论的指导下,中国古代的城郭街衢、道路桥梁、园林建筑等建设,大都是依山就水,就地取材,因地制宜,富有特色,巧于创造。"精于相地"和"天人合一"理论对于城市建设与规划至今仍有指导意义。现代城市规划的基本任务仍然是要处理好天、地、人的关系,也就是要处理好城市人群、土地使用、交通通讯和生态环境之间的关系,这是构成现代城市规划的基本要素。《马丘比丘宪章》论断:"人与人相互作用与交往是城市存在的基本根据。"人群是构成城市社会的最基本单元,是城市发展的主体;土地使用是城市规划最基本的对象,是人文活动与自然环境的结合。交通通讯是城市人与人交往的媒介和手段,是城市发展中物质环境结构的框架;城市生态是城市内部人与人、人与自然、城市与区域各类关系的基础。上述要素如何合理完美地结合,是城市规划要完成的核心任务,也是评价城市规划的重要内容。城市规划的合理性不仅在于自身的完整和逻辑一致,而且要符合城市发展规律。

(二)城市设计的基本任务

英国《大不列颠百科全书》指出:"城市设计是对城市环境形态所做的各种合理处理和艺术性安排。""是指为达到人类的社会、经济、审美或者技术等目标而在形体方面所做的构思……它涉及城市环境可能采取的形体。就其对象而言,城市设计包括三个层次的内容:一是工程项目的设计,是指在某一特定地段上的形体创造,有确定的委托业主,有具体的设计任务及预定的完成日期,城市设计对这种形体相关的主要方面完全可以做到有效的控制,例如公建住房、商业服务中心和公园等。二是系统设计,即考虑一系列在功能上有联系的项目和形体……但它们并不构成一个完整的环境如公路网、照明系统、标准化的路标系统等。三是城市或区域设计,这包括了多重业主,设计任务有时并不明确,如区域土地利用政策、新城建设、旧区更新、环境保护等设计。"这是一种对"城市设计"定义的集大成式的理解。

城市设计是一项与城市规划、建筑设计不同的有着特定内涵的创造性劳动。城市设计的对象范围很广,大致可以分为三个层次,即大尺度的区域——城市级城市设计、中尺度的分区级城市设计和小尺度的地段级城市设计。1.区域——城市级城市设计。它的对象主要是边疆城市的建成区,也就是把城市作为一个整体来设计,它着重研究在城市总体规划前提下的城市形体结构、城市景观体系、开放空间和公共性人文活动的组织。其内容包括市域范围内的生态、文化、历史在内的用地形态、空间景观、空间结构、道路布局、开放空间体系和艺术特色,乃至城市天际轮廓线、标志性建筑布局等内容。其设计目标是为城市规划各项内容的决策和实施提供一个基于公众利益的形体设计准则,成果具有政策取向的特点,在有些场合,它还是可以指定一些特殊的地区和地段做进一步的设计研究。2. 分区级城市设计。它主要涉及城市中功能相对独立的和具有相对环境整体性的街区。其目标是基于城市总体规划的原则,分析该地区对于城市整体的价值,明确区域定位,为保护或强调该地区已有的自然环境和人造环境的特点和开发潜能,提供并建立适宜的操作技术和设计程序。此外,通过分区级的设计研究,又可指明下一阶段优先开发实施的地段和具体项目,操作中可与分区规划和详细规划结合进行。不同地段的城市设计目标具有多样性和特殊性。3. 地段级城市设计。主要是指由建筑设计和特定建设基础上的开发,如街景、广场、交通枢纽、大型建筑物及其周边外部环境的设计。地段级的城市设计主要是落实到具体建筑物设计及其一些小范围的形体环境建设项目上。需要特别注意的是:三级设计要体现城市全息式建设的思路相互衔接、相互统一,形成设计整体;设计整体又要与总体规划相衔接、相统一。

二、边疆城市基础设施建设①

（一）城市基础设施的主要内容

基础设施一词已经成为城市建设管理中一个十分重要和普遍使用的词汇。我国政府和学者基本认同的概念界定为:城市基础设施是既为生产又为人民生活提供一般条件的、具有公共服务性质的设施,是城市赖以生存和发展的基础,是城市现代化的前提和标志。一般认为,城市基础设施的内容和范围主要包括六大系统:1. 城市能源系统。包括城市电力、热力、燃气、燃煤制品等的生产和供应系统。2. 城市水资源和供排水系统。包括地下水、地表水资源、城市供水专用水库;引水渠道、水源开发、利用和管理设施;制水及输配系统;排水渠道、管网、泵站;污水处理厂等。3. 城市交通运输系统。包括城市内部和连接城市对外的道路系统、交通管制系统和客货运输系统。4. 城市信息电讯系统。包括邮政、通信电讯、广播电视、电脑网络等系统。5. 城市生态环境系统。包括卫生、园林、绿化、环保等系统。6. 城市防灾系统。包括防火、防洪、防震、防风、防意外灾害以及城市人防等系统。这些系统构成城市的主要物质支撑体系,是确保城市经济、社会活动得以正常运行的基本要素,也是城市经济建设和经济增长的重要组成部分和发展动因之一。

---

①　参见唐建新、杨军:《基础设施与经济发展》,武汉大学出版社 2003 年版,第 10 页。

（二）城市基础设施的性质

从城市建设全息方式上理解，城市基础设施是社会再生产共同的物质条件。无论是主要用于社会生产的物质条件，还是用于居民生活的物质条件，或者是进行政治文化等社会活动的物质条件，都是共同的物质条件，都是进行社会再生产的社会需要。城市基础设施大部分以社会方式参与了个别生产，如道路、交通、电信、煤气、热力、给排水等，都以各自特殊的方式间接或直接进入物质生产部门的生产过程。城市基础设施的根本职能，在于它从物质条件、物质手段上保证在城市经济体系中进行共同劳动、组织社会生产；同时保证城市政治、社会活动，保证城市居民生活的正常运转和不断增长的社会生活与生态需求的满足。因此，城市基础设施既具有生产性，又具有服务性和商品性。它的特殊的经济社会属性主要有以下几个方面：1. 产品和服务的公共性，是面向城市所有居民和经济、社会单位提供社会化服务的产业；2. 运转系统的协调性，联系着城市的千家万户，服务于城市各个经济单位和社会部门；3. 建设时序上的超前性，城市基础设施开发建设在时序安排上一般都领先于城市的经济活动主体设施建设；4. 效益的综合性，它不但产生经济效益，而且还同时产生社会效益和生态效益。

（三）加快城市基础设施建设的主要对策

五十多年来，我国边疆城市基础设施建设有了很大的改善和发展，但与内地现代化城市相比仍然比较落后，总量赶不上发展的需要，质量普遍不高。城市基础设施短缺的矛盾仍未根本解决、体制机制对城市基础设施建设制约比较大、投资主体单一等，是边疆城市基础设施建设存在的普遍问题。解决体制性问题，解除政府垄断，逐步开放部分具有竞争性的城市基础设施领域，引入民间资本，建立多元投资主体，完善竞争机制，提高产业的活力和效率，已成为促进城市基础设施领域长期稳定发展的必然选择。具体讲：1. 推进城市基础设施市场化改革。充分发挥市场配置资源的基础性作用，确立企业在经营性市政公用设施中的主导地位，营造有利于市场要素合理流动的政策环境，保护投资者的合法权益，调动社会参与城市基础设施建设的积极性。2. 制定合理的产业政策和构筑合理的价格体系。要明确城市基础设施先导性、全局性的基础产业地位；明确城市基础设施和市政公用产业行业范围和项目分类；调整行业发展战略，充分发挥市场对资源配置的基础性作用；理顺城市基础设施产品和服务价格，建立合理的价格体系和价格管理机制。3. 实施投资主体多元化战略。大力推进投融资体制改革，促进城市基础设施领域投融资活动的市场化竞争进程。拓宽城市基础设施领域企业的融资渠道,鼓励各类企业和社会资本投资城市基础设施领域,积极合理有效地利用外资。

三、边疆城市产业建设①

(一)城市产业建设的含义和分类

城市是产业的中心,产业是城镇的核心。边疆城市经济的发展必须以产业建设为核心,提高产业对城市的支撑能力,是边疆城市化演进的根本动力。在产业分类上,马克思的再生产理论把社会生产按最终产品与人类消费的关系,区分为两个生产系统,即与人类消费有直接关系的生产资料生产系统和消费资料生产系统。这是以社会产品用途的性质为标准而区分的,是一种高度抽象的理论概括。还有柯林·克拉克的三次产业分类法。即第一大门类,以农业为主;第二大门类以制造业为主,包括采矿业;第三大门类,统称第三次产业,包括信息、金融、商业、运输等服务业。根据我国国家统计局 1985 年 4 月在《关于建立第三产业统计的报告》中规定,第一次产业为农业,包括农、林、牧、渔业等;第二次产业为工业和建筑业,包括采掘业、制造业、建筑业、电力、自来水、蒸汽、热水、煤气业等;第三次产业为除了第一、二次产业以外的其他各业,主要包括流通和服务两大部分。边疆城市产业建设包括生产资料生产系统和消费资料生产系统,也包括第一、二、三次产业建设。只是根据各个边疆地区的资源特点和城市建设特色来确定产业结构而已。有的应以第二产业发展为主体,有的应以第三产业发展为主体,有的要充分发挥第一产业的特色优势。

(二)当代边疆城市产业发展趋势

调整和优化边疆城市产业结构,提高城市产业发展综合效益,是当代边疆城市产业发展的必然趋势和目标选择。主要表现在:1. 产业结构高技术化。主要指城市产业整体科学技术水平不断提高的趋势。产业对生产要素的依赖从劳动密集型逐步转向资本密集型,进而再转向知识技术密集型。2. 产业结构柔性化。随着科学技术的进步,以及各次产业革命的发展,微电子产业的兴起,进而使产业经济向"软化"方向发展。使传统的生产方式转变为"柔性生产方式",由以物质产品为主转变为以知识、信息产品为主。3. 产业结构高度开放化。边疆地区利用边境口岸对外开放的优势,通过国际贸易等

---

① 参见朱铁臻:《城市现代化研究》,红旗出版社 2002 年版,438 页。

国际经济交流方式,实现与系统外的物质能量交换,从而摆脱自身封闭的运行状态,进入结构开放式运行状态的发展过程。表现为:市场开放度的提高、技术开放度的提高和资源利用开放度的提高。4. 产业结构主体化。也就是说,知识技术对经济增长日益起着决定性作用,在经济结构上逐步形成以知识经济为主体。城市产业的发展,越来越多地取决于科学、技术、人的智力的投入,取决于科学、技术、知识等要素的最佳组合,产业的结构主体发生了根本性变化。

(三)边疆城市产业发展战略性选择

产业发展的战略选择,是城市发展的一个核心问题,它关系到城市的定位和整体发展目标的实现。从总体上看,边疆城市经济基本处于工业化的发展阶段,第一产业质量不高,第二产业总量小,第三产业发展滞后,结构不合理,产业升级改造任务繁重。城市产业发展应以促进产业结构优化和高级化、产业总量扩张和规模扩大为战略主要方向。1. 大力推进新型工业化,用高新技术改造城市传统产业,提高企业知识技术含量,增强城市产业竞争力,促进经济增长方式的转变。2. 依托资源,吸引资本,拓展市场,扩大产业总量,加速边疆地区资源向财富的转化。3. 强化发展知识技术密集型制造业,大力发展系统集成技术、先进制造工艺、方法与装备技术,以信息化带动工业化。4. 发展边疆地区知识密集型农业,促进农业增长方式转变,提高农业科技成果的转化率和贡献率,推进农业产业化、现代化,提高农民的收入和生活水平。5. 加速服务业发展,服务业是城市经济的重要构成部分,是社会经济运行不可缺少的重要环节。要加快城市服务业从传统型向现代型过渡,除加快传统的商业、交通、运输、金融业等外,还要加快保险、保健、旅游、房地产、物流、技术服务等服务产业的发展,更要加快文化科技产业的发展,提高市民的素质。6. 大力发展循环产业,促进城市生态经济的发展。按生态学、生态经济学和系统工程学的原理建设城市产业,建设生态与经济良性循环的生态经济系统城市。

四、边疆城市文化建设

(一)城市文化的特点

文化是人类社会共有、共享的产品。城市文化是城市居民在长期的生活过程中,共同创造的适应城市特点和要求的人工环境、生活方式和生活习俗的总和。城市是传统文化和现代文化的载体,它反映一座城市的历史底蕴。

文化力是城市生产力的重要组成部分,文化竞争力是提高城市竞争力的源泉之一。城市文化由物质文化和非物质文化两个部分组成,包括城市建筑、公共文化设施、交通、机器、工具、服饰、园林等物质文化;也包括价值观、语言、知识、道德、宗教、艺术、法律、习俗及居民生活方式等非物质文化。物质文化反映一个城市的生产技术发展水平和自然资源的可利用性;非物质文化反映一个城市的科学教育水平和社会心理、居民素质等。城市文化主要有以下特点:1. 内容和形式的复杂多元性。由于城市文化是由不同地区、不同民族、不同群体、职业团体、阶层及各类人士所形成,它既表现为具有相同的文化共性,又表现为复杂的多元性、多样性。2. 有序生存和持续性。城市文化是从初级形式向高级形式,初级阶段向高级阶段连续不断地持续发展,一代一代地向前迈进,永无穷尽。它伴随着城市的自然和社会环境的变迁而变迁。3. 文化与经济的同生与互动性。城市文化与城市经济从广义上讲它们是统一的文化现象,不过经济又是一种相对独立的文化现象,因此它们之间存在共生、同构与互动的关系,表现出经济与文化的全息特点。正如马克思所说:"思想、观念、意识的生产最初是直接与人们的物质活动,与人们的物质交往,与现实生活的语言交织在一起的。"①"精神生产是随着物质生产的改造而改造。"②由此可见,城市经济不是城市发展变革唯一的、直接的因素,还有政治、制度、宗教、艺术、环境等不同的因素同时在对城市文化发展起着促进和制约的全息功能。4. 服务业与城市和市民的地域性与时代性。城市文化来源于城市生活,来源于市民群众,是城市群体和市民的创造物。从本质上讲,它是为城市发展、为市民生存的需要服务的。城市文化一定要体现地区性特色,并以为群众服务为宗旨,适应市民的需要。

（二）城市文化的地位和作用

文化功能是城市的主体功能,城市文化在边疆现代城市发展中占有特殊的重要地位和起着巨大的推动作用。1. 城市文化是城市全面发展的推动力。现代化城市是与物质文明、政治文明、精神文明、社会文明相辅相成、协调发展的城市,城市文化建设为城市化的推进注入强大的精神动力和广泛的智力支撑。纵观历史,在城市文明发展进程中,凡是人文文化和科学文化能够得到很好结合并弘扬光大的时候,城市则出现繁荣昌盛,反之,则会走向没落

---

① 《马克思恩格斯全集》第 3 卷,人民出版社 1960 年版,第 29 页。
② 《马克思恩格斯全集》第 4 卷,人民出版社 1965 年版,第 488 页。

衰败。2. 城市文化是城市的灵魂。一个城市的魅力和吸引力,主要是文化。文化能展示城市的价值品位和可贵的风尚。文化是一座城市的凝聚力和自信心的源泉。先进的文化犹如一面旗帜,能鼓舞人、激励人去热爱自己的国家,热爱自己的城市,并且尽力为其作出自己的贡献。3. 城市文化是城市的综合竞争力。文化是综合国力,也是城市的综合实力和竞争力。城市文化资源、科技力量、人才队伍更是竞争的重要内容。先进的文化起到凝聚城市现代化建设各方面力量的作用,能够最佳组合各种城市资源,最大限度地调动人才队伍的积极性、创造性,快捷有效地将科学技术转化为生产力,形成强大的竞争优势和文化力。4. 城市文化是城市形象的基础。城市形象包括物质和精神两个方面,也是一种城市竞争力。良好的城市形象能产生巨大的吸引力和投资力,形象可以带来资源,带来效益。而展示形象更重要的是靠文化的魅力。没有文化的形象是单调的、低水平的,也难以吸引人。所以城市形象工程不是简单地把城市外表装饰一下,搞几条大道,搞几座漂亮建筑,或者把城市搞亮一点,那是不够的,关键在于体现城市素质(包括领导者和居民素质),表现城市文化。提高领导者和居民文化素质是首要的,城市信息化、网络化、数字化更凸现文化。所以,城市形象要以城市文化作基础。

(三)加强城市文化建设

首先,城市文化建设要坚持以人为本的科学发展观。适应改革开放和社会主义建设的需要,提高人的素质,促进人的全面发展,实现、发展和保护人民群众的根本利益。其次,城市文化建设要坚持以创建文明城市为载体。文明城市的建设是一项系统工程,有利于形成良好的社会环境、健康的社会风尚,有助于城市的全面进步。创建文明城市,应以提高市民的整体素质为核心,以提高城市的文明程度为内容,以建设文明社区为关键,以城市文化公共设施建设为基础。再次,城市文化建设要推进市民生活方式的转变。马克思指出:物质生活的生产方式制约着整个社会生活、政治生活和精神生活的过程。促进市民劳动生活方式、消费生活方式、闲暇生活方式、家庭生活方式、交往生活方式的转变,提高生活方式的文明程度。

(四)城市文化产业发展的对策

边疆地区城市文化产业存在的主要问题是:产业组织规模小,产业组织集约化程度低;文化产业管理体制改革滞后,有限的文化资源没有形成合力;文化产业规范化经营管理水平低,缺乏全面系统的指导文化产业发展的产业政策体系；文化产业技术发展与创新能力不足，人才缺乏。笔者认为，边疆地区城市文化产业发展与内地城市差距很大，应采取一些特殊的对策，促进文化产业跨越式发展。1. 建立有利于刺激文化消费市场的环境，要加强对消费者的引导，增强消费者良好的消费品位，不断提高其消费文化产品和服务的水平。2. 建立有利于文化产业发展的市场机制、运作模式和组织形式，提高文化产业的市场化、国际化和产业化程度。3. 转变政府职能，建立科学合理的文化市场管理体制，使政府从"办文化"的管理模式向"管文化"的管理模式转变。4. 依靠科技进步，促进科技跨越式发展，用现代技术提升文化产品和服务，提升文化企业的市场竞争力，鼓励文化产业知识创新、技术创新、管理创新和制度创新。5. 实施集团战略，大力发展规模文化工业，促进文化物化的社会生产体系的建立。6. 大力发展文化旅游业，培育以自然、历史文物景点观光服务为核心，带动饮食、旅馆、交通、商业、娱乐等配套发展的文化产业群。7. 保护知识产权，整顿和规范文化市场秩序，建立健全法律法规，依法办事，形成制度和法律的市场秩序。

五、边疆城市管理经营体制建设

体制机制建设是边疆城市全息式建设的关键环节。我们要创造有利于边疆城市各种社会要素有效集聚和良性辐射的体制机制，努力营造团结和谐的政治环境、安全稳定的治安环境、公平竞争的经济环境、规范有序的法治环境、安居乐业的生活环境。

（一）建立和完善市场经济体制

按照统筹城乡发展、统筹区域发展、统筹经济社会发展、统筹人与自然和谐发展、统筹国内发展和对外开放的要求，更大程度地发挥市场在资源配置中的基础性作用，增强城市企业活力和竞争力，健全政府宏观调控，完善政府社会管理和公共服务职能，为城市化的推进提供强有力的体制保障。主要任务是：完善公有制为主体、多种所有制经济共同发展的基本经济制度；建立有利于逐步改变城乡二元经济结构的体制；形成促进区域经济协调发展的机制；建设统一开放竞争有序的现代市场体系；完善宏观调控体系、行政管理体制和经济法律制度；健全就业、收入分配和社会保障制度；建立促进经济社会可持续发展的机制。深化城市经济体制改革，必须坚持解放思想、实事求是、与时俱进。坚持社会主义市场经济的改革方向，注重制度建设和体制创新。坚持尊重群众的首创精神，充分发挥中央和地方两个积极性。坚持正确处理改革发展稳定的关系,有重点、有步骤地推进改革。坚持统筹兼顾,协调好改革进程中的各种利益关系。坚持以人为本,树立全面、协调、可持续的发展观,促进经济社会和人的全面发展。

（二）推进民主政治制度改革

发展社会主义民主政治,建设社会主义政治文明,是边疆地区城市化推进的重要目标。发展社会主义民主政治最根本的是要把坚持党的领导、人民当家作主和依法治国有机统一起来。坚持和完善社会主义民主制度,就要坚持健全民主制度,丰富民主形式,扩大公民有序的政治参与,保证市民依法实行民主选举、民主决策、民主管理和民主监督,享有广泛的权利和自由,尊重和保障人权。坚持和完善人民代表大会制度及共产党领导的多党合作和政治协商制度,坚持和完善民族区域自治制度,巩固和发展平等团结互助的社会主义民族关系,促进边疆各民族共同繁荣进步。依法管理宗教事务,积极引导宗教与社会主义社会相适应,坚持独立自主自办的原则。扩大基层民主,健全基层自治组织和民主管理制度,保证市民依法直接行使民主权利。

（三）促进依法治市

认真贯彻依法治国方略,坚持有法可依,有法必依,执法必严,违法必究。坚持法律面前人人平等,加强对执法活动的监督,推进依法行政,维护司法公正,提高执法水平,确保法律的严格实施。维护法制的统一和尊严,防止和克服地方和部门的保护主义。拓展和规范法律服务,积极开展法律援助,加强法治宣传教育,提高全民法律素质,尤其要增强公职人员的法治观念和依法办事能力。通过全面加强依法治市,使城市规划、建设、管理、经营全面进入法治轨道,提高城市的法治水平和市民的法律素养。

（四）深化户籍制度改革

在计划经济体制下形成的二元经济结构造成的最主要的问题是经济社会在地区间、人际间不能均衡发展,并使城市与农村、一部分人与另一部分人的物质、文化素质差距扩大,贫富差距扩大。甚至导致现代化出现断层,即少部分人享受现代化的生活,而大多数人却与现代化无缘。彻底打破城市只属于有当地户口居民的狭隘观念,树立城市的"全民"所有新观念,大胆地对外地人开放、对农民开放。要从法律上保障和落实人民享有就业机会平等权,从根本上打破二元结构体制,进一步解放农村生产力。不解决这个问题,中国边疆地区的城市化推进就会步履维艰。这方面的改革,云南省红河哈尼族彝族自治州 2006 年 1 月在全国率先实施,并收到明显的成效。州委、州政府制定了《深化户籍制度改革、促进公民自由迁徙的决定》,提出了统一"红河州居民证"制度、推行公民平等待遇、科学管理户籍等一套改革制度,有力地推进了红河州的城市化的进程。

第四节　边疆省区城市化发展思路简述

改革开放以来,我国边疆省区从实际出发,积极探索城市化发展的思路,城市化进程明显加快,而且各有特色。

一、内蒙古建立三大城市群的城市化布局构思①

(一)建立以呼和浩特、包头、东胜(鄂尔多斯)为核心的金三角城市群

通过城市群的聚集来带动周边中小城镇的发展。它有利于发展三个有特色的城市的功能作用:呼和浩特是自治区首府,是政治、经济、文化、科技、信息中心;包头是新兴工业化城市,布局合理、工业基础好;东胜市是能源城市,天然气、煤炭、天然碱储量很大,发展潜力大。三个城市的优化组合,如能引资开发,到 2010 年有可能使国内生产总值占全自治区的 50% ~ 70%,人口达 450 万人。

(二)以赤峰和通辽为核心的城市群

赤峰市位于京、冀、辽的北部,属环渤海经济区,优良的区位优势将可建成为京、津、唐的食品基地,加上有锡林郭勒大草原、通辽的大粮食产地,建立这一城市群以大力发展食品加工业、饲料工业、生物制药工业等前景广阔,有可能发展成食品出口基地。

(三)以海拉尔(呼伦贝尔)、牙克石、满洲里为核心的城市群

这里不仅水草丰茂、风景秀丽、牛羊成群,而且满洲里还是我国北方最大的陆路口岸,是发展旅游业、商贸业和出口加工业理想的地区。

内蒙古三大城市群城市化布局构思,最大特点就是以产业支撑城市建设,以城市推动产业发展,推进乡村牧区现代化进程,促进城乡一体化,从而加快内蒙古的城市化进程。

---

① 资料来源:《内蒙古十五经济和社会发展计划》。

二、新疆非均衡的城市化发展思路①

(一)新疆应走非均衡发展之路

新疆经济发展落后,财政一直拮据,1998 年财政自给率仅 49.5%,全疆 85 个县仅 7 个县市能自给,其余都要靠国家补贴。建设资金主要靠外流性投入,地方财政对经济开放的支撑力度有限,1979 年至 1996 年用于经济建设的资金量仅占资金投入总量的 10%。很显然,新疆 19 个城市同时发展是心有余而力不足的,只有优先发展几个重要的增长极城市,使之成为区域中心才是现实可行的发展道路。

(二)以乌鲁木齐为核心,积极发展大中城市

在优先发展大中城市战略中突出两个重点:第一个重点是以乌鲁木齐为增长核心,充分发挥区府的集聚效益、规模效益和辐射效应,突出其管理中心、决策中心、信息中心、政治中心的功能而发展,重点发展第三产业并成为国际化商业城市,成为新疆经济的领头羊;第二个重点是发展 4 个南、北疆增长极,把石油城克拉玛依和库尔勒、工业城石河子、旅游名城喀什发展成为大城市,使之成为增长极并带动南、北疆经济的发展。

(三)构筑天山北坡及沿线城市带

第一,以乌鲁木齐为中心,以欧亚大陆桥为纽带,以天山北坡经济带为腹地,适当分散中心城市的功能,联结米泉、昌吉、石河子、奎屯、乌苏、博乐,构建具有一定规模的城市群,进行点轴式开发。第二,沿欧亚大陆桥是具有全国意义的一级发展轴线和城市带,是新疆经济实力最雄厚、产业最为密集和对外开放程度最高的地带,必须继续重点开发。第三,沿南疆铁路线具有区域意义的二级发展轴线,除库尔勒、喀什外,未来有望升格为一级发展轴。

新疆城市化发展思路主要特点在于非均衡性,在不同时期要选择支配全局的重点地区、重点部门发展经济,投资只能有选择地在若干区位条件优越的增长极地区进行,其他地区则可以通过区域增长极的扩散效应而逐步扩展。

三、甘肃城市化发展框架模式②

(一)城镇体系结构

---

① 资料来源:《新疆十五经济和社会发展计划》。
② 资料来源:《甘肃十五经济和社会发展计划》。

形成"一心一轴四个层次五大版区"的空间布局,通过强化核心,培育重点,以线带点,以点促面,形成等级分明、分工合理、协调发展的城镇体系空间结构,带动全省社会经济全面发展。"一心"指继续发展特大城市兰州并构建以兰州为核心的兰州都市圈。"一轴"指西陇海——兰新线甘肃段城镇发展主轴带。"四个层次"分别为:以兰州为核心、建成兰州都市圈;西陇海——兰新线甘肃段城镇发展轴,培育一批大、中城市,建成一条城镇发展带;建成一批县域经济发展中心;省市县各级有重点地抓好一批条件较好的建制镇,形成规模较大、能吸引农民务工经商的新兴小城镇。"五大片区"即陇中、河西、陇南、陇东、南部民族地区 5 大城镇发展片区。

(二)模式

确立城市带发展模式。所谓"城市带"指将城市化放在动态的城乡互动关系中对城镇、农村做统一的合理规划的区域分布模式。其特征是:不仅城乡差别几乎很小甚至不存在,而且城市之间的经济合作和社会生活达到空前繁荣和便捷;在城市带里,每个城市都在乡村和郊区的融合体中发展起来,并围绕中心向周围扩展,与相邻的城市相接;能对资源的最有效配置和最合理的产业结构区域布局,能更快地推进社会经济发展;不仅可使人们在同一区域内随时选择城镇与乡村不同的生活场景和生活内容,也能带动城镇周围农村地区生活方式、价值观念及人际关系等方面的城市化,缩小城乡差别。

甘肃城市化发展框架模式的特点是以点带面,形成核心点;以"线"扩"带",扩大带状分布面;强化城市带联系,形成增长极。

四、云南新昆明建设战略①

云南提出新昆明建设来辐射和带动各地州的城市化发展的思路,到 2020 年把昆明建成特色鲜明、环境优美的湖滨生态城市和中国面向东南亚、南亚的现代开放城市。全市总人口将从 580 万发展到 800 万,城镇人口从 300 万发展到 650 万,城镇化率由 50% 提高到 80%。

(一)"三张名片"工程

第一张"名片"是把昆明建成山水在城中,城在山水中,到处有鲜花、绿地和树荫,最适宜人类居住的美丽城市,人与自然和谐共处的山水生态春城;第二张"名片"是把昆明建成投资环境最佳、最适合经济活动的创业城市,即环

---

① 资料来源:《云南十五经济和社会发展计划》。

湖交通发达,各城区功能布局合理,保持着云南省政治、经济和文化中心地位,是全省经济社会发展中最重要的增长极和发动机,是中国西南地区重要的商贸、旅游中心之一,是西部大开发的带动型城市,是中国面向东南亚、南亚的现代开放城市;第三张"名片"是多元文化城市,即更充分地展示开放而多元的滇文化、多民族文化,文化形态的多样性、综合性和文化市场的开放性、外向性,促进着开放的国际都市形象,南北文化交汇、东西文明交融呼应着中国与东南亚、南亚重要的贸易、金融、旅游、进出口加工中心和交通、信息枢纽形象。

(二)实施"一湖四环"工程

围绕滇池实施"环湖交通"、"环湖截污"、"环湖生态"、"环湖城市布局"四大工程,彻底根治滇池污染,把昆明建设成环滇池的东、西、南、北4个城区的快速、大容量的现代交通网络,加快昆明连接周边省会城市、周边国家首都及主要城市的高速公路、铁路和国际航线等枢纽工程建设,将昆明建成中国连接东南亚陆路国际大通道的交通中心枢纽。"环湖截污"指:建设环滇池的排污总干渠,把污水集中起来,引到下游统一治理后排出,不让污水进入滇池;城区排水系统实施清污分流;实施补水和水体置换计划;疏浚滇池底泥,堆泥成湖岛;固体垃圾处理工程;生态治理工程。"环湖生态"指通过退田、退塘、退堤,还湖、还湿地,恢复建设湖滨带湿地、风景林区,建设环湖生态农业、环湖生态林等项目。

(三)小城镇战略工程

发展卫星城市及环昆明周边县城小城镇。将安宁、嵩明、宜良建成3个卫星城,功能分别为:安宁是科技工业城,嵩明成为国际航空港经济区,宜良为现代农业和新兴旅游度假区;其他县城将建成各具特色的现代化城市。从而将在全市2.1万多平方千米的范围内,形成一个以"一湖四片"为核心,以卫星城市、县城、小城镇相环绕,良性互动、协调发展的昆明市域城镇体系。

五、广西打造现代沿海城市群思路①

广西城市化应以南宁为核心,以南宁、北海、玉林为轴心,以钦州、防城为支撑,把贵港、崇左、凭祥、东兴纳入统一布局,形成一个大的沿海、沿边城市群。这个城市群地处东南沿海经济圈、大西南经济圈以及东盟经济圈的结合

① 资料来源:《广西十一五经济和社会发展规划》。

部,具有沿海沿边沿江三位一体的特殊优势,是中国西南地区对外开放、走向东南亚、走向世界的重要门户,也是南贵昆经济区以及整个西南地区的出海口。以广西沿海城市的发展作为突破口,打造广西沿海城市群,逐步带动和辐射广西沿海地区乃至广西全区经济发展,使沿海地区保持高速度、高水平的发展,对整个广西的发展是有利的。

南宁是这个城市群的核心,中国—东盟博览会落户南宁,为其建设成为区域性中心城市提供了契机。以南宁为核心的城市群是一个有机的整体,南宁的技术与北海、钦州、防城三市相结合,形成合理的分工。利用北海、钦州、防城港的出海口,可以更好地促进南宁的发展。同时可以发挥沿海三市中北海地理区位优势和环境资源优势,以高新技术为重点,重点发展国际商贸、滨海旅游、高新技术、海洋产业。玉林作为临粤较发达的地区有利于承接珠三角产业转移的优势,发挥其承东启西的作用,促进广西沿海经济区与珠三角全面融合。从而以南宁、玉林、北海为轴线,带动和推进沿海城市群的发展。

六、西藏拉萨中心辐射思路

西藏虽然早在四五千年前就有筑城历史,但和平解放时,西藏城镇总面积不足 10 平方千米,拉萨的城市建筑面积仅 2 平方千米,日喀则、昌都、泽当、那曲、江孜等仅初具小城镇雏形,功能单一,只是一定区域内政教活动和农村产品交换的中心。当时,城镇人口仅 7 万人左右。改革开放以来,西藏城镇化进程加快,到 2000 年底,全自治区城镇人口达 49.53 万人,城镇面积达 147 平方千米。全自治区 7 个地市和 71 个县政府所在地都开通了程控电话,修建了电视塔和电视转播台;城镇交通条件和通信条件大大改善,城市面貌大大改观,已形成拉萨、日喀则、泽当、八一、昌都、那曲、狮泉河、亚东、樟木镇等城镇格局,初步形成了城镇道路网。

西藏城市化要发挥后发优势,充分利用人少地大、藏文化独特、中央政策支持力度大等优势,大力推进城市化。要着力打造拉萨城,充分发挥拉萨市在自治区城市化推进中的中心辐射作用。城市化推进应以拉萨为中心,中小城市为骨干,建制镇为基础。建设拉萨为大城市,建设日喀则等中等城市,形成大城市、中等城市、小城镇协调发展的格局。要坚持合理布局,突出特色,加快小城镇建设进程,扩大小城镇规模。要把重点放在县城、边境镇和其他基础较好的建制镇,突出县城边境口岸的改造和扩建,要以县城和建制镇为切入点,建设特色城镇。例如:把风景优美宜人,属亚热带气候的边境地区亚东、樟木等开发为旅游城镇;江孜是历史上抗英的英雄名城,可开发为"英雄城镇"。

第五章　边疆文化建设

第一节　文化和文化功能[①]

一、文化的含义

什么是文化？文化的实质是什么？文化又包括哪些范畴？这是一个争论不休而又歧义层出的问题。

"文化"一词，在世界各民族的早期词汇中便已出现。我国的《周易·贲卦》中有"观乎人文，以化成天下"的说法，文化即由其中的"人文化成"简化而来，意思是指人类区别于动物的开始活动及其成果。"文化"一词最早出现在西汉刘向的《说苑·指武》："圣人之治天下，先文德而后武力。凡武之兴，为不服也；文化不改，然后加诛"。晋代束晳《补亡诗·由仪》中有"文化内辑，武功外悠"。南齐王融《曲水诗序》中有"设神理以景俗，敷文化以柔远"。在中国古籍中，"文化"被理解为统治者的施政方法而与"武力"、"武功"相对立。成为"文治"与"教化"的总称，主要包括思想观念和礼乐制度建设及对人的教育感化。我们今天所用"文化"一词的意义与古代已有所不同。

在欧洲，现代英文和法文的 culture，德文的 kultur，均来源于拉丁文的 cultura，原意为对土地的耕耘和对植物的栽培，后引申为对人的身体和精神两方面的培育。古罗马思想家西塞罗指出"精神文化是哲学"，认为如同农民耕种土地一样，对理智也要进行加工。另外，文化一词还在知识水平、教育程度、思想修养的意义上被使用着。1871 年英国学者泰勒在《原始文化》中将文化定义为"包括知识、信仰、艺术、道德、法律、习惯以及其他人类作为社会的成员而获得的种种能力、习性在内的一种复合的整体"。这一定义得到学术界的广泛认同。可人们对"文化"的探讨远没有结束。古迪纳夫（Goodenough）

---

① 　参见孙安民：《文化产业理论与实践》，北京出版社 2005 年版。

说道："文化这个词长期以来对不同的人意味着不同的事物。"威廉（Williams）提出："文化是英语中两三个最复杂词之一。之所以如此，部分是因为它在几种语言中的盘根错节的历史发端，但主要是因为，它现在已被一些不同学科和一些不同且不兼容的思想体系用作重要概念。"①到现在，文化概念已成为各种文献中出现频率最高、歧义最多的一个词，据不完全统计，各类不同的文化定义已有两百多种。

尽管现代意义上的文化内涵与其初始用法相去甚远，不同民族、不同学科、不同研究角度对文化的理解和界定也存在着明显的差异，但却有共同性，即文化是由人所创造的、为人所特有的东西，一切文化都是属人的，是人类精神的、观念的范畴，是人类本质的对象化和行为化，"自然"的东西不属于文化范畴。

总的来说，现在学术界对文化一词一般有广义和狭义之分。广义的文化指"人类创造的物质财富和精神财富的总和，特指精神财富"②。文化即"人化"，是人类所创造的"人工世界"及其人化形式的一方面。它既包括无形的语言、习俗、礼仪、信仰、道德、宗教、艺术等精神财富，也包括有形的书籍、陶瓷、雕塑、建筑、铁路、飞机、电脑、通讯卫星等物质财富。广义的文化内涵既体现在人们的活动成果和活动方式中，也体现在人们的精神生产、观念形态和思维方式中，也就是说，文化渗透在人类社会的一切方面。狭义的文化指"以社会意识形态为主要内容的观念体系，是由政治思想、道德、艺术、宗教、哲学等意识形态所构成的领域"③。在某种语境条件下，文化又专指教育、科学、艺术、卫生、体育等方面的知识和设施，与世界观、政治思想、道德等社会意识形态相区别。它既包括科学、哲学、文学、艺术、风俗、习惯等精神文化，也包括与特定社会历史阶段相适应的经济体制、政治制度、法律体系、家庭结构、社团模式等制度文化。

人是文化的主体，文化是由人创造并传承的。人类作为由血缘和地缘结合而成的不同民族的群体，有着自己特有的生存方式、生产方式、生活方式、组织方式、行为方式、思维方式和社会遗传方式。每个民族在其生存和发展

---

① 关士杰等译：《世界文化报告（1998）——文化、创新与市场》，北京大学出版社 2000 年版，第 37 页。

② 《辞海》，光明日报出版社 2002 年版，第 1216 页。

③ 李秀林等主编：《辩证唯物主义和历史唯物主义》，中国人民大学出版社 1995 年版，第 407 页。

过程中,不断地创造和积累本民族的语言、文字、信仰、礼仪、科学、艺术、风俗、习惯等。所以文化是人类在改造世界的对象性活动中所展现出来的体现人的本质、力量、尺度的方面及其成果。人类创造了文化,也享受着文化,同时也受约束于文化,最终又不断地改造文化。人类既是文化的创作者和继承者,又是文化的享受者和改造者。由此可知,文化的本质是"人化",是精神创造,是人类通过劳动将精神生产中沉积着的科技知识、思维方式、抒情方式、价值观念等转化为物质形式的对象。因此,不能将文化仅仅理解为通常所说的精神文化,长城、金字塔、埃菲尔铁塔、自由女神像以至花卉盆景等一切心物结合的产品,都包含着精神创造,属于文化的范畴。

我们所要阐述的边疆文化建设主要是指边疆地区教育、科学、艺术、卫生、体育等方面的知识和设施建设及以其为载体的人文精神建设。也就是边疆地区以文"化"人、以文"化"事和以文"化"物,提高人的素质、社会管理素质和物质产品素质的历史过程。

二、文化的结构

文化的基本结构包括物质生产文化、制度行为文化与精神心理文化。

（一）物质生产文化

物质生产文化是指人类物质生产过程及其物质生产的实体性、器物性成果,它们当中也凝聚了人类认识、改造自然的精神因素,但主要显示物的实体性质,它在物质生产领域内显示人的本质力量的对象化、客观化程度。物质生产文化主要包括:由劳动者、劳动资料、劳动对象构成的现实生产力和满足人类最基本的衣、食、住、行的生存需要的消费资料。

（二）制度行为文化

人类在社会实践中建立的各种规章制度、组织形式以及在人际交往的历史中形成的风俗习惯,构成人类的制度行为文化。制度行为文化包含两个层次,在上的层面为制度文化,而制度文化的长期运行又形成在下的民俗民风文化,所谓"在上为礼,在下为俗"。

制度化是指人类依据一定的思想观念建立起来的国家根本制度,如经济制度、政治制度、法律制度、教育制度、婚姻制度等,还包括社会组织机构和工作部门的设置形式及其结构以及与之相应的制度、规章、条例等。

行为文化是在制度文化影响下长期形成的民族的、地域的风俗习惯、行为礼仪、交往方式和节庆典礼等。这种行为文化从属于一定文化体系,往往超越制度文化的变更而更具有历史性。

（三）精神心理文化

由人类社会实践和意识活动长期孕育而成的价值观念、思维方式、道德情操、审美趣味、宗教感情、民族性格等因素构成。它所反映的是人的内心世界，潜伏在整个文化系统的深层。如果细致地加以区分，精神心理文化又分为与制度文化相对应的意识形态和与风俗习惯行为文化相对应的社会心理文化。意识形态层次包括政治理论、法权观念等基础意识形态和更高地"悬浮"在空中的哲学、宗教、文学、艺术等更具观念特征的意识形态。马克思、恩格斯曾说，任何一个近代的传统思想都是统治阶级的思想。同样，统治阶级的文化也是该社会占统治地位的文化。政治理论、法权观念等意识形态是经济基础的集中体现，同时又是制度文化的观念内核。但这一层次文化的发展、变革还要经过社会心理文化这一中间环节的中介。更高地"悬浮"在空中的哲学、宗教、文学、艺术，相对而言离经济基础更远，其发展变革除了经过社会心理文化的中介外还要经过政治、法权观念等中介层次。精神文化层中与意识形态有所区别的、更为广泛深刻的层次是社会心理文化层。社会心理文化是某一时代、某一地域、某一民族、某一社会形态下长期形成的集体文化心理结构，是风俗习惯等行为文化的内化方式。它特别表现为思维方式、价值取向、伦理观念、宗教情感和审美情趣的不同。我们说，某一民族或某一地域的文化之所以表现出鲜明的独特性，与其民族（或地域）文化形成的心理结构密切相关。

三、文化的特征

文化的内涵和本质不是空洞的，它通过文化的特征和活动表现出来。文化的特征主要有以下几方面：

（一）文化的地理性

文化是人类社会的附属物，它随着人类社会的出现和发展而产生、拓延。人类是在不同的区域上出现、生存和发展的，不同的人群在各自不同的区域内按照各自不同的方式来创造自己的文化。他们的语言、风俗、习惯、思维方式等各不相同，这就孕育了不同文化，也就形成了文化的地理性。一般说来，除了大量的各种小区域文化系统外，世界主要存在四大区域文化系统，即中华区域文化系统、印度区域文化系统、阿拉伯区域文化系统、希腊区域文化系统。即使在当今的信息时代，广播、网络、通讯导致人类生活的空间相对缩小到所谓的"地球村",人们生活的区域界限仍然存在,每个人也都是在一定的文化环境中生存、发展,也就存在着区域性的文化。文化的地理性使世界文化变得丰富多彩,同时也为各区域文化的发展提供了借鉴和动因。

（二）文化的历史性

文化总是伴随着人类社会的产生、发展、延续而运动,文化必然带有历史的烙印。文化发展的内外因的相互作用促成了文化的历史性。自然条件、生产方式和社会制度,为文化的发展提供外在的推动力。文化的内部诸要素（各种心理、知识等）之间的矛盾运动,作为直接的动因推动着文化的发展。因此,文化的发展经历创新、吸收、扬弃的过程,从而使文化具有鲜明的时代特征和历史性特征。这一历史时期的文化与另一历史时期的文化,存在着明显的差别,所以有原始文化、中世纪文化、近代文化和现代文化的区别。研究文化的历史性使人们对文化的认识更加深刻,从而明确文化发展的历史方向,提倡和发展先进文化。

（三）文化的凝聚性

文化的形成过程决定了其具有极强的弹性和张力,这就形成了文化的凝聚性。文化的凝聚性,是指文化以其深厚的内涵和强大的亲和力吸引凝聚着在特定文化背景下生活过的人们。文化是在一定地域和时代,随着共同语言的形成、共同风俗习惯的流行、共同心理素质的同化而逐渐丰富发展起来的。而这又反过来成为联系人们的牢固纽带,使具有相同或相近文化的人类群体具有共同的认同感和归属感,也使之有较多的沟通和交往。而不同文化的人们总是需要逐步交往,才能了解和接受。文化的凝聚性是文化生命力的源泉,是文化延承的前提和基础。

四、文化的功能

文化的功能是指文化系统在人们的社会生活实践中,能适应和满足个人和社会多种需要的重要作用。文化功能主要表现在以下几个方面:

（一）记录功能

文化从被人类所创造的第一天起,就起着记录的作用。当文字还没有出现时,人们就通过口头语言,将经验、知识、观念口耳授受,代代相传。世界各民族的文学几乎都是在口头文学的基础上发展起来的。直至今天,一些没有文字的民族还是如此。就是在当代中国,某些家族、行业、团体,或出于保密的需要,或受封建宗法观念支配,或是没有书面文字表达能力,诸如祖传秘方、武术擒拿、气功口诀、工艺配方等仍口耳授受,代代相传。

文字作为文化的载体,扩大了文化的记录功能。中国的甲骨文、埃及的纸草、巴比伦的楔形文字等,都给我们留下了人类早期社会实践的记录,让我们窥见了远古先民的智慧和能力。尔后,随着造纸术、印刷术的出现,随着科学技术和文字本身的不断发展,这种记录功能更是无时不在,无处不起作用。科学著作、史书典籍、报纸杂志、录音唱片、缩微胶卷等,无不在发挥文化的记录功能。人类正是凭借文化的记录功能,在前人积累的知识经验基础上,去开拓更广更深的认知领域,创造出更加光辉灿烂的文化。

不仅语言文字有这种功能,物质型文化也有这种功能。一件兵器,一种生活用具,一个艺术品,都可以使我们感知到彼时彼地人们的精神风貌和实践活动、彼时彼地的风土人情和风风雨雨。秦朝的兵马俑,使我们重睹秦王朝风采;而一幅《清明上河图》,使宋代都市繁华嘈杂的生活图画又呈现在我们眼前。

正因为文化有记录功能,现代人们就有意识地将最能反映当今物质和精神文化价值的器物保存下来,传之后代,让后人通过这些器物来认识我们的今天。1939 年,美国的威斯汀豪公司挑选了一批能够反映当时美国和世界科技发展水平的代表性物品装入一个精制的金属容器中,然后密封起来,埋到地下。1965 年,该公司又将一个特制密封金属容器埋入地下,里面装有星条旗、信用卡、《圣经》、维生素、世界地图、人造卫星零部件以及美国的各种数据资料和约 5 万页资料摄制的 200 英尺缩微胶卷。两个金属容器都标明公元6939 年为启封时间。其目的都是利用文化记录功能,让 5000 年后的人类,再睹 20 世纪人类文化发展的水平。

(二)认知功能

文化既然有记录功能,也就有认知功能。人类的认识过程总是受到文化现象的制约和规范的。人类正是通过文化,不断积累经验,改进自己的思维方式,提高自己的认知能力,从而逐渐地认识自然、认识社会、认识自身、认识世界。物理学使我们认识物体的运动,化学使我们认识物质的内部结构、分子的生成、元素的组合,地质学使我们认识地球的构造、矿藏的方位,医学心理学使我们了解自身,而社会科学则使我们认知社会。至于哲学,更是为我们提供了世界观和方法论,提供了认识世界的思维工具。

人们还通过文化,不断改进已有的物质认识工具,并创造出阐析物质的认识工具,从而使自己认识的能力不断扩大和深入,质量不断提高,速度不断加快。从望远镜到射电望远镜,从显微镜到 CT 机,从算盘到电子计算机,从记账本到电脑终端网络,等等,就是明证。

人类还通过文化认识不同国家、民族、阶级、阶层的昨天和今天,并探索它们的明天。摩尔根的《古代社会》使我们认识印第安人的原始社会;联合国一年一度的大会,使我们了解当今世界各国政治经济的风云变幻;各种情报机构、各种信息总汇,还可帮助我们去预测明天。一部人类文化史,从认识论的角度来看,就是一部人类认识史。

(三)传播功能

和文化的记录功能、认知功能相联系,文化还有传播功能。任何一种文化现象都是社会现象,它在社会交往中产生和发展,自然就会在社会交往中得到传播。一件款式新颖的时装、一首中听的流行歌曲,为什么能立即风行一时? 靠的就是文化传播功能。显然,这种传播,可以是纵向的,也可以是横向的;可以在社会群体之内,也可以在社会群体之间。

言语和文字既是文化现象,又是文化的载体,其传播功能特别巨大。言语会传播,婴儿才会呀呀学语,一个地区乃至一个国家都能操同一种言语,各种信息才得以交流。文字会传播,一部二十四史为我们送来中国封建社会诸多信息,现时众多的报纸杂志,使"秀才不出门,却知天下事"。

实物也可以传播。古有丝绸之路,郑和下西洋,昭君出塞,文成入藏,促成了中国和邻国、汉族和少数民族之间的文化交流。现在广交会上琳琅满目的商品,艺术节里精彩纷呈的节目,以及各种展览会、博物馆、体育竞技、学术报告等,无不在利用文化的传播功能,来促使文化的进一步交流。

随着科学不断进步,文化传播功能更日臻完善,电话、电报、电台、电传、电视、电脑,使天涯若比邻,四海成一家,世界上每一个角落里发生的事情,我们都可以在同一天知道。同时,文化的传播还可以跨越时空。上下数万年自不待言,纵横几万里也可实现。1977 年,美国先后发射两艘宇宙飞船,载着地球上人类的各种信息包括莫扎特乐曲、中国的《二泉映月》以及许多数字符号等,飞向茫茫的太空,向宇宙传播人类的文化。

(四)教化功能

文化被人们所创造以后,就成了人们生活环境中的有机组成部分。这种不同于自然界的人造环境,我们称之为文化环境。它一旦产生就反过来影响人、塑造人,发挥其教化功能。

人从呱呱坠地开始,就生活在一定的文化环境中,父母教他学话,教他识别器物,教他爱憎。长大后,学校教他知识,教他做人。社会上各种规章制度,风俗习惯,言行举止,教他适应社会。文化不仅自觉教化人,而且更多的是耳濡目染、潜移默化地教化着人,使之社会化,成为社会的人。

文化的教化功能,还表现为文化环境发生变化,可使人们的思维方式、行为习惯、价值观念、审美趣味也随之变化。改革之初,迪斯科跳起来,红裙子穿起来,流行歌曲唱起来,男女青年手挽手地在街上走起来,当时不少人慨叹人心不古,世风日下。如今呢,强烈反对的人,默默无言了,诧异的人习以为常了,其中还有一些人,自己也跳起了交谊舞,哼起了流行曲。这就是文化教化的结果。

诚然,文化教化功能可以是积极的,也可能是消极的。近朱者赤,近墨者黑,因而我们要积极营造健康向上的文化环境,克服文化的消极因素,去塑造广大人民特别是青少年的健康身心,以保证青少年一代的健康成长。

(五)凝聚功能

文化可使一个社会群体中的人们,在同一文化类型或模式中得到教化,从而产生相同的思维方式、价值观念、行为习惯,而紧紧团结在一起,产生巨大的认同抗异力量。

文化凝聚功能,在民族群体中表现得尤为明显。世界史上,此起彼伏的民族冲突和战争,苏联解体,波黑塞族和穆族之间的战火,其中一个原因就是这种认同抗异力量的表现。

由于文化层次不同,文化的凝聚范围、层次、程度也不同,爱国主义是价值观念的体现,属于精神型里层文化,因而它凝聚范围大,程度深,也最稳固持久。至于共同的爱好、共同职业、共同的习惯经历等则属于表层中层文化,相对而言,凝聚功能也趋于表面,面狭且易变,如各种俱乐部、各届的同学会等。由于文化内容不同,文化凝聚功能有其积极一面,也有消极一面。我们认为,凡有利于社会安定进步、人民团结幸福的文化,都是积极的,反之就是消极的。

(六)调控功能

任何一个社会群体,为了共同的生存和发展,在实践过程中,自然会要求其成员必须遵守某一行为准则和道德标准,形成一定的社会规范,使人们明是非、辨善恶,共同趋向某种价值观、审美观等,以保证社会在一定秩序中运行发展。这就是文化的调控功能。事实上,也正是这种功能,才有可能使不同制度的社会,不同国情的国家之间和平共处。

"人不知耻,何以为人?""家有家规,国有国法。"这说明文化的调控功能主要靠精神型文化和行为型文化来实现。原始社会没有阶级,没有国家,自然也没有法律,于是就靠巫术、图腾、传统道德观念、宗法观念等来调控;在阶级社会里,靠法律甚至还采取武装暴力的强制文化手段来实施调控的目的。满清王朝异族入主中原,为防止汉人反抗,笼络人士,就捧出程朱理学,尊崇有加,将朱熹的《四书章句集注》作为科举考试的内容。与此同时,大兴文字狱,不断制造冤假错案。这就是典型的刚柔相济的文化调控手段。

文化的调控功能是客观存在的,我们应该以积极的态度和科学的精神优化文化的调控功能。丰富的知识,优美的艺术,健康的体育竞技,都能给人们以美的熏陶、美的享受,能直接或间接地调节人们的社会生活,应予以大力提倡与推广。

第二节　边疆文化优先发展战略

当今世界,文化与经济和政治相互交流,在综合国力竞争中的地位和作用越来越突出,文化的力量,深深熔铸在民族的生命力、创造力和凝聚力之中。边疆地区的文化建设,应坚持以人为本,努力实施文化优先发展战略,努力提高各民族的思想道德素质、科学文化素质和健康素质,形成比较完善的现代国民教育体系、科技和文化新体系、全民健康和医疗卫生体系。使边疆各族人民享有接受良好教育的机会,促进人的全面发展。

一、文化优先发展战略提出的历史背景

(一)顺应知识经济全球化趋势

伴随世界经济和科技进步,特别是高科技、金融、信息三大要素的普及,已出现了一种知识经济全球化的趋势。其显著的特点是:知识经济资源跨国际在全球范围内流动和配置,世界各民族国家通过文化纽带的经济相互依赖和进行经济联合的程度日益加深,整个经济呈现出全球化的趋势,相互渗透、交往、联系更加密切,在这种局面下,没有哪个国家能长久地游离于世界经济体系之外。知识经济全球化作为一个客观进程,具有两重性。西方发达国家力图主导经济全球化,发展中国家总体上处于弱势,如果没有正确的对策就

会落于更加不利的地位。对中国来说,经济全球化趋势是一个难得的历史机遇,也是一个巨大的挑战。由于西方发达国家目前的资金、技术、人才、管理以及贸易、投资、金融等方面占有优势,因而它们在经济全球化趋势中处于主导地位,是最大的受益者。而广大发展中国家包括我国在内,经济和技术水平相对落后,从总体上处于不利的地位,不仅面临发达国家经济和科技占优势的巨大压力,而且国家主权和经济安全也受到严峻挑战。现在国与国之间的经济联系日益紧密,相互影响越来越大,谁也不可能关起门来搞现代化建设,不可能回避知识经济全球化的趋势和激烈复杂的国际合作与竞争,既要充分利用其中可以利用的各种有利条件和机遇来发展自己,又要清醒认识和及时防范其中可能带来的各种不利影响和风险,保持国民经济持续快速健康发展。

(二)迎接全球的科学技术革命挑战

在知识经济全球化的进程中,人类正在经历一场全球的科学技术革命,科技在经济社会发展中的作用越来越大。一是以信息技术为标志的高新技术革命来势迅猛,高科技向现实生产力的转化越来越快,高新技术产业在整个经济中的比重不断增加;二是经济与科技的结合日益紧密,国际间科技、经济的交流合作不断扩大,产业技术升级加快,国际经济结构加速重组,科技、经济越来越趋于全球化;三是科技革命创造了新的技术经济体系,产生了新的生产管理和组织形式,推动了世界经济的增长;四是各国更加重视科技人才,教育的基础作用愈益突出。面对这样的形势,各国特别是大国都在抓紧制定面向 21 世纪的发展战略,抢占科技和产业的制高点。在新科技革命日新月异的态势面前,我们应充分估量未来科学技术,特别是高技术发展对综合国力、社会经济结构和人民生活的巨大影响,以科学的态度和方法,认真对待新技术革命给我们带来的挑战和机遇,顺应潮流,乘势而上,把我国的科学技术搞上去,把经济建设和各项社会事业搞得更好。

(三)面对我国经济社会发展新阶段的困难和问题

我国经济社会发展进入新阶段,居民消费结构逐步升级,产业结构调整和城镇化进程加快;劳动力资源丰富,国民储蓄率较高,基础设施不断改善,科技教育具有较好基础;社会主义市场经济体制逐步完善,社会政治保持长期稳定。这些都为经济社会持续发展创造了有利条件。但我国正处于并将长期处于社会主义初级阶段,生产力还不发达,城乡区域发展不平衡;经济和社会事业发展不协调,社会事业严重滞后;粗放型经济增长方式没有根本转变,经济结构不够合理,自主创新能力不强,经济社会发展与资源环境的矛盾日益突出;解决"三农"问题的任务相当艰巨;就业压力依然较大,收入分配中的矛盾较多;影响发展的体制机制问题亟待解决,处理好社会利益关系的难度加大。我国在可持续发展的道路上还面临不少困难和问题。解决这些问题的一个根本举措就是实施文化优先发展战略。

（四）落实科学发展观

党的十六届三中全会明确提出了"坚持以人为本,树立全面、协调、可持续的发展观,促进经济社会和人的全面发展";强调"按照统筹城乡发展、统筹区域发展、统筹经济社会发展、统筹人与自然和谐发展、统筹国内发展和对外开放的要求",推进改革和发展。科学发展观是指导发展的世界观和方法论的集中体现。

1. 以人为本是科学发展观的本质。人是发展的主体,也是全部经济社会活动成果的享受者,提高城乡居民生活水平和生活质量是发展经济的根本目的,也是推动经济发展的根本动力。要通过实施文化优先发展战略促进教育事业发展,提高人的素质,确立人的主体地位。

2. 发展的科学性是科学发展观的核心。坚持发展的科学性,一要选择科学合理的发展模式、发展道路和发展战略;二要大力发展科学事业。要通过实施文化优先发展战略促进科学技术发展,增强自主创新能力。

3. 发展的可持续性是科学发展观的保障。世界各国因为资源危机、金融危机、环境危机、社会政治危机等严重影响经济发展的例子不胜枚举。面对我国人口多、底子薄、人均资源少、生态承载力差的国情,必须强化发展的可持续性。要通过实施文化优先发展战略转变经济增长方式,提高经济增长质量,促进生态环境保护。

4. 发展的协调性是科学发展观的根本。发展的协调性是指经济社会发展在空间布局、产业结构和各要素之间的配置比较合理,发展较为全面均衡,整体比较协调。协调发展的关键是经济社会的协调发展,要通过实施文化优先发展战略,解决社会事业发展滞后的问题,促进经济与社会事业之间、不同社会群体之间的协调发展,促进和谐社会的建立。

5. 发展的开放性是落实科学发展观的动力。在全球知识经济一体化不断加剧的今天,边疆地区的发展决不是封闭的自我循环,而是对国际国内两个市场两个资源的交融与利用。发展的开放性包括以开放促改革、以开放促发展两个方面。应通过实施文化优先发展战略解放思想,更新观念,深化改革,利用人类共同创造的文化成果,大力发展边疆外向型经济和文化。

二、实施文化优先发展战略的客观必然性

（一）边疆地区文化发展特点

新中国建立后,特别是党的十一届三中全会以来,边疆文化建设取得了显著的成绩,不少地方实现了文化的跨越式发展,社会文明程度显著提高,但由于历史、地理环境、本土文化等因素的客观存在,与内地发达地方相比,边疆文化发展呈现出一些明显的特点。

1. 封闭性。陆地边疆地区由于地理环境和交通的制约,区域本土文化封闭性比较突出,与内地开放性文化相比,边疆文化的封闭性越来越突出,这在一些少数民族地区十分突出,边疆地区与内地的经济、文化融合难度大。

2. 多元性。一是边疆地区少数民族众多,各民族都形成各自独具特色的民族文化,形成自己的思维方式、生活方式和生产方式;二是边疆地区文化发展的层次比较多,既有原始性文化,又有现代性文化;既有本土的优秀文化,又有国际性的现代文化。

3. 分散性。主要是指文化资源的区域分散性。比如由于地理和交通条件限制,边疆教育资源分散,一师一校、复式班教学的办学方式在山区少数地区还存在。教育、卫生、体育等文化设施分散存在着,投资大,效益低。

4. 滞后性。与内地相比,边疆的文化建设严重滞后。主要表现在文化建设的软件滞后和硬件滞后两个方面:边疆的教育、科技、文化、卫生等文化社会事业设施严重滞后;边疆社会事业方面的人才匮乏,从事教育、科技、文化、卫生事业的人员不足,质量不高,结构不合理。

5. 薄弱性。边疆地区社会文化总量积累少、延长链短,导致人的社会化程度较之于内地比较低,个体在与社会化的互动过程中,通过社会文化的内化的条件不充分,适应市场经济条件下的社会生活能力差,难以融入现代社会生活,更难以参与社会竞争。

（二）边疆民族地区发展反思

我们简要回顾一下改革开放二十多年来,边疆民族地区传统发展战略的特点。应该说,改革开放二十多年来,在以经济建设为中心的这样一个大国家、大战略的指导下,全国包括边疆民族地区的发展战略都是经济优先发展的战略。这个经济优先发展的战略,在民族地区乃至在全国都产生了巨大的效应。边疆民族地区在发展,整个国家在发展,应该说这个战略的选择是正

确的。但是我们注意到,边疆民族地区和发达地区在同一个战略选择过程中,出现了许多我们不愿看到的问题。在经济发展优先战略的指导下,边疆地区逐渐形成了民族地区发展战略的一些特点。第一个特点就是经济追赶型的特点。由于民族地区与发达地区经济发展差距很大,因此民族地区在发展自身的时候,首先定位的一个目标就是在经济发展上向发达地区看齐,这就是追赶型经济。第二个特点是怎么追赶,怎么以最快的速度来缩小民族地区和经济发达地区的差距。一般来说,民族地区采取的是一种资源型开发的路子来缩小差距。资源开发为主导的经济发展模式二十多年来的发展结果,从纵向上看,对民族地区经济发展产生了重大的促进作用,民族地区的经济实力有了较大的提高;但从横向上作比较的话,也就是与发达地区相比较,这个差距不是在缩小,而是在扩大,这种扩大的速度还在加剧,差距还在不断扩大。问题在哪里?这是我们在谈到我们观点的时候首先要提出的一个问题,这是第一点,就是说传统的边疆地区战略发展的特征就是追赶型、资源开发型的一种经济优先发展战略。

追赶型、资源型经济优先发展战略所面临的尴尬,就是在实际的运作过程中逐渐演变为经济发展的单边途径。也就是说,当我们看到经济发展的状态与发达地区相比较非常落后时,这刺激了我们进一步抓好经济建设的决心,而抓好经济建设这个决心,在具体的运作过程当中逐渐地又演变为经济建设的单边途径,经济建设为中心变为了经济建设为唯一,这是一个不可忽视的现象。我们讲经济建设为中心这是对的,所谓中心就在于它还有非中心存在,并且要兼顾,没有兼顾非中心的所谓中心是不称其为中心的,当我们把经济建设演变为经济建设为唯一的时候,问题就产生了;我们讲效益优先这是对的,但是当我们把效益优先演变为效益单边途径的时候,问题也就发生了,GDP 成了我们一切工作的核心,重视资源开发,忽视环境保护;重视物质发展,忽视社会公平和民族文化的发展;重视硬环境的建设,忽视软环境的建设;等等。在现实中,由于这种追赶、赶超的急迫心态,在实际的运作中就导致了一种极端多虑的心态。这是值得我们考虑的一个问题。

社会发展的严重滞后,制约了边疆民族地区经济的可持续发展,这是一个不可忽视的现实。我们经常讲,民族地区和发达地区相比较,各方面都不合理,但是我们所提到口上的、写到书上的主要内容是强调经济发展与全国平均水平相比较。边疆地区的发展落后,这是事实。如果我们把边疆地区的经济发展、边疆地区的社会发展和全国的平均水平相比较的话,会发现边疆地区的社会发展水平比全国的发展水平要低得多,比经济水平的差距还要大得多。这样一种长期形成的社会发展严重不足的状态,社会发展不成熟的状态,导致了我们在经济建设优先发展战略的实施过程中,走进了一个死胡同。我们都知道,经济的发展和社会的发展是一个联动的关系,是一个同生共存、相互制约、相互推进的关系。当我们把注意力集中到经济发展问题优先的时候,实际上我们碰到的问题,每一个阻碍经济发展的制约因素都与社会发展的严重不足密切相关。这就存在了诸多的问题,而这诸多的问题也是今天成为边疆地区发展的严重的制约因素。比如说,城乡公共服务发展水平、人类发展水平、教育发展能力、科技创新能力、信息获取能力等社会发展状况,如果作一个比较,与全国平均水平的差距比经济发展的差距还要惊人。在如此落后的社会发展状况下,要支撑边疆地区经济持续稳定的发展显然是不可能的。边疆地区仅就经济社会发展来谈经济发展,仅就经济的快速推进来抓经济发展,其结果是欲速则不达。

三、文化优先发展战略的内涵

边疆地区选择文化优先发展战略,是我国发展新阶段的必然选择,是贯彻落实科学发展观的需要,有助于提高地方政府的治理能力,加快转变政府的职能;有助于边疆稳定,民族团结,共同繁荣;有助于政府制度的创新。所以,我们讲的文化优先发展战略,具有明显的时代的特征,是相对政府的行政行为、投资方向而言。所谓优先就是指政府推动边疆地区发展的关注点和政府投资的主要方向,在特定的历史阶段应放在文化发展上,因为这是政府在市场经济条件下的重要职能,文化优先发展并不排斥经济建设为中心,而是紧紧围绕经济建设这个中心,为经济建设提供智力支持和精神动力。① 就我国边疆中期发展规划而言,实施社会优先发展战略的重点,从内容上讲,包括科技、教育、文化、卫生、社会保障制度等的建设;从区域空间上讲,重点应放在农村文化建设上。从长远战略考虑,要紧紧围绕实现经济和社会协调发展的目标,努力构建基本适应现代化发展要求的社会文化体系。要坚持实施科教兴国战略,建立创新型国家和地区,增强科技自主创新能力;加大教育投入,实现教育公平,大力推进城乡教育协调发展,区域教育均衡发展。应建立健全公共卫生体系,全面提高公共卫生事件应急与预防控制能力,认真抓好

---

① 参见纳麒:《论文化优先发展》,《红河》第10期。

卫生安全,严格控制各类重大传染病的发生和蔓延,加强人口和计划生育工作,高度重视人口老龄化和经济社会的协调发展。要大力发展文化事业,增强文化综合实力,繁荣文艺创作,加强基层文化建设,深化文化体制改革,加快文化产业发展,加强文化市场管理和文化遗产保护开发。加快发展体育事业,积极发展新闻、出版事业。健全社会就业、社会保障、社会公正体系建设等。

第三节　实施科技兴边战略

一、建设创新型国家的重大决策

党中央、国务院作出的建设创新型国家的决策,是事关社会主义现代化建设全局的重大战略决策。建设创新型国家,核心就是把增强自主创新能力作为发展科学技术的战略基点,走出中国特色自主创新道路,推动科学技术的跨越式发展;就是把增强自主创新能力作为调整产业结构、转变增长方式的中心环节,建设资源节约型、环境友好型社会,推动国民经济又快又好发展;就是把增强自主创新能力作为国家战略,贯穿到现代化建设各个方面,激发全民族创新精神,培养高水平创新人才,形成有利于自主创新的体制机制,大力推进理论创新、制度创新、科技创新,不断巩固和发展中国特色社会主义伟大事业。

(一)全面实施建设创新型国家的重大决策

1. 坚持自主创新、重点跨越、支撑发展、引领未来的指导方针,对边疆地区科技发展作出总体部署,把握科技发展的战略重点,努力走中国特色自主创新道路。

2. 坚持把提高自主创新能力摆在全部科技工作的首位,紧紧扭住为经济社会发展服务这一中心任务,着力解决制约经济社会发展的重大科技问题,大幅度提高地区竞争力。

3. 坚持深化体制改革,加快推进创新体系建设。支持鼓励企业成为技术创新主体,建立现代科研院所制度,推进科技管理体制改革。

4. 坚持贯彻尊重劳动、尊重知识、尊重人才、尊重创造的方针,全面实施人才强国战略,积极推进创新团队建设,努力培养一批德才兼备、国际一流的科技尖子人才、国际级科学大师和科技领军人物,特别是要抓紧培养造就一批中青年高级专家。

5. 坚持弘扬以爱国主义为核心的民族精神和以改革创新为核心的时代精神,在全社会培育创新意识,倡导创新精神,完善创新机制,发展创新文化。要扩大多种形式的国际和地区科技交流合作,有效利用全球和全国科技资源。

(二)全面贯彻我国新时期科学技术发展的指导方针

"自主创新,重点跨越,支撑发展,引领未来。"是我国新时期科技事业发展的指导方针。自主创新,就是从增强国家创新能力出发,加强原始创新、集成创新和引进消化吸收再创新。重点跨越,就是坚持有所为、有所不为,选择具有一定基础和优势、关系国计民生和国家安全的关键领域,集中力量、重点突破,实现跨越式发展。支撑发展,就是从现实的紧迫需求出发,着力突破重大关键、共性技术,支撑经济社会的持续协调发展。引领未来,就是着眼长远,超前部署前沿技术和基础研究,创造新的市场需求,培育新兴产业,引领未来经济社会的发展。这一方针,是我国半个多世纪的概括总结,是面向未来,实现中华民族伟大复兴的重要抉择,要贯穿于边疆科技事业发展的全过程。

第一,贯彻指导方针,应进一步增强边疆各民族的科学技术意识和以人为本的发展理念。应牢固树立科学技术是第一生产力的思想,科学技术对一个国家、一个民族、一个地区现在和未来的发展具有决定性的意义。要在全社会形成热爱科技、学习科技、掌握科技、应用科技、依靠科技的氛围。依靠科技提高人的素质,改善人们的生产生活方式,促进人的全面发展;依靠科技发展经济和社会事业,增强区域竞争力,加快全面建设小康社会和现代化的进程。坚持以人为本的科技事业发展的理念。推进科技事业发展的主体是人,科技事业发展的目的也是为了人。我们要大力提高劳动者的科技素质,广泛推广先进、实用的科学技术,使广大人民群众共同享用科学技术成果。培养、引导和使用不同类型的科学技术人才,造就一大批创新能力强、社会责任感强的科技人才,引领边疆地区科技事业发展的未来。

第二,应把自主创新作为科技事业发展的核心,坚持为经济社会发展服务的方向。自主创新要以获取自主知识产权、掌握核心技术、提升竞争能力为宗旨,包括原始性创新、集成创新和引进先进技术基础上的消化吸收再创新。坚持科技为经济社会发展服务的方向。边疆地区的经济社会发展应依靠科技进步,科技进步又应面向经济和社会建设的需要。要把科技进步作为支撑边疆地区经济社会发展的巨大动力和不竭源泉,依靠科技进步,调整经济结构,促进经济增长方式的转变,加快区域经济和特色产业发展,努力构建和谐社会,增强科技对经济社会发展的支撑和引领作用。

第三,应推进科技事业的体制机制创新和服务体系建设。要努力创造有利于科技人员积极性、创造性充分发挥,有利于科技多元投入,有利于科学技术成果转化,有利于加快科技事业发展的体制机制。加强政府宏观引导,提高科技事业市场化程度,充分发挥企业的技术创新主体作用。加强科技服务体系建设,形成党委领导、政府引导、社会参与的科技事业发展服务体系,形成服务科技发展的合力。

二、弘扬边疆科技文化

科技文化是随着近代科学技术的诞生而出现的,在近代以来的历次科技革命中发展、壮大并成为人类社会文化中的一个相对独立的亚文化体系。科技文化以其普遍性、基础性和极富创造性的鲜明特色,不仅有力地横扫了千百年来笼罩着人类的专制、迷信阴霾,而且搭起了诸多民族文化、地域文化相互沟通、交流和积极互动的桥梁。既推动了世界各国传统民族文化、地域文化的推陈出新,又不断吸吮着东方及西方社会文化的丰富营养成分,使科技文化自身也更加自主、自立和根深叶茂,形成了由器物层次、制度层次、价值观与行为规范层次组成的完整体系。器物层次的科技文化体现为由科学技术进步不断创造出来的一系列"人工自然"的物质成就中,大大改善了人类生产和生活;制度层次的科技文化,体现在科学技术和政治、经济、文化、教育、军事等社会各个领域的体制和组织管理的一系列改革中,催生社会现代化;价值观和行为规范层次的科技文化,则集中体现在由近代科学技术发展所推进的人类精神世界和意识形态领域所发生的根本转变中。科技文化内禀的批判、创新,理性、规范,求真、献身,公平、宽容,效率、协作,组合、整合等科学精神,是人类精神文明进步的基本标尺。它不仅为近代科学技术的持续发展提供了重要的思想理论基础,而且也促进世界各国实现其工业化和走向知识经济时代的强大精神基础。边疆地区引进、建立、发展、弘扬科技文化的意义是非常重要和深远的。

科技文化的价值观与行为规范,是科技文化体系的基本内核,其自身是一个开放的、发展的体系。批判与创新是科技文化的根本使命;理性与规范是科技文化的价值观核心;求真与献身是科技文化的本质特征;公平与宽容是科技文化的突出重点;效率与协作是科技文化的组织功能要求;组合与整合是科技文化优化的有效途径。这些基本要素为知识经济的兴起,提供了宝贵的精神基础与思想前提。

批判与创新是科学技术得以持续发展的基本动力,是科学技术生命的体现,是科学技术的灵魂。理性与规范是科学技术的鲜明标志。任何科学技术的发现、发明、创造、前进都是从批判开始,在批判的基础上继承,又在继承的前提下创新。批判与创新相辅相成地推动科学技术持续不断地进步。科技文化中的"理性",是人类知识和行为的指南,它不仅使每个时代人们懂得了已知和未知、可知与不可知的界限及其相互关系,更重要的是,它还是人们判断社会实践可行与不可行、正确与错误的基础思想依据。"规范"是科学技术发展的"规矩"和"方圆",体现着人类对客观规律的认识和应用,是理性发展过程中一个阶段性成果的结晶。在一定意义上说,科学技术就是以规范为其基本要求和重要标志的。规范体现着理性,理性引导着规范,它们交互作用,彼此约束,构成科技文化的价值观核心。

科技文化崇尚求真、公平。"求真"应采取的科学态度是:不盲从、不附和、一切以理智为依归,如遇横逆之境遇,则不屈不挠,不畏强御,只问是非,不计利害;虚怀若谷,不武断、不蛮横;专心一致,实事求是,不作无病之呻吟,严谨整饬,毫不苟且。这是竺可桢先生六十多年前所概括的"求是",即求真。边疆地区在实施科技兴边战略中特别要弘扬"求真与献身"的科学文化精神,包括奋斗精神、革命精神、牺牲精神。"公平",就是在科学真理面前人人平等。

科技文化崇尚效率与协作。知识经济兴起最引人注目之处,在于它的高效率与高效益,它是建立在全球性协作经济的基础之上的。为此,科技创新要特别追求效率、崇尚协作。效率与协作既是科技文化的组织功能要求,也是知识经济最显著的基本特征。这种内在的密切关系表明,工业经济的高度发展与繁荣是发展知识经济的物质基础;科技文化的充分、全面普及,是发展知识经济的精神基础,两者相辅相成、缺一不可。

三、实施科技兴边战略

(一)构建边疆的创新体系

技术创新是一个系统工程,它要求边疆地区建立创新体系时以科技资源的优化与配置为核心,以市场为检验标准,建立3个主体系和3个辅助体系。3个主体系是科学研究体系,包括高等院校、科研院所;企业的技术创新体系;农村的技术推广体系。3个辅助体系是技术创新的社会化支撑服务体系,包括科技投入、政策法规、信息情报、知识产权保护、技术市场、技术服务及相关的各种社会化服务体系;技术创新管理体系,主要解决经济管理和科技管理脱节的问题,促进产学研相结合、促进农科教统筹;技术创新人才培养体系。

(二)制定边疆技术创新对策

1. 选择发展模式。边疆地区必须彻底转变增长方式,从主要依靠高投入、高消耗、高浪费、低产出发展经济方式转为运用先进的科学、技术、知识、管理、方法改造国民经济,把科技现代化、管理现代化作为经济社会发展的主要支撑力量。要特别重视科研成果的应用和推广,重视发展循环经济。

2. 明确创新主体。虽然高等院校、科研院所、企业和政府是省区创新体系中的要素,但必须明确企业是创新的主体,大中型企业是技术创新的重点,企业技术创新是推动科技进步的关键。企业既是新产品、新设备、新工艺、新材料和新能源等新技术的生长点,也是科研成果转化的应用点和落实点,还是科技引进、消化、吸收、创新的场所,是科技转化为生产力的主战场。

3. 完善管理机制。在管理方法上,从项目直接管理逐步转向宏观间接管理。要根据产业政策和科技政策制定有关方针政策,编制行业规划,运用经济杠杆、法律手段及必要的行政干预进行组织协调,加强宏观引导和调控。在企业结构上,由单个企业创新发展到联合创新,建立知识联盟、技术联盟和产业联盟,促进产学研结合。健全专利制度,保护知识产权。

4. 优化投入要素。尊重科技创新和知识创新人才,为他们创造优良的环境和工作条件及优越的生活条件、报酬。优化资金投入。

5. 强化中间环节。建立专业技术市场,促进供需双方的进一步合作,切实解决运行中的具体问题,如信贷、税收、有偿转让和收益分配问题。建立工程研究中心,使之成为集工程研究、生产与市场实现、工程教育为一体,以在国内领先并在行业中有重大影响的学科为依托、有足够强大的相关学科支撑,联合高校、科研院所和行业中若干企业组成的技术创新机构。边疆省区可根据经济发展进程,量力而行,就地起步,由小到大,稳步发展。

6. 引入风险机制。其主要内容是风险投资,主要用于发展高新技术产业,是科学技术与金融相结合的投资机制,既承担技术开发和市场开拓失败的风险,又要以项目的高效益回收来补偿另一些项目的风险,支持拥有新思想观念的创新和发现、发明的企业家创业。

(三)促进边疆地区产业结构升级

根据产业经济理论原理,产业结构的变化,是需求结构和相对成本变动相互作用的结果,而且只有当这二者相互作用趋于一致时,才可能促进产业结构的有序发展。其中,技术创新起着十分重要的作用,技术创新促进新产品、新工艺不断涌现,带来收益不断增加,不断刺激消费,使需求结构变动和相对成本降低,从而拉动产业结构有序发展。

促进边疆地区高新技术产业发展的对策主要应该是:要充分发挥政府在高新技术产业发展中的主导和引导作用,统一规划和组织协调高新技术产业发展;实施优惠的财税政策、金融政策和贸易政策,扶持高新技术产业的发展;拓宽高新技术产业投资的资金来源,实行投资主体多元化,加速高新技术成果转化的步伐;加大发展风险投资,促进高新技术产业化;大力发展民营高新技术产业,推动科学技术进步;官产学研相结合,加大高新技术产业研究与开发力度,增加高新技术产业化的有效供给;以市场为导向发展高新技术产业,并通过培养各种中介组织来推动高新技术产业发展;加强高新技术信息系统建设,引导高新技术产业的发展朝着正确的方向前进。

（四）完善边疆技术创新宏观管理体系

1. 确立边疆地区政府在推动技术创新中的地位。各级政府应该是技术创新的启动者,加速制度创新与组织创新,为企业建立健全技术创新机制提供良好的大环境;是技术创新的推动者,通过优惠政策激励企业技术创新;是技术创新的引导者,给企业技术创新提供纲领性指导,引导企业创新的方向;是技术创新的保护者,制定法律法规保障企业创新的权力和规范企业创新行为;是技术创新的组织者,创造各种合作、联合机会以增强企业创新的能力。

2. 完善技术创新宏观计划管理体系。各级政府应在遵循以下原则中完善技术创新宏观计划管理体系:创新目标与促进现代化相结合;技术创新与制度创新、组织创新相结合;创新政策与产业政策相结合;市场主导与必要的行政干预相结合;长远利益与短期利益相结合。技术创新宏观计划管理体系应包括:制定边疆省区的技术创新长远规划和实施计划;在相关计划中实施技术优化倾斜,增强技术创新对企业的吸引力,如外贸应为技术引进和技术转移开辟畅通渠道;制定高新技术开发区的特殊发展战略规划以促进其健康发展;建立制度横向协调技术创新计划。

3. 完善技术创新政策体系。包括激励型政策、引导型政策。激励型政策包括:金融政策、财政政策、税收政策、分配政策、价格政策、信息政策、专业政策等。引导型政策包括:产业政策(科技产业优先发展政策、开发政策、高新技术产业政策、产业结构调整政策)、科技政策(技术进步政策、技术市场政策、技术中介政策、技术转让政策、技术合作与交流政策、技术引导政策、技术改造政策、技术进步和技术成果评价政策,对 R&D 机构支持政策)、保护型政策(关税保护政策、政府购买政策)、协调型政策(协调自主创新与技术引进、技术转让关系政策;协调跨地区、跨行业、跨企业技术创新矛盾政策;促进产官学研合作政策)。

第四节　实施教育优先发展战略

边疆地区人口多、素质不高、人口负担沉重是不争的事实,怎样从沉重的人口负担转变为巨大的人力财富,这个转化条件就是实现教育的优先发展和适度超前发展。

一、坚持教育科学发展观

以人为本,促进人的全面发展是科学发展观的本质和核心。发展的目的是为了人,要发展必须依靠人,这是历史唯物主义的基本观点,教育是培养人的事业。

（一）坚持以人为本的办学理念

以人为本的办学理念,应包括:教育以育人为本,办学以人才为本,努力办好让边疆人民满意的教育。

1. 教育以育人为本,以学生为主体。育人为本,要全面贯彻党的教育方针,始终把培养人才作为学校的根本任务;要以学生为主体,一切为了学生的发展,一切为了学生的成人成长,一切着眼于调动和依靠学生的积极性。育人为本,要坚持德育为先。育人为本,要促进学生全面发展,全面推进素质教育,深化课程、教材、考试评价等制度改革,强化创新能力和实践能力的培养,使青少年学生生动活泼、积极主动地发展,实现受教育者德智体美诸方面的全面发展,保证学生健康和安全。

2. 办学以人才为本,以教师为主体。教育大计,教师为本,人才是教育事业发展的第一资源。要全心全意地依靠教师队伍,坚定不移地建设教师队伍。一方面,要大力提高教师素质,把师德教育放在首位,在教师队伍中涌现出大批优秀人才。在新的形势下,要进一步倡导尊师重教的风尚,维护好教师的形象。继续提高教师的待遇和社会地位,特别是要切实提高农村中小学教师的待遇和社会地位。另一方面,要不断深化改革,大力实施人才强校战略。改革的重点是调动教师的内在积极性,推进教育人事制度改革,完善用人方面的激励机制和约束机制;倡导学术自由,鼓励学术创新;改革和完善教师教育体系;采取超常规措施加快培养和引导高层次人才,不断优化教师队伍的结构,建设一支高素质的教师队伍。

3.办好让边疆人民满意的教育。要满足好、引导好新时期人民群众对教育的需求。社会对劳动者素质的要求不断提高,就业竞争的日趋激烈,独子和少子女时代的到来,使教育成为关系群众切身利益的大事。要努力克服困难,满足边疆人民群众子女有学上的基本要求;要积极创造条件,满足边疆人民群众子女有好学上这一强烈愿望。要对人民群众的教育需求加以科学引导,科学配置教育资源,把群众的需要与教育的实际供给能力有机统一起来,努力促进教育的公平公正。统筹城乡和城区教育发展,促进义务教育均衡发展,努力为人民群众提供更多更好的教育机会。

(二)坚持巩固、深化、提高、发展的方针

改革开放以来,我国边疆教育事业取得了历史性的成就,人均受教育年限达到了6年左右,在近80%的人口地区普及了九年义务教育,高等教育规模大幅度扩大。但边疆地区教育发展面临着严峻的挑战。边疆人民群众对现代化教育有强烈的要求,优质教育资源供给严重不足,这是边疆地区教育面临的基本矛盾,正是这个基本矛盾产生了边疆地区教育发展的根本动力。从教育外部来看,教育优先发展战略没有得到根本落实,教育投入存在很大差距;从教育内部来看,城乡教育结构不合理,农村教育薄弱,教育质量不高,职业教育缓慢,"普九"任务相当繁重;从未来的发展看,教育观念、教育体制、教育结构、人才培养模式难以适应经济全球化和知识经济发展的需要。

面对边疆地区教育的新形势、新问题,研究边疆教育发展的新对策,应坚持教育优先发展战略,贯彻"巩固、深化、提高、发展"的方针,应突出五个重点:一是坚持以人为本,促进教育事业全面协调可持续发展;二是促进教育规模、质量、效益的统一;三是以质量为核心,把教育工作重点转移到提高教育质量上;四是增强深化教育体制改革的生机活力;五是从严治教,强化管理,保证教育事业健康发展。

(三)促进教育事业全面协调可持续发展

1.统筹教育规模、质量、结构、效益的协调发展。关键是处理好规模和质量的关系。扩大规模是发展,提高质量也是发展,调整结构也是发展。规模、质量、结构统一在效益里,用效益来检验教育效果,没有一定的数量就没有基本的质量,没有质量的数量是没有意义的数量,结构不合理,办学的综合效益提不高,所以,边疆地区的教育事业规模要进一步扩大,质量要进一步提高,结构要进一步改善,促进规模、质量、结构、效益的协调发展。

2. 统筹各级各类学校的协调发展。加快构建中国特色的边疆社会主义现代化教育体系,应把握好各级各类教育的发展重点、节奏,既要促进基础教育、职业教育、高等教育和继续教育的协调发展,又要促进各类教育内部的协调发展;既要坚持以政府办学为主,又要进一步加快民办教育的发展;既要根据发展阶段的不同突出战略重点,又要兼顾全面带动整个教育事业的发展。在各级教育中,办好义务教育始终是边疆各级政府的首要责任,必须坚持政府投入为主,不断巩固和完善义务教育的体制和管理体制。要加快发展高中阶段教育,要把高等教育摆在边疆现代化建设中突出重要的位置,促进职业教育,特别是高等职业教育的发展。

3. 统筹城乡教育和区域教育协调发展。统筹城乡教育关键是要支持农村教育重要地位不动摇,只有加强农村教育,才能实现城乡教育的协调发展。统筹区域教育重点是扶持边疆贫困地区教育发展,努力缩小区域之间的教育差距,充分利用国家对贫困地区教育扶持的政策和对口帮扶的举措,凝聚教育资源,促进区域内部教育的均衡发展,为人民群众提供公平的义务教育机会。

4. 统筹教育事业的改革和稳定。坚持改革是教育发展的根本动力,以改革创新求发展,把农村教育改革、教育教学改革、人事制度改革、民办教育改革作为改革的重点。不断促进和扩大教育开放,加强全方位、高层次的教育国际国内合作与交流,实施"走出去"战略。坚持从严治教,依法治校,促进教育事业健康发展。维护教育稳定,营造和谐有序的办学氛围。

二、实施边疆教育整体发展思路

边疆教育机构所提供的教育机会和边疆民众对教育的需求矛盾越来越突出,从根本上讲,边疆与内地的发展差距是劳动者素质的差距,是教育事业上的差距,而且这种差距是教育事业整体性的差距,所以边疆教育要构建义务教育、高中教育、职业教育、大学教育共同发展的格局;要构建现代教育理念、现代人文精神、现代教育机制体制、现代教育管理模式的新体系。

（一）普及和巩固义务教育

1. 加强农村义务教育。确保农村义务教育的普及和巩固，建立和完善中央、省、州市、县各级政府分项目、按比例分担的农村义务教育经费保障机制，将农村义务教育全面纳入公共财政保障范围。继续实施"两基"攻坚，增加对"两基"的投入。做好"普九"的巩固提高工作。推进"三教统筹"和农科教结合，深化农村教育改革。

2. 改善农村义务教育条件。组织实施好推动农村义务教育发展的"农村寄宿制学校建设工程"和"农村中小学现代远程教育工程"，努力使所有农村中小学达到基本的办学条件要求。推进农村中小学信息化建设，提高农村义务教育学校的教育质量。加强农村薄弱学校建设，不断扩大优质教育资源，促进义务教育均衡发展。提高办学集中度，按照"小学就近入学、初中相对集中"和"宜并则并，需增则增，先建后撤"的原则，进一步调整中小学布局结构，提高办学效益。

3. 积极发展民族教育。加强各级各类少数民族学校建设，改善民族学校办学条件，扩大办学规模，建设一批优质民族学校。加快民族中小学、民族班（部）、普通高中、中等职业学校建设，应加大对特殊少数民族特别是人口在10万以下的少数民族教育的扶持力度，稳步提高各级各类学校少数民族在校生比例。继续推进少数民族贫困地区中小学教师综合素质培训。培养双语教师骨干，加强双语教学。继续做好边疆教育的对口支援工作，建成一批对口支援示范学校。

（二）大力发展职业教育

1. 大力开展职业培训。以服务边疆现代化建设为宗旨，组织实施国家技能型人才培养培训、国家农村劳动力转移培训、农村实用人才培训、成人继续教育和再就业培训四大工程，提高职业教育服务现代化建设的水平。加快生产、服务一线急需的高技能专门人才，为边疆走新型工业化道路、调整经济结构和转变增长方式服务。开展农村劳动力转移培训，提高向非农产业和城镇转移的农村劳动力的文化素质和就业能力，为农民脱贫致富和推进城镇化建设服务。根据产业结构调整、新型工业化建设、城镇化建设、发展现代服务业的需要，开展农村实用技术培训，造就大批适应边疆地区农业结构调整和农业产业化经营需要的有觉悟、懂技术、善经营、会管理的新型农民、技术骨干和致富带头人，为发展特色经济和建设边疆社会主义新农村服务。积极开展以提高职业技能为重点的成人继续教育和再就业培训，为提高企业职工、初高中毕业生、城镇失业人员和农村转移劳动力的就业能力和创业能力服务。

2. 加强职业教育基础能力建设。应实施职业教育实训基地建设、县级职教中心建设、职教示范性院校建设、职业院校教师素质提高四项工程,改善职业院校办学条件,提升职业教育办学实力。建设一批职业教育公共实训基地,使之成为技能型紧缺人才培养培训基地。支持和鼓励职业院校面向社会公开招聘具有丰富实践经验的专业技术人员和高技能人才担任专业教师和实习指导教师,完成骨干专业建设,培养学科带头人,全面提升职业院校教师队伍整体素质。

3. 深化职业教育教学改革。坚持以就业为导向,推进职业教育办学思想转变,推动职业院校更好地面向社会、面向市场办学,推广"订单式"培养模式。强化职业院校学生实践能力和职业技能的培养,探索多样的灵活开放的人才培养模式,切实加强学生的生产实习和社会实践。推行工学结合、校企合作的人才培养模式,逐步建立和完善半工半读制度。充分利用城市和东部地区优质职业教育资源和就业市场,进一步推进省内外、城乡间职业院校的联合招生、合作办学。

4. 推进职业教育体制机制创新。完善职业教育管理体制,强化政府、行业和企业发展职业教育的职责。深化职业教育办学体制和运行机制改革,创新公办职业学校办学体制,走规模化、集团化、连锁化办学的新路子,支持发展民办职业教育。深化职业教育投入体制改革,加大财政投入力度,引导社会资金投入,运用信贷等手段发展职业教育。建立健全职业学校贫困学生救助机制,加大对职业学校贫困学生的扶持力度。完善就业准入制度和职业资格证书制度,坚持学历证书与职业资格证书并重,严格执行就业准入制度。建立和完善职业院校毕业生就业指导和服务体系。完善职业教育与普通教育、成人教育相互衔接与沟通的"立交桥"。

5. 推进学习型社会建设。完善多层次多样化的职业教育培训网络。发展开放式、网络化的社区教育新模式,促进学习型社区的创建。成人教育以岗位培训和继续教育为重点,同时积极发展学历教育,完善自学考试制度,实现学历教育、职业培训、劳动技能培训相结合。进一步加强语言文字工作,提高普通话、规范汉字普及程度和应用水平。

(三)着力提高高等教育质量

1. 全面提升高等教育育人质量。科学制定高等教育发展战略规划、学科、队伍建设规划及校园建设规划。深入实施高等教育质量工程,推动高等学校树立科学的发展观、人才观和质量观,牢固树立教学在学校工作中的中心地位,加大教学投入,强化教学管理,深化教学改革,创新人才培养模式,大力加强实践教学,积极推动研究性教学,着力培养学生的创新精神、创新能力和实践能力。把就业率和就业质量作为衡量学校办学水平的重要指标,根据边疆地区经济社会发展的需要,调整优化学科专业设置,全面提高毕业生的就业能力和创业能力。

2. 全面提升高校教师队伍素质。实施人才强校战略,大力培养高素质、高水平的高校教师队伍。鼓励教师开展教学研究、改进教学方法和手段,积极实施"教学名师计划"、"学科带头人培养计划"和"青年教师培养计划"。通过机制创新调动教师的主动性和积极性。

3. 完善教学质量监控评估体系。完善高等教育质量评估体系和评估办法,分类指导,促进高校加快建设、深化改革、加强管理,引导各高校合理定位,办出特色,提高质量。

4. 调整高等教育结构。调整高等教育区域布局结构,形成以省会城市为中心、辐射各州市的合理的高等教育区域布局结构。逐步打破行政区划,以市场为基础,合理配置教育资源。大力发展本科教育,积极发展研究生教育,继续发展专科教育,对学生专业进行战略性调整。使高等教育的区域结构、科类结构、层次结构、类别结构等更加适应经济社会发展的需求。

5. 推进高等教育体制和机制创新。以体制和机制改革为核心,大力推进高校的改革工作。依法落实高等学校的办学自主权,促进高等学校完善大学内部治理结构,形成面向社会自主办学、自我发展和自我约束的机制。探索建立现代大学制度。积极促进民办高等教育与公办高等教育协调发展。

(四)提升高校自主创新能力

1. 构建高校科技创新体系。推动高水平大学和重点学校建设,增强高等学校自主创新能力。结合边疆地区支柱产业、特色产业发展和高新技术重点发展领域、哲学社会科学重点研究方向,重点建设一批特色学科、优势学科和高技术综合学科群,形成布局、结构、层次优化合理的学科体系,使高等学校成为基础研究和应用研究的重要基地,成为国家和区域创新体系的重要组成部分。

2. 改进和加强研究生教育。实施"人才强校"战略,以培养和造就创新型人才为重点,改革研究生培养模式,大力推进研究生教育创新工程。建立研究生导师负责制、学位授权点评估制和研究生教育质量评估制度。进一步完善学位授权体系,实现建立高校研究生院的新突破,加大学术、技术带头人的扶持、培养力度,培育、建设一批科技创新团队和哲学社会科学研究团队。

3. 加强高校科技创新平台建设。结合边疆地区经济社会发展需要,以重大科技前沿和重点产业发展需求为导向,整合科技资源发挥综合性大学和专业特色高校的优势,重点建设好一批国家级、省级重点实验室和工程技术研究中心,新建一批"产学研"研发中心和哲学社会科学研究基地。加强对国家重大项目的培育和引导,增强高校承担国家和地区重大科技攻关任务的能力,争取获得一批有重大学术价值和社会影响的成果,提高高校的综合竞争力。实施国家专利战略,加大知识产权管理、应用、保护工作力度,充分发挥大学科技园和高技术专业孵化器的功能,加速科技成果转化及工程化,提高高校科学研究服务经济社会发展的能力。

(五)加快发展民办教育

1. 形成公办民办教育共同发展的格局。优化民办教育发展的体制政策环境,形成一批具有鲜明特色和较高质量、良好社会声誉的民办学校,初步形成公办、民办学校平等竞争、共同发展的格局。增加教育选择机会,增进就业,促进教育创新,形成各类教育平等竞争格局,提高教育事业整体质量效益。

2. 依法促进民办教育发展。认真贯彻民办教育促进法及其实施条例,加快制定配套的地方性法规,坚持依法行政,依法治教,依法落实民办学校办学自主权。应把发展民办教育作为扩大教育资源的一个重要增长点,纳入本地区教育事业发展规划,明确发展目标、任务和措施,统筹兼顾,协调发展。

3. 加强对民办教育的服务与指导。按照"积极支持,规范管理"的原则,积极为民办教育提供政策支持,协调解决发展中遇到的突出困难和问题,加强对出资者、举办者的信息引导,落实民办教育在规划、税收、土地、招生、学籍、教研、教师培训、党务群团管理等方面享有的与公办教育同等的政策。积极探索建立统一的公办、民办学校教师社会保障制度,构筑公办、民办学校教师自由流动的平台。通过做强民办学校个体,做大民办教育群体。

4. 鼓励民间资金投入民办教育。在教育结构调整中,中、高等职业教育的增量部分应优先鼓励发展民办教育。民间资金可以依法独资或以股份、联办等形式兴办各级各类学校。在产权明晰、管理规范、保证国有资产不流失的前提下,可以充分利用现有优质公办教育资源,积极推进高等学校独立学院的发展。吸引民间资金举办具有独立校园和独立法人资格的民办高中。探索民办公助、公有民办等混合所有制办学模式。地方政府与民办学校签订委托承担部分义务教育任务协议的,应根据接受义务教育学生的数量和当地公办中小学的生均教育经费标准,拨付相应的教育经费。在依法有效监管的前提下简化民办教育机构获取合理回报的程度。

5. 依法加强对民办教育的管理。实行对同级同类公办、民办学校一视同仁的行政管理。建立风险防范机制,建立和完善社会中介和行业自律体系,规范办学行为和办学秩序。规范社会力量与公办学校联合、合作办学项目审批,防止国有教育资源流失,阻碍教育公平。

(六)进一步加强教师队伍建设

1. 切实加强师德建设。贯彻实施教师职业道德规范,坚持把师德教育摆在教师队伍建设的突出位置,强化师德教育,多渠道、分层次地开展各种形式的师德教育,加强和改进教师思想政治教育、职业理想教育、职业道德教育以及法制教育和心理健康教育。不断提高教师的思想政治素质和业务水平,引导教师教书育人,敬业爱生,遵纪守法,为人师表。建立师德考评制度,将师德表现作为教师年度考核、职务晋升和评优奖励的重要依据。

2. 加强教师的学历教育和业务素质培训。全面实施新一轮中小学教师全员培训计划,开展中小学教师学历学位提升培训,组织实施骨干教师培训和优秀教师高层次研修,全面提升中小学教师队伍的整体素质和水平。

3. 大力加强农村教师队伍建设。实施"农村中学教育硕士师资培养计划",采取有力措施保证招生计划、培养经费和工作岗位的落实。教师教育要努力为农村教师队伍建设提供支持和服务。完善师范院校学生到农村中小学实习支教办法。将城镇学校和教师支援农村学校作为提高农村教育质量的重要措施,实行城镇教师到乡村和边远地区定期服务制度。组织特级教师、名师讲学团赴农村讲学。配合"农村中小学现代远程教育工程"的实施,为农村教师培训提供支持,切实解决农村师资队伍水平不高、数量不足的问题。通过实行教师资格制度和教师聘任制,逐步取消中小学代课教师。提高农村边远地区教师待遇。

4. 构建开放灵活高效的现代教师教育体系。调整师范教育布局和层次结构,形成以本科院校为主体、专科本科研究生三个层次、本科为主的教师培训新格局。完善教师资格制度和教师职业准入制度,形成教师职业发展的激励和约束机制,拓宽教师培养渠道,吸引更多优秀人才投身教育事业。加强各级中小学教师培训基地建设,重点支持县级教师培训机构建设,积极推进教师教育创新,建设各级师资库,整合各类教师培训力量,提高各级教师培训队伍的综合能力,努力提高教师教育质量。

5. 构建教师终身学习体系。实施教师网络联盟计划,实施学习型组织建设计划,以校本培训和校本研究为主要形式,实施教师素质提高计划,继续开展以新课程、新理念、新技能和师德为主要内容的中小学教师全员培训。促进中小学教师学习型组织建设,建立教师终身学习制度,增强教师培训的针对性和实效性,促进教师和管理人员的专业化发展。实施各级各类学校"名师培养计划",培养更多的学术带头人,完善校长和优秀骨干教师的培训研修制度。继续推进基础教育新课程师资培训工作,提高中小学教师实施素质教育的能力和水平。

6. 逐步建立现代教师管理制度。严格教师资格制度,实行教师资格定期再认定制度,吸引更多优秀人才加入教师队伍。推进中小学教师全员聘任,按照资格准入、公开招聘、择优聘任、严格考核、合同管理的原则,完善教师聘任制度。健全优教优酬的激励机制,规范学校内部"三制"改革,严格校长教师考核管理,调动教职员工积极性,进一步提高教师的待遇和地位。

(七)不断扩大教育对外开放

1. 进一步扩大和完善对外教育交流与合作。发挥政府和民间两方面的优势,加大对外尤其是与周边国家的教育交流与合作力度,采取多种形式合作培养人才。继续实施中外合作办学项目,在普通高校增设国际关系、区域合作公共基础课,吸引更多周边国家的留学生到边疆地区高校学习,与东盟、南盟合作在边疆地区办学,主动走出去参与周边国家和地区的合作办学,帮助周边国家培养汉语和专业人才,拓宽合作培养人才领域。

2. 促进教育国际化区域化。应充分利用现代化高科技、现代教育技术,通过互认学分等方式和互联网、远程教育等手段促进教育国际化、区域化。实行人才培养和人才流动配置国际化、区域化,整合边疆地区高等教育资源,引进国外优质教育资源,在边疆地区举办教育机构或实施教育合作项目。

第五节　边疆文化事业和文化产业建设①

一、文化事业与文化产业的关系

文化事业和文化产业是进行边疆文化建设的两个主要支点,是构建边疆文化发展的基本内容。那么何为文化事业? 何为文化产业? 它们各自的性质、特征、功能及其相互之间的关系又是如何呢? 这是我们在理论和实践上都应该予以明确而科学回答的时代命题。因为文化事业和文化产业不仅具有崭新的时代内容,而且在新的环境和新的条件下,也构成了它们之间崭新的相互关系。现代社会中,文化事业与文化产业相互渗透、相互配合、相互促进,以其特有的方式构成了文化的驱动链与文化的有机体。使文化既成为经济发展和社会进步的精神引导与智能支撑,又成为经济发展和社会进步的直接构体与具体指数。

一般来说,文化事业是指以继承和弘扬优秀传统文化,吸收和同化优秀域外文化,丰富和提高人们的审美水平、思想觉悟、道德素养和才智能力,纯化和优化社会风气、生产秩序、行为规范与价值取向,并能给人的全面发展和社会的全面进步提供精神动力与智力支持为目的的文化建设,而文化产业则主要是指按照经济法则和价值规律,采取规模化生产和市场化运作的方式,以赚取利润和发展经济为目的的文化生产与文化消费活动。这就决定了文化事业的公益性质和精神特征,文化产业的经济性质与物质特征。尽管文化事业和文化产业所担当的社会任务和历史使命是不同的,它们各自所具有的特点和发挥作用的方式与途径也是不同的,但它们的终极目的和对社会与人的欢悦、勖勉与提升作用却是相同的。文化事业固然是与生俱来地承担着通过特有的方式促进人的全面发展和社会的全面进步的责任,但即使是主要按照价值规律产生经济效益的文化产业,也同样负有一定的审美、教化、启悟和激励的责任。这是必然的和必须的,在任何时候都不能有任何模糊和动摇。

马克思在《剩余价值理论》中,从对商品、资本、劳动及剩余价值的研究入手,所得出的一个明确的结论便是:艺术创造在本质上是一种生产力。所有的文化产品(包括文化服务)同物质产品一样,都是由生产与消费、生产者、产

---

① 参见蔡俊生、陈荷清、韩林德:《文化论》,人民出版社 2003 年版。

品与消费者等要素所构成,并都受到生产力与生产关系的矛盾运动的制约,同时也都要受到经济法则与价值规律的驱驰与支配。既然如此,发展文化产业就不仅不是对文化的内在本质与规律的违背,反而恰恰是对其内在本质与规律的揭示、契合与驱驰了。实际上,这也是一种对辩证唯物论和科学发展观的具体实践与创造性体现。将发展文化产业与发展文化事业相提并论,是具有深刻的社会意义与时代内涵的,其本身就是与时俱进的表现,就是科学发展观的体现。

我们在实践中已深深体会到,文化事业与文化产业是不可截然分开的,在许多情况它们都是相互交叉、相互渗透的,甚至是你中有我,我中有你;文化的精神内容与物质内容是互为介体和载体的,其物质内容只有具有了精神内容时才有价值,而其精神内容则又只有借重于物质内容才能得以存续和传播;经济价值永远都只能是文化价值的一个组成部分,而决不能也不许其成为文化价值的全部,因为不论任何内容与形式的文化,都应当和必须具有升华人的思想、净化人的灵魂、提高人的觉悟、丰富人的智慧的性质和功能,这虽然是发展文化事业的主要目的,但这个目的的实现尚需文化产业予以积极的协助与配合。

办文化事业,主要是一种社会公益性的投入,追求的是精神效益和社会效益;办文化产业,则主要是一种旨在赢利的经济活动,追求的是价值与利润。对于一个国家、一个民族和一个社会来说,文化事业和文化产业都是必要的、重要的和不可或缺的,但相比较而言,文化事业显然比文化产业更关键、更重要、更普遍。因为对于任何一个健康发展的国家、民族和社会来说,缺了文化产业只是发展得快与慢的问题,而缺了文化事业可就是有没有智能、精神与灵魂的问题了。欧洲文艺复兴时期的学者贾诺佐·马内蒂曾经说过:社会的文明与进步,是因为有了高尚而智慧的人,而人的伟大则在于人有建设的能力。试问:人的建设的能力从何而来呢? 正是来自于文化事业所赋予的智能、精神与灵魂。这说明,文化建设最佳组合和最佳状态,莫过于文化事业和文化产业的相互配合和协调发展,这应该是我们所实施的文化发展战略和追求的文化进取目标。

文化不仅是构成民族、国家的国际竞争力的一个核心因素,而且是民族、国家持久实现发展壮大的重要社会资本与精神资源。特别是在现代社会中,文化的特性和功能不仅横亘于上层建筑与经济基础之间,并成为融贯上层建筑与经济基础的精神关联体,而且它业已越来越成为真正能够解决当代诸多经济问题、政治问题和社会问题的奇妙的药方与钥匙。毫无疑问,文化的这一特性的嬗变与功能的延扩,乃是只有仰赖文化事业与文化产业的合力才能圆满完成和充分实现的。这说明,在现代条件下,文化事业与文化产业的互依互融、相促相励,已经成为时代的特征、历史的必然和实现绿色发展、循环发展与可持续发展的新途径与大趋势。

二、边疆文化体制改革与发展的思路

(一)文化体制改革与发展的经验和意义

党的十六届五中全会提出"要构建公共文化服务体系,积极发展文化事业和文化产业,创造更多更好适应人民群众需求的文化产品"。近几年来,云南等边疆各地区积极探索文化体制改革的经验,取得了明显的成效。实践证明,体制机制创新是文化改革的重点,必须把发展社会主义市场经济和建设社会主义精神文明的要求统一起来,把健全宏观管理和搞活微观主体结合起来,革除制约文化发展的体制性障碍。加快发展是改革的目的,必须着眼于发展制定改革的政策措施,以发展的成果检验改革的成效,通过改革调动广大文化工作者的积极性。重点突破是推进改革的基本方法,必须围绕重塑市场主体、完善市场体系、改善宏观管理、健全政策法规、转变政府职能等关键环节,解决主要矛盾,破解难点问题,推动改革全面展开。区别对待、分类指导、试点先行、逐步推开是改革的有效途径,必须充分考虑文化体制改革的特殊性、复杂性,制定和落实相关配套政策,积极稳妥地推进改革。

文化体制改革与发展具有重要的意义。当今世界,文化与经济、政治相互交融,在综合国力竞争中的地位和作用越来越突出。在全面建设小康社会、实现中华民族伟大复兴的历史进程中,繁荣和发展社会主义先进文化具有全局性战略性的地位和作用。深化文化体制改革,加快文化事业和文化产业发展,是加快社会主义现代化建设的内在要求,是提升我国综合国力的迫切需要,是实现经济、政治、文化和社会协调发展,构建社会主义和谐社会的重要内容。随着社会主义市场经济的深入发展和对外开放的不断扩大,文化赖以生存和发展的经济基础、体制环境和社会条件发生了深刻变化。文化体制与人民群众日益增长的精神文化需求、全面建设小康社会的目标任务不相适应,与完善社会主义市场经济体制、进一步扩大对外开放的新形势不相适应,与依法治国、加快社会主义法制建设的环境不相适应,与高新技术在文化领域迅猛发展和广泛应用的趋势不相适应。实现文化事业全面繁荣和文化产业快速发展,迫切需要深化文化体制改革。

（二）文化体制改革与发展的原则和任务

文化体制改革与发展的原则是:1. 坚持社会主义先进文化的前进方向。坚持为人民服务、为社会主义服务的方向和百花齐放、百家争鸣的方针,坚持贴近实际、贴近生活、贴近群众,弘扬主旋律,提倡多样化。2. 坚持马克思主义在意识形态领域的指导地位,确保国家文化安全。积极发展以马克思主义为指导的社会主义意识形态,牢牢把握文化发展的主导权,不断扩大优秀民族文化产品的市场占有率和影响力。3. 坚持勇于实践、大胆创新,树立新的文化发展观。冲破妨碍文化发展的思想观念,改革束缚文化发展的做法和规定,革除制约文化发展的体制弊端。4. 坚持把社会效益放在首位,努力实现社会效益和经济效益的统一。高度重视文化的意识形态属性,充分考虑文化的产业属性,把两者统一到文化体制改革的全过程。5. 坚持文化事业和文化产业协调发展。根据文化事业和文化产业的不同特点,提出不同要求,制定不同政策。既支持发展公益性文化事业,又支持发展经营性文化产业。6. 坚持区别对待、分类指导、循序渐进、逐步推进。根据文化领域不同行业、单位的性质和特点,考虑不同地区经济文化发展的不平衡性,坚持试点先行,从点到面,有组织有领导、分阶段分步骤地将改革逐步推开,引向深入。

文化体制改革与发展的任务主要是:以发展为主题,以改革为动力,以体制机制创新为重点,形成科学有效的宏观文化管理体制,完善文化法律法规体系,强化政府文化管理和服务职能,构建覆盖全社会的公共文化服务体系;形成富有效率的文化生产和服务的微观运行机制,增强文化事业单位的活力,提高文化企业的竞争力;形成以公有制为主体、多种所有制共同发展的文化产业格局,充分发挥国有资本在文化领域的主导作用,调动全社会力量积极参与文化建设;形成统一、开放、竞争、有序的现代文化市场体系,更大程度地发挥市场在文化资源配置中的基础性作用;形成完善的文化创新体系,加大知识产权保护力度,积极应用先进科技手段,推进内容创新,使原创性文化产品在市场上占有重要地位;形成以民族文化为主体、吸收外来有益文化,推动中华文化走向世界的文化开放格局,进一步提升文化事业和文化产业的国际影响力和竞争力。

（三）文化体制改革与发展的内容和举措

文化体制改革与发展的主要内容和举措应包括:文化事业单位改革、文化企业改革、文化领域结构调整、文化市场体系建设和健全政府文化宏观管理体制等。

1. 文化事业单位的改革与发展。应根据边疆现有文化事业单位的性质和功能区别对待,分类指导,明确不同的改革要求。加大公益文化事业投入。应加大政府投入,调整资源配置,逐步构建公共文化服务体系,完善鼓励、捐赠和赞助等各项政策,拓宽道路,引导社会资金以多种方式投入文化公益事业,改革和完善国家扶持方式。坚持和完善有关文化领域的重点扶持政策和措施,应以项目投入为主,以激发活力为目标,提高资金使用效益。新闻媒体要优化组织结构,整合内部资源,转变经营方式。深化文化事业单位内部改革。推进人事、收入分配和社会保障制度改革。

2. 文化企业的改革与发展。规范国有文化事业单位的转制。转制企业要在清产核资基础上,合理界定产权归属,明晰产权,转变职工社会身份。重塑文化市场主体。按照现代企业制度的要求,加快推进国有文化企业的公司制改造,完善法人治理结构。加强对文化事业单位剥离企业的监管。主管单位和出资人要按照有关法律法规和政策规定,切实加强对剥离企业的经营方向、资产配置、重大决策、重要干部配备的管理和监督。积极实施"走出去"战略,创新对外文化交流体制和机制。

3. 文化领域结构调整。盘活存量,优化增量,着力解决国有文化资产结构失衡、效益不高、闲置浪费问题。科学规划和配置公益性文化事业资源。大力提高文化产业规模化、集约化、专业化水平,积极推进文化领域所有制结构调整。坚持以公有制为主体,鼓励和支持非公有资本以多种形式进入政策许可的文化产业领域,逐步形成以公有制为主体、多种所有制共同发展的文化产业格局。用先进科学技术推进文化产业发展和文化产业升级。

4. 现代文化市场体系培育。打破条块分割、地区封锁、城乡分离的市场格局,形成统一、开放、竞争、有序的现代文化市场体系。完善现代文化产品流通体制,打破按行政级次、行政区划分配文化产品的旧体制。建立健全市场中介机构和行业组织,加强文化市场的监管,建立依法经营、违法必究、公平交易、诚实守信的市场秩序,创造公开、公平、公正的市场竞争环境。

5. 健全政府宏观管理体制。建立党委领导、政府管理、行业自律、企事业单位依法运营的文化管理体制,建立职责明确、反应灵敏、运转有序、统一高效的宏观调控体系。推进政企分开、政资分开、政事分开、政府与市场中介组织分开,强化政府政策调节、市场监管、社会管理和公共服务职能。建立健全文化法律法规和政策体系,切实加强对改革的组织领导,高度重视文化人才队伍建设。

三、发展边疆少数民族文化

边疆少数民族文化是中华民族文化的一个重要组成部分,党和政府历来重视边疆民族文化的建设和发展,边疆地区在继承、发展、创新民族优秀传统文化方面做了大量工作,在民族文化遗产的保护、挖掘、整理、发展等方面取得了显著的成效。

(一)发展边疆少数民族文化,要突出民族文化特色

西部地区、边疆地区是中华文化的源头,也是我国少数民族分布最集中的地区,几千年来丰富多彩的、不断发展的各民族文化共同汇成了中华文化长河,少数民族以其带有浓厚的民族特色的物质与精神产品,为中华文化增添了异彩。发展边疆民族文化必须突出自身的鲜明的民族特色:(1)民族形式的多样性和文化形态的民俗性。要突出各民族独特的文化传统、民族风情、民族风格以及民族的表现形式,突出其在门类划分、地域分布、层面结构、项目内容等方面鲜明的多样性和民族特色。(2)文化结构的严重封闭性和传统的相对完整性。要大力改革开放以促进民族文化的自我认识、自我更新、自我发展。(3)民族精神中集体主义至上性和内聚性。但要防止狭隘的民族主义的排外情绪。(4)民族文化与宗教文化的直接同一性。(5)传统文化的稳定性与变异性。作为各民族主要特质的传统文化不会轻易从生活中消失,却会以改变的形式长期存在,各民族传统文化的繁荣也是在变异的基础上得到展示,变异是阻断衰退的重要途径,也是促进繁荣的前提。

(二)发展边疆少数民族文化,应坚持多元化发展原则

第一,正确认识和处理文化与经济的关系。新世纪,文化成为人们重要的消费领域和消费时尚,文化产业成为重要的经济产业之一,认识到文化在当代经济发展中的重要作用,有利于民族文化的保护、开发、利用与发展,实现经济、文化双繁荣。第二,要坚持中华民族的文化理念和文化价值观。弘扬以"道"的文化价值观和民族精神、民族伦理、民族性格与品格、宗教信仰、审美追求的深层文化为主的优秀传统文化。第三,正确应变信息网络技术。电脑网络是一次技术革命而非文化革命,要善于应变电脑和网络技术对中国传统文化的强大冲击,汉字是中国传统文化的精神,决定着中国人的思维模式和审美方式,要防止小学生因采用拼音打字而带来的汉字书写与书法的流

失。第四,加强对民族文化开发的指导和管理,要坚持开发与保护并重、以保护为主原则,个体性开发原则,适当超前原则,市场导向原则。第五,加强民族文化市场的构建和管理。要强调多元发展,要保护好各民族的文化生态环境。第六,调和民族文化冲突。加强文化的对话,通过对话增加相互了解、消除误会、取长补短,形成共同繁荣的文化氛围。

（三）发展边疆少数民族文化,要与发展民族文化产业相结合

发展边疆少数民族文化产业,关键是要以市场为基础,优化民族文化资源配置,培育区域文化产业文化体系。在这方面,云南探索了新的路子,具有借鉴价值。一是发展中心城市文化产业。以昆明为中心,通过实施整合创新战略,科学合理地配置文化资源,构建大产业、大发展格局。打破地区、行业、所有制结构进行资源优化配置;实行强强联合,以资产为纽带,以效益为目的,对发展势头较好且有基础的文化产业进行优化组合,实行市场化运作、社会化分工、资源共享、多元经营,共同构筑各地区的文化产业发展网络,形成文化产业体系。二是发展民族区域文化产业。立足于各民族区域所拥有的独特人文资源和自然资源,以文化旅游为龙头,带动文化娱乐业、艺术演展业、民族民间工艺与服装服饰业、民族体育业等文化产业群的发展。在民族文化产业发展规划上突出民族特色,发挥优势,发挥文化特色和地方特色;注入科技含量,提高文化品位;抓支柱产业,走集团化、规模化的道路。三是加强政府宏观管理。把发展文化产业纳入经济社会发展的整体规划。确定主导性文化产业,带动相关文化产业发展,形成民族文化产业链推进投融资机制创新,拓宽资金融通渠道。深化改革,建立现代企业制度,制定积极可行的文化产业政策,提供促进文化产业发展的政策支持,建立健全民族文化产品营销渠道和网络。重视少数民族和民族文化多样性保护,建立申报世界遗产战略。

（四）重视少数民族文化的保护与开发

边疆少数民族传统文化是中华民族文化重要的组成部分,具有十分珍贵而独特的文化价值,是构建中华民族多元一体格局的重要基础,必须高度重视保护和开发。

1. 坚持内涵与外延并重

民族文化的外在形式即民族文化的载体和象征,而民族文化的内涵扎根在民族社会实践中,反映在民族日常生活中的心理素质、精神理念、价值观念等民族文化的本质和源头。内涵与外延并重,民族文化才能成为各族人民现

实生活的一种要求、一种精神支柱,并融合、表现于生活中的方方面面,才能从现实生活中不断吸收营养、发展壮大。

2. 继承与摒弃并存

要继承传统文化的优秀部分,摒弃其落后的内容。优秀部分是民族文化发展的动力,落后部分是民族文化发展的羁绊。没有继承,则民族文化无根、无源,无从发展;没有摒弃,则民族文化良莠并存,举步维艰。

3. 保护与挖掘并举

首先,要重视保护。对一些民族独有的文化的保护保存,可以成为民族文化的"活化石"。保护是手段,不是目的。其次,要重视挖掘。挖掘文化的表现形式如饮食文化、建筑文化、演示文化、服装服饰文化、文学艺术,并发展成相应的文化产业,发展特色旅游、特色商业、特色工艺品;要致力民族文化挖掘、整理、研究,找出民族的原本精神,它是一种能适应特定历史时代的特殊精神并在历史实践中形成的活生生的力量,对其进行挖掘和升华,有利于从精神母体中弘扬出现代精神并成为民族发展的动力源,并形成凝聚力和强大的影响力。

四、弘扬和培育民族精神

(一)对民族精神内涵的理解

民族精神是西方进入近代后,随着西欧各国民族意识的觉醒和民族国家的形成而产生的概念。是指一个民族在长期共同生活的历史中形成的共同的心理和集体意识、共同的价值观等。民族精神是一个有着丰富历史内涵的与时俱进的概念,是历史性和时代性的有机统一。弘扬和培育民族精神是确立社会与个人的文化认同,实现社会的精神整合的需要;是面对激烈的国际竞争,维护国家文化安全,树立大国形象的需要;是保持边疆安全,维护国家统一,实现中华民族伟大复兴的需要。党的十六大报告指出:"在五千多年的发展中,中华民族形成了以爱国主义为核心的团结统一、爱好和平、勤劳勇敢、自强不息的伟大民族精神。"①这应该是我们对民族精神内涵的基本理解。

1. 爱国主义。爱国主义是民族精神的核心,也是个人的最朴素的情感。一个民族如果没有执著的爱国主义的情怀,是不能长久屹立于世界民族之林

---

① 《江泽民文选》第3卷,人民出版社2006年版,第559页。

的;一个人,如果不爱自己的国家,就会产生精神悬空无着落感。一个人,如果在外国人面前诅咒或者攻击自己的祖国,甚至也会遭到外国人的鄙夷和唾弃。在中国,爱国主义是有传统的。可以说,五千年中华文明就是靠无数的仁人志士对她的深厚而又执著的感情,靠他们在危急关头挺身而出、取义成仁而生生不息、延续下来的。屈原、岳飞、文天祥等,都是古代的爱国英雄。邓小平曾经深情地讲道:"我是中国人民的儿子,我深情地爱着我的祖国和人民。"

2. 团结统一。团结统一成为中国几千年的历史传统,其思想根源来自以孔子为代表的儒家。《尚书》讲"协和万邦",就是以团结为基础的统一。《春秋》重视大一统,"大"是动词,即以一统为大。《春秋》首条:"元年,春,王正月"。《公羊传》认为,元年是君之始年,春是岁之始,王是周文王。《春秋》先讲王,后讲正月,就是要"大一统"。董仲舒说:"《春秋》大一统者,天地之常经,古今之通谊也。"①中华民族的历史,就是各民族不断从中华文化的边缘融入中心,形成一个新的统一国家的历史。追求统一在近代成为各民族共同抗击外侮的精神力量。国际汉学界对中国的这一文化传统是认可的。当前,我国的民族团结和国家统一面临新的机遇和挑战。改革开放以来地区之间、个人之间和城乡之间差别的扩大,不同的社会利益集团的形成,都是造成分歧的种子。我们必须一方面靠统筹协调的经济发展,另一方面也要靠文化的凝聚力,整合多样化和利益分化的社会。中国的统一和民族的团结,应建立在以人为本、尊重人权、尊重普遍价值的基础上。

3. 爱好和平。历史上,中国不是靠武力扩张和殖民扩大版图的。中国地理范围的扩大,是文化融合的结果。各民族不断接受中原的先进文化,融入中原,国家疆域则是少数民族进入中原时带进来的。夏、商、周如此,元、清也是如此。和平共处五项基本原则可以说是中华民族爱好和平的历史传统的表现。"和"成为推动中国走向世界的一个重要的概念,成为我们应对所谓"中国威胁论"的有力武器。"和"是中国传统文化与哲学的核心观念之一,也是一个内涵非常丰富的概念。西周时期的史伯首先提出了"和"、"同"的范畴。他说:"和实生物,同则不继。"春秋时期孔子讲"君子和而不同,小人同而不和"。《论语》又提出"和为贵"、"协和万邦"。和谐和睦是我们处理矛盾的一个根本原则,但这绝不意味着我们会因此而放弃国家利益。

---

① 《汉书·董仲舒传》。

4. 勤劳勇敢。勤劳勇敢属于实用理性的范畴。是中华民族得以生生不息的基础。勤劳就是求真务实,面向现实,脚踏实地,循序渐进,百折不挠。勇敢就是正通直行。提倡"养浩然正气","君子坦荡荡","富贵不能淫,贫贱不能移,威武不能屈",注重的是气节和情操。

5. 自强不息。自强不息源于《周易·易传》。《易传·乾卦·象》说,"天行健,君子以自强不息";《易传·坤卦·文言》说,"地势坤,君子以厚德载物"。前一句讲的是刚健、奋斗、进取的精神,后一句讲的是包容、宽厚的精神,二者形成了中华民族精神的两个方面。正是中国人民刚健笃定、自强不息、奋发有为、昂扬向上的精神状态,推动了社会的不断发展。

（二）对民族精神特性的理解

第一,民族精神的普遍性。民族精神既是一个民族自立于世界的文化认同或文化标志,也是个人与他所在的民族之间的基本的文化认同。中华民族的民族精神,不只是汉民族的民族精神,也是在中国这块土地上生存的各个民族共同的民族精神。第二,民族精神的历史性。民族精神既然是在民族的历史中形成的集体意识,那它就必然与历史相连续、相统一,具有深厚的历史底蕴。文化理念和民族精神只有深深地植根于历史的文化传统,才具有说服力和影响力。第三,民族精神的现实性。所谓现实,就是我们所亲历的社会的现代化进程。民族精神必然是与现实相适应的,能够促进中国的现代化进程的。应以西方近代所形成的主体性与自由的概念,充实自强不息、刚健奋进的精神。第四,民族精神的国际性。民族精神的定位,应该具有国际视野,即具有国际可接受性和感召力,能够得到世界的普遍认可,而不能陷入狭隘民族主义。中国的崛起已经对国际舞台产生并将继续产生更大的影响。我国应在韬光养晦的基础上,更加积极主动地参与国际世界,将自己的文化理念推广到世界,以和平、友好、理性、负责的文化形象参与国际游戏规则的制定,从源头上把握国际关系的主动权。第五,民族精神内涵的开放性。民族精神的内涵必须是与时俱进的,必须不断更新,离开了内涵的丰富与更新,民族精神可能会走向僵化。"苟日新,日日新,又日新"[1];"日新之谓盛德,盛德之谓大业。"[2]与时俱进的价值依归应该是人的自由而全面的发展。

---

[1] 《大学》。
[2] 《周易》。

（三）大力弘扬民族精神

中华民族精神成为古往今来千千万万中国人奋发向上、百折不挠的精神支柱,成为中国优秀文化传统的基本价值取向,这就是历史铸就的民族魂。这种民族精神具有巨大的历史震撼力和时空穿透力,其所包含的合理性的价值取向,仍闪耀着人文精神的光辉和重要的现实效应。我们要把弘扬民族精神作为边疆文化建设的重要内容。

坚持与时俱进,弘扬民族精神。人类社会是不断向前发展的,民族精神也随着历史前进的步伐不断增强自己的时代品格。换句话说,民族精神与时代精神是互为表里、相辅相成的,"五四"运动以来形成的革命文化传统使民族精神的现代性得以彰显。八十多年来,我们高举中国先进文化的前进旗帜,努力建设和弘扬反映革命、建设和改革要求的新文化,荡涤旧社会遗留下来的和国外渗透进来的腐朽没落的旧文化,始终坚持和发扬中华民族优秀文化传统和基本精神,使民族精神的历史性和时代性在推动社会进步的伟大实践中有机结合起来;使中国优秀文化传统具有鲜明的时代品格,成为全国人民努力实现中华民族伟大复兴的强大精神动力,成为当代中国先进文化的有机组成部分。

树立社会主义荣辱观,弘扬民族精神。2006 年 3 月 4 日,胡锦涛总书记在看望政协委员时提出了"八荣八耻"的社会主义荣辱观。即:以热爱祖国为荣、以危害祖国为耻,以服务人民为荣、以背离人民为耻,以崇尚科学为荣、以愚昧无知为耻,以辛勤劳动为荣、以好逸恶劳为耻,以团结互助为荣、以损人利己为耻,以诚实守信为荣、以见利忘义为耻,以遵纪守法为荣、以违法乱纪为耻,以艰苦奋斗为荣、以骄奢淫逸为耻。① 社会主义荣辱观集中体现了中华民族精神,是中华民族精神行为规范,要弘扬民族精神必须树立社会主义荣辱观。

坚持克服狭隘民族主义,弘扬民族精神。我们要有综观世界的眼光和"拿来主义"的勇气,对西方文化尤其是西方现代文化批判地加以吸收;克服民族虚无主义,自觉摒弃"全盘西化"的错误思潮;要有"以我为主,为我所用"的主体意识,有批判继承、综合创新的理性自觉,牢牢把握社会主义文化这个主流方向。尤其是在经济全球化趋势加快的新背景下,只能把弘扬民族精神、发展先进文化定位在建设中国特色社会主义文化上,舍此皆是歧途。越

---

① 《树立社会主义荣辱观》,《人民日报》2006 年 3 月 7 日。

是弘扬民族精神,越是保持民族精神的独立性,越是将发展社会主义先进文化与继承中国优秀文化传统结合在一起,新世纪的中国文化就越能走向世界,越能成为全人类的精神财富。中华民族所拥有的社会主义先进文化,必将是一种有着浓厚文化根基、面向世界和未来的现代新型文化。

第六章　边疆人力资源建设

第一节　人力资源建设的内涵和重要意义①

人是生产力中最活跃的因素,人力资源是第一资源。边疆与内地发展的差距,核心是人力资源建设的差距,边疆的建设和治理主体是人,建设和治理的水平由人的素质决定,所以,人力资源建设和人才战略是边疆地区未来发展的一大战略。

一、人力资源建设及其内容

（一）人力资源概念

1. 我们说的人力资源是与自然资源相对应的、以人的生命机体为载体的社会资源,是指在一定领域内人口所拥有的劳动能力,一般指人的体力、智力、知识、技能等的总和。人力资源这一概念主要从某一人口所具有的劳动能力、质和量来考察问题。狭义的人力资源则是针对劳动力人口的现实和潜在体力、智力、知识和技能的总和,即劳动力资源。劳动力资源存在量由人力资源投资的质和量以及被建设对象自身的态度和努力程度等诸多方面共同决定,是先天遗传和后天建设的结果。

2. 人力资源的质量。是指在一定时空范围内现实和潜在劳动能力人口具有的体力、智力、知识和技能。人力资源质量包括德、智、体、美、劳、勤等广义的内容。但可概括为三大素质和能力。（1）健康素质。世界卫生组织认为:健康是生理、心理和社会适应的完满状态,而不是没有疾病和虚弱。健康素质不仅要身体好、心理健康,而且还要能适应社会的三方面具备的完满状态,是劳动能力形成的基础。（2）科学文化素质是指一定时间和空间范围内

---

① 参见陈洛:《中国西部人力资源开发》,中共中央党校出版社 2004 年版。

劳动力人口现实和潜在的智力水平、科学技术和文化知识、技能和经验的总和,是人们发展的关键。(3)思想素质,指劳动者的工作责任心、事业心、敬业精神、诚实守信和工作态度,这五个方面形成一个人的为人处世不可或缺的品质和修养。

3. 人力资源与人力资本。人力资本是通过资本投资形成的、凝结于劳动者身上的知识、技能和健康的总和。人力资源的资本特性和潜在性决定了只有通过建设,才能为社会所利用;而要对人力资源进行建设进而形成人才资本,需要进行物质、资金、时间、智力等的投入。实践证明,人力资源建设程度与人力投资的多少及投资方向、投资对象、利用效率存在较强的相关性。在选择对象、投资方向确定的前提下,投入越多、利用效率越高、主观能动性发挥越好,则人力资源建设得越好,越能形成有效的人力资本,带来的经济效益也越高。

(二)人力资源建设的内容

人力资源建设指通过投资(物质、资金、精力、精神、时间等的投入),发挥教育、训练与自我学习等的综合作用,促进人本身潜在体力、脑力、智力、知识、技能等的形成、整合、发展和优化,促使潜在能力实现的过程。人力资源建设是一个动态的、连续的过程。人力资源建设的内容包括五个方面:

第一,健康开发。又称体力开发,包括增进人口寿命、体力强度(包括力量、速度、耐力、柔韧度、灵敏度等人体运动的功能状态以及对于一定劳动力负荷的承受能力和消除疲劳的能力)和疾病治疗等。体力是质和量的结合统一,体力的大小可通过由质和量共同决定的体力存量来反映。不同的生产力水平和不同的活动,对人的体力的质和量的要求也往往不同。一般来说,社会生产力水平越高,劳动复杂程度越高,对体力质的要求也越高;反之,则对体力量的要求越高。因此,在现代人力资源的开发当中,健康开发是十分重要的。

第二,智力开发。通过训练和环境塑造,使人的智慧能够充分表现出来,如对事物的分析能力、归纳能力、抽象能力等。

第三,知识开发。知识是人类在社会实践中获得的对客观世界的认识成果,它通过教育,包括初等、中等和高等教育(普通高等教育和成人高等教育)、继续教育(知识拓新、岗位培训等)来完成。

第四,技能开发。技能是劳动者所具有的技术经验和操作能力,如工业新技术的掌握和应用、现代农业技术推广项目,特别是信息技术等就需要劳动者及时掌握技术来作为生产保证。

第五，随机开发。在人力资源建设中，应该特别注意劳动者就业机会的变迁与劳动力流动中的短时培训，这是最容易为人们所忽略，但实际上又是最迫切、最有意义的一种开发。在机构改革、机制转换、企业转产、管理更新、产品升级等方面，随机开发更显示出其优越性。

二、人力资源建设的特点

（一）人力资源具有对地区经济的推动性特点

按照传统经济理论，国民收入的增长与资源消耗的增长远远大于投入的物质资本和实际劳动量。这个差额除了规模效应带来的收益外，很大程度是来自于对人力资源质的改进。新增长理论的代表人物罗伯特·卢卡斯认为，实现经济增长是以不完全竞争为条件的，因而规划收益由于人力资本的积累而递增，对人力资源进行投资不仅能使自身的收益递增，而且还可以使其他投入要素收益递增，从而使经济增长得到强化。所以，人力资源是一种具有收益递增特性的投入要素和增长因素。人力资源作为一种资本投入社会经济活动，其所具有的递增收益特性与专业化加速积累知识、技能的作用有关。近年来，西方"新增长理论"的基本贡献，就是利用各种总量模型，论证了专业的知识和人力资本积累可以通过其外部作用特性产生递增收益并使其他投入要素递增从而总的规模收益递增。这在理论上阐述了人力资源推动经济增长的基本规律。

（二）人力资源是社会资源中的"第一性资源"

人力资源与其他经济资源不同，它是具有目的性、主观能动性和社会意识的人所拥有的创造性劳动能力，这是由人力资源区别于其他非人力资源的特殊规定性决定的。根据马克思劳动价值论，人力资源是社会财富和产品价值形成的根本原因，而其他资源只不过是被动地作为条件发挥作用的外在因素。在社会经济活动中，人力资源总是处于主导地位，是一种最积极、最活跃的生产要素，所以人力资源是社会资源中的"第一性资源"。

（三）人力资源具有可无限开发和可再生性

人力资源的"可无限开发"，是指人力资源数量在既定的条件下，其质量的开发利用具有近乎无穷的潜力，只要刺激和约束机制有效，人力资源的潜能量可以在很大伸缩空间内被开发利用；人力资源的"可再生性"，主要表现在其作为社会性资源的总体，具有强烈的历史人文传统和长期累积或继承沿袭特征。人力资源总体中每个个体经过复杂的社会文化、历史传统因素的作用和影响,不断得到替换、更新和恢复。

(四)人力资源具有智力性

人力资源包含着智力的内容。动物只能靠自身的肢体运动取得生存资料,人类则把获得物质资料作为自己生存和发展的手段。人们通过自己的智力创造了工具,使器官在实际应用当中得以延伸、放大,从而推动数量巨大的物质资料生产,获得丰富的生产资料。人类的智力具有很强的继承性,这使得人力资源所具有的劳动能力随着时间的推移,不断地得以积累、延续和增强。

(五)人力资源具有能动性

人具有主观能动性,能够有目的地进行活动,有目的地改造外部物质世界。人具有意识,这种意识不是低级水平的动物意识,而是对自身与外部关系的社会意识。由于人具有社会意识以及作为劳动者的人在社会生产中居于主体地位,这就使得人力资源具有了能动作用。劳动者不仅能够认识世界,而且能够改造世界。劳动者运用劳动手段,作用于劳动对象,引发和控制社会生产过程,使社会经济活动按照人类自己的意愿发展。劳动者的主观能动性对于生产的发展起重要的甚至是决定性作用。人们常常可以看到这样的现象:条件大体相同的劳动者集体或劳动者个人,甚至同一劳动者集体或劳动者个人,使用同样的劳动手段对待劳动对象,由于他们的情绪和主观努力的程度不同,就会导致生产效果的显著差别。显然,劳动者的思想意识和主观能动性直接决定其投入生产的劳动的数量和质量。人力资源的能动性,主要表现在以下三个方面:一是自我强化。人口的生产、教育的发展,使得人力资源得以形成和得到强化,这是通过人们自身有目的的活动来实现的。此外,人们通过努力学习、锻炼身体等自身的积极行为,使自己获得更高的劳动能力,这也是自我强化的内容。二是选择职业,这是人力资源主动地与物质资源结合的过程。三是积极劳动或劳动积极性的发挥。这是人力资源能动性最重要的方面。劳动积极性的发挥,对于人力资源潜力的发挥,具有决定性的影响。

劳动者思想觉悟的提高和主观能动性的发挥,取决于两方面的因素:一是来自于劳动者对物质消费的追求。作为消费者的劳动者,为了求得温饱,进而获得更加充裕的物质消费享受,必须充分发挥其作为生产者的功能,去努力创造财富。二是来自信仰和精神追求。以社会主义社会的劳动者来说,他们的劳动积极性除了建立在对物质消费的追求之上外,还建立在他们的社会觉悟和价值观念的基础之上。

(六)人力资源具有时效性

人力资源的形成、开发、使用都具有时间方面的限制。从个体的角度看,作为生物有机体的人,有其生命的周期;而作为人力资源载体的人,能从事劳动的不同时期(青年、中年、老年),其劳动力也有所不同。从社会的角度看,在各个年龄组人口的数量以及他们之间的联系方面,特别是"劳动人口与被抚养人口"的比例方面,也存在着时效性的问题,因此,就需要从人力资源具有时效性的角度考虑动态条件下人力资源的形成与建设。

(七)人力资源的建设具有连续性

一般的物质资源只有一次开发或二次开发,形成产品使用后,不存在继续开发的问题。人力资源则不同,开发使用之后可以继续开发,使用过程同时也是开发过程,尤其是新科学技术革命,使知识更新周期缩短,知识废弃或失效率、陈旧率加快。人在得到一次开发、二次开发之后,还须继续学习,不断充实自己,提高自己。人力资源管理者应把自己管理的对象视作需要不断开发的对象,加以有效开发利用,以适应人类创造文明社会的发展需要。

(八)人力资源具有高增值性

人力资源从经济性要素来看虽具有某些资本属性,但它是一种特殊的资本性资源,具有高增值性。人力资源的这种特性是社会和个人投资的结果。其质量的高低、数量的多寡,取决于投资程度和力度,取决于投资的规模和效益。投资程度深,力度强,规模大,则带来的收益大,创造的财富多。人力资源能不断开发,不断创造新财富,实现新价值,呈现出收益递增规律。所以,人力资源是社会资源中唯一取之不尽、不断增值的特殊资源。

(九)人力资源具有自我丰富性

人力资源在投入使用中,同其他资源一样也会引起消耗或磨损,但不同的是人力资源具有能够自我补偿、自我更新、自我"充电"、自我丰富、自我开发、自我发展的独特性。而且,每次的自我丰富都是不断完善和提升层次的过程。

三、人力资源建设的主要形式

(一)健康投资

这是基本的人力资源建设形式和对象。《1993年世界发展报告:投资于健康》中提出:"良好的健康状况既是人类发展最根本的目标,又是加快发展的手段。"健康是一种体质、精神、社会交往均属完善的状态。健康投资要求人的身体、心理和社会交往等均处于良好状态,使人们不仅能精力充沛地履行各种职责,完成各项任务,而且还能从中发现并享受乐趣,感受自身价值的存在,生活得更有意义和快乐。要注意与健康相关的营养、医疗保健、工作与生活环境的相关投入,不仅重视身体健康,更要重视心理健康,使人们内心世界保持安定、乐观、积极向上,充满工作、生活热情与爱心。

(二)教育投资

这是人力资源建设最重要的手段和形式。马克思指出:"要改变一般的人的本性,使它获得一定劳动部门的技能和技巧,成为发达的和专门的劳动力,就要有一定的教育或训练。"[1]教育是为增进人的知识和技能、影响人的思想品德和行为的一切活动,它贯穿于人的一生,对人的思维方式、生产方法、生活方式、思想观念、社会交往及待人处世等有着重大影响。既要重视有组织的教育投资,也要重视个人的教育投入与学习。

(三)人力资源投资

人力资源投资是建设人力资源的物质前提,它是为形成、保持和增加个人的经济活动能力而进行的物质、资金和劳务等的投入活动,使人力资源得到加工、培育和改造,形成具有一定健康存量、知识存量、技能存量及社会适应能力的合格劳动者。第一,人力资源投资包括数量投资即对自然人力的投资和质量投资,即为促进具有现实和潜在劳动能力者的体力、智力、知识、技能的提高和增加而进行的投资。第二,人力资源投资有着不同的行为主体:微观方面的个人、家庭、企业投资和宏观方面的政府或社会投资。个人和家庭投资主要是个人学习、受教育和健康投资;企业投资主要是对员工医疗保险投资和培训;政府或社会人力资源投资主要包括医疗保健投资、学校教育投资、职业培训投资和劳动信息产业投资等。

四、边疆人力资源建设的重要性

(一)人力资本是经济发展的"第一资本"

诺贝尔经济学奖获得者芝加哥大学著名教授S.G.贝克认为:人才是经济发展的财富之源,是真正意义上的第一资本。人力资源通过开发转化为人力

---

[1] 《马克思恩格斯全集》第23卷,人民出版社1972年版,第195页。

资本,一个地区人力资本是该地区经济发展的决定因素。这是因为经济增长离不开三个重要的要素:资本、劳动力、技术进步。资本又分为物质资本和人力资本,物质资本是通过厂房、机器、原材料表现出来的资本形式;人力资本是对人本身投资以后,通过凝聚在人身上的知识、智力、体力、技能等非物质形态表现出来的资本形式,它具有资本和人的双重特性。物质资本在经济发展中是以条件的形式出现的,人力资本在经济发展中是以动力作用出现的,人力资本具有高于物质资本的投资收益率。用舒尔茨的话来说就是:自然资源、物质资本以及原始的劳动,对于发展较高的生产力的经济来说,是远远不够的。而且舒尔茨用比较成熟的计算方法对 1900 年至 1957 年间美国物质资本的收益和人力资本的收益进行了深入细致的调查、计算和分析,在这 57 年中,美国的物质资本投资额增加了 4.5 倍,同期物质资本的收益值增加了 3.5 倍;人力资本的投资额仅增加了 3.5 倍,人力资本的收益值则增加了 17.5 倍,大大超过了物质资本的收益值。所以,在现代社会,人的素质(知识、技能、健康等)的提高,对社会经济增长所起的作用,比物质资本和体力劳动者数量的增加所起的作用要大得多,而人的知识的获得,基本上是人力资本投资的产物。

(二)人力资源建设能促进劳动生产率和科学技术水平的提高

人力资源是“活”的主动性资源,与其他经济资源不同,人力资源是具有目的性、主观能动性和社会意识的人所拥有的创造性劳动能力。一切物的因素都要通过人的因素才能加以利用。特别在当今世界,生产力和科学技术高度发展,人在操纵现代化的技术设备方面的作用更加明显。加强人力资源建设,一方面可以改善直接生产者的素质,提高劳动者的技术熟练程度,使同一劳动者在其他生产条件不变的情况下能吸收更多的劳动资料,从而提高劳动生产率;另一方面,可创造更多的技术发明,并同时作用于直接生产者、劳动资料、劳动对象,从而有多方位的生产增长和经济效益。邓小平提出的“科学技术是第一生产力”,已经使人们越来越感到在现代科学技术蓬勃发展的今天,任何一项高精尖的技术和产品,都不是低素质的劳动者所发明的,而是那些具有深厚的知识理论基础的科学家、技术专家等高素质的人力资源所发明的,只有他们才能推动科学技术的发展。因此,高质量的人力资源较易代替低质量的人力资源,而低质量的人力资源则难以甚至不可能代替高质量的人力资源。人力资源建设正是把培育这些高素质的人力资源,充分发展他们的潜能作为重点。此外,人力资源建设是产业结构变化的重要因素。产业结构的不同直接反映出国家经济社会的发展水平和人力资源建设的发达程度。发达国家的第三产业信息服务业在其产业结构中占重要地位,而发展中国家以第一、二产业占主要地位,第三产业比例甚小。这种差别与人力资源建设的发达程度是分不开的,只有培养更多更好的科技人才和管理人才,才能推动第三产业信息服务业的高度发展,才能推动科技进步,从而促进产业结构的变化。特别是发展中国家,更要加大对人力资源建设的力度。

(三)人力资源建设的成功与否直接影响到社会的可持续发展

可持续发展的涵义广泛,内容丰富,总的来说可以概括为生态持续、经济持续和社会持续三者的统一。三者能否统一,则取决于全社会活动的主体——人,即人类对可持续发展的认识程度、人力资源的素质以及人对生产方式、生活方式的控制能力。在自然资源约束、环境保护、人与自然和谐的要求下,在物质资源日益枯竭、严重短缺的条件下,人力资源显得尤为重要。

当今时代,科学技术飞速发展,知识经济初见端倪,为我国社会经济发展带来深刻的变化。实施西部大开发战略,是党中央在国际形势发生新的变化、我国经济进入一个新的发展时期作出的重大决策。加快西部地区的经济发展,是促进边疆地区加快发展和保持国民经济持续快速健康发展的必然要求,也是实现我国现代化建设第三步战略目标的必然要求,对于我们国家未来的繁荣昌盛和长治久安,具有极其重大的意义。党中央和国务院在实施西部大开发战略中,非常重视人才培养和开发。人事部拟订的"西部人力资源开发计划"成为边疆地区人力资源建设战略的重要组成部分。

五、边疆人力资源建设的现状①

边疆地区有优良的传统,有朴实、善良而勤奋的人们,但由于边疆地区地域辽阔,人居极其分散,再加上自然环境较差、基础设施薄弱、文化教育发展缓慢、人才比较缺乏等原因,使得边疆地区人力资源的现状与经济社会发展的需要不相适应。

(一)人才开发滞后

1. 人力资源教育落后。全国第5次人口普查边疆省区人力资源教育状

① 资料来源:《云南人才战略研究》,科学出版社2003年版。

况见表6—1：

表6—1　全国第5次人口普查边疆省区人力资源教育状况

省区	人力资源文盲率		每10万人口中高中人数（人）	每10万人口中中专人数（人）	每10万人口中大专人数（人）	每10万人口中本科人数（人）	每10万人口中研究生人数（人）	人力资源受教育年限	
	%	排序						年	排序
内蒙古	9.38	24	9998.18	3778.39	2782.15	1003.66	29.37	7.89	7
新疆	6.65	16	7667.36	4510.17	3797.32	1296.37	33.38	7.77	9
甘肃	11.47	26	7238.92	2674.20	1862.58	777.93	35.85	7.29	24
西藏	40.96	31	1621.28	1927.51	888.84	380.76	13.00	6.37	31
云南	12.18	28	3912.10	2671.01	1366.84	622.51	28.30	6.74	29
广西	4.37	3	6356.98	3253.40	1732.20	629.17	26.37	7.17	26

资料来源：《云南人才战略研究》，科学出版社2003年版，第15页。

从上表看：第一，边疆省区人力资源文盲率最高（除广西外），西藏文盲率达40.96%，居全国之首，云南稍次达12.18%，居全国排序第28位即倒数第4位，甘肃、内蒙古全国排序分别为第26位、第24位。第二，人力资源受教育年限少，除内蒙古和新疆外，均低于全国7.58年的平均水平，西藏、云南仅有6.37年和6.74年，全国排序与文盲率一样，为倒数第1名和倒数第4名。全国每10万人口中大专、本科、研究生人数分别为2332.63人、1138.79人、71.14人，则大学以上学历合计为3542.56人，除新疆、内蒙古超过全国水平外，甘肃为2676.36人、广西为2387.74人、云南为2012.65人、西藏为1282.6人，均低于全国平均水平，也达不到国务院办公厅下发的《2002～2005年全国人才队伍建设规划纲要》要求大学学历以上的人才数全国平均3700人的要求。而在广大边远少数民族地区、边远农村、边远山区、边远牧区，不仅缺少人才培养和发展的基本条件，甚至连乡土人才也难形成气候，人才资源贫乏还相当普遍。

2. 人力资源质量状况差。云南人才战略研究课题组根据《1996年世界银行报告》测算出人力资源质量指数和人类发展指数，见表6—2：

表6—2　1999年边疆省区人力资源质量状况

省区	预期寿命		成人识字率		人均GDP		人类发展指数		人力资源质量	
	指数	排名	%	排名	(元/人)	排名	指数	排名	指数	排名
内蒙古	0.7248	24	83.56	18	5350	16	0.6790	22	0.98906	17
新疆	0.7349	20	90.23	8	6470	13	0.7068	15	1.18190	8
甘肃	0.7096	26	74.36	29	3668	30	0.6322	28	0.76708	27
西藏	0.6421	31	33.82	31	4262	27	0.5212	31	0.711992	29
云南	0.6753	30	75.66	27	4452	26	0.6323	27	0.75847	28
广西	0.7540	18	81.71	22	4148	28	0.6799	21	0.92561	20

资料来源:《云南人才战略研究》,科学出版社2003年版,第15页。

上表反映出:第一,边疆地区经济发展水平较低,除内蒙古、新疆外,人均GDP全国排名甘肃、广西、西藏、云南分别为第30、28、27、26位即倒数第2、4、5、6位。第二,人类发展指数滞后,反映出边疆地区社会发展水平严重滞后,除新疆外,分别排名为西藏第31位、甘肃第28位、云南第27位、内蒙古第22位、广西第21位。第三,人力资源质量差,也同样反映出边疆地区社会发展水平严重滞后,在全国排名中,西藏第29位、云南第28位、甘肃第27位。

(二)人才管理体制改革滞后

1. 人才仍以计划配置为主,效用低。边疆地区人才队伍不仅总量不足、总体质量不高,而且普遍存在人才浪费严重,高素质人才未能充分发挥作用问题。据云南人才战略研究课题组人才问卷调查结果表明:42.2%的被调查人才认为未能较好地发挥作用,仅有8.92%的人才认为发挥作用较好;国有企事业单位未能发挥作用的比例分别达49.22%和49.46%;管理人才与技术人才中未能发挥作用的分别占36.2%、47.9%;42.2%的大专以上学历、44.2%的研究生学历的人才未能发挥作用。这种人才既匮乏又闲置的问题在边疆其他省区同样或多或少存在,这与人才管理体制的约束极为相关,当前仍有66%左右是通过学校分配、组织分配或任命而获得工作岗位的。

2. 人才管理体制封闭,流动性差。体制封闭表现为:人才流动障碍大;人才近亲繁殖明显;人才"单位所有"体制大。流动性差表现为:仅在边疆省区内流动,从外地进入的少;流向政府、事业单位的多,流向企业特别是非公有制企业的少。人才流动还处于低层次、低水平的半封闭人才流动体系。

3. 人才结构与经济需求不协调。第一,边疆地区人才 70% 左右集中在政府和事业单位吃"皇粮"。第二,边疆地区人才开发与社会经济发展处于低水平互动。从总体看,边疆地区人均 GDP 排位除新疆、内蒙古稍高外,大体在全国的第 26 位至第 31 位,而专业技术人才数也排在相似地位。

(三)人才培养投入产出效益低、政策环境差

1. 教育投入产出效益低,资源配置不合理。经过五十多年的积累,特别是改革开放二十多年来的发展,边疆地区教育事业虽然有很大发展,但与全国相比,教育水平总体上仍相当落后。2000 年边疆省区人力资源投入产出状况见表 6—3:

表 6—3　2000 年边疆省区人力资源投入产出状况

省区	教育总经费		教育投入占 GDP 比重		教育规模指数		教育质量指数		R&D/占 GDP 比重		专利批准量	
	(万元)	排名	%	排名	指数	排名	(元/人)	排名	指数	排名	件	排名
内蒙古	533015.7	25	3.80	15	34.74	26	61.54	19	0.0	25	775	24
新疆	606396.7	22	4.44	8	47.85	15	61.80	17	0.0	31	717	25
甘肃	476792.9	26	4.85	4	36.44	24	66.54	9	0.2	14	493	27
西藏	76981.0	31	6.55	2	19.47	30	28.21	31	0.0	28	17	31
云南	900880.6	16	4.61	6	32.86	28	50.90	28	0.1	24	1217	19
广西	840142.7	18	4.10	11	52.90	9	44.70	30	0.0	26	1191	20

资料来源:《云南人才战略研究》,科学出版社 2003 年版,第 15 页。

上表反映出:第一,教育总经费滞后于全国东中部地区的投入,在全国排名为:西藏第 31 位、甘肃第 26 位、内蒙古第 25 位、新疆第 22 位、广西第 18 位、云南第 16 位。排名第 1 位的是广东,教育总经费高达 3144558.4 万元,西藏、甘肃、内蒙古、新疆、广西、云南分别仅为广东的 2.4%、15.2%、17%、19.3%、26.7%、28.6%。第二,教育投入占 GDP 比重排名高而教育规模和教育质量指数排名低,突出反映投入产出效益低下,除甘肃外,有关省区教育投入占 GDP 比重、教育规模指数、教育质量指数三者之比分别为:西藏 2:30:31,云南 6:28:28,新疆 8:15:17,广西 11:9:30,内蒙古 15:26:19。西藏教育投入占 GDP 比重高达全国第 2 位,但教育规模指数居全国倒数第三,教育质量指数全国倒数第一。第三,R&D 占 GDP 比重,在全国排名除甘肃第 14 位外,其

余5省区在第24位至第31位之间,均为投入相当少的研究与开发费用地区。第四,专利批准量最高为广东,达15799件,而甘肃仅493件、为广东的3.12%,新疆717件、为广东的4.54%,内蒙古775件、为广东的4.78%,广西1191件、为广东的7.5%,云南1217件、为广东的7.7%,专利批准少,从另一个侧面反映科研人员少、素质低,发明专利困难。

2. 人才政策环境不规范化,集聚优秀人才的吸引力差。边疆地区的人才政策环境吸引力大都处于劣势,在人才开发政策上存在三大差距:第一,人才开发的用人政策不完善,尚未形成能上能下、能进能出、效益效能业绩为重、充满活力的用人政策和机制,也没有完全形成公开、平等、竞争、择优的用人环境。第二,人才开发的激励政策不落实,一些优惠政策适用范围太窄,且相互不配合、不衔接,缺乏普遍受益的人才政策而影响形成大量的人才聚集优势,加上人才的社会公共服务体系不完善、不健全,社会保障、医疗保险、孩子上学等一系列法律法规和配套政策不明确、不规范,许多人才开发的相关政策有待进一步完善、落实。第三,人才开发的经济互动政策和机制不健全。由于边疆省区经济发展水平低,吸引人才的物质条件差,缺乏经济互动能力,人才政策的吸引不足;加上人才观念落后,人才政策相对封闭僵化,人才录用政策、人才使用政策缺乏透明性,录用与任用领导说了算,用人不靠政策靠关系,等等。

第二节　边疆人力资源建设战略构想

一、边疆人力资源建设战略取向

(一)民生取向

民生问题内涵丰富,涉及生活的方方面面,其中教育、就业、收入分配和社会保障这四大问题是民生的基本问题。而边疆地区在这些方面与发达地区相比有较大差距。从教育来看,边疆地区的劳动力资源在相对量上的改变仍然不是十分明显,尤其是在高层次的人才拥有量上仍然大大落后于全国特别是东部地区。从就业来看,由于经济欠发达所导致的就业岗位较少、就业环境不佳,已成为边疆地区难以接纳、吸引和留住人才的关键制约要素。从收入分配来看,边疆地区不仅与东部发达地区的收入差距在加大,而且城乡收入差距也在加大。从社会保障体系的建立来看,边疆地区围绕失业保障、基本养老保险、基本医疗保险、城市最低生活保障、下岗职工基本生活保障等保障体系的建设做了大量的工作,促使了边疆地区社会保障体系的基本形成。但仍面临着社会保障体系与市场经济体制及社会发展需求不相适应的问题,如社保基金的筹集渠道单一、征缴困难、收不抵支等已成为社会保障制度改革和健康发展的最大障碍。

因此,边疆地区在制定经济社会发展战略时,应坚持以人为本,即坚持党的全心全意为人民服务的宗旨,把人民的利益作为一切工作的出发点和落脚点,充分考虑广大人民的需求,为他们的发展创造良好的环境和条件,保证发展的成果惠及全体人民,促进人的全面发展。在调整新时期人力资源战略时,要牢记教育是民生之基,就业是民生之本,收入分配是民生之源,社会保障是民生之安全网。通过较好地解决这些民生问题,实现人与自然、人与人、群体与群体、社会阶层与社会阶层之间的和谐。

(二)经济效率取向

从一般意义上来讲,效率是人的一种活动属性。人的一切活动都是为了实现某种目的。有的人投入活动虽然较少,所实现的目的却较多;有的人投入活动虽然较多,所实现的目的却较少。用多少活动实现多少目的的比例,就是所谓的效率。经济效率总是表现为对比特定质量的要素占用、耗用量即"投入"而言的相对"产出"量。

作为经济欠发达的边疆地区,经济建设、人力资源建设的资金缺口很大。人力资源建设的经济效率取向就是要重视人力资源建设中的投入与产出比较,通过优化人力资源建设机制,最大限度地使边疆人力资源投资转化为人力资本。

(三)公平取向

公平是和谐社会的重要特征之一。公平,就是社会各方面的利益关系得到妥善协调,人民内部矛盾和其他社会矛盾得到正确处理,社会公平得到切实维护和实现。近年,随着经济的快速发展,边疆城乡之间、地区之间、阶层之间等不同方面的利益变动进一步加剧,在社会生活的一些领域,不同程度地出现了贫富差距、城乡差距、区域差距拉大,经济社会发展不协调,农民负担加重等问题,这些现象的背后都或多或少地存在着社会不公的影子。这些问题目前已引起了部分群众的不满,而如果没有社会的公平与正义,社会就不可能诚信友爱、安定有序、充满活力,构建社会主义和谐社会也就必然成为一句空话。

因此,在制定人力资源战略时,应注意妥善协调利益关系,大力促进社会公平,切实维护社会正义,使公平与正义成为社会主义和谐社会的重要支柱。

（四）可持续发展取向

人力资源建设有利于促进自然资源的深度开发和有效利用。边疆地区自然资源丰富,但资源导向型产业较多,资源破坏和浪费现象相当普遍和严重,导致这一切最重要的原因之一,就是劳动力素质与自然资源开发利用不相适应,大力加强人力资源的建设,提高劳动者素质,对自然资源开发利用具有重要意义。人力资源建设有助于替代自然资源,从而缓解资源的稀缺性。人力资源建设能增强人类开发自然资源的能力,创造出更多更好的新资源。

二、边疆人力资源建设战略选择

《从人口大国迈向人力资源强国》项目,是教育部人文社会科学研究的重大项目,该课题组提出的"未来50年中国教育与人力资源开发的战略构想"中,有关战略选择、战略目标、战略步骤具有前瞻性、超前性、政策性、指导性,是边疆地区人力资源建设战略的重要参考和依据。

（一）战略选择

人力资源是中国持续发展的第一资源,包括三大内容:确立"第一资源"战略;实施"能力发展战略";创建"学习型社会"战略。

1. 确立"第一资源"战略

第一,将全面建设人力资源作为全面建设小康社会的第一目标。要站在国家发展和民族振兴的战略高度,深刻理解和认识发展教育和建设人力资源的重要意义;要对教育与人力资源建设进行长周期的战略筹划,坚持几十年甚至上百年教育与人力资源建设的优先方针,一心一意、全心全意做好人力资源的利用与建设。

第二,把人力资源利用与建设作为中国发展的战略选择。在实现全面建设小康社会和基本实现现代化的进程中,必须始终坚持"三个面向"和"三个代表"重要思想,继续实施科教兴国战略,牢固树立人力资源是"第一战略资源"的观念,充分发挥教育与人力资源建设在社会主义现代化建设和全面建设小康社会中的先导性、全局性和基础性的地位和作用,探索出一条符合中国实际的教育与人力资源强国、教育与人力资源富民、教育与人力资源适度超前发展的道路。为实现这一宏伟目标,必须坚持"四个第一"。其一,人力资源是经济社会持续发展的"第一资源"。对一个国家经济社会发展来说,在自然资源、物质资源(资本投资)和人力资源三大资源中,人力资源是第一资源,是最具有优势的资源,也是我国在世界上唯一最具有比较优势的资源。人力资源具有存量和增量可再开发性,且可转化为其他社会财富。只要持续不断地投资开发,就能不断得到更新,使之能力更强,贡献更大。只有把人力资源作为第一资源优先开发,才能使潜在的人口资源优势转化为现实的人力资本优势,转化为人力资本的国际竞争优势。走新型工业化道路,必须发挥科学技术作为第一生产力的重要作用,主要依靠科技进步和提高劳动者素质和能力,改善经济增长质量和效益。因此,只有把人力资源作为第一资源,才能促进我国经济社会长期稳定和持续增长,这是全面建设小康社会的必然选择。其二,全面开发人力资源是全面建设小康社会的"第一目标"。在知识经济时代,只有那些具备现代知识、掌握和创造先进科学技术、致力于为人类文化进步做出贡献的人,才是推进先进生产力发展的重要力量。党的十六大提出了全面建设小康社会的目标,并把教育与人力资源建设作为其中的重要任务。要实现在优化结构和提高效益的基础上,综合国力和国际竞争力明显增强;社会主义民主更加完善,社会主义法制更加完备;全民的思想道德素质、科学文化素质和健康素质明显提高;可持续发展能力不断增强,归根结底取决于人力资源的建设,取决于国民素质和科学水平的提高。只有人力资源得到有效、全面的建设,才能为全面建设小康社会提供强大的人才智力支持,才能保障全面建设小康社会目标的顺利实现。其三,全面建设人力资源是实现富民强国的"第一国策"。集中全国人民的智慧和力量,把聚精会神搞建设,一心一意谋发展的最终目标定位在实现富民强国上,把全面建设人力资源作为第一国策,才能提高广大人民的学习能力、生存能力和发展能力;才能促进社会全面进步和国家长治久安、繁荣富强;才能缩小城乡之间、地区之间和性别之间的差距,真正凝聚全国人民的智慧和力量实现现代化。因此,在全面建设小康社会中,必须把全面建设人力资源作为第一国策,才能最终实现富民强国的宏伟目标。其四,全面建设人力资源是各级政府的"第一责任"。党的十六大明确指出:"必须把发展作为党执政兴国的第一要务。"各级政府必须履行的第一要务,就是要从富民强国的战略高度,加强对教育与人力资源建设的宏观管理、战略规划,强化人力资源建设的责任,把人力资源建设作为兴县、兴市、兴省、兴国的首要任务来抓,使全面建设人力资源作为各级政府的第一责任。

2. 实施"能力发展战略"

加强人力资源能力建设,要充分认识人力资源能力建设对经济社会发展的基础性、战略性、决定性意义,把它放在经济社会发展的突出位置。教育发展和人力资源建设,要实现从学历本位到能力本位的战略转变,必须注重提高学习者的四大能力:第一,提高学习能力。注意提高学习者的学习能力、运用信息的能力,使学习者一生中能不断接受扑面而来的新知识、掌握新技能以从容应付不断变化的世界。第二,提高就业能力。通过提供适应社会、个人协调发展的教育培训提升学习者的就业竞争能力,既体现教育的终极关怀,也是教育培训的责任所在。第三,提高工作转换能力。使学习者能适应现代社会各种经济社会组织对劳动者不断提出的新知识、新技能要求,能适应转变工作方式、工作内容、工作地点的要求,具有较强的工作选择、工作适应、工作转变能力。第四,提高创业创新能力。

3. 创建"学习型社会"战略

创建"学习型社会",必须构建现代国民教育体系和终身教育体系。第一,构建终身教育体系。要形成一个开放的、终身学习与终身教育的社会,建设人人可平等、便利地在任何时间、地点接受教育的社会。体系包括:全民享有教育权利;全民拥有教育机会;全民终身学习;处处成为学习之所;人人成为学习之人;人人有自主选择之机。第二,构建现代国民教育体系。包括:一是学习型教育机构。各级各类学校是未来学习型社会的基本组织,也是体现终身教育理念、实现现有学校体系向现代国民教育体系转变的一项基础工程;要实现各类教育资源的开放、教育时段的开放和弹性学习制度以及教育服务功能的开放。二是学习型企业。其特征在于:学习与培训成为提升企业竞争力的直接需要;企业与学校广泛合作,互惠双赢;培训方式注重实用、开放、效率、效能。三是学习型社区。主要特征是在社区范围内开展多样化、开放性、分散式教育与学习活动,主要按人的生命周期与职业生涯的不同需求,提供丰富、灵活、多样的自主学习活动,以提高居民的生存、生活质量与发展能力。第三,形成学习型社会主体:学习型政党、学习型政府、学习型社团、学习型企业、学习型社区、学习型家庭、学习型个人。

(二)人力资源建设战略目标和战略步骤

1. 战略目标

其一,建成总量充足、配置均衡、能力优先、体系现代的国民教育体系,建设世界最大的学习型社会,使拥有十几亿人口的人力资源得到全面建设与提升,实现从教育大国变为教育强国,从人口大国迈向人力资源强国。

其二,实现人力资源发展水平的"两次提升"。未来 50 年,我国人力资源建设将从欠发达国家发展水平到中等发达国家发展水平,再从中等发达国家发展水平到发达国家发展水平的跃升,到 21 世纪中叶,我国将发展成为世界人力资源强国。第一次提升:从 2002 年到 2020 年,我国 25 岁至 64 岁劳动人口人均教育年限将超过 11 年,人文发展指数达到 0.85 以上,按购买力平均价计算的综合生产率达到 3 万美元左右,每百万人口中科学家和工程师人数达到 1500 人左右,实现从人力资源欠发达国家向中等发达国家的第一次提升。第二次提升:从 2021 年到 2050 年,我国 25 岁至 64 岁劳动人口人均受教育年限超过 13 年,人文发展指数达到 0.9 以上,按购买力平均价计算的综合生产率达到 4 万美元左右,每百万人口中科学家和工程师人数达到 3000 人左右,实现从人力资源中等发达国家向发达国家的第二次提升。

2. 战略步骤

第一阶段是发展的关键期(2001 年至 2010 年)。人力资源发展的三大目标是:第一,人力资源发展目标:根据我国经济和产业结构未来发展的初步预测结果以及相应的人口增长和教育发展目标,到 2010 年,我国国民受教育水平将进一步提高,25 岁至 64 岁劳动人口的平均受教育年限有望超过 9 年,将标志着我国劳动力受教育水平全国平均达到初中教育水平(相当于美国 20 世纪 50 年代左右水平)。第二,人力资源培训目标:到 2010 年全国从业人员岗位培训人数将达到 2.4 亿人次,其中高中及以下,大专及以上文化程度平均每年接受各类继续教育与培训人数分别为 2 亿和 0.4 亿人次。第三,人力资源水平提升目标:到 2010 年,每 10 万人口中,大专以上学历的人数由 2000 年的 3611 人增加到 7700 人左右,高中文化程度的人数从 2000 年的 1.1 万人提高到 1.6 万人左右;25 岁至 64 岁劳动适龄人口平均受教育年限由 2000 年的 7.97 年提高到 2010 年的 9.1 年;新增劳动力平均受教育年限将从 2000 年的 9.6 年提高到 2010 年的 11.8 年;从业人员平均受教育年限将从 2000 年的 7.99 年提升到 2010 年的 9.6 年,从业人员中具有大专及以上学历人员的比重将从 2000 年的 4.66% 提升到 2010 年的 10% 以上。

第二阶段为全面提升期(2011 年至 2020 年)。第一,人力资源培训目标,根据未来从业人员规模的变动情况及文化程度构成,全国从业人员的继续教育和培训的需求平均每年将达到 2.5 亿至 3 亿人次。第二,人力资源水平提升目标将实现人力资源建设水平的第一次提升,劳动适龄人口平均受教育年限接近 10.5 年,接近 OECD 国家 20 世纪末水平。到 2020 年,全国每 10 万人口中,大专以上学历者达到 1.3 万人左右,高中文化程度人数将接近 2 万人。劳动适龄人口平均受教育年限达到 10 年左右,新增劳动力平均受教育年限将达到 12 年以上;从业人员平均受教育年限将达到 11 年左右,从业人员中具有大专以上学历的人员比重将提升到 20% 左右,基本达到 OECD 国家 20 世纪末水平。

第三阶段为从追赶到超越,建成教育和人力资本强国时期(2021 年至2050 年)。到 2050 年,全国 10 万人口中,大专及以上学历达到 3.1 万人左右,高中文化程度人数将接近 3 万人。劳动适龄人口平均受教育年限将超过13 年;新增劳动力平均受教育年限将接近 14 年;从业人员平均受教育年限将达到 13.5 年,具有大专及以上学历的人员比重将提升到 40% 以上,达到发达国家 21 世纪初的水平。

以上战略选择、战略目标、战略步骤是从全国角度规划的。边疆地区应从各自的实际出发,制定切合实际的人力资源发展规划,抓紧发展、提升、追赶、超越,与时俱进地接近全国平均水平。

三、致力于人力资本建设

(一)人力资本概念及其含义

最早把人的能力划归固定资本的是古典经济学创始人之一亚当·斯密。他在《国富论》中认为,一个国家全体居民的所有后天获得的有用能力是资本的重要组成部分,因为获得能力需要花费一定的费用,所以它可以被看作是在每个人身上固定的、已经实现了的资本。但是他没有使用人力资本概念或者类似概念。斯密以后,特别是 19 世纪以来,许多经济学家都把人的知识、技能等质量因素视为一种资本。有的将它称为"非物质资本",有的称为"精神资本",有的称为"智力资本",有的称为"社会资本",有的则称为"准资本"。据学者考证,"人力资本"一词最早可能是经济学家博格 1916 年提出来的,但是,把人力资本作为一门学科的基本概念,并由此创立一门与传统资本理论不同的新理论,应该归功于舒尔茨。

舒尔茨认为,人的知识和技能是重要的经济资源,但是这种知识和技能的获得不是无代价的,它们在很大程度上是投资的结果,同样需要消耗资本投资。同时它们又能在运用于生产过程中给人带来更多的收益,因而也是一种资本,即人力资本。在他那里,人力资本就是个人的知识、技能和经历。

贝克尔进一步把人力资本与时间和健康等因素联系起来,认为"人力资本包括个人的技能、学识和健康",人力资本的状况和发挥既与个人的知识、技能、经历有关,也与个人的健康和寿命有关。

无论舒尔茨还是贝克尔都把人力资本限定为个人的知识和能力等个体因素,麦塔则认为"人力资本可以宽泛地定义为:居住于一个国家内人民的知识、技术及能力之总和,更广义地讲,还包括:首创精神、应变能力、持续工作能力、正确的价值观、兴趣、态度以及其他可以提高产出和促进经济增长的人的质量因素"。这是很有见地的。进取精神、正确的价值观和人生观等,也是个人、企业和国家的重要人力资本。

从最一般的意义上,我们可以将人力资本定义为:人后天获得的能够创造经济价值的知识、能力、精神和健康等素质的总和。这一定义具有以下几个方面的含义:

1. 人力资本不是指人本身,而是指人所具有的知识、技术、能力、精神和健康等质量因素。因此,人力资本理论并没有贬低人的地位和价值,相反,它恰恰是肯定了人在经济增长中的重要地位和价值。因为在传统资本理论中,劳动力是资本的附属物,受资本的役使和支配;而在人力资本理论中,人的知识和能力与物质资本并列为两大资本,并且受到更多重视。

2. 一个人所拥有的人力资本并非与生俱来,而是在后天实践中形成的。虽然人力资本的形成及其效能的发挥会受到某些先天因素(如智商或体质)的影响,但是这种影响相对较小,不是根本性的,它们主要是作为自然生理基础起作用。

3. 人力资本是一个与生产和价值相联系的经济范畴,同物质资本一样,是一种创造经济价值的生产能力和比物质资本更重要的经济资源。

4. 人力资本是人的知识、技术、能力和健康等质量因素的总和。这里的"总和",包括两个方面的含义:其一是说,人力资本指的是这些因素的全部,而不仅仅是它的某个或某些方面。其二是说,这些要素是一个有机整体,它们之间是相互联系、相互作用、相互制约和相互补充的。

5. 人力资本虽然包括人的体力,但主要指的是人的智力及其成果。因为人力资本投资主要是对知识和能力的投资,人力资本之间的差异也主要是知识存量多少和质量高低的差别。

6. 人力资本是主体化人力资本和客体化人力资本的统一。它既包括内在和内化于主体身上的知识和能力等,也包括物化和凝结在一定物质载体的知识能力,如科学知识、技术、商标、品牌、专利等。

7. 人力资本是个体化人力资本和社会化人力资本的统一。它既指个人的知识和能力等人力资本因素,也指企业、国家和社会所拥有的知识、智力、商标、品牌等无形资产。

(二)人力资本推动边疆经济增长和社会发展

人力资本是一本万利的事业。我国早在春秋战国时期,齐国的管仲就提出:"一年之计,莫如树谷;十年之计,莫如树木;终身之计,莫如树人。一树一获者,谷也;一树十获者,木也;一树百获者,人也。"①管仲将人力资本投资视为一本万利的事业,而对人力资本的重视是我国过去在很长时间能够成为世界上最强大、最先进、最发达的国家的根本原因。国际上的人力资本理论,可以追溯到现代意义的经济学创立之初。当时,许多经济学家通过他们提出的劳动力价值学说确立了劳动力在财富创造中的决定性地位,这实际上已经确立了人力资本在经济活动中的特殊地位。英国古典政治经济学创始人威廉·配第关于"土地是财富之母,劳动是财富之父"的著名论断以及阿吉尔·贝尔关于劳动时间决定价值的论述,是人力资源和人力资本的早期代表,亚当·斯密在《国富论》中把工人技能的增强视为经济进步和经济福利增长的基本源泉,认为一国全体居民的所有后天获得的有用能力是资本的重要组成部分。

人力资本通过投资形成。当代西方经济学认为,资本采用两种形式,即物质资本和人力资本。体现在物质形式方面的资本即投入生产过程中的厂房、机器、设备、资金等各种物质生产要素的数量和质量,为物质资本;体现在劳动者身上的资本为人力资本。人力资本如前所述,是指凝聚在劳动者身上的知识、技能及其所表现出来的能力。这种能力是经济增长和生产发展的主要因素,是一种收益很高的资本。人力资本是通过投资而形成的。人力资本包括多种形式的投资结果,最基本的如对教育和训练的费用可以提高人的认知能力并有助于学习能力的增强;对医疗卫生保健和营养的投资可以改善人的健康状况;对个人的培训可以提高一个人的技能与知识水平;对研究和建设的投资可以通过外部的效果提高个人的技术水平。

提高人力资本存量,就等于增加人民的福利。世界银行 2000 年发表的《增长的质量》提出了新的发展分析框架,将影响增长和福利的要素分为三类资源:人力资本、物质资本和自然资本。其中物质资本是通过增长影响福利,

---

① 《管子·权修》。

而人力资本和自然资本不仅可以通过增长影响福利,其自身就是福利的主要组成部分。这意味着提高人力资本存量,就等于增加人民的福利。

人力资本的水平影响经济增长。人力资本的存量推动了经济增长,因为生产者的技术水平更高也就更有可能创造新的技术。对那些没有处于技术前沿的经济,平均的人力资本存量越高,其学习的能力就越强,也就越有可能吸收已有的技术并实现更快的经济增长。而具有更高技能的人群采纳和吸收新技术的能力会更强。人力资本存量的多少,在发展中国家赶超技术领先国家的过程中居于重要的地位。在现实世界中,很多发展中国家或一个国家中的落后地区,由于平均人力资本水平处于很低水平,使得他们在赶超先进经济的过程中往往遇到不可逾越的障碍。这更提醒和要求边疆地区只有大力加强人力资本投资,才有可能同步建设小康社会。国内外经验表明,人力资本追赶是经济追赶的先导,这对边疆发展更有现实意义。

(三)建立人力资本战略

在知识经济时代,人力资本将成为经济发展的主导,人力资本经济将成为知识经济的本质特征之一。

国民经济的主要潜力在于人力资本。在科技进步已成为经济增长的主要推动力的时代,从总量看,增加人力资本的投入特别是增加高质量、高素质的人力资本投入,比增加物质资本的投入取得的收益更大。据舒尔茨对美国公司1900年至1957年的物质资本和人力资本收益计算,其结果是物质资本投资增加了4.5倍,收益增加了3.5倍;人力投资增加3.5倍,收益增加17.5倍。由此可见,国民经济增长的主要来源和潜力在于人力资本投资。

发展人力资本,促进科技进步。人力资本越高,技术进步越快,国家综合国力就越强。人力资本通过推动技术进步,使资本的收益提高,从而推动经济建设快速发展。据1988年统计,在20岁至24岁的青年中,大学生的入学率,美国为54.9%、日本为29.8%、中国为4%。在美国、日本、中国经济增长的来源中,物质资本因素与技术进步因素占的比重分别为:美国23%与42%,日本48%与42%,中国67.5%与1.9%。中国由于人力资本投入少、水平低,导致技术进步在经济增长中比重过低,经济增长主要靠物质资本投入。

建立人力资本战略,促进社会经济可持续发展和经济增长方式的转变。在世界人口急剧增长、物质资源极为有限的情况下,只有依靠人力资本的积累和科技的进步,才可能实现经济可持续增长。随着人力资本的积累,技术进步在经济增长中的作用不断加大,经济增长方式将由主要依靠劳动和资本投入量增加的粗放方式向主要依靠科技进步的集约方式转变。同时,劳动者素质和人力资本的提高,劳动者的全面发展有利于社会文明程度的提高。

(四)把发展人力资本作为赶超发达地区的战略选择

第一,发挥人力资本在促进边疆地区由传统农业向现代农业的转化中的重要作用。通过人力资本投资,提高农民的知识和技能,尽快掌握现代农业的知识与技术,加速向现代农业的转化进程。第二,发挥人力资本在促进边疆地区产业结构演化过程中的主导作用。随着产业结构的调整、优化、升级,以及高科技产业的出现,科技含量、知识含量在产业发展进程中不断增加,对劳动者的知识、技能要求也越来越高,只有持续对人力资本进行投资并促进其水平提高,才能发挥在产业结构演化进程中的主导作用。第三,发挥人力资本在改变边疆地区投资环境、提高对外资吸引力的作用。边疆地区不仅要以独特的资源优势、西部大开发的政策优势、沿边开放的区位优势等硬环境吸引外资,还要加大人力资本投资,以具有较高知识、技能、科技水平的管理者、科技人才和技术工人等软环境吸引外资。第四,发挥人力资本在边疆地区经济跨越式发展中的关键作用。联合国教科文组织总干事马约尔指出:今天富国与穷国的差距是知识的差距;没有科技的发展,就不可能有持久的发展。知识差距的实质是人力资本差距。抓住人力资本这一中心环节,加强人力资本的投入与建设,使人力资本成为推动边疆地区经济跨越式发展和科技进步的主要动力和源泉,尽快缩小与东部发达地区的差距。

第三节　边疆人力资源建设战略重点和对策[①]

一、人力资源建设重点

(一)高度重视人口问题

1. 边疆地区人口问题特点

人口问题是世界各国的普遍问题,也是人力资源的基础性问题。尽管边疆地区的人口与计划生育事业取得了一些成绩,但与内地相比还存在突出问题。以云南省为例:一是人口基数大,净增人口多,可持续发展压力大。2004年总人口已达4415.2万人,出生率为15.6‰。如果按9‰的自然增长率测

---

① 参见秦光荣主编:《云南十一五规划战略研究》,云南人民出版社2005年版。

算,到 2010 年仅在贫困县就要净增 151.2 万人口。二是人口总体情况不佳、素质不高、人口安全隐患大。云南省人口平均受教育年限仅有 5.8 年,低于全国平均水平 1.3 年;出生婴儿中缺陷比例高,在每年出生人口中,用肉眼可见的缺陷婴儿近 5 万人,全省 129 个县、市、区相继发生了艾滋病疫情。三是出生性别比偏高,劳动年龄人口增速快,就业压力大。2000 年第五次人口普查出生性别比高达 110.06:100,劳动年龄人口以每年 6.9‰递增。四是人口分布不理想,严重制约着城乡结构的战略性调整。根据联合国联合基金《世界人口状况》公布的数据,中国城市人口比重为 37.66% ,世界平均为 47% ,云南省只达 24.87% 。

2. 解决边疆人口问题的主要对策

边疆人口事业发展的主要目标应该是:控制人口数量,提高人口素质,改善人口结构,引导人口合理分布。主要方法应该是:综合运用各种手段,稳定低生育水平,促进人口统筹发展。充分利用经济、法律、行政、科技、教育等综合手段,促进人口数量、质量、结构、分布、安全的统筹发展。

主要对策是实施四项工程。一是"少生快富"工程。在严格执行计划生育法律法规的基础上,一方面抓"奖优免补"政策的落实,激发人民群众"少生快富"的积极性,另一方面严格控制违法生育,进一步降低生育水平,引导群众"少生快富"。二是"出生人口素质"工程。认真制订各地区人口出生缺陷预防法律法规,降低人口出生缺陷率,加强艾滋病母婴阻断措施。三是"生育技术服务"工程。为育龄夫妇提供少生优育、优生优育的全程技术服务。四是"宣传教育"工程。在全社会深入开展人口事业的宣传教育,开展婚育新风进农家和关爱女孩行动,普及生育科技知识和计划生育法律知识。通过实施四项工程,促进人口事业的三个转变:一是从单纯控制人口数量向控制人口数量、提高人口素质转变;二是从单一行政手段管理人口事业向经济、法律、科技等综合管理转变;三是从为一代人提供人口事业服务向为三代人提供优质的人口事业服务转变。通过努力解决人口问题,控制人口数量,提高人口素质,改善人口结构,为边疆人力资源建设创造良好的人口环境。

(二)努力改善人口资源质量

1. 提高人力资源身体素质水平

边疆人力资源身体素质明显低于内地,这和边疆地区群众的生活条件、医疗条件、环境条件有密切的关系。提高人力资源身体素质水平,应当从加快卫生事业发展入手,建立边疆疾病预防控制体系和突发公共卫生医疗体系,切实加强农村卫生基础设施和农村医疗队伍建设,推行新型农村合作医疗制度,建立医疗救助制度。深化卫生体制改革,促进医疗卫生公平,切实解决群众看病难、看病贵的问题,努力提高人民生活水平,改善民众营养结构,加强劳动力修复,增强人力资源体力。

2. 提高人力资源文化素质水平

边疆地区人力资源文化素质水平普遍较低。要大力实施科教兴边战略和人才强边战略,大力发展边疆教育事业和科技事业,促进边疆人力资源文化素质的提高,提高劳动者整体素质。要大力发展基础教育,巩固"两基"教育成果,改善教育结构,努力发展普通高中和职业高中,积极发展大学教育,加强农业劳动者的技能培训。要努力推进技术创新,增强边疆自主创新能力,提高劳动者的技术水平。

(三)高度重视管理人才、技能人才和农村人才的培养和引进

边疆地区缺口最大、最急需的是企业经营管理人才、技能人才、农村适用人才,这三类人才是边疆经济社会发展的中坚力量,是边疆劳动力生产提高的关键。边疆大多数企业从规模和效益上看,都远远低于全国平均水平,根本原因在于企业经营和管理人才缺乏,物质资源难以通过人力资源转化为经济社会财富,所以要加快培养和引进企业经营和管理人才。要加快各种技能培训,使边疆地区持有各种技能证书的人才迅速增加,这是边疆地区提高企业生产率、提高人力资源素质、加快异地就业的重要途径。

(四)充分发挥现有人力资源的作用

实施充分就业,避免人才流失,要减少人才浪费现象。边疆地区一方面人才缺乏,另一方面人才浪费严重,这是由于经济不发达,人才结构与经济结构不匹配,劳动力资源与产业资源开发不协调所导致。要通过市场机制和产业导向、政策扶持和政府控制等措施提高人力资源的利用效率。转移农村剩余劳动力,大力实施"阳光工程"项目,推动农村劳动力的技能培训,政府应采取有效措施,通过市场机制组织和引导农村劳动力向城镇转移,这样既能提高人力资源的素质,又能提高农村劳动力的生产效率,增加农民的收入。积极安置失业人员。边疆地区城镇登记失业人员数量在不断增加,仅云南省2005年城镇登记失业人员达17万人,这些人大多数是35岁至45岁的国有企业下岗职工,年富力强,有一定的文化和技术能力,要通过职业技术培训发展经济产业,开发失业人力资源。要通过制定人才吸引政策,留住人才,避免人才的显性流失和隐性流失。

（五）健全社会保障体系，提高人力资源建设的社会保障能力

依法扩大养老、失业、医疗等社会保险覆盖范围，拓展社会保障筹资渠道，充实社会保障基金，加强社会保险基金调剂能力和安全运营。提高征缴率，调整财政支出结构，确保养老金按时足额发放。逐步把下岗职工基本生活保障纳入失业保险。完善社会福利、社会救济、优抚安置和社会互助制度，为低收入家庭提供最基本的生活保障。要发展多种形式的农村养老和医疗保险，逐步提高农村的社会保障水平。要建立失业预警制度，通过抽样调查，及时预警，以增强社会的应变保障能力。

二、边疆人力资源建设战略对策

（一）加强政策的宏观引导和调控作用

人力资源建设是一项系统工程，涉及每一个地区、部门和个人。目前，边疆地区人力资源建设市场化程度比较低，应充分发挥政府在人力资源建设中的组织、协调、引导作用，要制定符合边疆省区人力资源的建设目标，科学制定人力资源建设政策，组织协调各级政府、各部门、各个地方的人力资源建设工作，形成人力资源建设的合力。应建立边疆省区人力资源建设信息监管机制，加强人力资源信息网络建设。

（二）强化人力资源建设的法律支持

要使人力资源建设逐步走向法治轨道，使人力资源建设有序进行和可持续发展，要学习和吸引世界各国和国内发达地区人力资源建设管理的经验，清理人力资源建设中不合理的规章制度，制定与实施符合国际规范的人力资源建设管理的地方性法规。

（三）建立人力资源建设市场化体系

人力资源配置方式要适应经济市场的要求，以市场为基础。使市场这只"无形的手"发挥重要作用。实现人力资源配置市场化，是我国边疆地区入世后人力资源配置的迫切要求。正是这种外部环境的发展，使得人力资源不再为"某一部门、某一单位"所独有，人力资源由静止、封闭逐步走向流动和开放，走向市场。人力资源流动促进了人力资源市场化的形成。人力资源市场化是企业现在和未来的发展趋势，并且这种趋势在不断加快。加快人力资源市场体系建设，推进政府部门人事体制改革，实现管办分离、政事分开，推行市场中介执业资格制度，鼓励民间资本投入人力资源市场建设，允许有资质的省外、国外人力资源中介机构进入边疆地区，积极推进人力资源中介组织

的市场化。充分发挥现有市场的功能和作用,加强宏观管理,形成统一、开放、竞争、有序的人力资源市场体系。

（四）产业结构调整与人力资源建设相结合

边疆地区实施工业化战略必须充分利用人力资源,发展新型劳动密集型产业与大力开展技术创新、发展高新技术产业并重。产业结构调整要与就业要求相匹配,比如云南在继续把烟草、电力、生物、矿业、旅游等产业作为支柱产业培育的同时,应该着力培育劳动力吸纳能力强,又有经济效益的现代服务业。加快边疆特色经济产业群的发展,大力发展县域经济、乡镇企业和各种民营经济,以农业结构调整为契机,促进农村剩余劳动力在农业内部就业,积极发展农村第三产业,拓宽农村剩余劳动力的就业渠道。

（五）调整教育结构和教育机制

人力资源素质低是制约劳动力转移速度特别是劳动力转移层次提高的重要因素。大量分析表明,劳动力素质与转移的速度和层次成正比关系,一般劳动力素质高的地区,转移速度要快于劳动力素质低的地区,同时转移劳动力的就业层次也较高。随着市场经济的发展和经济增长方式的转变,社会各方面对劳动力素质的要求越来越高。各种层次教育应该根据市场需求和输入地企业的要求进行调整,并适当超前发展,定向举办各种类型的技术培训班。边疆地区教育结构应实施低重心战略,把提高全社会劳动者的整体素质放在首要位置。同时,高度重视开辟多种途径、多个渠道,培养高层次人才。

（六）加快与全国一体化人力资源建设体系的对接

边疆地区加快与全国一体化人力资源建设体系的对接,关键是加快城乡人力资源建设一体化步伐。坚持大中小城市和小城镇并举的方针,形成分工合理、各具特色的城市体系。应消除不利于城镇发展的体制和政策障碍,深化户籍制度改革,实施公民自由迁徙战略,加快城镇住房、就业、医疗和社会保障制度改革,为进城农民提供公平的就业和生活环境。繁荣小城镇经济,形成符合当地特色的城镇主干产业,为劳动力就业提供产业支撑。

（七）加快少数民族人力资源建设进程

边疆地区多民族共同聚居的实际,使边疆各民族之间人力资源协调开发显得尤为重要。要制定和完善边疆少数民族人力资源建设的政策,在市场开发和政策性开发之间拓宽少数民族人力资源开发途径。政策性开发是少数民族地区人力资源开发过程中必不可少的一个过程,但是随着市场经济的发展,单一的政策性开发应该向市场开发逐步转变,这样少数民族地区的人力资源建设才能从"输血"经济转向"造血"经济,但在这个过程中,政府政策性的支持是必需的。

(八)加强跨区域、国际性的人力资源建设与合作

随着经济全球化和区域化的推进,人力资源建设的开放度越来越高,边疆地区要充分利用边境优势和资源优势,实施跨区域的国际性人力资源建设战略,比如云南省可在昆明建立中国—东盟人力资源开发中心,培养适应东盟需要的各类人才,把向周边国家的劳务输出作为劳动力转移的一个重点,在周边国家领事馆设立人才信息服务部门,组织青年就业者到省外和国外就业培训,拓宽就业渠道。

第四节　实施人才强边战略

一、实施人才强边战略的重要意义和基本要求

人才问题是边疆人力资源建设的核心问题,人才战略是边疆人力资源建设的重要战略。当今世界,多极化趋势曲折发展,经济全球化不断深入,科技进步日新月异,人才资源已成为最重要的战略资源,人才在综合国力竞争中越来越具有决定性意义。边疆地区已进入全面建设小康社会,加快社会主义现代化进程的重要历史阶段。小康大业,人才为本。适应国内外形势的发展变化,完善社会主义市场经济体制,牢牢掌握边疆地区加快发展的主动权,关键在人才。必须把人才工作纳入边疆地区经济和社会发展的总体规划,大力开发人才资源,走人才强边之路。

由于党和国家对边疆人才培养的高度重视,培养和造就了边疆各领域的大批优秀人才,为推动边疆现代化建设事业发挥了重要作用。但是,边疆地区人才的总量、结构和素质还不能适应经济社会发展的需要,特别是现代化建设急需的高层次、高技能和复合型人才短缺;市场配置人才资源的基础性作用发挥不够,人才流动的体制性障碍尚未消除,人尽其才的用人机制有待完善。在建设边疆现代化事业中要把人才作为推进事业发展的关键因素,努力造就一大批高素质劳动者、专门人才和拔尖创新人才,建设规模宏大、结构合理、素质较高的人才队伍,开创人才辈出、人尽其才的新局面,大力提升边疆核心竞争力和综合实力,实现兴边富民的目标。

实施人才强边战略,要认真落实人才资源是第一资源的科学判断,坚持以人为本,充分开发国内国外两种人才资源,紧紧抓住培养、吸引、用好人才三个环节,大力加强以党政人才、企业经营管理人才和专业技术人才为主体的人才队伍建设,努力把各类优秀人才集聚到边疆各项建设事业中,为全面建设边疆小康社会提供坚强的人才保证和广泛的智力支持。在实施人才强边战略过程中要始终坚持以下基本要求:

第一,把促进发展作为人才工作的根本出发点。发展是富民兴边第一要务。树立全面协调可持续的发展观,促进经济社会和人的全面发展。人才工作的目标任务要围绕发展来确立,人才工作的政策措施要根据发展来制定,人才工作的成效要用发展来检验。

第二,树立科学的人才观。人才存在于人民群众之中。只要具有一定的知识或技能,能够进行创造性劳动,推进社会主义物质文明、政治文明、精神文明建设,在建设中国特色社会主义伟大事业中作出积极贡献的,都是党和国家需要的人才。要坚持德才兼备原则,把品德、知识、能力和业绩作为衡量人才的主要标准,不唯学历、不唯职称、不唯资历、不唯身份,不拘一格选人才。鼓励人人都作贡献,人人都能成才。

第三,加强人才资源能力建设。坚持把能力建设作为人才资源建设的主题。加大对人才工作的投入,优先发展科学教育事业,努力把人口压力转变为人力资源优势,为各类人才不断涌现和充分发挥作用奠定坚实基础。

第四,坚持三支人才队伍建设一起抓。党政人才、企业经营管理人才和专业技术人才是边疆地区人才队伍的主体,坚持分类指导,整体推进,着重培养造就大批适应改革开放和社会主义现代化建设的高层次和高技能人才,带动整个人才队伍建设。

第五,推进人才结构调整。按照统筹城乡发展、统筹区域发展、统筹经济社会发展、统筹人与自然和谐发展、统筹国内发展和对外开放的要求进行人才结构调整,优化人才资源配置,促进人才合理分布,发挥人才队伍的整体功能。

第六,创新人才工作机制和优化环境。人才的活力取决于机制和环境。应遵循人才资源建设规律,坚持市场配置人才资源的改革取向,加强和改善宏观调控,建立充满生机与活力的人才工作机制。着力营造有利于优秀人才大量涌现、健康成长的良好氛围,形成鼓励人才干事业、支持人才干成事业、帮助人才干好事业的社会环境。

二、实施人才战略,应坚持能力建设为核心

(一)加强人才资源能力建设

人才资源能力建设是人才培养的核心。应树立大教育、大培训观念,在提高全民思想道德素质、科学文化素质和健康素质的基础上,重点培养人的学习能力、实践能力,着力提高人的创新能力。围绕创新能力建设,根据各类人才的特点,研究制定人才资源能力建设标准。改革教育培训的机制、内容和方法,加大教育培训力度。坚持学习与实践相结合、培养与使用相结合,促进人才在实践中不断增长知识,提升能力。

(二)构建现代国民教育体系

教育是培养人才的基础。按照面向现代化、面向世界、面向未来的要求,坚持教育为社会主义现代化建设服务,为人民服务,以社会需求为导向,大力推进教育创新,提高教育质量和管理水平。统筹城乡教育,进一步加强农村教育。建立基础教育、中等教育、大学教育协调发展的国民教育体系。适应走新型工业化道路和优化产业结构的要求,大力推进职业教育的改革和发展。

(三)构建终身教育体系

在全社会进一步树立全民学习、终身学习理念,鼓励人们通过多种形式和渠道参与终身学习,积极推动学习型组织和学习型社区建设。加强终身教育的规划和协调,优化整合各种教育培训资源,综合运用社会的学习资源、文化资源和教育资源,完善广覆盖、多层次的教育培训网络,构建有边疆特色的终身教育体系。进一步改革和发展成人教育,加强各类人才的培训和继续教育工作。做好选派各类人才出国(境)培训工作。强化用人单位在人才培训中的主体地位,鼓励在职自学,完善带薪学习制度。制定科学规范的质量评估和监督办法,提高教育培训成效。

三、建立科学的人才评价和使用机制

(一)建立以能力和业绩为导向的科学的社会化的人才评价机制

应根据德才兼备的原则,从规范职位分类与职业标准入手,建立以业绩为依据,由品德、知识、能力等要素构成的各类人才评价指标体系。改革各类人才评价方式,积极探索主体明确、各具特色的评价方法。完善人才评价手段,开发应用现代人才测评技术,努力提高人才评价的科学水平。党政人才的评价重在群众认可,应坚持群众公认、注重实绩的原则;企业经营管理人才

的评价重在市场和出资人认可,突出对经营业绩和综合素质的考核;专业技术人才的评价重在社会和业内认可,积极探索资格考试、考核和同行评议相结合的专业技术人才评价方法。

(二)建立以公开、平等、竞争、择优为导向,有利于优秀人才脱颖而出、充分施展才能的选人用人机制

以扩大民主、加强监督为重点,进一步深化党政干部选拔任用制度改革,不断提高科学化、民主化、法治化水平。以推进企业经营管理者市场化、职业化为重点,坚持市场配置、组织选拔和依法管理相结合,改革和完善国有企业经营管理人才选拔任用方式。以推行聘用制和岗位管理制度为重点,深化事业单位人事制度改革。按照政事职责分开、单位自主用人、个人自主择业、政府依法监管的要求,建立符合各类事业单位特点的用人制度。

(三)建立人才合理流动机制

建立和完善人才市场体系,全面推行机制健全、运行规范、服务周到、指导监督有力的人才市场体系建设,进一步发挥市场在人才资源配置中的基础性作用。健全专业化、信息化、产业化、国际化的人才市场服务体系。应努力消除人才流动中的城乡、区域、部门、行业、身份、所有制等限制,疏通三支队伍之间、公有制与非公有制组织之间、不同地区之间的人才流动渠道。

(四)建立人才奖励和保障机制

坚持精神奖励和物质奖励相结合的原则,建立以政府奖励为导向、用人单位和社会力量奖励为主体的人才奖励体系,充分发挥经济利益和社会荣誉双重激励作用。积极探索机关和事业单位社会保障制度改革,进一步完善企业社会保障制度,为推进人才工作深入发展提供保障。

四、推进人才资源整体开发

(一)坚持人才资源建设与经济社会发展相协调

把人才工作作为制定边疆国民经济和社会发展规划的重要内容,建立健全人才资源建设宏观调控体系。适应经济社会发展对人才总量、结构和素质的需求,有效盘活人才存量,大幅度提高人才增量,不断提升人才素质,调整和优化人才结构。紧密配合国家在边疆重大发展战略的实施,开发和配置人才资源。采取有力措施,促进人才在城乡、区域、产业、行业和不同所有制之间的合理分布。推进人才资源整体建设,抓紧培养各类紧缺人才。重视培养妇女人才、少数民族人才。注意发挥离退休人才的作用。不断扩大人才工作

覆盖面,实现各类人才队伍建设的协调发展。

(二)做好边疆民族地区人才建设

应树立正确的用人观念,制定灵活的用人政策,创造良好的用人机制和环境,稳定和用好现有人才,重视开发少数民族人才,积极引进急需人才。大力发展边疆教育事业,强化职业教育,加大培养和培训工作力度,壮大人才队伍。逐步提高边疆地区各类人才的收入水平,制定鼓励人才到边疆地区工作特别是长期工作的优惠政策。坚持产业聚才,项目引才,积极构建吸引各类人才到边疆建功立业的事业平台。采取灵活多样的人才柔性流动政策,支持大中城市专业技术人员到边疆地区基层提供服务,把引进人才与引进智力结合起来。进一步加强对边疆民族地区人才工作的支持,完善中央国家机关、东中部地区与边疆民族地区干部交流机制,加大县处级以上党政主要领导干部的交流力度。继续做好对口支援西藏、新疆以及其他地区的工作。加强贫困地区人才队伍建设。

(三)做好非公有制经济组织和社会组织人才建设

非公有制经济组织和社会组织中汇集着越来越多的人才,是我国边疆地区人才队伍的重要组成部分。要把新的社会阶层中的各类人才纳入党和政府人才队伍建设的范围,努力形成与社会主义初级阶段基本经济制度相适应的人才思想观念和人才创业机制。要消除体制和政策障碍,在政治上对非公有制经济组织和社会组织人才一视同仁,在政府奖励、职称评定等人才政策上统一安排,在面向社会资助、基金、培训项目、人才信息库等公共资源运用上平等开放,在改善创业环境和工作生活条件上积极提供服务。

(四)加强高技能人才和农村实用人才队伍建设

工人队伍中的高技能人才,是推动技术创新和实现科技成果转化不可缺少的重要力量。实施边疆地区高技能人才培训工程和技能振兴行动,通过学校教育培养、企业岗位培训、个人自学提高等方式,加快高技能人才的培养。根据推动农村经济社会发展和城乡协调发展的需要,加强农村科技、教育、文化、卫生和经营管理等实用人才队伍建设。建立健全农村人才服务体系。

第七章　边疆和谐社会建设

第一节　中国古代和谐社会思想的传承①

在中国历史上,曾有多种和谐社会的设想,他们的一个共同特点是与传统社会相对应的静态和谐。无论是强调人与自然和谐的道家思想,还是强调以礼乐制度支持的人际和谐的儒家思想,都是如此。他们从不同侧面,为今天建设社会主义和谐社会提供了可借鉴的思想启示。

一、人与自然的和谐为和谐社会提供了理想的生存空间

在道家代表人物老子那里,他设想的和谐社会是"小国寡民,使有什伯之器而不用,使民重死而不远徙。虽有舟舆,无所乘之。虽有甲兵,无所陈之。使民复结绳而用之口"②。在这里,老子认为社会和谐的前提是消灭一切技术,消解一切文明对人性的侵害,将文化所造就的人还原为没有任何印记的自然人。"民至老死不相往来",就是切断那些引起纷乱的社会交往关系,让人们像植物一样固守在自己的园地里。这种淳朴的"甘其食,美其服,安其居,乐其俗"的画卷,固然是和谐社会的一类,但它更像是没有人活动的自然界。

在庄子所构想的和谐社会里,有"至德之世"、"建德之国"、"至治之世"、"无何有之乡"等。在这类理想的和谐社会之中,人的文化本性同样被充分地解构,剩下的只有人的自然本性。人生以回归自然为主要目的,"民如野鹿",人摆脱了一切文化的羁绊,与自然和谐相处,与万物融为一体。庄子将人融化在自然中,人的一切活动表现为典型的自然过程,并随着自然界的盲目发展而不留下任何印记,"行而无迹,事而无伟"。在这里,和谐的自然界,容许

---

① 参见《构建社会主义和谐社会大参考》,红旗出版社 2005 年版。
② 《老子》八十章。

有万窍怒号的大风和和风,它们自吹自停、旋怒旋已,也会有气之聚散与物之生灭的自然代谢过程,但却没有君子、小人的分别,更不会有"尚贤"、"使能"的主体意识。在这种和谐之中,我们能够找到的只有"物"的和谐,而人不过是"大块载我以形,劳我以生,佚我以老,息我以死"的造化人物,人与万物之间并无特异之处。

这样,在道家主要代表那里,和谐社会是人与自然的统一,是人对自然的顺从,他们主张天道自然,强调天的决定作用,反对人对自然的所作所为。他们强调人作为自然界的一部分,而对人与自然的区别,对于人的自我意识则刻意剔除。因而在庄子那里,"有己"的意识是不和谐的根源,它容易导致人们区分是非、善恶,计较得失、苦乐、祸福,由此引起种种苦闷,它也是造就自身与环境对立的根源。这种取消自我意识与物融为一体的和谐,并非是真正意义上的和谐。真正的和谐应该是差异的多样性的统一。但道家思想资源中的和谐观,自有其深刻之处,它首肯了消极意义上的人与自然的和谐,这为我们建设和谐社会必须处理好人与自然的关系,把大自然对人类的报复减少到最低限度,为我们拥有一块坚实的土地,提供了一定的借鉴。

二、不同利益群体的和谐是和谐社会的主体

在儒家的和谐社会观念里,我们可以吸取的思想资源主要是人际关系的和谐。人是社会生活的主体,更是社会和谐的主体,离开了人的交往关系,社会和谐就无从谈起。儒家讲人伦的和谐是依靠礼乐制度来保障的。孔子讲"君君臣臣、父父子子",在等级秩序中,每个社会成员各安其位,做到"和而不同"。对于社会整体和谐来说,孔子认为在财富分配方面,要力求做到"均",即在各阶层内部人与人之间做到均等,而不是不同阶层的一律均等;各利益集团之间和谐相处,实现上下相安,而不是上下倾轧。在人与人之间要求多一些关爱,多一些诚信,做到"老者安之,朋友信之,少者怀之"[①]。在儒家看来,人伦和谐并不涉及财富创造者的积极性,而只涉及财富占有者的分配关系问题。但是社会的不和谐,往往起因于财富、权势、力量对比的悬殊,尤其是处于强势地位的社会成员以势挟贵对他人的生存境遇漠然视之的时候,更容易引起社会冲突。因而孔子强调人际应该以仁心相感,仁的感通恰如各社会要素的和谐剂。

---

① 《论语·公冶长》。

在荀子的思想中,社会和谐主要取决于各阶层得到与其社会地位相应的有差别的回报。荀子称:"贵贵、尊尊、贤贤、老老、长长,义之伦也。行之得其节,礼之序也"①。等级贵贱之分与对物质财富占有多寡相对应,在等级差别的对应中,以制度的形式规定不同的人"或美、或恶、或厚、或薄、或佚乐、或劬劳",而人们又安于自己的政治地位与经济地位。因而,礼的规定以及人们对礼的认同,是整个社会和谐的基础。这样,儒家的社会和谐思想,主要表现在以处理人与人之间关系的礼乐制度设计中。在这里,它虽然强调的是不同政治地位者的利益差异,但暗含了区分人们贡献差异的因素。尽管在礼的强制性规定下,它对人们贡献差异的看法往往是颠倒的,但它通过规定不同职位者的需求差异,引导了人们对礼乐制度的普遍认同。

儒家的社会和谐思想之于当代社会的启示在于:按社会成员对社会贡献区分其报酬是必要的,社会成员对自己之于社会贡献程度的自觉估量,是社会和谐的心理基础。在科技、知识、管理、资金等非劳动要素已进入社会分配的今天,人们若仅仅着眼于劳动付出,将按劳取酬中的"劳动"作狭义的理解,就难以了解人类社会进步的动力及其多种因素合力这一客观事实。按照贡献的差异进行差异分配的原则,是符合人的利益驱动本性的,也有利于充分调动各社会成员的潜能,它使人们的目光不再专注于已有的财富的分割,而将人的主要力量转换到对财富创造的追求。在当代社会,对和谐制度的设计,一方面要创造出有利于社会强势集团追求财富欲望的合理空间,另一方面,又要将他们对财富的追求限定在社会可接受的公平、正义范围内。一般来说,他们拥有社会资源方面的优势,在获取利益方面更容易得到制度设计、政策安排等的支持,相反,困难群体的生存权利更容易被忽视。因而,关注弱者的权利就更有必要。若没有对社会困难群体的利益或最基本生存权利的合理安排,要实现社会和谐是不可能的。只有转型期的制度设计使困难群体的起码生存得以维护,才有可能使在全社会的财富增进的同时,所有社会成员的生存境况亦随之改善,从而实现社会成员对整个社会秩序的认同,并形成社会协调发展的向心力量。

三、风俗和美是和谐社会的重要表征

和谐社会落实于人伦日用之中,除了人伦关系的和谐外,还必须有良好

---

① 《荀子·大略》。

的社会习俗。追求人文生存环境的和谐，是不同时代人的共同梦想。如果说桃花源中的淳朴和美风俗还带有梦幻的色彩，不足以成为现实社会的样板的话，以礼乐为根基的人文教化，则为和谐社会提供了可资借鉴的资源。礼乐制度就是要建立一个"群居而不乱"、"体情而防乱"，既有秩序又有自由的合理的社会。每个人在合理的风俗习惯中，可以改过迁善，过着自己能把握自己，又能涵融群体的生活。而淳朴的世风的形成，又少不了对民众的礼乐教化。通过礼乐教化，人自觉其作为人的存在，以富于人性的交流，取代相互窥伺与欺骗。也许人们认为在现代社会中，礼乐的教化是无限的，难以落实到人伦日用中去。但是，无论是在现代科层社会组织中，还是在人们家居封闭的楼房里，用人对人的温情取代人对人的冷漠总是受欢迎的。无论是礼貌的问候，还是在家居生活中对他人存在的顾及，比如爱护环境、不讲脏话、对人友善这些最低限度的道德规范，都足以成为和谐风俗的基本要素。相反，现代人若没有诚信、孝顺、平等等观念的支撑，人们就会整日生活在控制与反控制的争吵中，人的情感细小裂痕就会化作一道道难以跨越的心灵鸿沟。

四、社会成员的身心和谐是和谐社会的基点

在中国哲学史上，无论是张载的"民胞物与"，还是王阳明的"一体之仁"观念，都是基于人与万物的一体感为基础的，它们承认人天生具有同类感，正是这种同类感，才有可能使人的自爱扩大为爱同类。因而和谐社会必须有社会成员之间的互相认同与接纳。但是，现实境况往往是人们在追求各自利益的过程中，把同类意识抛却在一边，心中所具有的只是自我的利益，只有由财富或权势的崇拜而来的同类分化。因而，超越自我的束缚，摒弃商品拜物教，培养人的"富贵不能淫，贫贱不能移，威武不能屈"的人格，是身心和谐的必然要求。

个体身心和谐，既取决于社会成员具有良好的心态，也取决于制度安排所给予人的希望，即社会成员感到社会规则大致公平，认为个人虽然还没有达到他人的成就，但每个人却具有与那些成功人士相同的社会权利与机遇。只有这样，个体身心和谐所要求社会成员具有超越精神，才不是阿Q式的自我麻醉，而是基于个体对社会制度安排的清醒认识，基于对生存意义的深刻领悟。尤其是当劳动真正被社会所尊重，并且值得全社会所尊重的时候，并通过多种值得人们信赖的方式而反馈于社会的时候，个体的自由才有可能得

到与社会发展相一致的实现。总之,从我们民族的思想资源看,和谐社会的构建取决于在社会经济发展过程中合理地处理人与人的关系,取决于社会制度的合理安排。在激发社会活力的过程中,既要激发处于社会强势地位的人创造财富的活力,又要注重激发弱势群体的活力。在全社会形成尊重劳动、尊重知识、尊重人才、尊重他人、尊重创造的社会氛围,充分培育社会成员的精神境界,实现社会的稳定与和谐。

五、羁縻、怀柔是历代封建帝王促进边疆和谐的战略思想

在开疆拓土中,历代封建王朝统治者为了巩固统一和扩大版图,对被征服或臣服的少数民族不得不实行用政治和经济手段进行安抚笼络的羁縻和怀柔政策。"和亲",即开羁縻、怀柔政策之端。和亲通婚,可以说是中国古代帝王对少数民族经常采取的政策。和亲通婚政策肇始于炎黄三代,继续到春秋、战国,发展在汉、唐时期,一直延续到清代。和亲双方军事冲突较少,即使有矛盾发生,也达不到敌国式的威胁,因此和亲在体现军事政治意图的同时,较多地体现了民族间的友好往来。无论和亲出于哪一种目的,它在客观上的确加强了民族间的团结,促进了内地与边疆的经济文化交流。和亲公主,在一定程度上对双方政治关系起着调解斡旋作用,减少了矛盾冲突和磨擦,为各族人民争得更多的安定生活。同时和亲公主把中原先进的生产技术和文化艺术带给边疆少数民族,促进了少数民族地区经济文化的发展。由于地方经济的发展和各民族联系的加强,各族通婚不仅限于贵族之间,在民间也很普遍,统治者对此采取了积极支持的政策。无论是对于各族人民之间的自然融合,还是对于统治者之间的化干戈为玉帛,对于推动各民族的经济发展文化融合和国家的统一都是有积极意义的。和亲政策的实行使得封建国家得以寝兵、休卒、养马、"世世昌乐"、"天下大安"。南朝在与北朝的对峙中,更是制定了给少数民族上层人物封官爵、为少数民族减轻租税等一系列的怀柔政策。唐朝时,唐高祖李渊对前代王朝治理边疆的失误和教训有其清醒的认识,因此他"追革前弊",制定了更加符合当时社会状况的边疆政策。这个政策的主旨就是"就中好睦,静乱息尼","怀柔远人,义在羁縻"。这是一个卓有见识的战略方针,它为唐代实行比较开明、正确的边疆政策奠定了坚实的基础。宋代亦然,不仅少数民族的首领被封为羁縻付州的都护、都督、刺史,可世袭,而且少数民族不直接向国家缴纳赋税。明王朝同样对少数民族"怀之以德,持之以礼",大力推行怀柔政策,对北方少数民族分封王号,对南方少数

民族"以抚为主"。明太祖深知"顺之则服,逆之则叛"的道理,多次告诫地方官吏对少数民族要"抚之以百家姓靖,待之以诚,喻之以理"。

第二节 构建社会主义和谐社会的提出和意义

一、和谐社会的内涵和特征

（一）和谐社会的内涵

社会是人类生活的共同体。马克思主义认为,社会在本质上是生产关系的总和,只有具体的社会,没有抽象的社会。具体的社会是指处于特定区域和时间、享有共同文化并以物质生产活动为基础的人类生活的共同体。

和谐社会是一个具有丰富内涵的概念。在一定意义上,可以把它归结为四个方面:人的个性的和谐;人与人之间关系或人际关系的和谐;人与社会之间关系的和谐;人与自然之间关系的和谐。其中心环节是人,首要的是人与己的和谐或人的个性和谐。

第一,人的个性的和谐。

人的个性和谐是社会和谐发展的根本前提。造就和谐的人的个体,就是要使一个人有健全的人格,有正确的世界观和人生观,能合理地处理个人与自然、个人与社会的复杂关系,做到融入自然、融入社会、融入集体。要把人作为发展的根本动力,把全面提高人的素质和能力作为建设和谐社会的核心,充分发挥人的潜能,发挥人的聪明才智,发挥人的积极性和创造性,促进人的全面发展。为此,既要从小实施素质教育,与时俱进地提高人的素质,包括政治思想、道德品质、科学技术、文化知识、业务技能、身体心理等方面的素质;更要全面提高人的能力。人的能力有两种意义,一种是指能胜任某项任务的主观条件或达到某种效率,狭义的能力包括知识、技能、体力;广义的能力包括基本能力、应用能力、劳动态度和业绩。应用能力对促进人的全面发展至关重要,包括思维能力(理解能力、分析能力、判断能力、归纳能力、综合推理能力)、创新能力(创造能力、发现能力、发明能力、改革能力、开拓能力、开发能力、发展能力、计划能力、扬弃能力)、外交仲裁能力(涉外交往能力、发展人际关系能力、发展公共关系能力、归纳折中能力、平衡能力)、领导能力(组织能力、协调能力、管理能力、经营能力、指挥能力、统筹能力、平衡能力)。能力的另一种意义是指人们认识世界和改造世界过程中的本领,包括学习能力、认识能力、创造能力和实践能力等。人的素质和能力是相互联系、相互渗透、相互依存、相互作用、相辅相成的。它们的整合与内在统一既构成了人的全面发展的素质与能力结构，又是人的个性和谐的要求。归根到底，就是要继承和发扬中华民族的优良传统，做合格的公民。

第二，人与人的和谐。

只有人的个性和谐才能带来人与人的关系和谐。实现人与人之间的和谐相处是建设和谐家庭、和谐社区、和谐团体、和谐校园、和谐村镇、和谐民族、和谐省（自治区、直辖市）的基础和工作重心。一方面，个人自身的和谐只有在集体和社会中才能实现；另一方面，社会整体离不开人与人之间的和谐。建设和谐社会，必须以人为本，始终坚持以科学发展观为指导，始终坚持人与人之间的平等，着力解决经济、社会、政治、文化、生态环境发展中的失衡问题；要通过制度创新，使人们的创造力得到充分发挥，以加快生产力的发展，为人与人之间和谐相处奠定坚实的物质基础。

我国人与人的和谐的难点、热点是农民问题和民族问题。要致力于社会主义新农村建设和社会主义新边疆建设，要按照生产发展、生活宽裕、乡风文明、村容整洁、管理民主的要求，尊重农民意愿，提高农民的素质和能力；要全面提高农民收入，切实解决"三农"问题。要把少数民族的发展作为"十一五"规划的重要部分，在全面建设小康社会的进程中把民族人力资源开发、形成人力资本并逐步上升为人才资本作为着力点；没有少数民族人力资源开发，也就没有中华民族的人力资源开发，没有少数民族的全面小康社会，也就没有中国整体的全面小康社会。

以人为本的实质是以人民群众为本，人与人的和谐关键在于最广泛地调动人民群众的积极性和创造性，充分反映和兼顾不同方面群众利益，尊重知识、尊重人权、尊重人才、尊重创造，切实保障人民群众的经济、社会、文化、政治、生态环境的权益，让发展成果惠及全体人民，使全体人民在人与人和谐关系中为振兴中华而努力。

第三，人与社会的和谐。

只有人的个性和谐才能带来人与社会的和谐。从社会阶层利益关系看，和谐社会的第一个标志是，社会阶层之间的相互开放和平等进入。和谐社会的第二个标志是，各个阶层应当得到有所差别的并且是恰如其分的回报。和谐社会的第三个标志是，社会各个阶层之间应当保持着一种互惠互利的关系。在多样化的社会关系中，社会阶层关系是最重要的一种社会关系。构建社会主义和谐社会必须整合社会阶层关系。整合社会阶层关系的目标,就是要使各个社会阶层"各尽所能、各得其所而又和谐相处"。建设中国特色社会主义是包括所有社会阶层在内的全体人民的共同事业。我们强调和谐社会是"和而不同"的社会,有差别才讲和谐,同一的、均质的事物是谈不上和谐与否的问题的。构建和谐社会在社会阶层的意义上表现为要使中等收入阶层在全社会人口中的比重显著提高,形成以中等收入阶层为主体的社会阶层结构。而且要协调各阶层内部、不同阶层之间、不同群体和不同个体之间的关系,形成全体人民各得其所的和谐局面。

和谐社会其他子系统的和谐也都以人为中心。比如社会分工关系的和谐。社会分工的和谐包括社会各类人员的比例构成的合理性、社会效益的最大化、社会效率的增长性和社会地位的公平性等。在和谐的社会中,每个人有追求幸福和自由的权利,也有为社会提供服务的义务,每个人根据自身的条件,通过自己的努力从事自己理想的工作,为社会提供必需的服务,社会根据其劳动的质和量给予合理的报酬,这是一种社会和谐发展的多赢状态,社会的各个阶层、各个行业都应是相互平等、相互依赖的关系。

第四,人与自然的和谐。

人与自然的和谐与人自身的和谐休戚相关。人和自然是一对永恒的矛盾,社会和谐包含着尊重自然的基本诉求。自然环境资源是一种社会资产。这种资产得不到有效保护的根本原因是,在自然环境资源没有合适的付费制度时存在外部性。这就是说,一个人或一个企业可以轻易地把环境成本转嫁给社会或他人。其结果是,那些能够避免浪费资产,尤其是环境及社会资产的政策由于与局部利益、眼前利益不协调而不被采纳和实施。经济主体在谋求发展的过程中,展开了征服自然的竞赛,从而出现了发展受资源环境约束的困境。因此,只有在尊重自然方面达成共识,在如何保护自然方面观念一致,才有可能彻底摆脱以消耗越来越多的资源来寻求发展的老路。而这种共识,是作为社会主体的人,在自身和谐的条件下才能形成。

(二)社会主义和谐社会的特征

构建社会主义和谐社会,是我们党在全面贯彻落实科学发展观的基础上,从新时期新阶段的发展特征和要求出发,提出的又一重大战略思想。坚持和落实这一战略思想,首先应理解其深刻内涵。只有了解和掌握什么是社会主义和谐社会,才能把握住构建和谐社会的前进方向,进而建成社会主义和谐社会。党的十六届四中全会将"不断提高构建社会主义和谐社会的能力"作为加强党的执政能力建设的重要内容,指出:"形成全体人民各尽其能、各得其所而又和谐相处的社会,是巩固党执政的社会基础、实现党执政的历史任务的必然要求。要适应我国社会的深刻变化,把和谐社会建设摆在重要位置,注重激发社会活力,促进社会公平和正义,增强全社会的法律意识和诚信意识,维护社会安定团结。"①这就明确地告诉我们,构建社会主义和谐社会所达到的目标。胡锦涛2005年2月19日在省部级主要领导干部提高构建社会主义和谐社会能力专题研讨班上的重要讲话中强调:"根据马克思主义基本原理和我国社会主义建设的实践经验,根据新世纪新阶段我国经济社会发展的新要求和我国社会出现的新趋势新特点,我们所要建设的社会主义和谐社会,应该是民主法治、公平正义、诚信友爱、充满活力、安定有序、人与自然和谐相处的社会。"这就揭示了社会主义和谐社会的科学内涵。民主法治,就是社会主义民主得到充分发扬,依法治国基本方略得到切实落实,各方面积极因素得到广泛调动;公平正义,就是社会各方面的利益关系得到妥善协调,人民内部矛盾和其他社会矛盾得到正确处理,社会公平和正义得到切实维护和实现;诚信友爱,就是全社会互帮互助、诚实守信,全体人民平等友爱、融洽相处;充满活力,就是能够使一切有利于社会进步的创造愿望得到尊重,创造活动得到支持,创造才能得到发挥,创造成果得到肯定;安定有序,就是社会组织机制健全,社会管理完善,社会秩序良好,人民群众安居乐业,社会保持安定团结;人与自然和谐相处,就是生产发展,生活富裕,生态良好。

根据社会主义和谐社会的内涵,我们再来分析其特征。

第一,社会主义和谐社会是一个以人为本、经济社会全面发展的社会。

以人为本是科学发展观的核心,也是社会主义和谐社会的核心。它要求把人民的利益作为一切工作的出发点和落脚点,不断满足人们的多方面需求和促进人的全面发展,使人民的经济、政治和文化权益得到切实尊重和保障,人们的思想道德素质、经营管理素质、科学文化素质和健康素质得到不断提高,形成人们平等发展、充分发挥聪明才智的社会环境。它要求遵循"五个统筹"的指导原则,形成人们平等发展、充分发挥聪明才智的社会环境。同时要求充分考虑和兼顾不同地区、不同行业、不同阶层、不同群众的利益,实现全

---

① 《〈中共中央关于加强党的执政能力建设的决定〉辅导读本》,人民出版社2004年版,第23~24页。

社会的共同富裕,物质文明、政治文明、精神文明协调发展,整个社会走上生产发展、生活富裕、生态良好的文明发展道路。

第二,社会主义和谐社会是一个把公平和正义作为核心价值取向的社会。

公平和正义是社会文明进步的重要标志。机会平等是社会公平与正义的重要体现,是实现社会和谐至关重要的条件。和谐社会保证社会成员的基本权利,保证他们享有大致相同的发展机会,保证他们都能够接受教育,都能够平等地参与市场竞争、社会生活,都能够依靠法律和制度来维护自己的合法权益,形成合理、和谐、融洽的人际关系,形成讲诚信、讲道德、讲法治、讲秩序的行为规范。在社会主义和谐社会,各阶层之间相互开放,流动机制不断完善,只要社会成员具备相应能力,就有机会按照自己的意愿得到相应的社会位置。

第三,社会主义和谐社会是一个创造活力得到充分激发的社会。

和谐社会里,尊重劳动、尊重知识、尊重人才、尊重创造,一切积极因素得到最广泛最充分的调动,各行各业人们的创造活力得到充分激发,社会的开放性和竞争的活力在政策上、制度上得到保证,一切有利于社会进步的创造愿望得到尊重、创造活动得到支持、创造才能得到发挥、创造成果得到肯定,一切劳动、知识、技术、管理和资本的活力竞相迸发,一切创造社会财富的源泉充分涌流,全体人民各尽所能、各得其所而又和谐相处。

第四,社会主义和谐社会是法制健全、管理有序的社会。

在这样的社会,社会主义民主更加完善,社会主义法制更加完备,全民法律素质不断提高,诚实守信的传统美德得以发扬,经济、政治、文化等各个领域的生活得到净化。依法治国基本方略得到全面落实,社会管理体制和管理方法不断创新,社会管理体系和政策法规不断完善,党委领导、政府负责、社会协同、公众参与的社会管理格局初步形成。人民内部矛盾得到正确处理,社会秩序良好,人民安居乐业。

第五,社会主义和谐社会是一个诚信友爱的社会。

诚信友爱是构建社会主义和谐社会的重要基础。所谓诚信友爱,就是全社会互帮互助、诚实守信,全体人民平等友爱、融洽相处。没有规矩不成方圆。诚信要求社会成员自觉遵守社会规则、规章制度和公共秩序,并按这些规范行事。如果一个社会有了合理的、统一的社会规则,而社会成员又能普遍认同和自觉遵守这些社会规则,这就有了诚信,也就有利于形成和谐的氛围。在现代诚信体系中,政府诚信是关键,企业诚信是核心,个人诚信是基础。友爱就是要大力倡导以文明礼貌、助人为乐、爱护公物、保护环境、遵纪守法为主要内容的社会公德,在全社会形成平等友爱、融洽相处、共同前进的社会氛围和人际环境。在这种状态下,尊重人、理解人、关心人、信任人内化为人们的自觉行动,这种自觉行动有助于达到社会组织和社会系统的和谐,进而达到整个社会的和谐。社会主义和谐社会应当是人与社会之间关系协调、人与人之间关系融洽的社会。诚信友爱不仅是构建社会主义和谐社会的一个重要基础,也是社会主义和谐社会的一个重要标志。

诚信友爱是构建社会主义和谐社会的道德基石。一个社会能否和谐,一个国家能否长治久安,很大程度上取决于全体社会成员的思想道德素质,即道德建设状况。没有良好的道德规范,就无法构建社会主义和谐社会。诚信友爱是社会主义和谐社会的基本道德规范。构建社会主义和谐社会,对人与人之间的关系提出了很高的要求,即追求人际之间的和睦共处。这不仅要依靠法律来规范人们的行为,而且要通过道德建设来营造良好的人际环境。法治是他律,道德约束是自律。和谐社会需要他律,也需要所有社会成员通过道德的作用实现自律。在道德规范体系中,诚信友爱可以最大限度地减少社会生活中的各种内耗和摩擦,减少社会生活的风险和代价,使社会的运行成本大大降低,有助于构筑良好的人际环境,消除矛盾激化的潜在因素;有利于增加社会的价值认同和凝聚力,进而激发社会的活力和创造力。如果说社会是一个组织严密、功能齐全的系统,那么,诚信友爱就是这个系统内部各个构件之间的纽带或润滑剂。没有诚信,人际关系紧张,就不会有和谐;没有诚信友爱,就不会有社会主义和谐社会。

第六,社会主义和谐社会是人与自然和谐相处的社会。

社会和谐有赖于人与自然的和谐。无限制地掠夺自然,会造成资源的枯竭,森林的破坏和减少,土地的退化、荒漠化和沙漠化,水资源的减少和污染,最终导致人类生产和生活环境的恶化。这不仅实现不了发展的目标,还会使地球变得不再适合人类生存,人与人、人与社会的和谐也就无从谈起,构建社会主义和谐社会更无从谈起。当前,我国经济社会发展与资源环境之间的矛盾比较突出。如果不能有效地保护生态环境,不但不能实现经济社会的可持续发展,还可能引发严重的经济社会问题。走人与自然和谐相处之路,保护和改善生态环境,重新审视人与自然关系是我们必须作出的理性选择。实现人与自然的和谐相处,必须牢固树立和全面落实科学发展观,处理好经济建设、人口增长同资源开发利用、生态环境保护的关系,推动整个社会走上生产发展、生活富裕、生态良好的文明发展道路,实现经济社会发展与环境保护、生态建设的统一。当前,需要从以下几个方面作出不懈的努力:在全社会大力倡导尊重自然、善待自然的观念;倡导科学精神,正确认识自然,尊重自然规律;高度重视和加强环境污染的治理和生态建设;大力发展循环经济,建设资源节约型、环境友好型社会。

(三)推进和谐社会建设的关键问题

构建社会主义和谐社会既是需要长期奋斗的艰巨历史任务,也是一项紧迫的现实任务和庞大的系统工程,关键是抓主要问题,缓解社会矛盾,减少不和谐因素,创造有利于和谐社会的氛围,为经济发展创造良好的社会环境。

第一,关于扩大就业。就业是民生之本,是人民群众最关心的问题。人口众多是我国的基本国情,就业问题在相当长时期内都是影响经济社会健康发展的突出矛盾,是我国要长期面对的重大难题。由于未来一个时期正处于劳动力成长高峰期,推进城镇化将使更多的农村劳动力转移。经济结构的战略性调整加快和各项改革进一步深化都对就业产生影响,技术进步和产业资本有机构成提高,对劳动者的素质提出更高要求,就业的结构性矛盾日益突出。这些都将加大就业压力。应把扩大就业摆在经济社会发展更加突出位置,坚持实施积极的就业政策,强化政府促进就业的公共服务职能,完善企业裁员机制,建立促进扩大就业的有效机制,千方百计扩大就业。

第二,关于完善社会保障体系。社会保障是民安所在。健全的社会保障体系,既是社会主义市场经济体制的重要支柱,也是深化改革、保持社会稳定的必要前提条件。经过多年努力,我国的社会保障体系建设已经取得了重要进展,但远不能适应完善社会主义市场经济体系的要求,还需要进一步加快推进。要建立健全与经济发展水平相适应的社会保障体系,完善城镇职工基本养老和基本医疗、失业、工伤、生育保险制度建设,增加财政的社会保障投入。

第三,关于调节收入分配关系。收入分配是民心所系。收入分配矛盾过于突出,不仅会挫伤干部群众的积极性,影响经济社会发展,而且会影响社会安定团结。从整体上看,改革开放以来,我国收入分配领域的改革取得了重大进展,人民群众普遍受益,生活水平明显提高。但必须看到,分配领域正在出现一些新的矛盾和问题,部分地区、部分社会成员收入差距过大问题已成为社会各界关注的热点,分配秩序比较混乱,不同利益群体之间的矛盾比较突出。这些突出矛盾和问题,既有社会主义初级阶段经济社会发展过程中难以避免的客观现象,也有体制改革过程中考虑不当的主观因素所导致,必须在收入分配领域有所作为。要完善按劳分配为主体、多种分配方式并存的分配制度,坚持各种生产要素按贡献参与分配。规范个人收入分配秩序,努力缓解地区之间和部分社会成员收入分配差距扩大的趋势。

第四,关于丰富人民群众精神文化生活。发展先进文化关系人民群众精神文化需求,有利于增强民族凝聚力,促进社会和谐。要积极发展文化事业和文化产业,建立党委领导、政府管理、行业自律、企事业单位依法运营的文化管理体制和富有活力的文化产品生产经营机制。要按照文化事业和文化产业的性质和特点,分别采取不同的政策,逐步形成文化产业发展格局和覆盖全社会的比较完备的公共文化服务体系,创造更多更好适应人民群众需求的优秀文化产品。

第五,关于提高人民群众健康水平。提高全民族健康素质是全面建设小康社会的基本内容。温饱问题解决以后,健康问题已经成为人民群众提高生活水平和质量的重要标志。从促进人的全面发展出发,对全面提高人民群众健康水平提出了具体要求。以提高重大传染病控制能力和有效解决城乡群众看病难看病贵问题为重点,完善公共卫生和医疗服务体系。以稳定人口低生育水平为重点完善计划生育政策,以大力开展全民健身运动为重点积极发展体育事业。

第六,关于社会治安防控体系建设。加强治安队伍能力建设,推进各类平安创建活动,提高应对各类不安全案件的突发应急能力和水平。针对社会发展中存在的一些严重影响社会治安和人民生命财产安全的各类犯罪活动,加大打击力度,努力维护社会稳定局面。同时,要建立健全各类应急救援机制。加强各种自然灾害预测预报,健全防灾减灾措施,提高防灾减灾能力。完善社会动员机制,提高应对各方面突发事件的能力,切实保证人民群众有一个安居乐业的生产生活环境。

二、构建社会主义和谐社会的重大意义

(一)构建社会主义和谐社会是新时期建设社会主义的重大理论创新

人类社会是一个不断从低级向高级发展的历史过程。建立平等、互助、协调的和谐社会,一直是人类的美好追求。马克思曾设想了"自由人联合体"的未来的和谐社会模式,在《共产党宣言》中明确指出:"代替那存在着阶级和阶级对立的资产阶级旧社会的,将是这样一个联合体,在那里,每个人的自由

发展是一切人的自由发展的条件。"①马克思关于"自由人联合体"和"人的全面自由发展"的表述,都是指未来高级的和谐社会的目标模式。"构建社会主义和谐社会"就是要把马克思的科学论述逐步变成现实,它完全符合人类历史发展规律的要求,是我们党在新时期里推进伟大事业的又一个重大理论创新,是对社会主义认识的又一次新的飞跃。

明确提出"社会主义和谐社会"新概念,这在我们党和国家的历史上还是第一次,实现了社会主义现代化建设的总体布局由发展社会主义市场经济、社会主义民主政治和社会主义先进文化这样的三位一体,扩展为包括社会主义和谐社会的内容,实现了社会主义经济建设、政治建设、文化建设、社会建设四位一体的飞跃。这不只是量的增加,更重要的是认识上的一个飞跃,是一个对于经济社会发展逐步深入认识的过程。这是党对我国改革开放现代化建设经验的科学总结,适应了我国社会结构和社会生活深刻变化的迫切需要,充分体现出以人为本、全面、协调、可持续的发展观。是党和国家对社会主义现代化建设指导思想的新发展,进一步丰富和发展了中国特色社会主义理论。坚持和落实构建社会主义和谐社会的战略思想,将使边疆地区各族人民在中华民族大家庭中,团结一心,推进边疆社会主义物质文明、政治文明、精神文明建设与和谐社会建设全面发展。

(二)构建社会主义和谐社会是对我国文化传统精华的继承和发展

建立和谐社会,一直是人类的美好追求。在中国思想史上,在儒家、道家的言论中,早有和谐思想的萌芽,有"大同"社会的构想。我国传统文化不仅把和谐作为艺术的、外部形式的审美追求,而且把它提升到伦理、政治理想乃至宇宙观的层面。我国的文化传统,既承认社会是存在各种复杂的矛盾的,同时又认为矛盾中对立的方面是能在一定的条件下相互转化的,主张"君子和而不同"、"求同存异"等。我国传统文化追求从协调中达至和谐,重视对立的而非对抗性的融合,强调整体性,"和为贵"成为中国人的重要价值观。和合、天人合一、和衷共济、和气生财、政通人和等,这些为历代先贤所推崇的思想体现了古人追求人与社会、人与自然的和谐统一的理想与目标。中国历史上对和谐社会的描述,最广为人知的是孔子的"大同"理想。据记载,在《礼记·礼运篇》中,孔子关于未来的"大同"社会是"大道之行也,天下为公。选贤与能,讲信修睦。"孔子的社会关系理想是"老有所终,壮有所用,幼有所长,

---

① 《马克思恩格斯选集》第 1 卷,人民出版社 1995 年版,第 294 页。

鳏寡孤独废疾者皆有所养",在这里人们把其他人也当做自己的亲人,各种人在社会上都有用武之地;在政治方面,实行的是贤能君子治国,讲究信用,促进社会和睦。这些"大同"社会理想的实质,最主要的是社会和谐。和谐作为一种思想,就是中华民族传统文化精神的精髓,为今天建设社会主义和谐社会提供了可供借鉴的思想资源。然而,封建时代主张中庸之道的和谐思想与我们今天提倡的和谐社会思想,显然存在着本质上的区别,前者毕竟是一种排斥斗争的理想追求,是为封建统治者服务的,缺乏维护整个社会和谐的制度保障,并且容易抑制个人创造性和竞争性。因此,今天我们要继承和发扬我国传统文化中优秀的和谐思想,更要立足当代,面向世界,超越传统;以法律制度作为人与人、人与社会、人与自然整体和谐的保障,更好地建设和谐社会。构建和谐社会是党和国家顺应时代特征和矛盾性质变化而提出的关系到国家安定团结、长治久安的重要战略决策。实施这一战略决策,我们将从过去将利益矛盾引向利益对立、冲突和斗争,转变为力图将利益矛盾引向矛盾的缓和与化解;从以批判斗争方式解决人民内部矛盾,转变到求同存异、化解矛盾、构建和谐社会;从人们之间的社会分裂,转变为各社会阶层之间的合作,为全面建设小康社会提供良好的社会环境。

(三)构建社会主义和谐社会是时代发展的需要

在新世纪、新阶段,我国发展又有一个新的起点。2005 年我国国内生产总值达到 22761 多亿美元,人均国内生产总值 1748 美元。这是我国经济发展进入到一个新阶段的重要标志,在我国发展史上具有里程碑意义。按照党和国家确立的全面建设小康社会的奋斗目标,到 2020 年我国人均国内生产总值将达到 3000 美元。从 2005 年的人均 1748 美元到 2020 年达到人均 3000 美元,对于我国而言,这一阶段是一个"黄金发展期",是一个有着巨大发展潜力和动力的重要机遇期,同时隐忧也不少,充满各种困难和挑战,又是"风险高发期"。这是因为:在这个阶段经济结构变动深刻,技术进步、产业升级和城市化进程加快,第一、二产业比重明显降低,第三产业处于加速发展的转折点,如果能够顺利实现经济转型和结构优化,经济发展就会跃上一个新的台阶,否则,就有可能停滞不前。在这个阶段,我国社会结构不再像以前那样简单,各种各样的利益冲突在所难免。当代中国的社会转型,在最本质的意义上表现为经济范畴的制度变迁。而制度的调整又带来了利益结构的变化,在利益关系变动中产生了一些矛盾和冲突。城乡之间、区域之间、产业之间以及占有资源不同的人群之间的收入差距还会拉大,而随着收入提高及差距拉大,各种利益关系愈益复杂。这就影响着社会、经济关系和其他社会关系的和谐。在这个阶段,社会消费升级,并且日益多样化,而经济发展是一个渐进的过程,满足人们的需求也有一个过程。人们对社会政治生活的参与要求愈益提高,逐步富裕起来的人民在物质生活得到提高的同时,对安全感的追求愈加强烈,民主与法治意识进一步增强,对社会稳定和谐提出更高的要求。这个阶段,由于经济总量比过去大得多,经济增长以粗放式、高投入、高消耗为代价的方式还没有根本转变,资源消耗增加,资源、环境与工业化的矛盾突出。如果现在不继续转变增长方式,不改变经济发展思路,还是片面追求经济发展速度,我国的资源环境就很难适应未来的发展,资源短缺、生态恶化、环境污染,已成为制约我国发展的瓶颈,这显然和全面建设小康社会的目标是不一致的。在这个阶段,应对来自国际环境的各种挑战和风险必然增多,应对西方敌对势力“西化”、“分化”战略,必须把国内的事情办好,始终保持国家统一、民族团结、社会稳定的局面。强化经济发展而不至于激化社会矛盾,是当今中国的重要主题与战略选择,建设社会主义和谐社会已成为当今中国迎接国际挑战、加快自身发展的最大需要。

第三节 构建社会主义和谐社会的几个关系问题①

列宁指出:“规律就是关系”,就是“本质的关系和本质之间的关系”。构建社会主义和谐社会是关系的调整过程。所以,在构建社会主义和谐社会的过程中,应把握几个重要关系:

一、坚持科学发展观与构建社会主义和谐社会的关系

胡锦涛在省部级主要领导干部提高构建社会主义和谐社会能力专题研讨班上的重要讲话中指出:构建社会主义和谐社会,“必须树立和落实科学发展观,坚持以经济建设为中心,坚持‘五个统筹’,促进社会主义物质文明、政治文明、精神文明建设与和谐社会建设全面发展”。这就深刻地揭示了落实科学发展观与构建社会主义和谐社会的辩证关系。我们认为,坚持科学发展观和构建和谐社会,既可以说是前提与保证的关系,也可以说是途径与目标

---

① 参见《构建社会主义和谐社会大参考》,红旗出版社2005年版,第65~70页。

的关系。科学发展观是党中央从新世纪新阶段党和国家事业出发提出的重大战略思想,是统领我国经济社会发展全局的,也是统领构建社会主义和谐社会的。只有树立科学发展观,坚持以人为本,全面、协调和可持续发展,才能真正构建社会主义和谐社会。同时,只有不断构建社会主义和谐社会,才能保证科学发展观的真正落实和目标的真正实现。所以,它们是统一的,都统一于全面建设小康社会的奋斗目标之中,统一于中国特色社会主义的建设之中。在新世纪新阶段,面对我国社会发展中既要解决发展中积淀下来的不协调、不和谐的问题,又要应对新出现的不协调、不和谐的问题,只有牢固树立和认真落实科学发展观,努力构建社会主义和谐社会,才能解决我国在发展中遇到的各种问题,确保经济社会协调发展和国家长治久安。

二、构建社会主义和谐社会与党的执政能力的关系

解决问题关键在党,构建社会主义和谐社会关键也在党。只有提高党的执政能力,党才能领导构建社会主义和谐社会;只有构建和谐社会,才能维护党的团结统一,提高党的执政能力。处理好构建社会主义和谐社会与党的执政能力的关系,关键是要坚持党的科学执政、民主执政和依法执政。坚持科学执政,就要结合中国实际不断探索和遵循共产党执政规律、社会主义建设规律和人类社会发展规律,把加强党的执政能力建设建立在更加自觉地运用客观规律的基础之上,以科学的思想、科学的制度、科学的方法领导中国特色社会主义事业,从而使构建社会主义和谐社会的实践建立在更加科学的基础之上。坚持民主执政,就要坚持为人民执政、靠人民执政,支持和保证人民当家作主,坚持和完善人民民主专政,坚持和完善民主集中制,以发展党内民主带动人民民主,团结一切可以团结的力量,调动一切积极因素,巩固和壮大最广泛的爱国统一战线,从而使构建社会主义和谐社会的实践建立在支持和保证人民当家作主的基础之上。坚持依法执政,就要紧紧抓住制度建设这个更具根本性、全局性、稳定性、长期性的重要环节,坚持依法治国的基本方略,坚持依法执政的基本方式,领导人民制定法律,自觉带头遵守法律,采取措施保证法律的实施,不断推进国家经济、政治、文化、社会生活的法治化、规范化,从制度上、法律上保证党的路线方针政策的贯彻实施,使这种制度和法律不因领导人的改变而改变,不因领导人的看法和注意力的改变而改变,从而使构建社会主义和谐社会的实践建立在实施依法治国基本方略的基础之上。

三、激发社会活力与维护社会稳定的关系

社会主义和谐社会应该是充满创造活力的社会,构建社会主义和谐社会,必须要激发全社会的创造活力。只有充满活力,才能加快发展。社会稳定的基础是人心稳定,人心稳定的基础是人民生活水平的不断提高。全社会各民族的积极性和创造性对党和国家的发展始终是最具有决定性的因素。要发展、激发全社会的创造活力,就应该全面落实"尊重劳动、尊重知识、尊重人才、尊重创造"的重大方针;要发展、激发全社会的创造活力,就要坚持深化改革,为经济全面协调可持续发展提供制度保障。一个没有生机和活力的社会是一潭死水,死气沉沉,不是我们要追求的和谐社会;而一个没有人民生命财产安全保障的社会,四分五裂、动荡不安,也谈不上什么和谐社会。作为一个执政党,发展当然是第一要义,推动社会发展的能力是能否长期执政的基本前提。但是,如果没有构建和谐社会的能力,社会陷于分裂、对抗乃至动乱之中,就会失去执政的合法性,发展也就失去了基础。这就要求我们必须正确处理改革发展稳定的关系,坚持把改革的力度、发展的速度和社会可以承受的程度统一起来。

四、正确处理不同方面群众利益的关系

从根本上讲,和谐是利益的和谐。社会主义和谐社会应当是各方面利益关系不断得到有效协调的社会。最大多数人的根本利益是最紧要的和最有决定性的因素,而人民群众的整体利益又总是由各方面的具体利益构成的。如果不能正确反映和妥善处理由于国内环境的变化而引起人民群众之间各种具体的利益关系的变化,那么实现和维护最广大人民的根本利益的任务就得不到全面的贯彻落实。个人利益与集体利益、局部利益与整体利益、眼前利益与长远利益等矛盾的双方,完全可以在人民根本利益一致的基础上进行调节,将它们统一和结合起来。只有以维护和发展最广大人民根本利益为前提,才能处理好各种复杂的利益关系。只有坚持把最广大人民的根本利益作为制定政策、开展工作的出发点和落脚点,同时高度重视和维护人民群众最现实、最关心、最直接的利益,让人民群众得到应该得到的物质利益,并且随着经济社会的发展,使群众得到的物质利益不断有所增加,人民群众才能愈来愈深刻地认识到建设中国特色社会主义、实现社会主义现代化是国家的富强之道,也是自己的富裕之道,是构建和谐社会之本,从而自觉地参与到构建

和谐社会活动之中。

五、效率与公平的关系

如何处理好效率与公平的关系,是构建和谐社会的一个重大问题。一般来说,市场经济是一种优胜劣汰的经济,谁要在竞争中取胜,就必须坚持效率优先,勤勉地劳动,追求科学技术,提高劳动生产率。与此同时,竞争的结果又会带来两极分化,贫富悬殊,引起社会的动荡。基于上述两个方面的原因,我国在建立和不断完善社会主义市场经济体制的过程中,既要把解决公平问题提到构建和谐社会的重要位置,又要清醒地认识到公平具有历史性和相对性。公平是历史的,就是说公平总是受生产力的发展水平和具体的制度安排制约,它实现的方式和程度在不同的历史条件下都是不同的。公平是相对的,就是说它不是无条件的,而是相对某种规则或相对某种不公平状况而言的,而不是说从任何方面讲都是公平的。在生产力不发达的情况下,必须坚持初次分配注重效率,再分配注重公平。一方面,在坚持效率优先的同时,必须注重社会公平,正确反映和兼顾不同群体的利益;另一方面,引导广大干部群众树立科学的公平观,处理好先富与共富的关系,更好地实现公平与效率的统一。

六、物质文明、政治文明、精神文明建设与和谐社会建设的关系

建设社会主义物质文明、政治文明和精神文明,可以为构建社会主义和谐社会提供坚实的基础。物质文明的发展处于基础的地位,为和谐社会发展提供必要的物质条件,决定着和谐社会的发展。始终代表中国先进生产力的发展要求,就是代表中国最广大人民群众利益的根本保证。政治文明为和谐社会的发展提供政治和法律保障,对和谐社会的发展能够产生促进作用。思想是行动的先导,精神文明为和谐社会的发展提供强大的精神动力和重要的思想保证。因此,社会主义和谐社会的建设,离不开物质文明发展、政治文明发展、精神文明发展等多种力量的相互作用、相互促进。构建和谐社会又可以为建设社会主义物质文明、政治文明、精神文明提供重要条件。社会主义和谐社会是一个以人为本、经济社会全面发展的社会。以人为本是科学发展观的本质和核心,也是社会主义和谐社会的本质和核心。它要求发展要以人为目的,把人民的利益作为一切工作的出发点和落脚点,不断满足人们的多方面需求和促进人的全面发展,使人们的经济、政治和文化权益得到切实尊

重和保障,形成人们平等发展、充分发挥聪明才智的社会环境。它要求遵循
"五个统筹"的指导原则,充分考虑和兼顾不同地区、不同行业、不同阶层、不
同群众的利益,实现全社会的共同富裕,物质文明、政治文明、精神文明协调
发展,整个社会走上生产发展、生活富裕、生态良好的文明发展道路。

第四节　构建和谐边疆的战略举措

一、贯彻构建和谐社会的指导思想

《中共中央关于构建社会主义和谐社会若干重大问题的决定》明确提出
构建社会主义和谐社会的指导思想。我们必须结合边疆实际,把这一指导思
想贯彻到边疆构建和谐社会的全过程。这一指导思想就是:必须坚持以马克
思列宁主义、毛泽东思想、邓小平理论和"三个代表"重要思想为指导,坚持党
的基本路线、基本纲领、基本经验,坚持以科学发展观统领经济社会发展全
局,按照民主法治、公平正义、诚信友爱、充满活力、安定有序、人与自然和谐
相处的总要求,以解决人民群众最关心、最直接、最现实的利益问题为重点,
着力发展社会事业、促进社会公平正义、建设和谐文化,完善社会管理、增强
社会创造活力,走共同富裕道路,推动社会建设与经济建设、政治建设、文化
建设协调发展。

二、保持边疆经济持续快速协调健康发展

保持经济持续快速协调健康发展,创造更丰富的社会物质财富,使边疆
的整体实力不断增强,是构建和谐边疆的物质基础。人民群众日益增长的物
质文化需要同落后的社会生产之间的矛盾仍然是我国边疆的主要矛盾。解
决边疆经济社会发展面临的许多矛盾和问题,包括构建边疆和谐社会面临的
许多矛盾和问题,关键还是要靠发展。只有实现又快又好的发展,才能更好
地促进经济社会协调发展,才能形成更完善的分配关系和社会保障体系,才
能创造更多的就业机会,才能不断满足人民群众多方面的需求。经济发展不
仅要持续快速,而且要协调健康,这是人民群众不断提高生活水平的重要保
证,也是人民群众对发展前景充满信心的重要保证。要始终坚持发展是硬道
理的战略思想,紧紧抓住发展这个党执政兴国的第一要务,坚持以科学发展
观统领经济社会发展全局,推动边疆经济社会发展不断迈上新台阶。通过改

革创新建立健全保障经济平稳较快发展的体制机制,推进经济结构调整,转变经济增长方式,切实解决经济社会发展中的突出矛盾和问题,确保经济持续快速协调健康发展。坚持城乡统筹发展,充分发挥城市对农村的辐射和带动作用,充分发挥工业对农业的支持和反哺作用,逐步建立有利于改变城乡二元经济结构的体制,稳定、完善和强化对农业的支持政策,加快农业和农村经济发展,努力实现农民收入稳步增长,促进城乡良性互动、共同发展。

三、发展边疆社会主义民主

要把坚持党的领导、人民当家作主和依法治国有机统一起来,积极稳妥地推进政治体制改革,进一步健全民主制度,丰富民主形式,扩大公民有序的政治参与,不断推进社会主义民主政治的制度化、规范化、程序化,更好地发挥社会主义政治制度的特点和优势。保证人民依法实行民主选举、民主决策、民主管理、民主监督。广泛发扬民主,拓宽反映社情民意的渠道,完善深入了解民情、充分反映民意、广泛集中民智、切实珍惜民力的决策机制,形成能够全面表达社会利益、有效平衡社会利益、科学调整社会利益的利益协调机制。要全面贯彻党的民族政策、宗教政策,认真做好党的民族工作、宗教工作,巩固和发展平等、团结、互助的社会主义民族关系,鼓励和支持宗教界继承和发扬爱国爱教、团结进步、服务社会的优良传统,在积极参与社会主义社会相适应方面迈出新步伐。进一步做好海外侨胞和归侨侨眷工作,努力促进海内外中华儿女的大团结。要进一步扩大基层民主,进一步完善城乡基层政权、基层自治组织、企事业单位的民主管理制度,最广泛地动员和组织人民群众开展基层民主实践,努力实现广大群众自我管理、自我服务、自我教育、自我监督。要充分发挥工会、共青团、妇联等人民团体的桥梁和纽带作用,广泛密切地联系各方面群众,调动社会各方面的积极性。

四、落实依法治国的基本方略

构建边疆和谐社会,必须健全社会主义法制,建设社会主义法治边疆,充分发挥法治在促进、实现、保障社会和谐方面的重要作用。加强和改进立法工作,从法律上体现科学发展观的要求,制定和完善发展边疆社会主义民主政治、保障公民权利、促进社会全面进步、规范社会建设和管理、维护社会安定的法律法规。推进依法行政,坚持严格执法、公正执法、文明执法,建设法治政府,建立有权必有责、用权受监督、违法要追究的监督机制。要坚持司法为民的要求,以解决制约司法公正和人民群众反映强烈的问题为重点推进司法体制改革,充分发挥司法机关维护社会公平和正义的作用,促进公平和正义。加强法治宣传教育,传播法律知识,弘扬法治精神,增强全民的法律意识,形成法律面前人人平等、人人自觉守法用法的边疆社会氛围。依法处理人民内部矛盾,依法维护群众正当权益,依法维护边疆社会稳定。

五、加强思想道德建设

要全面落实用邓小平理论和"三个代表"重要思想武装全党、教育人民的战略任务,加强马克思主义理论研究和建设,着力回答重大理论和实际问题,巩固马克思主义在我国意识形态领域的指导地位,引导全体人民坚定中国特色社会主义信念。要深入开展党的基本理论、基本路线、基本纲领、基本经验教育,弘扬以爱国主义为核心的民族精神和以改革创新为核心的时代精神,弘扬集体主义、社会主义思想,使全体人民正确认识社会发展规律和国家、民族的前途命运,始终保持昂扬向上、开拓进取的精神状态。要积极实施公民道德建设工程,广泛开展社会公德、职业道德、家庭美德教育,在全社会倡导爱国守法、明礼诚信、团结友善、勤俭自强、敬业奉献的基本道德规范,培养良好的道德品质和文明风尚。要大力倡导以文明礼貌、助人为乐、爱护公物、保护环境、遵纪守法为主要内容的社会公德,大力倡导以尊老爱幼、男女平等、夫妻和睦、勤俭持家、邻里团结为主要内容的家庭美德,提倡尊重人、理解人、关心人,热爱集体,热心公益,扶贫帮困,在全社会形成团结互助、平等友爱、共同前进的社会氛围和人际关系。

六、维护和实现社会公平和正义

只有切实维护和实现社会公平和正义,人们的心情才能舒畅,各方面的社会关系才能协调,人们的积极性、主动性、创造性才能充分发挥出来。要坚持把最广大人民的根本利益作为构建边疆和谐社会的基本着眼点,正确反映和兼顾不同地区、不同部门、不同方面群众的利益,在促进发展的同时,把维护社会公平放到更加突出的位置,综合运用多种手段,依法逐步建立以权利公平、机会公平、规则公平、分配公平为主要内容的社会公平保障体系,使全体人民共享改革发展的成果,使全体人民朝着共同富裕的方向稳步前进。妥善协调各种利益关系和内部矛盾,正确处理个人利益和集体利益、局部利益和整体利益、当前利益和长远利益的关系。要高度重视收入分配问题,更好地处理按劳分配为主体和实行多种分配方式的关系。进一步完善社会保障体系,逐步扩大社会保障的覆盖面,切实保障各方面困难群众的基本生活,让他们感受到社会主义大家庭的温暖。要从法律上、制度上、政策上努力营造公平的社会环境,从收入分配、利益调节、社会保障、公民权利保障、政府施政、执法司法等方面采取切实措施,逐步做到保证社会成员都能够接受教育,都能够进行劳动创造,都能够平等地参与市场竞争、参与社会生活,都能够依靠法律和制度来维护自己的正当权益。

七、增强边疆社会的创造活力

构建社会主义和谐社会,必须最广泛、最充分地调动一切积极因素,发展各方面的创造活力,不断推动经济社会发展。要全面贯彻尊重劳动、尊重知识、尊重人才、尊重创造的方针,形成与社会主义初级阶段基本经济制度相适应的思想观念和创业机制,营造鼓励人们干事业、支持人们干事业的社会氛围,放手让一切劳动、知识、技术、管理和资本的活力竞相迸发,让一切创造社会财富的源泉充分涌流,以造福于人民。要适应经济全球化趋势发展和科技进步加快的国际环境,适应全面建设小康社会的新形势,不失时机地推进改革开放,力争在一些重点领域和关键环节取得新的突破,进一步解放和发展生产力,进一步营造平等竞争、共谋发展的法治环境、政策环境和市场环境,为经济发展和社会全面进步注入强大动力。

八、加强边疆社会建设和管理

要深入研究社会管理规律,加强社会管理体制的建设和创新,完善社会管理体系和政策法规,整合社会管理资源,建立健全党委领导、政府负责、社会协同、公众参与的社会管理格局。要充分发挥基层党组织和共产党员服务群众、凝聚人心的作用,发挥城乡基层自治组织协调利益、化解矛盾、排忧解难的作用,发挥社团、行业组织和社会中介组织提供服务、反映诉求、规范行为的作用。政府要进一步完善社会管理和公共服务职能,改善公共服务质量,提高依法管理社会的能力和水平,推动建立政府调控机制同社会协调机制互联、政府行政功能同社会自治功能互补、政府管理力量同社会调节力量互动的社会管理网络,形成对全社会进行有效覆盖和全面管理的体系。要加强城乡基层自治组织建设,从建设和谐社区入手,使社区在提高居民生活水平和质量上发挥服务作用,在密切党和政府同人民群众的关系上发挥桥梁作用,在维护社会稳定、为群众创造安居乐业的良好环境上发挥促进作用。增强社会服务功能,拓展社会服务领域,提高社会服务水平,形成社会服务网络化的新格局,积极开展面向特殊群体的社会救助、社会福利和优抚保障服务,面向群众的便民利民服务,面向下岗失业人员的再就业服务和社会保障服务。要建立科学有效的体制机制,加强和改善对公共信息、公共资源、公共物品的管理和应用。

九、加强边疆生态环境建设和治理

大量事实表明,人与自然的关系不和谐,往往会影响人与人的关系、人与社会的关系。如果生态环境受到严重破坏、人们的生产生活环境恶化,如果资源能源供应高度紧张、经济发展与资源能源矛盾尖锐,人与人的和谐、人与社会的和谐是难以实现的。要科学认识和正确运用自然规律,学会按照自然规律办事,更加科学地利用自然为人们的生活和社会发展服务,坚决禁止各种掠夺自然、破坏自然的做法。要引导全社会树立节约资源的意识,以优化资源利用、提高资源产出率、降低环境污染为重点,加快推进清洁生产,大力发展循环经济,加快建设节约型社会,促进边疆自然资源系统和社会经济系统的良性循环。加强环境污染治理和生态建设,切实解决严重威胁人民群众健康安全的环境污染问题,保证人民群众在生态良性循环的环境中生产生活,促进经济发展与人口、资源、环境相协调。要增强边疆各族人民的环境保护意识,形成爱护环境、保护环境的良好风尚。

第五节　构建和谐的边疆民族宗教关系

一、民族宗教问题对构建边疆和谐社会的现实影响

在充分肯定边疆地区坚持马克思主义的民族宗教观,正确处理民族宗教问题,推动边疆各民族平等、团结、互助、和谐的社会主义民族关系不断巩固的同时,我们也要冷静清醒地看到,边疆地区在民族和宗教领域仍然存在着诸多影响和谐社会建设的问题。

第一,在经济方面,民族地区总体发展水平低且不平衡,民族之间、区域之间的发展差距不断扩大。边疆民族地区由于自然、历史、发展机遇等多方面的原因,地方经济社会发展处于后进状态。以云南省为例,2004年民族自

治地方生产总值达 1062 亿元,仅为全省的 15%,不到全国的 1%;云南民族自治地方农民人均纯收入为 1646 元,仅为全省平均数的 88.3%,全国的 56%;全省有 80 个国家和省确定的扶贫开发重点县,其中有 56 个在民族自治地方。在总体发展水平低的条件下,少数民族贫困地区的问题依然突出,全省扶贫工作的重点就在民族自治州。全省农村绝对贫困和低收入人口近八百万。基础设施薄弱、发展的不平衡和突出的贫困状态且发展差距不断扩大的现实,与少数民族群众要求脱贫致富和与全国全面建设小康社会的强烈愿望不相适应,导致民族地区干部群众心理失衡,成为影响民族团结、边疆稳定与和谐社会建设的重要隐患。

第二,在文化方面,民族传统文化加速流失,民族文化传承后继乏人。20 世纪 80 年代以来,在经济全球化、现代化和市场经济的猛烈冲击下,边疆各民族的传统文化正面临着前所未有的全面冲击。以经济建设为中心的现代化进程和以建立市场经济体制为核心的社会转型,驱动着各民族为获取更多的物质利益而奋斗。由于经济社会发展长期滞后,有的民族逐渐对自己的文化丧失了信心,出现了盲目模仿内地生活方式的倾向,致使民族服饰、民族语言、传统民居、歌舞艺术、礼仪习俗、生态文化以至民族传统文化中的多民族同根意识与和谐文化等,都出现了自然流失加速的危机。在奔向现代化的急切心情驱使下,传统的价值观和生活方式对年轻一代失去了吸引力,在对外来文化和本民族文化的双重认同矛盾之间,很多人选择了前者,从而形成了民族文化自我认同的危机。两个危机交织在一起,就有可能使边疆少数民族经数千年历史发展积淀下来的珍贵民族文化遗产,在 21 世纪的 20 年至 30 年或更长的时间内大部分消失。与民族文化加速流失的趋势相一致,民族文化的传承亦面临着后继乏人的危机。边疆少数民族传统文化所受的巨大冲击,导致文化危机不可避免地会给和谐社会的构建带来影响。

第三,在社会建设方面,民族地区教育、科技、文化、卫生等社会事业发展滞后,边境民族地区社会问题突出。以云南省为例,2004 年全省尚未普及九年义务教育的县有 24 个,基本上是在边疆民族自治地方;边境 25 个县 15 岁以上人口中文盲、半文盲为 38.7%。云南实现"两基"的重要任务主要在民族自治地方。社会事业基础设施建设在少数民族自治地方已显得比较落后,医疗卫生事业发展缓慢,少数民族群众就医难看病贵的问题十分突出。云南边境民族地区与越南、老挝、缅甸接壤,毗邻境外"金三角"毒源地区,处于全国、全省禁毒斗争的前沿,也是深受毒品危害的重灾区。德宏傣族景颇族自治州2004年就有吸毒人员14095人,占总人口的1.36%,因吸毒和其他途径感染艾滋病病毒者已达3188例。此外,边境地区、民族地区的跨国妇女拐卖和妇女外流问题也比较突出。仅孟连县2003年就有725位妇女被拐卖和外流出境。社会事业发展滞后和边境民族地区社会问题突出,给边疆和谐社会构建带来严重影响。

第四,在国际问题方面,来自国外的多种影响不断增大。边疆民族地区处于全国对外开放和对外交往的前沿,同时也处于接受外来影响和反分裂、反渗透的前沿。随着边疆地区对外交往的扩大,来自国外的各方面影响也在不断增大。一是周边国家优惠政策的影响。以云南为例,云南周边越南、缅甸等国家比较重视其边疆民族地区的发展,采取了一些特殊的优惠政策,而我国对边境民族地区的许多优惠政策与周边国家有所不同,致使我方边民在一定程度上产生了心理上的不平衡。二是外来宗教渗透和邪教传播的影响。由于跨境双方边民很多具有共同的族源、共同的民族文化和共同的宗教信仰,因此在双方开展文化交流的同时,宗教交流自然也就蕴涵在其中了。正常的宗教交流有利于双方睦邻友好关系的发展。但是,由于中外双方存在着不同的宗教政策,不平衡的宗教交流不利于我国边境民族地区的稳定。例如,在云南中越边境上,近年来,越方大兴土木修建教堂和庙宇,开辟宗教活动场所,其中在沙巴修复天主教堂一座,每周一、三、五、日做礼拜;老街修复寺庙及天主教堂各一座;由于我国河口县至今尚没有公开的宗教活动场所,因而吸引了许多河口边民及省内外到河口旅游和经商的人群出境到越南去参加宗教活动。三是外来民族分裂势力的渗透影响和"黄、赌、毒"社会问题的影响。

二、努力构建边疆和谐的民族宗教关系

(一)加快少数民族和民族地区的经济发展

我们党的民族政策是各民族共同发展和共同繁荣,决不能让任何一个兄弟民族掉队,决不能容许有任何一个兄弟民族在发展市场经济中成为失败者。这是硬道理和大政策,要管许多的软道理和小政策。胡锦涛总书记曾指出,21世纪头20年,是我国改革发展的重要战略机遇期,也是促进我国各民族共同繁荣进步的关键时期。必须围绕全面建设小康社会的宏伟目标,牢牢把握各民族共同团结奋斗、共同繁荣发展的主题,努力把民族工作

提高到一个新的水平。要抓住国家实施西部大开发的历史机遇,牢固树立和落实科学发展观,加快少数民族和民族地区经济社会发展的步伐,不断改善少数民族群众的生活。因此,面对市场经济发展过程中民族之间、区域之间差距的日趋扩大,应提高驾驭社会主义市场经济的能力,按照科学发展观和"五个统筹"的要求,通过党和国家的宏观调控和生产力的合理布局,重点帮助民族地区建设一批对带动当地经济社会发展起重大作用的基础设施项目,优先安排同各族群众生产生活密切相关的中小型公益性项目。根据国民经济和社会发展规划以及西部大开发战略,优先在民族地区安排资源开发和深加工项目。大力帮助少数民族和民族地区发展经济,逐步缩小民族发展和区域发展差距,以消除民族团结、边疆稳定与和谐社会建设的最大隐患。

(二)全面贯彻落实《中华人民共和国民族区域自治法》和党的民族宗教政策

应根据科学发展观和构建社会主义和谐社会的战略思想,由国务院和国家有关部门制定出台贯彻实施《中华人民共和国民族区域自治法》的行政法规、规章、具体措施和办法,为全面落实《中华人民共和国民族区域自治法》创造良好的行政法制环境,使民族自治地方的自治机关,尤其是民族自治地方的人民政府在行使自治权时有具体、明确的行政法律依据,真正敢于依法行政,维护民族自治地方的合法权益。在制定贯彻实施《中华人民共和国民族区域自治法》的行政法规、规章、具体措施和办法时,应当体现加大对民族自治地方的资金投入和政策扶持的精神,给民族自治地方多一些实惠。资金投入上要加大财政转移支付的力度,加大基础设施项目投入的力度;政策扶持上要对民族自治地方采取更加灵活的特殊政策和措施,实事求是,分类指导。各民族地区应加快民族立法步伐,自治州、自治县人民代表大会要认真履行宪法和民族区域自治法赋予的职权,认真总结经验,有计划、有步骤地对过去制定的自治条例和单行条例进行相应的修改和完善,以充分发挥其加快民族自治地方经济社会发展和协调民族关系的作用。大力培养和选拔使用少数民族干部。全面贯彻党的宗教信仰自由政策,切实加强宗教工作中的党政领导干部,统战、宗教工作干部和宗教界人士等三支队伍的建设;进一步解决宗教房产的遗留问题;依法管理少数民族的民族民间传统宗教;支持宗教团体开展正常的对外交往活动,积极引导宗教与社会主义社会相适应,与构建社会主义和谐社会相适应。

(三) 保护和弘扬民族传统文化

从民族学、人类学和宗教学视野来看和谐社会建设就会发现,民族传统文化在和谐社会建设中占有重要地位并将发挥十分重要的作用。一方面,少数民族地区是我国文化多样性资源的宝库。多民族、多语言、多宗教和多种生产生活方式蕴涵了丰富的传统知识和智慧。按照多样性促进创造性和多样性促进稳定性的自然与社会发展规律,对这些传统知识和智慧亦即民族文化多样性资源的保护与开发,既是和谐社会创造力的源泉,又是和谐社会稳定发展的基石。另一方面,边疆少数民族传统文化中还蕴涵着积淀深厚、丰富多彩的和谐文化。在边疆各少数民族的宗教信仰中,也有很多有利于和谐社会建设,能够与社会主义社会相适应的文化资源。在保护与弘扬民族传统文化的同时,要大力发展社会主义先进文化。为此,要进一步解放思想,提高文化发展重要性的认识,正确区别对待文化产品的意识形态属性和商品属性,正确认识保护和发展民族文化多样性与建设先进文化的关系,发展面向现代化、面向世界、面向未来的、民族的科学的大众的社会主义文化,树立与社会主义市场经济相适应的文化发展观念。深化文化体制改革,创新体制,转换机制,加大投入,确保公益性文化事业繁荣发展;制定和落实文化产业发展的优惠政策,大力发展文化产业;实施外向战略,扩大文化的对外开放;实施人才战略,加快引进和培养文化人才;推进文化带动战略,扩大文化市场空间;实施民族文化繁荣发展战略,大力发展民族文化产业。

(四) 加快少数民族和民族地区社会事业发展

与经济发展相比,民族地区社会事业发展更为滞后,要按照构建和谐社会的要求更加注重民族地区社会事业的发展。加大民族教育投入,优先帮助少数民族和民族地区以实现"两基"目标为重点,加快发展高中阶段教育、职业教育和高等教育。认真落实好加快民族贫困地区教育事业发展的有关规定和政策措施,切实解决民族地区教育中的特殊困难和突出问题,使贫困家庭的孩子都能完成义务教育。加大对民族地区的科技投入,建立健全科技推广体系,普及自然科学和社会科学知识,推广应用电脑发展农业等先进适用技术,把民族地区的发展尽快转移到依靠科技进步和提高劳动者素质的轨道上来。加大对民族地区文化事业发展的投入,努力发展有关少数民族古籍、文物、出版、语言文字、报刊等公益性文化事业,同时打造一批具有边疆特色的文化精品,培育和扶持一批少数民族群众直接参与的社区和基层民族文化产业和企业。加强民族地区公共卫生设施建设,加大医务人员培训力度,建立健全少数民族地区农村医疗卫生服务体系,建立和实施民族地区农村贫困家庭医疗救助制度。实施广播电视村村通、户户通工程建设。切实做好禁毒和防治艾滋病工作。

(五)提高应对国际民族宗教问题影响的能力

民族宗教问题具有国际性,世界民族宗教问题的发展态势将会深刻影响国内民族关系。要认真贯彻党和国家关于少数民族和民族地区发展的各项特殊优惠政策。大力开展"兴边富民行动",加快边境民族地区的交通、能源、水利、通信、口岸等基础设施建设;积极发展边境贸易和特色经济;增加投入,大力扶持边境民族地区的教育、科技、文化、卫生、广播电视等社会事业发展。认真贯彻执行党和国家的宗教政策,有效防范外来宗教的渗透和邪教组织的活动。在有群众性宗教活动的地方,应尽快批准建立公开、开放、规范的宗教活动场所,以满足信教群众的正当要求并抵制外来的宗教渗透。建立宗教教职人员的定期培训制度,提高其宗教学识,定期组织他们主动到境外开展正常的宗教交流活动;鼓励宗教寺院参与旅游业发展,以增强其自养能力。在对邪教组织及其首恶进行严厉打击的同时,要对不明真相的群众做耐心细致的引导工作,并扶持其发展经济,帮助其解决生产生活中的实际问题,最终使其自觉起来抵制邪教的影响。

第六节　构建和谐的国际周边环境[①]

在经济全球化、区域化进程加快的背景下,边疆地区构建的和谐社会,不是自给自足、自我封闭的社会,而是一个开放的、积极参与国际合作、促进共同繁荣发展的社会。我国边疆省份与几十个国家交往密切。对国界两边跨境而居的同一民族来说,更是很难用一条国界将其分开。改革开放以来,边疆地区已经从一个封闭边远的地方变成了对外开放的前沿。多年的实践告诉我们,这样的区位特点,既有利于对外经济文化交流,也容易受到境外某些方面的冲击和影响,从而给边疆地区的安定团结和和谐社会的构建带来难度。因此,要构建社会主义和谐社会,就必须处理好与周边国家的关系,妥善

---

① 参见秦光荣主编:《云南十一五战略发展研究》,云南人民出版社 2005 年版。

处理边疆民族地区面临的一些特殊问题。

一、构建和谐边疆面临的周边环境条件

(一)正确把握国际关系的时代主题

21 世纪头 20 年,对我国来说是一个必须紧紧抓住并且可以大有作为的重要战略机遇期。这是党中央在科学分析国内外形势的基础上作出的一个重大战略判断。国际形势正在发生复杂而深刻的变化,和平与发展仍然是当今时代的主题,世界多极化和经济全球化的趋势深入发展,国际关系民主化继续推进,世界经济保持增长势头,科技进步日新月异,国际产业转移和生产要素流动加快,各国注重经济发展和国际经济技术合作,经济的相互依存和相互合作不断加深,区域经济一体化进程加速。这些都给边疆地区带来了难得的发展机遇。同时,边疆地区也面临着严峻的挑战。世界范围内局部战争和冲突此起彼伏,南北差距进一步拉大,恐怖势力、极端势力、分裂势力在一些地区还相当猖獗,环境污染、毒品走私、跨国犯罪、严重传染性疾病等跨国性问题比较突出。要构建社会主义和谐边疆,就要清醒地把握复杂多变的国际形势,有力应对来自国际环境的各种挑战和风险。在这种机遇和挑战并存的国际形势下,我们要高举和平、发展、合作的旗帜,与世界各国人民共同为建设一个持久和平、共同繁荣和和谐的世界而努力,为边疆现代化建设争取较长时期的和平国际环境和良好的周边环境。

(二)非传统安全与合作安全等国际关系新因素对构建和谐边疆的影响

冷战结束后,国际政治、经济形势发生了重大而深刻的变化,与此同时,在国际安全形势方面,也出现了一些值得重视的新特点。首先,世界安全威胁呈现多元化、全球化的趋势。在新的历史条件下,安全的含义已演变为一个综合概念,其内容由传统的军事和政治领域扩展到经济、社会、金融、科技、环境、文化等非传统安全领域。非传统安全在总体国际安全中的地位明显上升,各国越来越关注国家安全中的非政治、非军事因素,"经济安全"、"社会安全"、"生态安全"的重要性日益突出。除防止外敌入侵、维护领土主权完整等传统安全领域外,重点对打击恐怖主义、跨国犯罪等非传统安全领域予以关注。其次,在全球化的条件下,国家安全乃至国际安全是在动态的、开放的过程中实现的。各国在安全上的共同利益增多,相互依存加深;寻求安全的手段趋向多元化,加强对话与合作成为寻求共同安全的重要途径。人们不难看到,在各国和国际社会寻求和平稳定的各种努力中,所谓"共同安全"、"协商

安全"、"合作安全"等,起着越来越重要的作用。在此背景下,以对话和合作为主要特征的新安全观为越来越多的国家所接受,合作安全将成为各国调整和构建稳定可信的安全关系与国际安全格局的主流。

中国是新安全观的积极倡导者,新安全观的实质是超越单方面安全范畴,以互利合作寻求共同安全。新安全观建立在共同利益基础之上,符合人类社会进步的要求。根据我国提出的新安全观,合作安全的核心应是互信、互利、平等、协作。互信,是指超越意识形态和社会制度差异,摒弃冷战思维和强权政治心态,互不猜疑,互不敌视。互利,是指顺应全球化趋势发展的客观要求,各国应在维护本国利益的同时,互相尊重对方的安全利益,在实现自身安全利益的同时,为对方安全创造条件,实现共同安全。平等,是指国家无论大小强弱,都是国际社会的一员,应相互尊重,平等相待,不干涉别国内政,推动国际关系的民主化。协作,是指以和平谈判的方式解决争端,并就共同关心的安全问题进行广泛、深入的合作。总之,新安全观的宗旨是,通过对话增进相互信任,通过合作促进共同安全。

中国边疆地区在国际交往中积极实践新安全观,国际区域经济合作机制的建立和发展,不仅给边疆地区带来现实的经济利益,也增进了各参与方的相互交流、信任与合作,进而促进了本地区的安全与稳定,给边疆地区安全提供了一个好的周边环境。但我们要清醒看到,我国边疆地区周边并不太平。比如,跨国犯罪、非法移民、艾滋病传播、禽流感等非传统安全因素对和谐边疆的建设带来了挑战。

（三）境外社会问题、民族问题是影响边疆地区和谐的一个重要因素

以云南为例,20世纪90年代以来,云南边境地区特别是边境口岸地区对外交往日益频繁,人口流动率迅速提高,周边国家民族问题、社会问题而产生的一系列消极影响,已对云南特别是边境地区构成了不可忽视的危害。突出的毒品和艾滋病问题,已成为影响云南省周边关系和谐和国家安全的重大问题。与此同时,跨国贩卖枪支弹药、拐卖妇女、卖淫嫖娼和赌博等各种犯罪活动随之增多,对边疆地区各族人民的生命安全和健康构成极大危害。边境民族地区已面临着境外敌对势力对我国进行分化、渗透的严峻形势。近年来,来自境外的政治、宗教、文化渗透在一定范围内较为突出。西方敌对势力和国内外民族分裂主义分子利用周边国家与我国边疆省份的联系,寻找突破口,实行"围堵计划",搞和平演变。上述问题,都给我们建设和谐边疆带来新的挑战。

二、构建和谐的边疆国际周边环境

建设和谐边疆是一个系统工程,一个十分重要的方面就是要把握周边国际环境的发展变化,把构建和谐边疆与建设和谐世界、营造良好的周边环境结合起来,以合作求和平,以合作求稳定,以开放促改革,以开放促发展,通过区域合作与周边国家实现共同繁荣与和谐。

（一）坚持建设和谐世界的构想

胡锦涛在联合国成立 60 周年首脑会议上提出“建设和谐世界”的构想,体现了我们党对人类社会发展规律认识的进一步深化,是“和谐社会”思想在应对国际局势和处理国际事务上的延伸。建设和谐世界应坚持国家利益与人类共同利益相结合,促进国家与人类之间的和谐;应坚持促进普遍发展,共同繁荣;应坚持相互合作,求同存异。“建设和谐世界”的构想,必然成为我们处理与周边国家关系的指导思想。要贯彻好这一指导思想,就应当坚持以邻为善、以邻为伴的周边外交方针,把“睦邻”、“安邻”、“富邻”作为这项方针的核心内容。“睦邻”,就是要同周边国家和睦相处,共同维护地区和平稳定。“安邻”,就是要坚持通过对话合作增进友好互信,通过谈判解决分歧,为人类和谐发展营造良好环境。“富邻”,就是促进与周边国家的经贸关系,加强与周边国家的平等互利合作,深化区域和次区域经济合作,积极推动地区经济一体化,与周边国家实现共同发展和繁荣。

（二）积极参与区域经济合作

统筹对内对外开放,坚持国际区域全面协调和可持续发展。以云南、广西为例,应以中国—东盟自由贸易区建设为契机,充分发挥云南、广西的区位优势,把参与中国—东盟自由贸易区建设与云南、广西全面建设小康社会和构建社会主义和谐社会的目标紧密结合起来,始终把促进云南、广西经济社会持续、快速、协调、健康发展作为出发点和立足点。以开发和开放为动力,以项目合作为突破口,坚持平等协商、互利互惠、共同发展的原则,充分利用各种合作机制,拓宽合作领域、提高合作水平、拓展发展空间;突出交通、能源等基础设施建设,大力开展旅游、投资贸易、环境保护、人力资源开发等领域的合作,实现优势互补、互利共赢、共同发展;深化改革,扩大开放,发展外向型经济,促进区域经济、社会、环境的协调发展。

（三）共同治理毒品、跨国犯罪等社会问题

周边国家毒品走私、非法移民、跨国犯罪、恐怖主义等非传统安全问题日渐显现。要构建和谐边疆,必须加强国际合作和区域合作,共同治理各类社会问题。以云南、广西为例,根据 2002 年发表的《中国与东盟关于非传统安全领域合作联合宣言》,全面履行职责,进一步扩大和加强与东盟在非传统安全领域的全面合作,包括严厉打击贩卖妇女儿童、恐怖主义、武器走私、洗钱、国际经济犯罪和网络犯罪等方面的合作。认真落实中缅、中老、中越、中泰《禁毒合作谅解备忘录》,建立健全与有关国家的禁毒合作制度和工作机制,与"金三角"周边国家积极开展边境禁毒执法和跨境联合扫毒行动。同时,要抓住大湄公河次区域经济合作不断深化和中国—东盟自由贸易区建设正式启动的有利时机,把边境地区的扶贫攻坚、产业结构调整、资源开发、边境贸易、边境旅游与境外毒品替代种植发展统筹考虑,积极争取国际社会的支持,加大对境外毒品替代种植发展的扶持力度,努力减少"金三角"毒品对我国和国际社会的危害。

(四)维护民族团结、边防巩固和国家统一

边疆地区既是中国连接周边国家的通道和对外开放的前沿,又是境外敌对势力对我国进行"西化"、"分化"的通道,同时也是我国开展反政治渗透、反文化渗透、反宗教渗透、反毒品渗透的重要阵地。由于传统安全和非传统安全交织,民族、宗教矛盾和边界、领土争端导致的局部冲突此起彼伏,恐怖主义活动依然猖獗,地区和国际安全形势不容乐观。我们要主动应对来自外部的各种挑战和风险,维护民族团结,加强边务建设,巩固边防,保持边境稳定,维护国家的团结统一。

第八章 边疆治理方略

第一节 古代边疆治理方略简述①

我国是一个有着五千年历史的多民族国家,历史上每一个朝代都面临着诸多的边疆治理问题,为了协调民族关系、加强对边疆地区的有效治理,历代统治者都在政治、军事、经济、文化等方面制定并实施了相应的边疆政策。尽管治边政策的政治性原则决定了我国古代边疆政策无一不是为封建统治阶级服务的,但是从历史唯物主义的观点来看,历代王朝对边疆的开发和治理都有一定的进步意义,在客观上不同程度地促进了边疆地区的经济发展和多民族国家的统一和巩固。因此,研究古代边疆治理的方略和政策的具体内容及特点,不仅有利于我们了解历代王朝对边疆地区的治理状况,而且也可为当今边疆地区的治理提供一些有益的思考和借鉴。

一、经营边疆的政治方略

(一)设立治理边疆中央行政管理机构

我国自秦代起就是疆域辽阔的多民族统一国家。历代封建王朝为加强对边疆地区的统治,大都设有兼职官员或专门机构处理边疆地区的民族事务,如秦朝的"典客"和"典属国",汉代的"大鸿胪"和"客曹尚书",隋唐时期的"鸿胪寺卿"和礼部中的"主客司"以及元朝的"宣政院"等,这些官员和机构的设置对促进我国边疆地区的发展都起到了积极作用。元朝设置宣政院管辖吐蕃地区,开了在中央政府中设置具体管理地方机构的先河。清朝设置理藩院,表明我国边疆管理机构已经初步完备。

(二)羁縻政策

---

① 参见赵惠强、洪增林:《西部人文资源开发研究》,甘肃人民出版社 2002 年版。

　　中国历代封建王朝的统治者都认识到边疆少数民族地区的特殊性,在行政管理方面实行了羁縻政策。所谓羁縻,就是指在维护国家统一的前提下,保持少数民族原有的社会组织形式和统治机构,承认其酋长、首领在本民族和本地区中的政治地位和统治权力,并封授一定的官职,由少数民族酋长、首领自己管理本民族内部的事务,其对中央政府一般只有朝贡的义务,而不承担赋税。从秦朝开始的对少数民族边疆地区实行以羁縻为主要内容的特殊行政管理政策,经历了两千多年历史实践,不断成熟完善,为统一的多民族的中国的巩固和发展作出了不可磨灭的贡献。

（三）怀柔政策

　　在开疆拓土中,历代封建王朝统治者为了巩固统一和扩大版图,对被征服或臣服的少数民族不得不实行用政治和经济手段进行安抚笼络的怀柔政策。西汉之“和亲”,即开怀柔政策之端。和亲政策的实行使得封建国家得以寝兵、休卒、养马、“世世昌乐”、“天下大安”。南朝在与北朝的对峙中,更是制定了给少数民族上层人物封官爵、为少数民族减轻租税等一系列的怀柔政策。唐朝时,唐高祖李渊对前代王朝治理边疆的失误和教训有其清醒的认识,因此他“追革前弊”,制定了更加符合当时社会状况的边疆政策。这个政策的主旨就是“就中好睦,静乱息尼”;“怀柔远人,义在羁縻”。这是一个卓有见识的战略方针,它为唐代实行比较开明、正确的边疆政策奠定了坚实的基础。

（四）善任官吏

　　边疆政策是由边疆官吏具体执行的,因此,边疆官吏的素质直接关系到国家经营边疆的成败。选任边疆官吏乃是历代王朝边疆政策中重要的一环。清朝康、雍、乾三代,都十分注重对边臣的选拔和封疆大吏的任用。如北疆除了蒙古族所分布的广袤草原以外,大都是少数民族聚居区或不同民族杂居区,各民族的语言、风俗、习惯、生产和生活方式各不相同,情况复杂,环境恶劣,清朝巩固边防的军事措施与“怀柔远人”的政治策略能否顺利实行,在很大程度上取决于官吏们是否具有忠诚廉洁的品质和管理军政事务的才能。正如康熙所指出的:“远人向背由廉政,唯在筹边与任贤。”雍正曾说:“治天下唯以用人为本,余皆枝叶事耳。”乾隆也说:“自古有一治必有一乱,有一盛必有一衰,天运循环,未始不由人事致之也。”这种善任官吏的见解对推动边疆的开发和治理、维护国家的团结和统一有着进步的意义。

（五）民族宗教政策

处理好民族宗教问题，是边疆开发治理中的一个至关重要的问题。我国边疆地区多居住着少数民族，边疆开发必然涉及当地少数民族的生产、生活、风俗习惯等问题。唐初"怀之以文德"的思想之所以成为唐太宗治理边疆的基本策略，与他对待少数民族"一视同仁"的做法有很大关系。唐太宗曾说："自古皆贵中华，贱夷狄，朕独爱之如一，故其种落皆依朕如父母。"①这如实地反映了当时边疆政策的基本方针。在中国民族政策史上，元以前的封建王朝没有制定过系统的宗教政策。而元王朝在征服各民族、统一中国的过程中，面临着信仰不同宗教的少数民族。在这种特定的背景下，元王朝的宗教政策也就应运而生。元王朝遵照成吉思汗提出的"各教平等"的原则，实行尊重宗教、容许各教并存的政策，主张信教自由，保护寺观庙宇。这些特殊的边疆政策的执行，使边疆各族人民乐于为开发边疆、建设边疆、保卫边疆贡献力量。加强了族际联系和教派联系，促进了边疆地区经济的发展和政治稳定。

二、守备为本的军事方略

在中国古代社会里，内地与边疆的生产方式和社会结构上存在很大差别，彼此之间的矛盾冲突不可避免。中原地区以农耕为主，其主要特点是具有相对稳定的社会结构。周边少数民族则有所不同，他们的生产和生活主要是随水草迁徙，依赖于游牧业的兴衰，其经济基础同农耕经济相比具有极大的不稳定性，由此常造成边疆与内地的军事冲突。尤其是北方游牧民族，自秦汉以来始终是中原王朝的最大威胁。怀柔招抚，偃武修文，结果多是国力衰微，疆土沦丧；付诸讨伐，穷兵黩武，往往引致矛盾四起，政权嬗替。在攻守之间，张弛之际，蕴涵着深奥的军事、政治艺术，甚至是历代王朝边疆政策成功与否的关键所在。

秦、汉王朝顺应历史发展的趋势，把千余年来各地区各民族孕育着的大一统要求变成现实，通过与当时国情相适应的政策使这种统一不断巩固和发展。秦、汉统治者在对边疆采取若干重大的军事行动后，实行优待匈奴降众的政策，并加强"守边备塞"。唐前期的边疆民族政策得到了顺利推行，这与当时君臣能够比较正确地把握边疆的军事、政治艺术至关密切。唐高

---

① 《资治通鉴》卷一九八，贞观二十一年五月条。

祖武德元年(618年)十月诏书强调:"安人静俗,文教为先;禁暴惩凶,武略斯重。"①可见唐高祖对文武之道的认识颇为深刻。边疆政策宛如一个系统,边疆军事虽然算不上是核心机制,但它无疑是该系统的有机组成部分,并对整个系统的运转起着特殊而重要的作用。一方面,它是稳定边疆、保土安民的基本前提;另一方面,它是内地与边疆的政治交涉手段,是整个边疆政策能够切实推行的坚强后盾。

明朝的治边思想突出"守备为本"。朱元璋认为:"帝王创业之际,用武以安天下;守成之时,讲武以威天下。""御边之道,固当示以威武,尤必守以持重。"②为此,明朝建立了卫所制度,以维持一支强大的军事队伍。卫所制是唐朝府兵制和元朝禁卫军卫所的发展、完善和进一步推行。边地卫所的军队主要用于对付外来侵扰、平定各族各部头人的反叛和镇压各族人民的起义。遇有小战事,由当地卫所解决;发生重大战争,则由朝廷委派将领挂帅,抽调邻近数省乃至全国的军队进行征讨。边地卫所分为一般卫所和羁縻卫所两种,它们与内地卫所最大的不同之处是兼有管军、领土、治民之权,而内地卫所只管军事和军屯,不许参与民政。在边地一般卫所中委派少数民族头领担任指挥、千户、百户、镇抚等职,即所谓土官。

清朝加强边防的一项重要措施是在边境地区,"据山川险要"设置"卡伦"(哨卡),派官兵"为之防守",并定期巡查。清政府曾多次严令边疆驻防大员督率官兵严密巡查边境。反击外来侵略、"画界分疆"、签订边界条款、保卫边疆安宁和领土完整是清朝筹边政策的一项重要内容。用乾隆的话说就是:"天朝尺土俱为版籍,疆址森然。既岛屿、沙洲,亦必然画界分疆,各有专属。"③在这个问题上,清朝前中期遵守的信条是:"既不无理强取他国之寸土,亦决不无故轻让我寸土于人。"清朝多次通过订立边界条约,解决中俄中段边界问题,确保了边疆的安宁。另外,"乱则声讨,治则抚绥",是清朝治理边疆的又一基本对策。清朝统治者认为,防止分裂、维护边疆的统一是安定边疆、防御外来侵略的重要保证。清王朝曾通过平定边疆少数民族上层分子的分裂叛乱活动,为进一步加强对边疆的行政管理、安定边陲,创造了有利条件。

---

① 《册府元龟·帝王部·讲武》。
② 《明太祖实录》卷七十八。
③ 《粤海志关·贡舶三》。

三、边疆经济发展方略

中国古代王朝在恢复和发展边疆经济中采取了多种政策措施,其中比较有代表性的是移民实边、贡赐、茶马互市、免税赈灾、修渠筑道、发展边境贸易、建设边塞城镇、实施教耕政策等。

(一)移民实边

是指历史上经济较为发达、人口相对密集地区的人口向人烟稀少、土地荒僻的边疆地区迁徙,同当地各族人民一道共同开疆拓土、发展经济、保家卫国的实践活动。历代王朝为了巩固边防或加强对少数民族的防范,重兵戍边。军队粮食的供应出现困难,解决的最佳办法莫过于屯田。大规模地移民开发边疆少数民族地区始于秦朝。秦朝统一的封建集权国家建立后,秦始皇首先对新拓"河南地"(今内蒙古乌加河、黄河以南,包括伊盟和巴盟河套地区)重点开发。两汉在秦朝的基础上,更加大了开发力度,尤以西汉武帝时最盛,以河套、河西(今甘肃、青海黄河以西,即河西走廊与湟水流域)地区最为突出。汉武帝大规模推行军屯,自敦煌至辽东,"复缮故秦时蒙恬所为塞",在"建塞徼、起亭燧、筑外城"的同时,均"设屯戍以守之"①。唐代屯田组织之完备,屯域之广,田亩之多,历史空前。据《旧唐书·职官二》记载,尚书省工部有屯田郎中、屯田员外郎,掌天下屯田政令。据南宋本《唐六典》"屯田郎中"注文,唐代各道军屯共1039屯,边疆军屯几乎占军屯总数的90%。唐代大批军队之所以安驻边疆,屯田制度无疑在经济方面提供了重要保障。移民屯田客观上促进了边疆少数民族地区的开发,其历史作用是不可低估的。

(二)贡赐

贡赐是封建王朝对朝贡臣服中央政府的边远少数民族特别给予的丰厚的经济赏赐,是向边疆经济"输血"的一种特殊补偿贸易。朝贡政策早在先秦之时就已产生,到宋代开始制度化。到了明清,朝贡制已相当完善。朝贡虽本是一种政治从属关系的体现,但由于历代王朝的回赐大大超过贡品的价值,而且来往频繁,成为中央政府对边疆地区一种变相的商品交换和经济资助。所以,从经济学的角度,可称其为"贡赐贸易"或"朝贡式互市"。由于朝贡有赏,且有食宿、安全保障,并可以在沿途开展一些贸易,因此各少数民族争相前来朝贡。如明朝西藏贡使尽管途中苦不堪言,却不远万里,乐此不疲,

———————
① 《汉书·匈奴传下》。

原因就在于明王朝实行对藏使赏赐"宁厚勿薄"的资助政策。据《明会典》记载:"乌斯藏(元明两代对西藏前、后藏地区的称谓)……喇嘛吐蕃僧人等,从四川起送来(京)者,到京每人彩缎一表里,丝衣一套,俱本色……钞五十锭,折靴袜钞五十锭,食茶六十斤。"进贡"中等马,每匹丝一匹,钞三百锭",数倍于马价。明成化年间,每钞一锭,折银 40 钱,300 锭折银 7.5 两。每匹丝折银 2.25 两。上等马加赏绢一匹。则上等贡马的赏价,高于其实价(每匹折银约五六两)两倍至两倍半。政治上的臣属朝贡在经济上得到中央王朝的大力资助,使边疆地区获得了食、茶、丝绸等生活必需品,同时也促进了与内地的经济交流。

(三)茶马互市

互市是边疆与内地之间以及不同民族之间,在官方主持下的一种经济交流手段。互市的产生主要是由于内地与边疆经济结构的差异所决定的,这种差异在总体上表现为农耕经济与畜牧经济的社会分工的不同,只要这种分工存在,互通有无的贸易关系必然会发生。隋以前互市已有所发展,但国家还未设置专掌机构,只是让各地方政府自己主持,不另设官吏。从隋唐开始,随着互市贸易的进一步发展,国家开始派专人掌管,有专门的组织机构,即"互市监"。宋朝之时,朝廷将互市作为对少数民族"示怀远之恩"的手段,大力推行。明代"东有马市,西有茶市",茶马互市出现了空前的繁荣。清代初期基本因袭明朝的互市政策,在陕西、甘肃两省均设茶马御使专理其事。茶马互市,在客观上促进了边塞南北汉族与少数民族间的物资交流,促进了少数民族畜牧业经济的繁荣和人口的增长,并在一定程度上促使了边境地区安定局面的形成。

(四)免税赈灾

鉴于边疆少数民族地区经济发展水平落后,同时也为了体现中央政府对少数民族的绥抚,历代王朝一般都对少数民族地区实行赋税减免等优惠政策。汉代对边疆少数民族地区的"边郡"实行赋税优惠的政策,一方面是由边郡太守或属国都尉出赋,但无定额,且可以减免;另一方面是大量的少数民族只是进贡一些产物,而不交赋税。唐朝的民族政策多为史家所称颂,对少数民族地区或赋税全免或只收半赋,边远的少数民族地区多为无赋税地区。元代每遇雪灾之类饥荒,元中央政府就及时减免一定的西藏赋税,并予以赈济。清代自康熙五十五年(1716 年)至乾隆二十六年(1761 年),清廷曾先后 22 次豁免河西额定钱粮,赈济灾民,借贷籽种。

（五）修渠筑道

兴修水利，是历代封建王朝开发边疆的重要措施之一。秦朝修筑灵渠，客观上促进了南方民族地区的开发。西汉王朝从开始屯田的第一步起，就把"通渠"当作基本建设。后来汉朝经常将数万、数十万的劳动力遣送到边疆挖渠引水，资金和生产工具都由政府提供。"自是之后，用事者争言水利，朔方、西河、河西、酒泉皆引河及川谷以溉田。"唐代河西的水利设施十分发达，仅敦煌一地，修建的干支渠道就有九十余条，并且构成了完整的水利网络体系。明朝时，修治了广西兴安灵渠，凿通了长渠等，在河西新修了黄草坝渠、洞子坝渠、沙子坝渠、红水坝渠等。这些水利工程不仅解决了水患，而且使屯户和少数民族的田地都得到了灌溉，故"军民利之"、"夷汉利之"。水车、水磨等也得到推广利用。

交通，自古以来就是制约边疆经济发展的关键因素。秦朝建立后，秦始皇便把修治驰道、开发交通，作为巩固统一、加强中央对地方控制的一项重要政策。从西藏早期的历史看，吐蕃时期之所以能兴盛一时，重要的原因之一，是由于唐蕃古道的开通，加强了与中原先进经济文化的交流。封建王朝比较注重建构驿传网络。所谓驿传，就是指封建国家经营管理的主要用于邮递公文和军报的交通设施，包括驿路及其沿线的组织机构如驿站等。从一定意义上说，在现代通信和运输方式出现以前，驿传设施的周密性和广泛性程度，反映了某一历史时期交通开发的水准。驿站制度在中国殷商时代就产生了，它是专供传递文书的驿使或来往官员途中歇宿、换马的处所。周秦称邮，汉代称驿，隋唐的邮驿规模超过了汉代，宋代的邮驿又因袭了唐代。到了元代，驿路制度更加完备，当时称驿站为"站赤"，通过这种站赤使蒙古本土和四大汗国之间形成了一条连接欧亚两大洲的交通线路，大大地促进了东西方经济和文化的交流。

（六）发展边境贸易

从古代起，边境地区同国外的经济交流便十分频繁，彼此间的经济联系主要是通过各种形式的商业贸易来具体体现并得以延续的。据有关学者考证，大约在公元前10世纪以后，黄河流域便与中亚锡尔河上游地区有了较为牢固的联系。秦始皇统一中国后，由于中央集权的建立，加强了中国和周边国家的联系。秦朝时期中国与朝鲜半岛、印度支那的直接经济贸易很密切，丝绸、漆器很早就输入到这些地区，铁器也很早传入越南。随着封建经济的发展，西汉时期，大规模的对外贸易开展起来，朝廷不仅派遣使者携带大批物品与境外少数民族进行交易,而且在边境设置"通关市",鼓励外商在规定的时间、地点,入关市贸易。唐代,在我国历史上第一次明确提出了对外开放政策,建立了对外贸易的管理机构,对外商采取"任其来往通流,自为贸易","常加存问"和"以示绥怀"等宽弛政策。宋代进一步推行开放政策,对外贸易较唐代更为繁荣。元朝继续推行"诸蕃国……其往来互市,各从所欲"的开放政策,与亚非欧间的交往和政治、经济、文化的联系,有了空前的发展。明代是我国历史上对外开放的转折时期。郑和"下西洋"使明代同亚非三十多个国家保持着贸易往来。清代,恰克图成为中俄边境贸易的中心,19世纪中叶边境小镇绥芬河,由于地处中、日、俄及太平洋沿岸各国多边转口贸易的中心位置,被誉为"国际商业都市",俄、日、德、美、英等19个国家的客商云集这里,各类商号、货栈多达数百家。边贸的开展不仅使边疆地区经济繁荣,而且促进了边疆地区的社会稳定和民族团结。

（七）建设边塞城镇

西汉时,统治者就动员内地的各类人员去边疆,在关津要塞修筑城邑,移民围绕关塞而居,修筑道路,建立组织;邻里相助,父子相保;设置医巫,治疗疾病;种树养畜,繁荣经济;在边塞地区建立起一个个新的居民点,把中原地区由来已久的一套地方村镇的管辖制度有效地推行到边疆地区。晁错就提出"要害之处,通川之道,调立城邑"。① 西汉最早的屯田据点都在交通大道上,或建于要塞之处、通川之道。这些城镇的兴建,在当时起着保卫边疆、领导生产、组织各地经济交流的作用,而且传之后世。以西藏为例,在藏汉毗邻地区,如西藏的昌都,安多的结古、拉卜楞,川康的打箭炉、甘孜、松潘等地都有城镇出现。边塞的若干城镇,当时还起着对外经济交流的作用。有些在沃野上新建的城镇,不仅是统治边疆的中心,而且是南通印度,西通中亚、西亚,远至地中海、欧洲的据点。边疆城镇的兴建和繁荣,对于促进中外经济文化的交流起着重要作用。

（八）教耕政策

教耕就是历代王朝对少数民族实行劝课农桑,帮助少数民族发展生产的措施。早在南北朝时期,这一政策已广为实施。符坚、北魏孝文帝都十分重视教少数民族学习汉式耕法。唐朝时,唐太宗将劝农成绩作为考核地方官吏的一项重要内容,针对南方民族地区耕作技术落后,地方官颇为注重教耕。

---

① 《汉书·晁错传》。

文成公主、金城公主入藏,更是携带了大量的工匠、书籍,教藏民种五谷、织机布。到清代,这一政策更受重视。清朝为了帮助少数民族地区发展生产,曾多次委派官员、技术人员去帮助指导他们发展生产,特别是历来以游牧为主,不谙农耕的蒙古族。通过指导帮助,传授技术,从而促进了少数民族地区经济的发展。

四、边疆教化方略

地处边疆的少数民族生产发展水平一般较中原地区汉族要低,生产方式较中原汉族落后。由于这一原因,一方面,封建统治者对边疆少数民族地区难以按中原地区的方式进行统治,另一方面,少数民族人民生活困难也不利于国家的稳定和封建经济的发展。因此,中国古代有远见的帝王往往比较重视将中原汉族地区的思想文化以及生产方式传授给边疆少数民族,从而使他们慢慢汉化,以有利于中央王朝的统治。

随着汉朝政治、经济建设的发展,中原地区与边疆地区相互间的影响日益增加。边疆相继奉行汉朝王制,汉朝的历法逐渐为边疆人民接受,汉历成为全国统一的历法。随着农业生产规模的扩大,中原积累的适应农时的二十四节气,逐渐传至边疆。在语言方面,边疆少数民族各自有本民族语言,为了相互交流,汉朝政府和边疆地方政府都设置译官、译令等翻译语言。更重要的是汉文书籍在边疆地区逐渐传播,少数民族习读者不断增加。舆服、礼仪等也广为传播,音乐、舞蹈的相互交流更为广泛。秦汉时期在边疆地区实行的鼓励文化发展、文化交流的政策,丰富了中国文化的内容,促进了各民族文化的共同提高。

隋唐时期,也积极敞开文化开放的窗口,推动边疆与内地文化的广泛交流。设在京城的国子学,原本是汉族官僚子弟读书做官的特权机构,而唐代已有少数酋长子弟入学就读。地方郡学,有时也招收边疆少数民族子弟入学,而且还要由官储提供廪给。唐朝国子学向周边少数民族开放,在传播中原先进文化和生产技术方面作出了十分有益的贡献。唐代周边少数民族大都向唐王朝索取过诗书文籍,每一次请求无不得到满足。唐代是中国文化辉煌的发展时期,毫无疑问,这与当时有着比较开明的对外文化交流政策密切相关。

明王朝对于周边少数民族,还注重施以用汉文化来教育和影响他们的"教化"政策,认为唯有"教化大行",方为"安边之道"。明太祖朱元璋在一次给广西左、右江溪峒官民的谕文中即说道:"朕唯武功以定天下,文德以化远人,此古先哲王威德兼施,遐迩咸服者也。"明王朝在少数民族地区施行的教化政策主要有建立地方儒学,优先照顾少数民族子弟入国子监,以及为少数民族子弟参加科举开方便之门。明王朝在少数民族地区实施的一系列教化政策,其目的是要使少数民族"归顺"、"同化",以巩固明王朝的统治,但在客观上也促进了少数民族地区文化教育的发展。

第二节　新中国边疆整体治理方略

新中国成立后,我们党一直把边疆治理作为中国社会主义革命和建设的重要组成部分。把马克思主义关于边疆治理的科学理论与我国边疆发展实践情况相结合,制定和实施了一系列边疆治理战略,成功地探索出一条社会主义中国边疆整体治理的正确道路。所谓边疆整体治理,就是以马克思主义为指导,以中国边疆实际为基础,以边疆发展为中心,以民族区域自治为关键,以边疆稳定为保障,实施边疆政治发展方略、经济发展方略、文化发展方略、对外开放战略和人口环境发展战略。

一、边疆政治发展方略

（一）促进民族平等和民族团结

民族平等和民族团结,是新中国成立后党和国家一贯坚持和执行的边疆治理的总原则和总政策。它是巩固和发展人民民主专政、维护祖国统一、促进边疆各民族发展繁荣和我国革命与建设的重要保障。民族平等是指中华人民共和国境内的各民族,不论人口多少,经济社会发展程度高低,风俗习惯和宗教信仰异同,都是中华民族的一部分,具有同等的地位,在国家和社会生活的一切方面,依法享有相同的权利,履行相同的义务。不允许对任何民族进行歧视和压迫。在我国的社会主义民族关系实践中,无论是聚居还是杂散居的各民族,均以平等的地位参与管理国家事务和地方事务。民族团结,是指中华各民族在社会生活和交往中都平等相待,和睦共处,真诚互助,共求发展,在反对民族压迫和民族歧视的基础上,维护和促进各民族之间以及民族内部的团结,以谋求共同利益,齐心协力,促进国家的发展繁荣,坚决反对民族分裂,维护国家统一。民族团结是由社会主义民族关系的性质和各民族共同事业决定的,也是民族平等的表现和必然结果。新中国民族平等和民族团结的方针政策的基本内容主要包括：1. 坚持和保障各民族在政治和法律地位上的一律平等。2. 坚持和保障各民族在经济文化等社会生活的各个方面的合法权利和利益。3. 巩固和发展各民族之间平等、团结、互助的社会主义民族关系。4. 促进共同团结奋斗、共同繁荣进步。

（二）实施民族区域自治

民族区域自治是党和国家结合中国实际情况采取的旨在国内边疆地区和民族问题的一项基本政策，也是新中国的一项重要政治制度，它把国家的集中统一与少数民族的自治、民族自治与区域自治有机统一起来，把政治因素与经济因素有机结合起来，为巩固祖国的统一，维护边疆的稳定，发展平等团结互助的社会主义民族关系，加快边疆地区的物质文明、政治文明、精神文明和社会文明建设发挥了极其重要的作用。民族区域自治，就是"在国家统一领导下，各少数民族聚居的地方实行区域自治，设立自治机关，行使自治权。"民族区域自治的实施，必须遵循国家统一、民族团结、社会主义民主三项基本原则。民族区域自治政策包括：1. 建立民族自治地方。主要包括民族组成、区域界线、行政地位和名称等方面。2. 组建自治机关。在民族自治地方设立国家政权机关和行政机关。3. 行使自治权。民族自治地方的自治机关根据《中华人民共和国宪法》和法律规定的原则，自主地管理本地区事务，这是民族区域自治制度的核心。4. 保障自治权力的实施。上级国家机关采取民族立法、政策保护等方面的措施，保障自治权的实施。5. 调整民族关系。保障各民族享有平等权利，加强各民族互助合作，平等协商和解决各民族的特殊问题，制定和实施民族宗教政策。

（三）边疆民族地区社会改革

新中国成立初期，国内虽然废除了民族压迫制度，但边疆少数民族旧有的社会制度还未被触动。因此，在边疆少数民族地区改革一切不合理的社会制度，彻底消灭一切阶级压迫和阶级剥削，建立社会主义公有制，并使各民族逐步走上共同发展繁荣的社会主义道路，成为建国初期彻底解决国内民族问题的首要任务。改革的主要内容是：1. 边疆少数民族地区的民主改革实际上是一场对农业地区的土地改革运动。2. 边疆民族地区的社会主义改造，就是进一步通过各种互助合作的形式，把分散、个体的农牧业经济和手工业经济引导到社会主义道路上来，并对城镇中的私营工商业进行社会主义改造。3. 主要政策包括："三不两利"、"和平协商"、"赎买"、"国家资本主义"、"公私合营"、"直接过渡"等政策。

（四）民族识别

民族识别是指对一个族体的民族成分和民族名称的辨别。它是统一多民族国家贯彻执行民族平等和民族团结政策的一项基本工作。民族识别对我国族类共同体的自然地域、语言文字、经济生活、文化传统、心理素质以及民族关系等要素,进行了历史和现实的综合考察和分析,科学地确定了国内的民族成分和民族名称,使国内各民族人民充分享受到民族平等的权利。民族识别坚持了民族特征、民族意愿、历史依据、就近认同等标准。截至 1990年,经国家确认的中国民族族体有 56 个,其中少数民族族体 55 个。

（五）培养边疆少数民族干部

培养边疆少数民族干部是振兴边疆地区经济和社会事业的需要,是坚持和完善民族区域自治制度的需要,是维护边疆地区政治安定、民族团结、边境巩固的需要,一句话是实现边疆有效治理的关键。新中国成立后,党和政府一直十分重视少数民族干部的培养和任用,根据不同的时期对干部的基本需要采取特殊的政策,培养和任用少数民族干部。在坚持"德才兼备,任人唯贤"的原则和"革命化、年轻化、知识化、专业化"的方针下,培养和任用少数民族干部采取了特殊政策,主要包括:1. 民族自治地方的自治机关主要领导人由实行区域自治的民族的公民担任。2. 少数民族干部的比例与少数民族人口所占的比例应该大体相适应。3. 对那些没有或很少有城市人口的少数民族,要专门拨给从农村和牧区人口中选拔培养干部的指标。4. 对杂居、散居少数民族干部的培养任用。5. 大力培养少数民族科技人员。6. 鼓励和培养在民族地区工作的汉族干部。

二、边疆经济发展方略

边疆治理问题的核心是发展问题,中心是经济建设。加快边疆民族地区经济发展的步伐,无论对于缩小差别,实现共同富裕,还是对于加强民族团结,维护祖国统一和社会稳定,都具有十分重要的意义。正如江泽民所说的:"这不仅是一个重大的经济问题,也是一个重大的政治问题。"①新中国成立以来,党和国家针对边疆和少数民族地区经济发展的有利条件和不利因素采取一系列的战略措施,迅速改变了边疆和少数民族地区普遍存在的贫穷落后面

---

① 江泽民:《在中央民族工作会议暨国务院第三次团结进步表彰大会上的讲话》,《人民日报》1999 年 9 月 30 日。

貌,大大缩小了边疆与内地的经济发展差距,边疆地区的经济社会状况发生了翻天覆地的变化,各族人民的生活水平不断提高。长期以来,党和国家实施的边疆经济发展战略,主要包括:制定边疆少数民族经济发展的基本方针,采取鼓励支持边疆经济发展的政策措施。

(一)制定发展边疆地区民族经济的基本方针

1. 坚持国家帮助与边疆地区自力更生相结合。发展边疆地区少数民族经济,一方面,需要边疆地区人民群众的自力更生和艰苦奋斗,充分发挥边疆各民族的自我发展能力,积极合理地开发本地区的资源,增强经济"造血"功能。另一方面,发挥国家和内地向边疆地区的"输血"功能,加大国家和内地对边疆的大力支持和帮助的力度,在人力、物力、财力和技术等方面支持边疆地区的发展。

2. 坚持从边疆实际出发,因地制宜发展边疆经济。边疆地区地域辽阔,自然条件、经济结构、生产经营和生产习俗千差万别,社会经济发展不平衡,信息闭塞,不少地方还是单一的产业结构和自给自足的传统生产方式。因此,加速发展边疆经济,应坚持在国家总体布局之下,从边疆地区的实际出发,在调查研究的基础上,制定适应边疆地区特点的方针、政策和措施,真正做到因地制宜,因民族制宜,区别不同情况,宜农则农,宜林则林,宜牧则牧,扬长避短,发挥优势。要充分利用传统的生产经验和资源条件,实行多种经营,多样化、多思路地发展本地区的经济。本着适应什么就发展什么,市场需要什么就发展什么的原则,各走各的致富路,不搞"一刀切",不照搬别人的模式,建立多元化的发展型产业结构,充分发挥边疆地区的生产积极性,实事求是、合理地发展边疆经济。

3. 坚持国家利益与边疆各民族利益正确结合。根据《中华人民共和国宪法》和《中华人民共和国民族区域自治法》的规定,我国少数民族建立的自治地方,除了政治上有权当家作主,管理本民族内部事务和参与管理国家事务外,在经济规划、地方资源管理、企业管理、财政管理等方面,均享有自主权。这是处理好国家和民族自治地方的经济权益的重要保证,是保障民族经济发展的重要政策和法规。国家在边疆民族地区兴建的各种经济项目,从根本上来说,是符合各民族人民利益的,各少数民族应有全局观念,要考虑和服从国家现代化的整体利益,支援国家的建设。但是,国家在边疆民族地区的建设项目和开发利用边疆民族地区资源时,要充分照顾当地少数民族地区的具体经济利益,照顾当地各民族群众的生产和生活需要,使之促进和带动当地各民族的生产和建设。只有兼顾国家利益和边疆民族利益,在维护国家整体利益的前提下,充分照顾边疆地方和广大人民群众的利益,才能有效调动各族人民建设社会主义的积极性,充分发挥边疆地区经济潜力的效益,使国家富强,边疆繁荣。

4. 坚持改革开放。国家实施改革开放方针后,边疆地区处在对外开放的前沿。边疆经济是国民经济的组成部分,整个国家经济改革与发展的大政方针,对边疆地区的经济建设发挥了重要指导作用。由于边疆地区的自然经济成分较重,在经济改革中实行对内搞活、对外开放就显得更为重要。对内搞活主要是指搞好增强企业活力和调整农村产业结构,对外开放是指进一步解放思想,克服闭关保守、固步自封的观念,敞开经济建设的大门。不仅要对外国开放,还要对外省、外区、外地实行开放。要做好吸收外资和引进设备、人才、先进技术的工作,按照"扬长避短、发挥优势、平等协商、互惠互利、互相支援、共同发展"的原则,开展地区间的经济技术协作。总之,在改革开放的方针指导下,逐步建立和完善市场经济体制,增强边疆地区的活力,形成具有自我调节、自我发展的相对独立的经济体系,加速边疆地区现代化建设的进程。

(二)制定和实施加快边疆民族经济发展的政策

新中国成立后,党和国家始终把帮助和加快边疆经济发展,促进各民族共同繁荣作为指导方针和基本原则,在不同的历史阶段,根据国家的总目标和总要求,从边疆地区的实际出发,制定了一系列边疆民族经济政策。

1. 经济优惠政策

一是财政优惠政策。对边疆民族地区实行财政补助的优惠政策。除规定民族地区财政应有一定范围的自主权、收支结余上缴中央、不足部分由国家补助外,还发放生产补助费、卫生补助费、社会救济费以及无息贷款等补助专款。实行"划分税种、核定收支、分级包干、适当照顾"的政策。中央还设立了"支援不发达地区发展基金"、"边疆事业补助费"、"边疆建设专项补助投资"等专项补助基金。20世纪90年代后分税制财政体制开始在边疆民族地区推行实施。二是税收优惠政策。国家长期以来就特别重视通过税收优惠政策来扶持边疆发展经济,依据不同民族地区以及不同行业部门的特点和社会经济发展阶段,对民族地区采取不同的税收优惠政策,力求减轻边疆经济负担,维持民族地区农牧业、工业、交通以及其他各项建设事业的正常运转。比如国家对边疆农业长期实行"依率计征、依法减免、增产不增收"的轻税政策。进入 20 世纪 90 年代后,随着国家统一税收制度的实施,20 世纪七八十年代甚至 90 年代初所实行的绝大部分税收优惠政策已基本停止执行。2005年在边疆地区实行农业税免征政策。

2. 产业发展政策

一是工业发展政策。20 世纪 50 年代初,国家确定优先发展重工业的工业化发展战略,采取适当照顾边疆地区的工业发展政策。60 年代,国家实行集中力量建设三线战略后方的工业发展政策,在边疆地区进行了大规模的三线建设。70 年代,国家提出建设地区独立的工业体系的战略思想,工业布局呈"山、散、洞"及"大而全、小而全"的分布格局,民族地区不顾有无工业发展条件与可能,也先后建立起了比较独立完整的工业体系。80 年代中期,国家又进一步开展企业经济体制改革,对边疆民族地区企业实行放权让利政策,并对边疆地区矿产资源的开发给予照顾。90 年代,国家实行宏观调控和充实基础产业的战略思想,对边疆民族地区实行中央与自治地方矿产资源补偿费分成比例为 4:6 的照顾政策,国家实行优先在中西部地区安排资源开发和基础设施的建设项目。二是农业发展政策。20 世纪 50 年代初,根据边疆地区的具体特点,国家制定了因地制宜、多种经营、全面发展的农业生产政策。从70 年代末到 90 年代,在贯彻执行农业生产政策的基础上,国家对民族地区农村进行了生产经营改革,针对西北、西南一些地区以及其他偏远山区、少数民族地区和边境地区长期低产缺粮、群众生活贫困等问题,国家成立有关部门负责同志参加的专门委员会,统筹规划和组织力量,从财政、物资和技术上对这些地区给予重点扶持,帮助当地人民发展生产、摆脱贫困;对边远山区和少数民族地区的生产经营体制改革实行要比其他地区更宽的政策,改革农产品统购派购制度,实行合同定购制度,逐步放开农畜产品销售价格,在民族自治地方林业生产建设、森林开发、木材分配和林业基金使用方面,给予比一般地区更多的自主权和经济利益;国家建立乡级政权和乡镇企业,并设立民族地区乡镇企业专项贴息贷款,对乡镇企业实行发展方向不限、发展规模不限、发展速度不限和免征调节税的"三不限一免税"政策等。三是民族贸易发展政策。20 世纪 60 年代至 80 年代初,国家对民族贸易和企业采取了著名的"三照顾政策",即价格补贴照顾、自有资金照顾、利润留成照顾。80 年代末,国家采取了对民族贸易企业实行优惠贷款,并将贷款利率返还民族贸易企业的政策。90 年代中后期,国家又进一步完善民族贸易和民族用品生产优惠政策,对民族贸易和民族用品生产企业实行流动资金低息照顾、税收减免和专项投资政策。

3. 扶贫开发政策

《国家八七扶贫攻坚计划》确定的 592 个国家重点贫困县中,边疆民族地区就有 257 个,占国家扶贫县总数的 43.4%,全国确定扶贫的绝对贫困人数 8000 万中,有 2/5 生活在边疆地区。从 20 世纪 80 年代起,国家在大力帮助边疆民族地区发展经济的同时,特别关注解决少数民族的贫困问题。90 年代国家进一步将扶贫开发的重点转向少数民族贫困地区,并在资金、政策上给予更大的照顾和倾斜。"八七扶贫攻坚"期间,国家共向 5 个自治区和云南、贵州、青海三个多民族省份投入扶贫资金 432 亿元,占全国扶贫资金总量的 38.4%。扶贫工作进入新阶段以后,投入力度进一步加大,2004 年共投入扶贫资金 103.15 亿元。1996 年以来,实施了东西协作帮扶措施。在国际扶贫合作项目中,重点向边疆地区倾斜。到 2005 年,先后组织实施了世界银行 3 期扶贫项目,援助边疆 6.1 亿美元。在扶贫攻坚过程中,实施了"富民兴边"、"整村推进"等战略措施,从政策上、计划上、资金上加大扶贫攻坚的力度,实施了产业扶贫、设施扶贫、科技扶贫、智力扶贫等措施。

4. 联合开发政策

改革开放以来,国家在边疆地区实行"双向开放"或"全方位开放"政策,对内开展横向联合,对外实行全面开放,发展边境对外贸易,利用国内外资金、资源和技术,积极开辟国内、国际两个市场,不断增强边疆地区的经济发展活力。国家在边疆地区实行横向经济联合政策,鼓励内地经济发达地区到边疆地区投资兴办企业,发展边疆产业。国家采取对口支援政策。20 世纪 70 年代末,国家制定了组织内地省市实行对口支援边疆地区和民族地区的政策。到 90 年代国家进一步确定由内地经济发达的 9 省市及 4 个计划单列市分别支援帮扶 10 省区的贫困地区发展经济的对口帮扶格局:北京支援内蒙古、天津支援甘肃、上海支援云南、广东支援广西、江苏支援陕西、浙江支援四川、山东支援新疆、辽宁支援青海、福建支援宁夏,及大连、青岛、深圳、宁波支援贵州和全国支援西藏。

5. 对外开放政策

我国陆地边境线长达 2.2 万公里,而边疆民族地区占 1.9 万公里。20 世纪 80 年代以来,国家对民族地区采取了一系列优惠政策,以促进和加快其对外开放的步伐。国家为了加快民族地区对外贸易的发展,对内蒙古、新疆、西藏、广西、宁夏 5 个自治区和青海、云南、贵州 3 个多民族省外汇留成比例作了特殊照顾,其中,西藏外汇留成 100%,其他 7 省区外汇留成 50%,而全国平均外汇留成仅为 25%;对有困难的民族地区,对外贸易酌情给予额度外汇补助;将珲春、满洲里、瑞丽等 13 个市、县列为沿边开放市、县和边境经济合作区,并给予一系列优惠政策;对乌鲁木齐、南宁、昆明等 21 个内陆省会或自治区首府,实行沿海开放的政策,享受沿海开放城市待遇;国家还在 8 个多民族省区中推出 7 个改革开放试验点、2 个农村改革试验区和 4 个高技术开发区。

由于实施上述经济发展战略举措,边疆地区经济快速持续发展,基础设施建设不断完善,对外开放水平不断提高,边疆各民族的生活水平不断改善。以云南为例,2005 年国内生产总值达 3475 亿元,与 1949 年相比增加 3419 亿元,增长 62 倍;公路通车里程 1949 年为 2783 公里,增加到 10 万公里,增长 36 倍;农民人均纯收入比 1978 年增加 3.17 倍,达 1980 元;城镇居民人均可支配收入达 9250 元。

三、边疆文化发展方略

新中国成立后,党和国家对保护、尊重边疆各民族的文化,帮助边疆地区加快文化建设,实现各民族文化共同繁荣,制定了一系列的方针政策,使边疆地区教育、科技、文化、人口、宗教等事业加快发展,边疆各民族的科技文化素质不断提高。

(一)制定和实施边疆民族教育政策

新中国成立伊始,百业待兴,发展边疆民族教育事业就提到了国家议事日程。1950 年 1 月在北京召开的中央人民政府政务院第 60 次政务会议,专门讨论了发展我国边疆民族教育的问题。在随后几十年的社会主义建设时期,党和国家就发展民族教育问题曾召开过多次全国性的会议,并根据国内社会发展形势的变化制定过一系列政策法规,从而促进了新中国边疆和民族教育事业的迅速发展。据统计,2004 年,全国边疆地区大学在校生达 188 万人,职业高中学生达 128 万人。全国各级普通学校中少数民族在校学生总数为 2135 万人,比 1999 年增加了 13.48%,其中,普通中学少数民族在校生 676.11 万人,普通高等学校少数民族在校生 80.73 万人,分别比 1999 年增长 31.47% 和 69.31%;少数民族专任教师 102.57 万人,比 1999 年增长 11.36%。民族地区"两基"攻坚取得新进展,截至 2004 年底,全国民族自治地方 699 个县级行政区划单位中,已有 474 个县(旗)、市、区实现了"两基"目标,占总数的 67.8%。①

1. 制定和实施边疆和民族地区的教育方针

1951 年 9 月召开的第一次全国民族教育会议,首次确定了我国民族教育的方针和任务,这就是:少数民族教育必须是新民主主义的内容,即民族的、科学的、大众的教育,并应采取适合于各民族人民发展和进步的民族形式;少数民族教育应以培养少数民族干部为首要任务,以满足各民族政治、经济、文化教育建设的需要;应当加强小学教育和成人业余教育,以提高少数民族文化水平;应努力解决少数民族各级学校的师资问题。新中国民族教育方针任务的确立,适应了当时民族地区政权建设和实施民族区域自治制度对大量少数民族干部的需要,因而起了重要的历史作用。1992 年,国家教委和国家民委联合召开了全国第四次民族教育工作会议。会议明确了今后巩固和发展民族教育的基本方针和任务,这就是:做好民族教育工作,集中到一点,就是必须把贯彻执行党和国家的教育方针同贯彻执行党和国家的民族政策有机地结合起来,坚持从少数民族的特点和民族地区的实际出发,发展民族教育事业。会后,国家教委和国家民委印发了《关于加强民族教育工作若干问题的意见》,确定了 20 世纪 90 年代民族教育的发展任务:一是要打好基础,在数量和质量上有一个新的发展和提高;二是要坚持改革开放,进一步明确办学的路子,使民族教育更好地为当地经济建设和人民群众的富裕文明服务;三是要努力缩小目前困难较大的民族地区同全国教育发展平均水平的差距,使民族教育的发展与全国教育发展相适应,与少数民族和民族地区的经济、社会发展相适应。

2. 确定发展边疆和民族地区教育的基本原则

发展民族教育,既要遵循教育发展的一般规律,也要充分考虑民族教育的特殊性,解决民族教育中的特殊问题。根据党和国家有关文件,发展民族教育一定要把握好以下几个方面的基本原则:一是坚持社会主义办学方向。民族教育作为我国社会主义教育的重要组成部分,必须为社会主义现代化建设服务,必须同生产劳动相结合,培养德、智、体全面发展的建设者和接班人;必须在马克思主义的指导下,结合边疆和民族地区特点,向学生进行党的基本路线教育,进行革命历史和爱国主义、维护民族团结和祖国统一的教育,使

---

① 教育部:《认真贯彻落实党的教育方针和民族政策,大力发展民族教育事业》,中央民族工作会议交流材料,2005 年 3 月 20 日。

学生坚定正确的政治方向。二是坚持为当地经济建设和社会发展服务。民族教育要面向现代化、面向世界、面向未来,确立为当地经济建设和社会发展服务、为人民群众文明富裕服务的指导思想,努力深化教育改革,不断提高教育质量和办学效益。三是坚持一切从实际出发。在党和国家的大政方针指导下,民族地区要根据各自的特点和实际,确定本地区教育发展规划和办学形式,通过深化改革,实践摸索,逐步走出符合本民族和本地区实际的办学路子。学习和借鉴其他民族先进经验,也必须与自己的实际结合,防止生搬硬套,搞"一刀切"。四是坚持开放,扩大交流。在继承发扬本民族优秀文化传统的同时,要扩大国际、国内民族间的交流,大胆吸收和借鉴人类社会创造的一切文明成果。在使用本民族语言文字教学的地区,要因地制宜地搞好双语教学,大力推广普通话;民族学校教学使用的语言和文字,要由各省、自治区根据有关法律,按照有利于各民族的长远利益,有利于提高民族教育质量,有利于各民族科学文化交流的精神,考虑当地的语言环境,充分尊重多数群众的意愿来确定;在多民族居住的地区,提倡和鼓励不同民族学生合校分班或合校合班,特别是高中和大中专院校,要积极创造条件,合校合班上课;要提倡汉族学生学习少数民族的语言文字、文学艺术、历史、科技等,使各民族学生增进了解,广交朋友,团结互助,共同进步。五是坚持教育与宗教分离。根据我国宪法,任何人不得利用宗教干预学校教育和社会公共教育,不得利用宗教进行妨碍实施义务教育的活动,不得在校内进行宗教活动。学校要向学生进行有关自然科学、社会进化和人的生老病死的科学教育,使他们逐步确立科学的世界观。在群众普遍信教的民族地区,要注意发挥宗教界爱国人士关心和支持民族教育的积极性。六是坚持国家帮助与自力更生相结合。国家和经济发达地区,要从促进各民族共同繁荣的目标出发,在财力、物力、智力等方面支持边疆和民族地区加快发展经济和教育事业。同时,更需要边疆和民族地区发扬自力更生、艰苦奋斗的精神,实现本地区的发展,促进本民族的进步。

3. 实施少数民族和边疆地区教育政策

新中国成立以来,为了加速边疆地区和少数民族教育事业的发展,提高各民族素质,党和国家采取了一系列的政策和措施。一是重视和帮助边疆地区和少数民族发展教育事业。1995 年颁布的《中华人民共和国教育法》规定:国务院及县级以上地方各级人民政府应当设立教育专项资金,重点扶持边远贫困地区、少数民族地区实行义务教育。国家对民族教育在经费上还采取特殊的扶持政策,一方面,设立民族教育专项补助经费,另一方面,多渠道增加民族教育投入。二是加强对边疆民族地区教育的领导。国家设立民族教育行政管理机构,教育部设立民族教育司,国家民委设立教育司,在一些少数民族人口较多的省区教育厅设立民族教育处(科),专司地方民族教育管理职责。三是尊重少数民族自治地方自主发展的权利。边疆民族地区依照法律规定,决定本地方的教育规划,各级各类学校的设置、学制、办学形式、教学内容、教学用语和招收办法等。实行民族语言教学和双语教学相结合的教学模式,创办各级各类的民族学校,加强边疆教师队伍建设,对边疆特别是少数民族学生给予特殊的政策照顾,实施内地省市对边疆教育事业的对口、支援和协作。

(二)制定和实施发展边疆民族文化政策

1. 坚持弘扬民族优秀传统文化的原则

新中国成立后,我们党和国家坚持弘扬民族优秀传统文化的原则。一是尊重民族文化。各具特色的民族文化,是一个民族在长期历史发展过程中智慧和能力的结晶,是一个民族重要的内部和外部特征之一,是一个民族重要的价值取向和行为标准。继承和发展民族文化是各民族人民应有的权利,对民族文化的尊重,是关系到民族平等权利的问题。马克思主义认为,各个民族的文化都是总体的有机组成部分,在人类文化史上都具有不可抹杀的独特价值,都从各自的角度为繁荣和发展人类文化作出了贡献,尊重民族文化是马克思主义坚持民族平等原则的具体体现。因此,我们党和国家一向把尊重、理解、支持和发展民族文化,作为民族文化工作的基本原则。二是取其精华,弃其糟粕。党和国家对民族文化遗产一贯强调批判性的继承原则。我国各少数民族的传统文化遗产是各民族人民及其艺术家们在社会实践中,根据自己的生活经历、生产方式、风土人情、道德伦理、信仰愿望等创造出来的。这些传统的民族文化遗产,有的是健康、进步和科学的,有的则是不健康和有违科学的。毛泽东曾经指出,中国在长期封建社会中,创造了灿烂的古代文化,清理古代文化的发展过程,剔除其封建性的糟粕,吸收其民族性的精华,是发展民族新文化、提高民族自信心的重要条件。党和国家一贯坚持有利于少数民族精神文明建设和共产主义道德情操的培植原则,坚持去粗取精、去伪存真的批判原则。对于那些健康向上的、富于人性的、具有一定价值的民族文化遗产积极地继承,对于那些落后、陈腐的封建迷信的文化传统则批判地舍去。坚决反对为文化而文化的资产阶级文化主义倾向及其在民族文化上的猎奇思想,反对在民族文化遗产继承工作中的某些大汉族主义思想倾向。三是推陈出新。每一个民族都有不同于其他民族的文化内容和形式,这些文化传统往往为各民族人民所喜闻乐见。建国后,随着社会政治、经济的发展,一些陈旧的民族文化传统无论在内容,或是形式上,已经满足不了人民群众日益增长的文化生活的需要,阻碍了民族文化向前发展。应该在尊重少数民族群众意愿的条件下,对一些民族传统文化作大胆的改革和创新,使民族文化无论在艺术内容和表现形式上都逐渐趋于成熟和完美,使我国少数民族文化事业百花齐放、百家争鸣。

2. 制定和实施发展边疆和少数民族地区文化政策

一是大力培养边疆和少数民族文化人才和文化干部的政策。新中国成立以前,一些边远地区和人口稀少的民族,由于社会发展缓慢,缺乏民族文化工作者;一些相对发达的民族也因统治阶级实行反动的文化政策,许多民族民间艺人受到摧残和迫害,阻碍了民族文化的继承和发展。针对这种情况,建国后,党和国家制定了通过各种渠道,大量而快速地培养少数民族的文化人才和文化干部的政策,为弘扬和繁荣民族优秀传统文化造就一支生力军和后备力量。二是加强边疆和少数民族地区文化设施建设的政策。建国以来,针对少数民族地区文化设施缺乏和落后的状况,党和国家制定了加强少数民族地区文化设施建设的政策,加大民族地区文化事业的经费投入,重点解决民族地区文化设施建设问题,改善民族地区的文化基础设施,建立民族文化网络基地,为普及社会主义新文化和弘扬民族优秀文化,提高少数民族人民群众的文化生活水平,促进民族文化事业的发展,创造了有利的物质前提条件。三是保护和合理开发边疆和少数民族文化资源,继承和弘扬民族优秀传统文化的政策。每一个民族在历史发展中都有自己的文化创造,形成了自己独特的民族文化内容和民族文化形式。这些在长期社会发展过程中形成的民族传统文化,是我国的重要文化资源,是新中国成立后形成和发展社会主义新文化的基础,需要在有效保护的基础上,合理开发和利用。但是,在新中国建立以前,由于历代统治者长期对少数民族实行民族压迫和民族歧视、文化同化和取消政策,许多民族优秀传统文化濒临失传边缘。针对这一情况,建国后,党和国家制定了积极保护抢救与合理开发利用民族优秀传统文化和文化生态环境的政策。一方面,对民族传统文化,特别是对那些即将消失或濒临灭绝的民族优秀文化进行保护和抢救,搜集、整理和出版;另一方面,鼓励民族地区合理利用和开发其独特的自然和人文资源,将弘扬和发展民族文化与开发利用民族文化资源很好地结合起来。四是积极组织并开展民族文化交流活动的政策。我国 56 个民族都有自己灿烂的文化传统,为了将这些优秀文化发扬光大,党和国家制定了积极开展对外文化交流的政策,加强民族文化的流动和传播,激励不同文化的碰撞和改革,使民族文化在交流中相互吸收、交融、变异,以促进民族文化的发展繁荣,这是文化发展的必然规律。五是制定和实施边疆和少数民族卫生体育事业发展政策。加强边疆和少数民族地区医疗、科研和教学机构的建设,收集和整理民族医药经典著作,开展民族医药的开发和利用。积极发展边疆和少数民族体育事业,保护和发展边疆地区传统体育运动,举办少数民族传统体育运动会,加强体育设施建设,不断提高边疆各族人民群众的健康素质。

（三）制定和实施边疆和少数民族地区人口政策

1. 边疆地区和少数民族人口政策制定的基本因素。我国边疆和少数民族人口政策充分考虑到了两个基本因素:一是经济因素,要使人口的增长同本地方经济的发展相适应;二是民族因素,要有利于少数民族,特别是人口很少的少数民族的繁荣和进步。在实行计划生育的同时,还必须注意提高少数民族人口素质,提倡优生、优育,发展文化教育、医疗卫生和体育事业,提高少数民族的人口素质和科学文化水平。

2. 坚持区别对待原则。对不同民族、不同地区,根据其具体情况(主要有地理环境、人口密度、自然资源、经济社会和文化发展水平、计划生育工作等基础条件),制定人口再生产的规划、政策、方法、步骤,提出不同的要求。这是国家在制定边疆和少数民族人口政策时所遵循的基本原则。

3. 控制人口数量。"控制人口数量,提高人口素质"是我国人口政策的两个重要组成部分,是计划生育基本国策的两项基本任务,也是指导边疆和少数民族地区实行计划生育的基本原则。晚婚、晚育、少生是为了解决人口的数量问题,而优生、优育则是为了解决人口的素质问题。通过提倡晚婚晚育、限制生育数量、实行计划生育奖励机制等措施,有效稳定低生育水平,控制边疆地区人口数量的过快增长。

4. 提高人口素质。提高人口素质,一方面抓优生,另一方面抓优育。优生,就是要保证出生人口的质量,使出生人口发育正常、智力优良、身体健康,防止有遗传疾病和先天畸形婴儿的出生,以促进人类在体力和智力上优秀个体的繁衍。优育,就是要使胎儿出生后,能够得到合理的喂养、抚育,能够受到良好的文化教育和思想品德教育,使之成长为德、智、体全面发展的社会主义新人。

第三节　边疆开发战略

早在20世纪初，中国资产阶级民主革命的先驱孙中山先生，以革命家的伟大胸襟与气魄，站在时代的高度之上，对中国的经济发展作了战略性规划，还对我国重点经济区域的开发阐明了一系列见解与主张，特别在其《实业计划》中着力对我国西部经济开发作了开拓性的思考，产生了一系列伟大的开发思想，成为后人开发西部重要的经济思想遗产。孙中山关于开发西部的战略构想的内容主要包括：发展以交通、通讯为主的基础设施建设；加快优势产业的开发；加大西部开发的政策扶持等。但由于历史的原因，未能在他有生之年实现。新中国成立后，我国逐步实施了西部边疆开发战略。

一、20世纪50年代至70年代两次西部开发①

（一）历史背景

20世纪50年代至70年代所进行的两次西部开发，无论是政治经济形式、建设布局，还是投资分配，都有着许多不同，但二者处于同时代背景之下。首先，在时代主题上，都是战争与革命。其次，在国际政治关系上，第一次开发处在美、苏冷战，社会主义与资本主义两大阵营尖锐对峙，中国还面临着帝国主义的包围、封锁，世界社会主义运动处于上升阶段；第二次开发时，冷战依然存在，帝国主义的包围并未解除，而且形势更加扑朔迷离，加上中、苏之间因两党分歧发展到国家争端，中、苏关系破裂，苏联在中苏边境陈兵百万，对我国的国家安全构成很大威胁。世界社会主义运动因中苏关系破裂而走下坡路。再次，在宏观经济环境上，第一次开发是在西方的经济封锁、禁运，新中国国民经济刚刚恢复，经济发展整体水平很低，西部地区现代工业基本上是一片空白的情况下起步的，在建设中接受了主要来自前苏联的经济援助；第二次开发是在历经三年困难、元气大伤之后，国民经济大调整刚刚完成不久，从备战的需要出发展开的。在"三线"建设的高峰年月，正处在十年"浩劫"中，"三线"建设因"文革"冲击而受到严重影响。因此，第二次西部开发是

---

① 参见赵惠强、洪增林：《西部人文资源开发研究》，甘肃人民出版社2002年版。

在紧张的国际环境、动荡的国内局势、基本处于封闭状态下独自进行的。

基于这样的时代背景,国家先是将经济发展的战略重点置于东北、华北和西北地区,后又把重点移到"大三线"地带,其指导思想是从当时中国区域生产力布局极不平衡的实际出发,采取以内地为重点的发展战略,以逐步实现中国区域经济均衡化发展为目标。主要论据有两个:一是平衡生产力布局,二是有利于备战。在这一战略指导思想和区域政策的指导下,国家采取强有力的指令性计划手段,在基本建设投资和新项目建设安排等方面,对内地实行了一定程度的倾斜,从而促进了内地的开发,进而达到沿海与内地生产力布局逐步趋于合理的目标。因此,我们对于新中国成立后所选择和实施的区域均衡发展政策,应该历史地、辩证地分析和总结。

(二)"一五"时期以 156 个重点建设项目为核心的西部开发

旧中国的经济是一种半殖民地经济,现代工业在国民经济中的比重很小,主要是轻工业,且集中在沿海的少数大城市,内地工业基本上是一片空白。微弱的中国工业过于集中于沿海地区,不仅不利于资源的合理配置,而且对国家的经济安全也极为不利。面对这一畸形的经济遗产,新中国成立后不久就开始有计划地改变这种工业布局不合理的状况。"一五"期间,大型项目投放和投资政策明显向内地倾斜。一系列大型项目的上马,成为西部工业经济初始扩张的第一推动力,也为西部地区发展现代经济提供了第一次历史性机遇。1953 年至 1955 年国民经济各部门在沿海和内地投资的比重,工业分别为 44.7% 和 55.3%;建筑业分别为 47.6% 与 47%;地质勘探分别为22.5% 与 76.2%;交通运输业分别为 29.3% 与 52.1%;农林水利分别为37.7% 与 62.3%;文教卫生分别为 55.4% 与 44.6%。由苏联援建的 156 项工程有 1/3 摆在西南西北,其中,陕西安排了 24 项,占 15.4%,国家投资总额为18.25 亿元,先后建成投产的大中型企业有 28 个;甘肃上马 16 个,占全国重点项目的 10.3%,国家投资 23.27 亿元,属于限额以上的大中型建设工程有119 项,共兴建工矿企业 1574 家。

"一五"时期对西部的开发中,还特别重视铁路、公路的建设。宝成铁路的建成,结束了"蜀道难,难于上青天"的历史。穿越世界屋脊的康藏、青藏公路建成通车,"高路入云端"成为现实。这两条公路的修建,密切了西藏与内地的联系,对改变西藏的面貌、加强民族团结起到了重大作用。

"一五"时期对西部地区的初次开发,给广袤、荒凉的西部带来了无限生机,对改变该地区的落后面貌,促进西部地区的经济发展,初步改变生产力布局的不平衡性,缩小东西部地区的发展差距都有着重要意义。据统计,"一五"期间,沿海工业年均增长14.4%,内地增长17.8%;内地工业产值占全国的比重由1952年的29.2%上升到1957年的32.1%。随着工业的发展,带动了西部城市化进程,初步形成了以西安、成都、兰州、包头、重庆等城市为依托的新兴工业基地,为西部的进一步发展奠定了初步基础。

(三)以备战为目的的"三线"建设的西部开发

"三线"建设是从备战出发形成的新一轮对西部的开发。1964年下半年开始着手部署。1965年,国家计委根据中共中央提出的关于把"三线"建设成为一个工业部门比较齐全、工农业协调发展的战略后方的目标,作出了在"三线"地区突出解决交通问题,着力加强能源、原材料等基础工业,拓展国防科技工业的纵深布局,并相应安排与之协作配套的机械工业和化学工业,同时兼顾农机、化肥和农药等建设项目的宏伟设想。1965年,"三线"建设全面展开,"三五"至"四五"前期是高潮,"四五"后期开始退潮,"五五"前期扫尾。

"三线"建设有许多值得我们总结的经验和吸取的教训,如投资比重大,造成国家财力紧张,使东部沿海地区投资相对严重不足,影响了老基地、老企业的更新改造和生产规模的扩大;在布局上的"山、散、洞",造成了不少浪费;各地区不顾自身的条件,盲目追求建立"大而全"、"小而全"的地方工业体系,影响了各地区比较优势的发挥,使许多部门、行业重复建设,地区产业结构趋同,效益低下;建设过程中违背客观经济规律,排斥市场机制对资源的配置作用等。但"三线"建设是在特定历史条件下的产物,是在计划经济时代运作的,它对西部的开发具有深远的历史意义和长期的经济意义,对改革我国区域经济布局、推进西部地区现代化进程产生了重要影响。

第一,从宏观上改变了我国工业的不合理布局,促进了内地的经济发展和社会进步。"三线"建设中,煤、电、路、粮为重点的建设方式,巨额的资金投入和组织东南沿海及东北地区的企业大规模迁入,形成了西部地区工业建设的第二次高潮。现代工业经济的植入,使西部地区工业化获得了再度发展的历史契机。1965年至1978年间,国家对"三线"建设投资2000多亿元,形成固定资产原值1400亿元,建成全民所有制企业2.9万个,其中仅大中型骨干企业和科研单位就有近2000个,形成45个专业生产基地和30多个各具特色的新兴工业城市。一系列新兴工业基地的建设,使西部地区经济进入了新一轮大规模扩张。到1975年,"三线"地区全民所有制工业固定资产原值在全国的比重,由1965年的32.9%上升到35.3%;工业总产值在全国工业总产值中的比重,由22.3%提高到25%。全国的大型企业,分布在"三线"地区的占40%以上。该地区主要工业产品的生产能力多数已占全国的30%以上。在改变东西部不合理工业布局的同时,也改善了西部地区农轻重之间的比例关系。1965年西部地区农轻重的比例为69∶16∶15,到"四五"计划末期,三者之间的比例变为40∶23∶37。"三线"企业有相当一部分分布于远离城市的偏僻地区,铁路公路的开通,企业的落户,建设者的到来,矿产资源的开发,科研机构和大专院校的内迁,给这些地区带来了新知识、新技术和新气象,带动了当地经济的发展,使昔日的蛮荒之地崛起了一批批新兴工业城市,促进了西部区域经济特别是少数民族地区经济和社会的发展。

第二,极大地改善了西部地区交通落后的状况。交通运输是联系生产和消费的纽带,是国民经济的"先行官"和基础设施部门。交通不发达,是制约西部经济发展的重要因素。在"三线"建设中,国家十分重视发展交通运输业。先后建成了成昆、襄渝、湘黔、川黔、贵昆、宝成(凤州至成都段)、青藏(西宁至格尔木段)、南疆(吐鲁番至库尔勒)等一些重要铁路干线。新建铁路8046公里,占全国同期新增公里数的55%,使"三线"地区的铁路占全国的比重,由1964年的19.2%提高到34.7%。公路交通也得到了很大发展,新增通车里程22.78万公里,占全国同期新增里程的55%。新增内河港口吞吐能力3042万吨。这样,"三线"地区初步形成了以铁路为动脉、以公路为网络、内河为补充的交通运输格局,极大地改善了历史上西部地区交通闭塞的状况。交通运输的发展,加强了西部区际之间的联系及与其他地区间的经济文化交流,扩大了西部地区资源开发和利用的领域,改善了西部的生产布局和社会生存环境,尤其是老、少、边、穷地区的生存环境。

第三,"三线"建设为20世纪末开始的西部大开发奠定了重要基础。"三线"建设是我国沿海地区工业生产能力向内陆腹地的一次大推移。"三线"建设的规模、投入、社会动员及职工积极性的发挥都是空前的。数百万建设大军用青春、汗水甚至生命,谱写了一曲曲西部建设的赞歌。几千家企业的兴建,几十个各具特色的城市的崛起,几千公里铁道公路的畅通……无不凝聚着几万万建设者们的聪明才智、辛勤劳动和无私奉献!他们创建的许多企业,至今仍是西部地区的工业骨干,"三线"建设既为西部地区的现代化创造了前提条件,也为世纪之交启动的西部大开发奠定了坚实的物质基础。如果没有这次"非常"建设,现在内地的建设任务将更加繁重,内地与沿海地区的经济差距将更为悬殊,国家整体发展的任务将更为艰巨。

二、西部大开发战略①

(一) 时代背景

中国西部地区包括陕西、甘肃、宁夏、青海、新疆、内蒙古、西藏、云南、贵州、四川、重庆、广西。20 世纪末,中央作出西部大开发战略决策,有其时代背景,对边疆地区的整体开发有着重大的历史意义和现实意义。20 世纪 80 年代由于非均衡发展战略的实施,加快了东部地区的发展,带动了中西部地区的开发,使我国宏观区域经济迈上了新台阶,各地大体上都实现了工农业总产值翻一番的战略目标,经济布局和资源配置的效率比建国后前 30 年有了较大幅度的提高。但是,区域非均衡发展战略的实施,也加剧了区域经济发展不平衡的现实矛盾,这集中体现在以下两个方面:第一,区域经济增长趋于不平衡。从三大地带的增长格局看,1978 年以来,我国区域经济增长基本上呈东高、西中、中低的态势。1979 年至 1991 年,沿海地区国民生产总值年均增长 9.2%,内地年均增长 8.4%,其中,中部地区为 8.3%,西部地区为 8.8%,这说明,在全国经济高速增长的宏观背景下,中西部处于经济增长的低谷地带。第二,地区间发展差距不断扩大。1978 年至 1991 年,沿海与内地人均 GNP 相对差距由 37.9% 扩大到 42.1%,13 年扩大了 4.1 个百分点。同时东部与中部人均 GNP 相对差距,由 33.2% 扩大到 39.4%,东部与西部间人均 GNP 相对差距由 45.5% 扩大到 46.3%,二者分别扩大了 6.2 个百分点和 0.8 个百分点。

正是在这样的历史背景下,邓小平于 1988 年 9 月 12 日提出了"两个大局"的战略构想。他说:"沿海地区要加快对外开放,使这个拥有两亿人口的广大地带较快地先发展起来,从而带动内地更好地发展,这是一个大局。内地要顾全大局。反过来,发展到一定的时候,又要求沿海拿出更多的力量来帮助内地发展。这也是个大局。那时沿海地区也要服从这个大局。"②邓小平提出"两个大局",首先还是要求认清第一个大局,服从第一个大局,以保证国民经济快速发展。其次,要求将来发展到一定时候,还要提出第二个大局,而且在维护第一个大局的过程中,对落后地区也应当有所帮助。至于什么时候

---

① 参见袁文平、陈健生、张友树、刘峰:《西部大开发中地方政府职能研究》,西南财经大学出版社 2004 年版。
② 《邓小平文选》第 3 卷,人民出版社 1993 年版,第 277 ~ 278 页。

提出第二个大局,当时还没有具体确定下来。

(二)西部大开发战略决策和实施

西部大开发战略的决策和实施始于世纪之交。在即将进入新世纪的时候,党中央在区域经济协调发展战略的基础上,作出了实施西部大开发的战略决策。1999年6月17日,江泽民视察西部时明确指出:加快开发西部地区,对于推进全国的改革和建设,对于保持党和国家的长治久安,是一个全局性的发展战略,不仅具有重大的经济意义,而且具有重大的政治和社会意义。加快中西部地区发展的条件已经基本具备,时机已经成熟。从现在起,这要作为党和国家一项重大的战略任务,摆到更加突出的位置。2000年3月,朱镕基在九届全国人大三次会议上的政府工作报告中,就实施西部大开发战略,加快中西部地区发展的基本思路和战略重点作了详细论述。他指出,当前和今后一段时期,要集中力量抓好这样几个方面:加快基础设施建设;切实搞好生态环境保护和建设;着力发展有自己特色的优势产业,有条件的地方要发展高新技术产业;大力发展科技和教育;进一步扩大对外开放。

在实施西部大开发战略的推动下,我国西部地区经济社会出现了加快发展的好势头,西部大开发开局良好,促进国民经济较快发展。统计显示,2000年至2002年,西部地区国内生产总值分别增长8.5%、8.7%和9.9%,比1999年的7.2%明显加快,与全国各地平均增长速度的差距由1999年的1.5个百分点,缩小为2002年的0.6个百分点。固定资产投资年均增长18.8%,比全国平均水平高出近6个百分点。国家先后实施了退耕还林、退牧还草、天然林保护、京津风沙源治理、江河上游污染治理等生态环境保护工程,形成了加快建设祖国西部生态屏障的良好态势。西部地区重点工程建设也取得实质性进展。2000年至2002年,开工了36项西部开发重点工程,投资总规模达6000多亿元。青藏铁路、西气东输、西电东送等关系全局的重大项目全面开工。西部地区新增公路通车里程5.5万公里,新建铁路新线、复线、电气化线路4000多公里,新建和改扩建机场31个。在实施西部大开发中,西部地区农村基础设施和社会事业建设加快。2000年至2002年,安排28亿元国债资金,解决了1300万人饮水困难的问题。西部地区农村电网改造总投资947亿元。"广播电视到村"工程的实施,使西部行政村通广播电视的比例达到97%以上。国家在西部地区贫困县安排建设了一批医疗基础设施。此外,西部地区科技教育发展和产业结构调整保持了良好的势头。

2004年3月19日至20日,国务院西部开发工作会议在北京召开。国务院总理温家宝在会议上总结了四年多来西部大开发战略实施的成绩和经验,阐述了继续实施西部大开发战略的指导思想和重点任务。他指出:实施西部大开发战略开局良好,西部地区基础设施建设取得重要进展,生态环境保护和建设显著加强,科技教育等社会事业加快发展。西部大开发不仅加快了西部地区发展,也促进了其他地区的发展。实践证明,中央关于实施西部大开发的战略决策是完全正确的,确定的重点任务和采取的政策措施是符合实际的。同时要清醒地认识到,西部地区发展还面临着不少困难和问题,西部大开发任务仍然十分艰巨。他指出:推进西部大开发,要坚持解放思想,更新观念;坚持统筹兼顾,协调发展;坚持深化改革,扩大开放;坚持从实际出发,讲究实效;坚持自力更生,艰苦奋斗。当前和今后一个时期的主要任务,一是要加大解决"三农"问题力度。以增加农民收入为中心,稳定和提高粮食综合生产能力,大力发展特色农业,继续推进扶贫攻坚。二是要认真搞好生态环境保护和建设。要扎扎实实搞好退耕还林、退牧还草、天然林保护、风沙源治理等重点工程。退耕还林要巩固成果,确保质量,完善政策,稳步推进。三是要继续加强基础设施建设。一方面继续抓好事关西部大开发全局的重大工程项目建设,另一方面要抓好与群众利益密切相关的中小项目,特别是要加强农村基础设施建设。四是要积极发展特色经济和优势产业。依托各类资源优势,大力发展优势产业。防止盲目投资和低水平重复建设,严格控制被淘汰的生产工艺、设备转移到西部。五是要大力发展教育、卫生等各项社会事业。确保如期完成西部地区教育"两基"攻坚任务,加强公共卫生设施建设。切实落实干部交流和人才开发任务。六是要加快改革开放步伐。积极推动国有企业改革,加快调整国有经济布局和结构。大力发展混合所有制经济。特别要积极鼓励、支持和引导个体私营等非公有制经济发展。①

中国共产党十六届五中全会通过的《中共中央关于制定国民经济和社会发展第十一个五年规划的建议》(以下简称《建议》)中把继续推进西部大开发作为促进区域协调发展的战略任务。《建议》指出,继续推进西部大开发,振兴东北地区等老工业基地,促进中部地区崛起,鼓励东部地区率先发展。西部地区要加快改革开放步伐,加强基础设施建设和生态环境保护,加快科技教育发展和人才开发,充分发挥资源优势,大力发展特色产业,增强自我发展

---

① 参见康平主编:《中国国家发展战略》,红旗出版社 2005 年版。

能力。东北地区要加快产业结构调整和国有企业改革改组改造,发展现代农业,着力振兴装备制造业,促进资源枯竭型城市经济转型,在改革开放中实现振兴。中部地区要抓好粮食主产区建设,发展有比较优势的能源和制造业,加强基础设施建设,加快建立现代市场体系,在发挥承东启西和产业发展优势中崛起。东部地区要努力提高自主创新能力,加快实现结构优化升级和增长方式转变,提高外向型经济水平,增强国际竞争力和可持续发展能力。国家继续在经济政策、资金投入和产业发展等方面,加大对中西部地区的支持。东部地区发展是支持区域协调发展的重要基础,要在率先发展中带动和帮助中西部地区发展。各地区要根据资源环境承载能力和发展潜力,按照优化开发、重点开发、限制开发和禁止开发的不同要求,明确不同区域的功能定位,并制定相应的政策和评价指标,逐步形成各具特色的区域发展格局。

西部大开发战略是一项带有全局性的大战略、大思路,是一项规模宏大的系统工程,是边疆地区整体开发、全面发展的艰巨的历史任务。只要我们按照中央的要求和部署,通力合作,通过几代人的不懈努力,西部大开发战略的实施将给边疆地区带来经济繁荣、社会进步、山川秀美的新面貌。

三、兴边富民行动①

(一)兴边富民行动的提出

我国陆地边界线东起辽宁省丹东市的鸭绿江口,西迤广西壮族自治区防城港市的北部湾畔,总长度约2.2万公里,与16个国家和地区接壤。陆地边境地区涉及九省(区)的135个边境县(旗、市、市辖区,其中民族自治地方107个),国土面积约193万平方公里,总人口约为2100万人,其中少数民族人口近一半。

新中国成立后,特别是改革开放以来,边境地区的经济社会事业取得了令人瞩目的成就。据统计,2000年,边境地区国内生产总值达895.85亿元,地方财政预算内收入49.91亿元,出口总额186.26亿元,当年实际利用外资额6998.7万元。但是,由于受自然地理条件和历史发展影响存在较大差距。边境地区面临着环境比较恶劣,生产方式比较落后,基础设施比较薄弱,财政困难问题比较突出,贫困人口比例和脱贫难度大,社会事业发展滞后等问题。

① 参见《全国兴边富民行动规划纲要(2001—2010)》,民族出版社2002年版。

同时,随着近年来毗邻的一些国家实行较为灵活开放的边境政策后,其与我国相邻地区经济社会发展速度明显加快,对我国当地干部群众造成一定的心理压力。这一现状已经引起党和国家的关注。

世纪之交,国家民委响应国家西部大开发的号召,倡议发起了兴边富民行动,以加快边境地区经济社会发展为着眼点,由各级政府领导,广泛动员全社会参与和支持,加大对边境地区的投入和对边民的帮扶,使边境地区尽快发展起来,各族人民尽早富裕起来。党中央、国务院对兴边富民行动高度重视。1999年召开的中央民族工作会议提出,要继续推进兴边富民行动,为富民、兴边、强国、睦邻作出贡献,巩固祖国的万里边疆。国务院《关于实施西部大开发若干政策措施的通知》和《关于西部大开发若干政策措施实施意见的通知》,国家计委、国务院西部开发领导小组办公室联合下发的《"十五"西部开发总体规划》,以及九届全国人大五次会议通过的《政府工作报告》中,对实施兴边富民行动都作了一系列的部署。兴边富民行动已成为党和国家新时期民族工作的一项重要内容。

"兴边"、"富民"是振兴边境、富裕边民的缩略语,是"行动"的出发点和归宿;"行动"表明这是全社会广泛参与的开发建设实践活动,是有计划、有组织进行的系统工程。开展兴边富民行动,就是要加大对边境地区的投入,加大帮扶力度,使之尽快地发展起来,逐步跟上全国发展的步伐,促进边疆与内地的协调发展。

（二）兴边富民行动规划纲要

为确保兴边富民行动的顺利实施,国家民委和有关部门制定了《全国兴边富民行动规划纲要(2001—2010)》,《纲要》将陆地边境地区分为东北、西北、西南三大地区。其中,东北边境地区包括辽宁、吉林、黑龙江三省及内蒙古东中部的边境县(旗、市、市辖区);西北边境地区包括甘肃、新疆二省区和内蒙古西部的边境县(旗、市)及新疆生产建设兵团的边境团场;西南边境地区包括广西、云南和西藏三省区的边境县(市、市辖区)。《纲要》提出了兴边富民行动指导思想、总体要求、奋斗目标和主要任务。

1. 兴边富民行动的指导思想。兴边富民行动的指导思想强调要紧紧抓住西部大开发的重大机遇,坚定不移地推进改革开放,加快体制和科技创新,大力发展开放型市场经济;结合国家和边疆九省(区)"十五"规划,立足当前,放眼未来,积极进取,量力而行;以政府扶持为主,广泛动员全社会参与和支持,紧紧依靠各民族干部群众自力更生、艰苦奋斗,争取用10年左右时间,使边境地区经济社会事业全面进步,进一步巩固和发展社会主义民族关系,维护祖国统一,最终达到富民、兴边、强国、睦邻的目的。

2. 兴边富民行动的总体要求。实施兴边富民行动要做到:第一,以人为本、使群众普遍受益。要以人为本,为广大边民多做实事,使其成为兴边富民行动的直接受益者,将"富民"作为"行动"的出发点和落脚点。第二,因地制宜、分类指导。要实事求是,从边境线长达两万多公里,自然条件、民族构成、经济社会发展水平以及相邻国家情况差异很大的实际出发,对不同地区、不同民族加以区别,实行分类指导。第三,突出重点、统筹兼顾。兴边富民行动是一项复杂的系统工程,要统筹规划,防止一哄而起、重复建设,集中力量抓好试点,重点突破;要密切结合当地实际情况,有所为有所不为,把突出重点同促进全面发展结合起来,把改善基本生产生活条件和培育新的经济增长点作为"行动"的重心。第四,长远规划与近期安排相结合。既要搞好调查、摸清底数、精心规划,又要分轻重缓急,选准突破口,从一些条件较好的地方起步,实现加快发展,更好地带动和辐射周边地区,循序渐进,逐步推开。第五,注重效益、可持续发展。把追求经济效益同注重生态效益、社会效益结合起来,尤其把水资源的合理利用和生态环境保护放在突出的位置,决不能以牺牲环境为代价来发展经济。第六,自力更生、艰苦奋斗。这是边疆各族人民在历史上形成的光荣传统,也是实现边境地区加快发展和推进现代化进程的根本,只有立足于此,政府扶持和社会帮助才能发挥最大作用,逐步形成边境地区的自我发展能力。

3. 兴边富民行动的奋斗目标。总的奋斗目标是五年初见成效,十年大见成效。通过努力,使广大边境地区经济和社会基础设施条件得到明显改善,各族群众脱贫致富,综合经济实力普遍提高,社会事业全面进步,民族团结,边防巩固,促进与毗邻国家的友好合作关系。具体分两个阶段,逐步推进实施。

第一阶段(2001年至2005年):重点突破,加强宣传、健全机构、完善政策、落实项目、抓好试点。建立有效的组织保障机制和政策支撑体系。选择一批县(旗、市、市辖区)、乡(镇)作为试点,摸索经验并及时总结和推广,在拉动边境地区发展的重点领域取得突破。重点实施一批投资少、见效快、辐射面广的项目,使各族群众真正受益。到2005年,试点地区的基础设施条件、人民生活和经济社会发展水平得到初步改善和提高,接近或超过所在省区的平均水平。

第二阶段(2006年至2010年):整体推进。在总结经验和巩固提高的基础上,由点到面,整体推进,加大规划项目的实施力度,使边境地区经济和社会基础设施条件严重滞后的局面得到较大改善,经济增长速度力争不低于全国平均水平,消除绝对贫困现象,一部分有条件的县(旗、市、市辖区)经济社会发展达到所在省(区)中上等发展水平,走上持续致富道路。

4. 兴边富民行动的主要任务。兴边富民行动围绕三个重点落实七项任务是。三个重点是:基础设施建设、县域经济增长能力培育和提高人民群众生活水平。七项任务是:一是以解决温饱为中心的扶贫攻坚;二是抓好以水、电、路、通信为主的基础设施建设;三是以培育新增长点和形成特色经济为目的的产业结构调整;四是以加快周边区域经济合作和发展边境贸易为重点的对外开放;五是以普及九年义务教育、扫除青壮年文盲和推广先进适用科技为主的社会进步;六是以繁荣少数民族文化为宗旨的文化设施建设;七是以退耕还林还草为重点的生态环境保护建设。

(三)兴边富民行动取得了明显成效

兴边富民行动实施以来,财政部、国家发改委、教育部等中央部委通力合作抓兴边富民行动规划,抓试点引路,抓各方面力量的动员整合,使兴边富民行动取得较好的成果。广西开展边境建设大会战;云南实行"扶贫、教育、科技、文化"四大工程,办好30件惠民实事;新疆生产建设兵团实施"金边工程";新疆、吉林、西藏等省迅速行动兴边富民工程,各有关省区县都制定了行动计划,切实加强领导,使兴边富民工程不断推进。2000年到2004年,中央财政在推动这项行动中投入了2.64亿元,兴边富民的项目有2万多个,这些投入主要用于基础设施、农业生产、生态保护,还有文化教育等方面的投入。自实施兴边富民工程以来,中央和地方共投入资金三百多亿元,改善了边疆基础设施条件,改善了边疆群众的生活,加快了边疆农业产业化进程,促进了边疆经济发展,巩固和发展了睦邻友好关系,特别是加快了人口较少民族的发展步伐。兴边富民行动取得明显成效,但是,也存在一些值得研究的问题,一是兴边富民行动力量整合的问题,怎样把国家各有关部门的积极性调动起来,支持边疆各省区搞好兴边富民工程?二是怎样把兴边富民行动与西部大开发有机结合起来,推进边疆产业建设?三是怎样把兴边富民行动与社会主义新农村建设统一起来,整体推进边疆农村各项建设事业发展?四是怎样建立兴边富民行动的评估体系,及时总结兴边富民行动的经验和不足? 这些问题都需要在实践中不断加以解决。

第四节　边疆民主法制建设

一、发展社会主义民主政治的根本原则

党的十六大报告提出："发展社会主义民主政治,最根本的是要把坚持党的领导、人民当家作主和依法治国有机统一起来。"这段论述,提出了社会主义民主政治建设的一个根本原则和基本思路,具有重要的理论意义和实践意义。

党的领导、人民当家作主和依法治国是社会主义民主政治的特点和优势。我国社会主义政治建设的历史经验表明,党的领导是人民当家作主和依法治国的根本保证,人民当家作主是社会主义民主政治的本质要求,依法治国是党领导人民治理国家的基本方略。坚持把这三者统一于社会主义民主建设的实践,统一于社会主义现代化建设的实践中,是我们党对社会主义政治建设的规律性认识。

发展社会主义民主政治,建设社会主义法治国家,核心在于坚持党的领导。党领导人民制定宪法和法律,并在宪法和法律范围内活动。各级党组织、广大党员和各级领导干部,不仅要带头模范遵守和执行国家法律法规,而且还要领导和动员广大人民群众遵守和执行国家法律法规。

人民当家作主是社会主义政治建设的出发点和归宿。我们强调坚持党的领导,归根到底是为了实现人民群众当家作主的权利和根本利益。社会主义政治建设必须适应经济文化的发展,着眼于一切为了人民,一切依靠人民,一切权力属于人民,健全民主和法制,保证人民当家作主。

依法治国,就是广大人民群众在党的领导下,依照宪法和法律规定,通过各种途径和形式管理国家事务,管理经济文化事业,管理社会事务,保证各项工作都依法进行,逐步实现社会主义民主的制度化、法律化,使这种制度和法律不因领导人的改变而改变,不因领导人看法和注意力的改变而改变。依法治国的过程,实际上就是在党的领导下,维护人民主人翁地位的过程,保证人民实现当家作主的过程。

二、边疆民主法制建设的特性

(一)民主法制概念

现代社会主义是民主的社会主义。所谓民主的社会主义,就是以市场经

济的发展为基础,以社会主义的民主政治发展为保证,以精神文明的发展为灵魂的社会主义。什么是民主? 各国学者进行了大量的研究和阐述。但归纳起来,可以从四个方面来解释,从社会形态看,民主是指一种由人民群众或多数人管理国家事务的事实或社会现象;从意识形态看,民主是一种现代的观念,包括自由观、人权观、平等观、法治观等;从国体政体看,民主是指国家制度,它表现为一种不同于专制制度的国家制度;从社会主体看,民主是指公民的权利和自由。什么是法制? 法制是民主的制度化和法律化,或者说,法制是制度化和法律化的民主。从这个意义上说,现代的民主制度就是法制,现代的民主社会也应该是法制社会。所以,民主加上法制就是法治。民主法制是一对相互依存的概念。近代以来的历史说明,民主是法律制度的基础,民主必须以法律制度来保障。

（二）依法治国的基本要求

中国实现依法治国应该有五个基本要求:一是具有完备社会主义法律体系。包括:规定国家根本制度、公民基本权利和义务、国家机关设置的宪法和宪法性法律;规定国家行政机关的组织、职权、行为、行使职权的程度、行政人员遴选方式的行政法;国家从整体利益出发对经济生活进行必要干预、对经济秩序予以维护和对市场进行宏观调控的经济法;对行政机关侵犯公民、法人的权利进行救济的行政诉讼法;规定市场经济活动的主体制度、物权、债权、知识产权、人身权制度、侵权行为制度和公司、票据、保险、海商制度的民商法;解决民事、商事、经济纠纷的民事诉讼法;规定犯罪和刑罚的刑法;公正地进行刑事诉讼,有效地惩治犯罪和保护无辜者的刑事诉讼法;规定保护劳动者权益、提供社会保障,对社会弱者予以救济的社会保障法。二是具有健全的民主制度和监督制度。三是具有严格的行政执法制度与公正的司法制度。四是具有高素质的执法队伍。五是提高全民的法律意识。

（三）边疆民主法制的特性

实践证明,在一国内部,区域性民主和法制的存在并不影响国家法制的统一,而只会对一个统一国家的民主法制建设带来丰富的内容和局面。中国是一个统一的多民族国家,统一的中华民族包括多种民族成分。各个民族都有自己的特色,各民族地区都有自己的特殊情况。民族地区的民主法制建设是基于这些特色和特殊情况而产生的。边疆和民族地区的民主法制是指,在统一的社会主义制度下和国家宪法的基础上的地方民主法制建设。作为我国民主法制建设的重要组成部分,边疆和民族地区的民主法制建设是在特定的领域和民族自治地方进行的,是以民主法制建设、体制建设、基层民主建设和民主意识建设为内容,以经济建设为中心,以在本地区实行人民当家作主,建设社会主义法治国家为目标的民主法制建设。我国边疆民主法制建设具有特定的区域范围,特别是民族地区的民主法制建设,特指民族自治区、民族自治州、民族自治县;具有特定的建设对象,即实现边疆和民族地区政治、经济、文化和社会生活的民主化、制度化、法律化所需要的法规、体制、队伍、环境建设;具有多样性的特点,边疆和民族地区的法制建设从地区和民族政治、经济、文化发展的实际出发,从现阶段的要求出发,使法制建设丰富多彩;它是服从性的民主法制建设,边疆和民族地区的民主法制建设是我国法制建设的组成部分,必须以服从我国法制建设需要为前提,必须同国家的法制保障统一,不得与国家宪法、法律、行政法规和上级的决定相抵触。

加强边疆和民族地区法规体系建设。在法理学上,人们把法律体系定义为:"一国在一定时期的全部现行法律规范,按照一定标准和原则,划分为各个法律部门而形成的内部和谐一致的统一体。"①从这个定义看出,通常所指的法律体系,是指一国的现行法体系,是由不同的法律部门和不同的法律层次构成的统一体,法律体系的存在是依现存的客观条件为依据的,是可以变化的、发展的。我国边疆和民族地区的法规体系是指边疆和民族地区、州、县的人民代表大会及其常务委员会依照宪法和法律授权制定的法规。以民族自治地区的法规体系作分析,其特点是:民族地区的法规是依照国家宪法和法律的授权,根据本地的实际情况制定的;民族地区的法规分属不同的法律部门,有的属于行政法部门,有的属于民事法律部门,有的则属于宪法性法律部门,也有的属于刑事法律部门;民族地区的法规是根据本地区民族的实际情况和特点制定的,其目的在于调整本行政区域内的各种社会关系,其效力的空间范围在本行政区;民族地区的法规依其效力的空间范围分为自治区的法规、自治州的法规、自治县的法规,自治法规包括:自治区、自治州、自治县的自治条例,单行条例,变通或补充规定。

法律和边疆民族地区法规实施的特点。一般来说,法律实施都具有以下特点:一是法律实施以国家强制力为后盾。历史已经证明,法律成了社会控制的主要手段。法律之所以成为手段,在于法律是通过有系统地运用国家强制力来实现社会的控制。二是法律实施以具体的制度作保证。法律实施过

---

① 李龙主编:《法理学》,武汉大学出版社 1996 年版,第 323 页。

程是严格的执法过程,既要防止有法不依,又要防止滥用权力和权利。这就要求用具体的制度作保证。所以,边疆法规实施过程中,各地方各部门从实际出发,制定了许多具体的制度措施来使地方法规得以实施。三是法律实施以法律责任的形式来体现。法律责任是保障法律实施的重要形式,也是法律实施不可缺少的基本条件。只有法律责任的存在才有法制的存在,法律的权威才能得到保障。四是法律实施的过程也是体现公正和效益的过程。法律是体现公正和效率的规范,立法要体现出公正和效益,执法也要体现出公正和效益。我国边疆民族地区的法规实施除了具有法律实施的一般特点外,还有以下特点:一是民族地区自治法规的实施是在国家法律、法规的授权范围内和原则的指导下进行的。二是民族地区自治法规的实施是以维护民族权利、促进民族地区的发展为最终目的的。三是民族地区自治法规实施的手段具有综合性。既要借助于习惯,也要有一定的惩罚措施。既有行政的、司法的手段,也有说服教育的手段。

三、边疆民主法制建设原则

(一)民主法制建设的一般原则

原则是事物发展前进的准则,是客观现实的总结,原则只有与现实相符合的条件下才能发挥积极的作用。民主法制建设的一般原则主要包括:自由原则,人在自然属性上是自由的动物,在社会属性上是相对自由的主体,法制社会就是要为人的自由全面发展创造制度环境;人权原则,人的自由本性在具体的社会就演化为具体的权利,法制社会就是要依法保障公民的权利;民主性原则,人民的自由和权利在国家政权组成制度上的反映就是要求民主政体,国家一切权力属于人民;法律权威或法律至上原则,民主法制社会必然要求一个国家以宪法为核心的法律拥有至高至上的权威;依法办事原则,在法制国家,无论立法、行政执法还是司法,都要依法办事;平等性原则,坚持在法律制度面前人人平等。

(二)边疆地区民主法制建设原则的特点

边疆地区民主法制建设除了遵循一般的法制原则以外,还需要遵循自己的特殊原则,主要包括:(1)坚持社会主义性质。边疆地区民主法制建设是中国社会主义建设的组成部分,它必须首先要体现和反映我国社会主义本质,必须有利于社会主义制度的巩固和完善,有利于实现社会主义发展的目标。(2)具有民族性特点。指导边疆民族地区民主法制建设的原则必须深刻反映我国少数民族群众对于民主法制建设的要求和愿望,是民族群众在民主法制建设上的理性表现,具有民族性。所谓民族性,是指民族地区民主法制建设原则在内容和形式上的本土性、民族传统的继承性、民族的创造性和民族文化的多元性特点。(3)具有民主性特点。民主是一个国家的制度,民主也是人民向往的目标,民主的本质是人民当家作主,它表现为由人民来决定国家大事,由人民来管理国家事务,国家的一切权力属于人民,国家的方针政策、法律制度一定要体现人民的意志,维护人民的利益。民族地区民主法制建设原则从内容上讲都是民主性的原则,因为这些原则反映和表现了民主国体、民主政体、民主权利与自由的内容。(4)具有特殊效益性。边疆民族地区各少数民族的发育程度和效益差距很大,民主法制建设原则应有保证民族地区所要达到的平等的理想的政治、经济、文化和社会效益的作用。

（三）边疆地区民主法制建设原则的内容

其内容主要包括:一是国家统一和民族区域自治原则。国家的统一和民族的团结是中华民族生存和发展的重要保证,特别是国家的统一,就其普遍性来说,它也是世界各国的经验,只有维护国家的统一,才能实现民族的团结,只有民族的团结,才能保证国家的统一。二是坚持发展边疆地区的经济为中心的原则。必须坚持发展第一要务,发展边疆地区经济,不断提高各民族群众的物质文化生活水平,这是边疆地区的中心任务,也是实行边疆民族区域自治的实质性内容。三是坚持从民族地区实际情况出发的原则。解放思想,实事求是,与时俱进。民族特点和民族地区的政治、经济和文化特点,民族地区的发展水平和各民族的根本利益,这是民族地区民主法制建设得以进行和发展的土壤条件。四是实施依法治国方略的原则。依法治国,建设社会主义法治国家,这是党的十五大、十六大提出和坚持的治国方略,也是新宪法的规定,这也是我国民主法制建设的奋斗目标。要贯彻以上原则必须正确处理好国家宪法与边疆民族地区法制的关系,处理好党的民族政策与边疆地区民主法制建设的关系,处理好边疆地区的实际情况与民主法制建设的关系。

四、边疆民族地区基层民主政治建设

（一）边疆基层民主政治建设的内涵

把扩大基层民主作为发展社会主义民主的基础性工作,是我国民主法制建设的一个重要思想。基层民主是我国广大人民包括工人、农民、知识分子等各方面的人士,在城乡基层政权机关、企事业单位和基层自治组织中依法直接行使的民主权利,有政治民主、经济民主、文化民主、教育民主等内容,渗透于社会生活各个方面,具有全体公民广泛和直接参与的特点。它不仅是一种基层自治和民主管理制度,而且是国家制度民主的具体化,是社会主义民主广泛而又深刻的实践。

发展边疆基层民主,是推动国家民主发展的重要基础。我国是多元一体的人民共和国,各民族兄弟都是国家的主人。这种主人的地位主要是通过人民选举的代表组成国家权力机关即全国人民代表大会和地方各级人民代表大会实现的,人民群众主要是通过自己选举的代表参与国家事务和社会事务的决策和管理的,一方面,要通过发展基层直接民主,充分调动人民群众的积极性创造性,依法管理自己的事务。包括依法直接选举基层人大代表和政权机关的主要工作人员,对他们实行监督,对于那些不称职的代表和工作人员有权依法罢免;依法参与和决定基层重大问题的决策,并就基层事务和各种问题发表意见;依法参与基层经济、文化等各项事业的管理等。另一方面,要通过发展基层直接民主,提高广大人民群众的民主素质。我国经历了长期的封建社会,历史上民主传统比较少,广大人民群众缺乏民主实践的训练。发展基层直接民主,一定意义上可以说是发展民主的学习和训练,有利于提高全民的民主素养,为发展社会主义民主进一步创造全民的素质条件。

(二)扩大边疆基层民主的重点

健全基层自治组织和民主管理制度,保证人民群众依法直接行使民主权利,管理基层公共事务和公益事业,对基层干部实行民主监督。这方面存在的主要问题是:公司制企业新老三会的关系还不顺,有的企业以股东会代替职代会;一些企业实行公司制后,取消了职代会民主评议监督公司领导干部的制度;企业决策不经过职代会,职代会决定的事不照办。在农村,有的地方操纵选举,搞指选派选,一些地方违法撤换村干部;少数村委会不能履行职责。在城市不少居委会自治和服务功能差。要针对存在的问题,着重加强基层民主制度建设,进一步实现基层民主的制度化、规范化和程序化。

在农村,要完善村民自治,形成村党组织领导的充满活力的村民自治机制。在城镇,要全面推进城市社区建设,明确界定社区居委会职能、政府与社区关系、社区与物业管理公司关系等,形成管理有序、文明祥和的新型社区。在企事业单位,要坚持和完善职工代表大会和其他形式的企事业民主管理制度,保障职工的合法权益。建立健全公司制企业法人治理结构,处理好股东会与职代会的关系。扩大职工会对干部管理的知情权、参与权、选择权、监督权。健全群众对干部的评议制度,改变职代会民主评议干部和组织部门考核干部两张皮的现象。

(三)边疆基层民主制度建设的重要环节

一是民主选举。选民登记、候选人的产生、投票、开票、唱票、监督等各个环节,都要严格按照法律规定的程序和步骤进行,切实保障群众在选举中各个环节的权利。二是民主决策。决策民主化是发展基层民主的一个重要内容。按照党的十六大的要求,要完善基层重大决策的规则和程序,建立社情民意反映制度,建立同群众利益密切相关的重大事项社会公示制度、社会听证制度,实行决策的论证制和责任制。属于群众自治范围的事务,必须尊重大多数群众的意见。三是民主管理。原则上说,基层的经济文化事业和社会事务都应该广泛吸引和依靠群众参与管理,但是具体到每个不同的基层单位,不同的情况有不同的要求,都要从实际出发,坚持公平、公正的原则,直接涉及群众切身利益的部门要实行公开办事制度,形成规范和有效的民主管理制度。四是民主监督。主要是从决策、执行等各个环节加强对权力的监督,重点加强对干部的监督、对人财物管理和使用的监督。要按照党的十六大的要求,结合各个基层单位的不同特点,形成规范和有效的基层监督机制。同时,要进一步加强民主政治的主体建设,大力开展民主知识的普及和教育,进一步提高公民的民主素质。

五、农村基层民主政治发展趋势

改革开放以来,我国边疆地区在建立和完善社会主义市场经济体制的条件下,乡村经济有了极大的发展。随着村民的生产经营方式、生活方式、文化和价值观念的变化,村民自治和乡镇党委班子直选、乡镇长直选在各级党委和政府的领导和推动下,呈现出了六种发展趋势。

1. 自主化趋势。所谓自主化,是指边疆地区出现了村民在本村寨自己当家作主,自己管理本村寨事务的趋势,主要表现在:(1)村民自主选举村干部、选举乡镇长,党员自主选举党委班子成员;正式候选人实行竞选,发表竞选演说,接受选民质询;在投票过程中设立秘密划票处,为选民投票提供方便;公开、公正验票和计票。(2)自主监督乡村干部。乡村民众不仅有权选举乡村干部,也有权监督乡村干部。(3)依靠村委会和村级组织,村民自主决定村级重大事务。

2. 公开化趋势。主要表现在:建立村务公开制度,村民委员会必须把凡属与村民利益直接有关的各类事项,以村务公开栏或召开村民代表会议的形式,及时向村民公布,接受广大村民的监督。(1)公开村务、乡务。(2)公开财务、政务。(3)公开监督乡村干部。

3. 制度化趋势。主要表现在:把村务乡务管理、乡村主要工作、村民关系、家庭关系等用制度规定下来,依据制度进行管理乡村,依靠制度保障村民乡民当家作主的权利。

4. 合作协商趋势。合作协商趋势是民族地区基层民主发展的新要求,也是民族村寨事务管理不可缺少的民主形式。依据我国村民委员会组织法的规定,村委会决定、处理村务必须始终贯彻执行协商的原则;农村基层政权机关要指导和监督村民自治工作,村委会要协助乡镇政府的工作。

5. 广泛性趋势。所谓广泛性趋势,主要表现在:民主政治建设渗透于社会生活的各个方面,各个阶层人士的民主追求不断扩大,基层民主政治建设由村级基层向乡镇级发展。

6. 直接性趋势。公民直接行使民主权利的意识不断增强,由村民和党员直推直选村委会和村党支部班子,发展到由公民直推直选乡镇长,由党员直推直选乡镇党委班子。在这方面,地处边陲的云南省红河哈尼族彝族自治州做了大胆的探索,2004 年在所属石屏和泸西两个县分别进行了乡镇长直选和乡镇党委班子直选的试点,在此基础上,于 2006 年 3 月在全州范围内十三个乡镇进行了乡镇党员直接选举乡镇党委班子的大胆实践。在全国引起很大的反响,备受国内外专家和新闻媒体的关注,引起了党和国家的高度重视。

第五节　边疆地区党的建设和民主政治的制度化建设

实施新中国治边方略,核心是加强党的建设,关键是推进民主政治制度化的建设。

一、边疆地区党的建设

历史证明,没有共产党就没有新中国,没有共产党就没有新边疆。没有中国共产党就不可能实现中华民族的伟大复兴,就不可能实现边疆地区全面振兴。中国共产党从成立那一天起,就是中国工人阶级的先锋队,同时是中国人民和中华民族的先锋队,肩负着实现中华民族伟大复兴的庄严使命。在新民主主义革命时期,党团结和带领全国各族人民完成民族独立和人民解放的历史任务,为实现中华民族伟大复兴创造了前提。新中国成立后,党创造性地完成了由新民主主义到社会主义的过渡,实现了中国历史上最伟大最深刻的社会变革,开始了在社会主义道路上实现中华民族伟大复兴的历史征程。党的十一届三中全会以来,党找到了建设中国特色社会主义的正确道路,赋予民族复兴新的强大生机。在中国这样一个多民族的发展中大国,要实现祖国的统一,实现社会主义现代化,为世界作出贡献,必须毫不放松地加强和改善党的领导。要实施依法治边战略,实现边疆的长治久安和边疆的全面振兴,关键在党,核心在实现党的领导、人民当家作主和依法治边的有机统一。

党的数代中央领导核心,始终不渝地坚持加强边疆地区党的建设。在思想建设方面,坚持马克思主义、毛泽东思想、邓小平理论和"三个代表"重要思想的指导地位;在组织建设方面,全面加强边疆地区各级党组织建设,不断提高党组织的凝聚力、战斗力和创造力;在作风建设方面,始终保持党同人民群众的血肉联系,发扬全心全意依靠人民群众的优良作风,切实加强党的思想作风、学风、工作作风、领导作风和干部作风建设;在制度建设方面,坚持和健全民主集中制,改善党的执政方式,增强党的活力和团结统一,加强干部队伍建设。

在新的历史时期,党中央提出全面推进党的建设新的伟大工程。边疆地区各级党组织按照全面推进党的建设新的伟大工程的要求,深入贯彻学习"三个代表"重要思想,全面提高党的马克思主义理论水平;切实加强执政能力建设,提高党的领导水平和执政水平;坚持和健全民主集中制,增强党的活力和团结统一;建设高素质的领导干部队伍,形成朝气蓬勃、奋发有为的领导层;切实做好党建领导工作,增强党的阶级基础和扩大党的群众基础;加强和改进党的作风建设,深入开展反腐败斗争。

二、边疆地区民主政治制度化建设

实现边疆地区社会主义民主政治的制度化是一个带有长期性、根本性、全局性意义的任务。社会主义民主从本质上看,是高于资本主义民主的新型民主。正因为社会主义民主是新生事物,因而需要一个从建立社会主义民主制度到健全和完善社会主义民主制度的发展过程。我们推进政治体制改革的着眼点，就是要在坚持和完善社会主义基本政治制度的同时，紧密结合改革开放和社会主义现代化建设的新实践，结合经济和社会发展的新情况新问题，推进政治体制的创新，创造和完善人民当家作主的具体制度，使社会主义民主的原则和内容，获得必要和充分的实践形式，不断促进社会主义民主政治的制度化、规范化和程序化，使社会主义民主的原则成为充满活力的实践。在当前和今后一个时期，边疆地区民主制度建设的主要任务是两个方面：第一个方面是坚持和完善社会主义民主制度和加强社会主义法制建设。包括坚持和完善人民代表大会制度、共产党领导的多党合作和政治协商制度、民族区域自治制度等。第二个方面是完善民主的具体制度，包括党和国家的领导方式和执政方式、决策机制、行政管理体制、干部人事制度、权力制约和监督机制等。无论是坚持和完善社会主义民主制度，还是创造和完善社会主义具体民主制度，都必须贯彻改革的精神，通过制度创新，努力实现社会主义民主政治的制度化、规范化和程序化。

第九章　边疆安全建设

第一节　和谐世界的战略思想

一、和谐世界战略思想的内涵

和平与发展仍是当今时代的主题,维护和平,促进发展,事关各国人民的福祉,是各国人民的共同愿望,也是不可阻挡的历史潮流。世界多极化和经济全球化趋势的发展,给世界的和平与发展带来了机遇和有利条件。新的世界大战在可预见的时期内打不起来,争取较长时期的和平国际环境和良好周边环境是可以实现的。但是,不公正不合理的国际政治经济旧秩序没有根本改变;影响和平与发展的不确定因素在增加;传统安全威胁和非传统安全威胁的因素相互交织,恐怖主义危害上升;霸权主义和强权政治有新的表现;民族、宗教矛盾和边界、领土争端导致的局部冲突时起时伏;南北差距进一步扩大。世界还很不安宁,人类面临着严峻挑战。

正是在这样的背景下,2005 年 9 月 15 日,国家主席胡锦涛在纽约联合国总部举行的首脑会议上发表题为《努力建设持久和平、共同繁荣的和谐世界》的讲话,全面阐述了中国对构建和谐世界的看法,主张以平等开放的精神,维护文明的多样性,促进国际关系民主化,协力构建各种文明兼容并蓄的和谐世界。12 月 6 日,国务院总理温家宝在法国巴黎综合理工大学发表题为《尊重不同文明,共建和谐世界》的演说,"和谐世界"再次成为吸引人们眼球的关键词。对和谐世界思想的提出,有的专家认为,在国际生态环境的大转变过程中,中国不仅要向世界贡献市场和资本,还要向世界贡献哲学思想。中国外交初露峥嵘,新风扑面。① "和谐世界"理念的提出,是一个发展中大国的和平宣言和吁求,既源于中华文化优秀传统中"和"之精义,又表达了中国政府

---

① 参见阮宗泽:《和谐世界,中国创造》,《经济观察报》。

对于当今世界的深刻理解和战略抉择,它显示了中国政府富于开阔视野和建设意义的世界发展观,同时也为世界各国提示了一个美好高尚的合作范式。①

我们理解和谐世界思想的内涵,应该是民主的世界、和睦的世界、公正的世界、包容的世界。

(一)坚持民主平等,实现协调合作

各国应在《联合国宪章》及和平共处五项原则的基础上,通过对话、交流与合作,促进国际关系民主化。各国内部的事情应由各国人民自己决定,世界上的事情应由各国平等协商解决,发展中国家在国际事务中理应享有平等参与权与决策权。各国应互相尊重,平等相待,不将自己的意志强加于人,不将自身的安全与发展建立在牺牲他国利益基础之上。国际社会应反对单边主义,提倡和推进多边主义,更好地发挥联合国及其安理会在国际事务中的积极作用。在处理国际关系时,应坚持从各国人民的共同利益出发,努力扩大利益的交汇点,在沟通中增强了解,在了解中加强合作,在合作中实现共赢。

(二)坚持和睦互信,实现共同安全

各国应该携起手来,共同应对全球安全威胁,摒弃冷战思维,建立以互信、互利、平等、协作为核心的新安全观,通过公平、有效的集体安全机制,共同防止冲突和战争,通过合作尽可能消除或降低恐怖主义活动、金融风险、自然灾害等非传统安全问题的威胁,维护世界和平、安全与稳定。应坚持以和平方式,通过平等协商和谈判解决国际争端或冲突,共同反对侵略别国主权的行径,反对干涉别国内政,反对任意使用武力或以武力相威胁。应加强国际反恐合作,坚持标本兼治,重在消除根源,坚决打击恐怖主义。应按照公正、合理、全面、均衡的原则,实现有效裁军和军备控制,防止大规模杀伤性武器扩散,积极推进国际核裁军进程,维护全球战略稳定。

(三)坚持公正互利,实现共同发展

经济全球化应坚持以公正为基础,实现平衡有序发展,使各国特别是广大发展中国家普遍受益,而不是南北差距更加扩大。应推动经济全球化朝着有利于共同繁荣的方向发展,发达国家应为实现全球普遍、协调、均衡发展承担更多责任,发展中国家要充分利用自身优势推动发展。应积极推进贸易和投资自由化、便利化,消除各种贸易壁垒,进一步开放市场,放开技术出口限制,建立一个公开、公正、合理、透明、开放、非歧视的国际多边贸易体制,为世

① 参见孟晓驷:《"和谐世界"理念的文化意蕴》,《新华文摘》2006年第3期。

界经济有序发展构建良好的贸易环境。应进一步完善国际金融体系，为世界经济增长营造稳定高效的金融环境。应加强全球能源对话和合作，共同维护能源安全和能源市场稳定。应积极促进和保障人权，使人人享有平等追求全面发展的机会和权利。应创新发展模式，促进人与自然和谐发展，走可持续发展之路。

（四）坚持包容开放，实现文明对话

文明多样性是人类社会的基本特征，也是人类文明进步的重要动力。各国应尊重彼此自主选择社会制度和发展道路的权利，相互借鉴，取长补短，使各国根据本国国情实现振兴和发展。应加强不同文明的对话和交流，努力消除相互的疑虑和隔阂，在求同存异中共同发展，使人类更加和睦，让世界更加丰富多彩。应维护文明的多样性和发展模式的多样化，协力构建各种文明兼容并蓄的和谐世界。

二、和谐世界战略思想的意义

（一）建设和谐世界是对时代主题认识的深化

和平与发展是当今时代的主题，建设和谐世界，从以下三个方面深化了对时代主题的认识。一是创造性地阐述了"和平、发展、合作是时代主题"的论断。胡锦涛指出，要和平、促发展、谋合作是时代的主旋律。这一科学论断在传统的"和平与发展"主题的基础上增加了"合作"的主张，使时代主题的内涵和特征更完整、更鲜明。二是突出和平与发展是建设和谐世界的两大支柱，抓住了当今世界所有问题的根本，为世人提供了观察和解决世界各种问题的基本着眼点和立足点。三是提出了重在消除恐怖主义根源这一防范和打击恐怖主义的新思路。这些，无疑都是对邓小平所提出来的"和平与发展的时代主题"的进一步深化，对我们处理好与周边国家的关系是一个深刻的启迪。

（二）建设和谐世界是对和谐社会思想的新发展

我们党继承并发展了传统文化中"小康"、"大同"、"天下为公"等对"和谐社会"理想的追求，同时在国际交往中也为构建平等和谐的国际关系做出过艰辛的探索。以毛泽东为核心的党的第一代中央领导集体提出"和平共处五项原则"，作为新中国处理对外关系的基本准则，为推进人类和平与发展事业作出了重要贡献。以邓小平为核心的党的第二代中央领导集体扩大这五项原则的适用范围，将其不仅运用于处理不同社会制度国家间的相互关系，也用来处理相同社会制度国家间的关系和解决各种国际热点冲突，倡导在

"和平共处五项原则"的基础上建立国际政治经济新秩序。以江泽民为核心的党的第三代中央领导集体在继承前人的基础上,提出要树立互信、互利、平等和协商的新安全观,强调要为建设一个持久和平与普遍繁荣的世界而努力。以胡锦涛为总书记的党中央把构建社会主义和谐社会纳入社会主义现代化建设总体布局之中,继承和发展了党的三代中央领导集体关于构建平等和谐的国际关系的思想,提出建设和谐世界的构想,这是我们党关于和谐社会思想的新发展、新贡献。

(三)建设和谐世界是积极营造良好的外部环境的必然要求

《中共中央关于制定国民经济和社会发展第十一个五年规划的建议》把积极营造良好的外部环境作为构建社会主义和谐社会的重要问题提了出来。《建议》提出:"坚持独立自主的和平外交政策,坚持走和平发展道路,为现代化建设营造良好的周边环境和国际环境。巩固和加强同发展中国家的团结合作这个基本立足点,拓宽合作领域,提高合作效益。坚持与邻为善、以邻为伴的周边外交方针,把同周边国家的互利合作推向新水平。扩大同发达国家的共同利益,妥善处理各种矛盾和问题,推动相互关系进一步改善和发展。积极参与多边外交事务,促进国际合作。广泛深入开展民间外交,做好文化交流,加强对外宣传工作,增进同世界各国人民的相互了解和友谊。"要实现这些要求,在世界范围看,就必然要求建设一个"和谐世界"。建设"和谐世界",可以说是我国的和平外交政策与和平发展道路的集中体现。

三、努力实践和谐世界战略思想

在复杂多变的国际形势下,我国实践和谐世界的战略思想,应正确应对国际形势,妥善处理国际事务和国际关系,争取良好的国际环境和周边环境,努力实现全面建设小康社会的目标,为维护世界和平与促进共同发展作出贡献。

(一)用宽广的眼界观察世界,提高科学判断国际形势和进行战略思维的水平

深刻认识国内大局和国际大局、内政和外交的紧密联系,科学把握世界的深刻变化及其特点,主动顺应维护和平、促进发展的时代潮流,正确应对世界多极化、经济全球化和科技进步的发展趋势,做到审时度势、因势利导、内外兼顾、趋利避害。善于从国际形势和国际条件的发展变化中把握发展方向,用好发展机遇,创造发展条件,掌握发展全局。重视学习和掌握国际经

济、政治、法律、科技、文化、军事等各方面知识,重视研究国际形势的发展规律,增进对世界历史和现实情况的了解,增强判断国际形势的战略性、前瞻性、指导性。

(二)贯彻执行对外方针政策,掌握处理国际事务的主动权

高举和平、发展、合作的旗帜,坚持独立自主的和平外交政策,走和平发展的道路,永远不称霸。坚持从中国人民的根本利益和各国人民的共同利益出发,根据事情本身的是非曲直,确定我国的立场和政策,伸张正义,支持公道,反对霸权主义和强权政治,反对恐怖主义。正确处理大国外交、周边外交、发展中国家外交的关系,主动参与多边外交活动,积极在联合国等重要国际组织中发挥作用,按照和平共处五项原则和其他公认的国际关系准则同世界各国发展友好互利合作。加强和改进党的对外交往工作,加强民间外交,更好地为发展国家关系服务。坚持以冷静观察、沉着应对的方针和相互尊重、求同存异的精神处理国际事务,促进世界多极化和国际关系民主化,促进经济全球化朝着有利于共同繁荣的方向发展,促进新安全观的树立,维护世界的多样性,推动建立公正合理的国际政治经济新秩序。

(三)认识和把握国际因素对我国的影响,不断提高同国际社会交往的本领

全面分析和妥善应对来自外部环境的机遇和挑战,善于扬长避短,坚持平等互利、共赢共存,充分利用有利因素,积极化解不利因素,努力变挑战为机遇。加快熟悉和善于运用国际规则和国际惯例,积极参与有关国际事务和国际规则的磋商和制定,充分反映合理主张,坚决维护我国人民和各国人民的共同权益。妥善回应国际社会对我国情况的关注。加强和改进对外宣传工作,积极开展对外文化交流,进一步推动形成有利于我国发展的国际舆论环境。

(四)把国家主权和安全放在第一位,维护国家安全

针对传统安全威胁和非传统安全威胁的因素相互交织的新情况,增强国家安全意识,完善国家安全战略,抓紧构建维护国家安全的科学、协调、高效的工作机制。坚决防范和打击各种敌对势力的渗透、颠覆和分裂活动,有效防范和应对来自国际经济领域的各种风险,确保国家的政治安全、经济安全、文化安全和信息安全。坚持国防建设与经济建设协调发展,建设一支现代化、正规化的革命军队,确保国防安全,坚持积极防御的军事战略方针,积极推进中国特色军事变革和军事斗争准备,坚定不移地走中国特色的精兵之

路,按照建设信息化军队、打赢信息化战争的目标,提高信息化条件下的防卫作战能力。坚持从严治军、依法治军,加强军事法制建设,提高军队正规化水平。探索新的历史条件下治军的特点和规律,推进军队各项建设创新发展。加强武装警察部队全面建设,加强国防后备力量建设。加快国防科技工业发展。加强国防动员工作,坚持军民结合、平战结合,增强全党全民的国防意识,巩固和发展军政军民团结。

（五）贯彻"一国两制"方针,推进祖国统一大业

保持香港、澳门长期繁荣稳定是我国在新形势下治国理政面临的崭新课题,解决台湾问题、实现祖国的完全统一是当代中国人肩负的神圣使命。坚持"一国两制"、"港人治港"、"澳人治澳"、高度自治的方针,严格按照特别行政区基本法办事,支持特别行政区行政长官和政府依法施政、提高管治水平。在爱国爱港、爱国爱澳旗帜下,广泛团结香港、澳门各界人士,不断开创"一国两制"事业的新局面。坚决反对外部势力干涉香港、澳门事务。贯彻"和平统一、一国两制"的基本方针发展两岸关系,促进两岸人员往来和经济文化等领域的交流,努力维护台海地区和平稳定,推进祖国统一大业。要以最大的诚意、尽最大的努力争取和平统一的前景,坚决反对和遏制"台独"分裂势力,坚决反对和阻止外国势力干涉插手两岸事务,坚定不移地捍卫国家主权和领土完整。

第二节　坚持新的国家安全观与边疆安全建设①

和谐世界是以每个国家的安全为基础的。要以和谐世界思想为指导,树立新的国家安全观。要以政治安全为根本,以精神安全为保障,以经济安全为基础,以国民安全为目的,以生态安全为依托,以社会安全为前提,以文化安全为核心,建立国家安全战略和国家安全体系。

一、坚持新的国家安全观

（一）安全与国家安全

"居安思危"是我国关于国家安全思想的最早表述。《辞海》对"安"字的

---

① 参见杨建新:《地缘政治中的西北边疆安全》,民族出版社2004年版。

第一个释义指"安全"，并用在与国家安全相关的含义上，以《国策·齐策六》中的一句话作为例证："今国已定，而社稷已安矣"。"安全"的基本含义应该是使个人、社会乃至国家处于被保护的状态，免受来自内外部的各种危险的威胁。国家安全是一种"状态"。安全是一种不依人的主观感觉为转移的客观状态，是一种没有危险的客观状态，其中，既包括外在威胁的消解，也包括内在无序的消解。国家安全既要捍卫国家利益，又要确保整个社会及其各部分的有效运转。捍卫国家利益只是国家安全保障的一个方面、一部分，这个方面尽管非常重要，但还不是主要的和决定性的方面；国家安全具有决定性的方面是社会各个领域的不断完善和快速发展并以此确保整个社会及其各部分的有效运转。对国家利益的捍卫，正是为了实现这个主要的决定性目的，正是为实现这一目的创造最良好的内外环境。国家安全是一种"力量"。国家安全是综合国力的体现，是国家生存力、发展力和影响力的综合体现，是地理环境、人口数量和质量、资源、经济力量、科技力量、国民凝聚力、社会发展能力、经济发展能力、科技发展能力、文化发展能力、国际发展能力、外交活动能力的整合优化。党的十六大报告指出："当今世界，文化与经济和政治相互交融，在综合国力竞争中的地位和作用越来越突出。文化的力量，深深熔铸在民族生命力、创造力和凝聚力之中。"中国特色社会主义先进文化在凝聚和激励全国各族人民建设社会主义现代化中起到关键作用，文化在综合国力竞争中的地位越来越突出，并成为综合国力的重要标志。总之，"国家安全"是指国家的一种状态，在这种状态下，国家作为复杂的利益集合体，能够凭借自身的力量和权力，维护和捍卫自己的完整性、独立性和稳定性，使其免受任何来自内部和外部的威胁。在这里，"状态"是表象，"利益"是实质，"力量"是核心。三者互为因果，相辅相成，构成一个统一的整体。国力是实现国家利益的根本保证，没有足够力量就难以维护国家利益，就难以维护国家安全。

（二）树立新的国家安全观

国家安全观是指有关安全问题的观念与理论，是国家具体安全政策和安全总战略的指导思想，是对安全环境即国际发展趋势的反映，它能否准确地反映客观现实，将决定着国家安全观本身的指导效力和生命力，决定着安全政策和战略的有效性。随着冷战的结束和现代科学技术的发展，传统的国家安全观由军事与政治安全已经变为经济安全、科技安全、政治安全、军事安全、网络安全以及环境安全等方面的有机统一的"综合安全观"。这种安全观的特点是强调综合安全的重要性，特别是突出科技安全与经济安全的核心地位,同时重视继承传统安全观的主要内容。

20世纪80年代以来,随着国际形势的变化和中国的改革开放,中国接受和逐步采取综合安全的安全战略思想。以邓小平、江泽民为核心的党的第二代、第三代中央领导集体认为世界各国的竞争已转为综合国力的较量,中国应该集中精力和一切力量,提高中国的综合国力。"我们国家的安全,归根结底要靠增强我们的综合国力"。与之相适应,"综合安全"的观念逐步进入中国的安全观念之中。"国家安全不仅仅是军事上的安全,而应是包括经济、科技、政治、军事等在内的综合安全,形成了必须发展包括经济、科技、政治、军事等在内综合国力的新安全观。"中国政府在同菲律宾共同主办东盟地区论坛信任措施会议上,首次正式提出了适合冷战后亚太地区各国维护安全的"新安全观"。此后,中国政府又在不同场合对这种新的国家安全观作出了比较全面的阐述。1997年4月,《中俄关于世界多极化和建立国际新秩序的联合声明》中说,双方主张确立新的具有普遍意义的安全观,认为必须摒弃"冷战思维",反对集团政治,必须以和平方式解决国家之间的分歧和争端,不诉诸武力或以武力相威胁,以对话协商促进建立相互了解和信任,通过双边、多边协调合作寻求和平与安全。中国倡导的"新安全观"吸收了各国综合安全的合理主张,是中国安全战略思想的集中体现。新安全观在安全内容和实现安全的途径两个方面,强调以不同于冷战思维的新的观念与战略来维护和促进国家安全。

中国的新安全观是冷战后世界发展新趋势的产物,是中国根据自身国家战略目标的需要,吸收了国际社会中形成的新的安全观念与理论,逐渐形成了具有中国特色的新安全观念,具有很强的时代烙印,这种新安全观概括起来主要有以下特点:

1. 新安全观以和谐世界思想为指导。中国国家主席胡锦涛在联合国成立60周年庆典上正式提出了"建立持久和平、共同繁荣的和谐世界"的新理念。"和谐世界"的理念再次表达了人类梦寐以求的美好愿望:在这个充满风险、冲突和碎裂的全球化时代,人类尤其应当努力实现和平、安宁、公正、相互尊重和共同繁荣的新的国际政治经济秩序。和谐世界是全人类的永恒追求,也是中国古代"天下大同"这一崇高理想在全球化条件下的新发展,是中国和平发展道路的目标所在,它所要达到的是人与人之间、民族与民族之间、国家与国家之间、人类与自然之间的和睦相处。从汉字说文解字来分析,"和"的意思为人人有饭吃,"谐"的意思为人人能说话,"和"和"谐"在一起是人人都安全。所以,中国新安全观应该是科学发展观在维护国家安全、构建和谐世界中的具体体现。

2. 新安全观以和平共处五项原则为基础。其基本内涵是:各国有权根据本国国情,独立自主地选择自己的发展道路;各国不分大小、强弱、贫富,都是国际社会的平等成员;以和平方式解决国家间一切分歧和争端,在平等互利基础上,加强和扩大经济、科技、文化的交流和合作,促进共同发展和繁荣。新的安全观要强调综合安全,在关注国家主权、领土完整和军事安全的同时,充分认识到政治和社会的稳定、经济安全、能源安全、生态环境安全、科技安全、网络安全等新型安全问题。同时,在地区和国际事务中,主张世界各国应该在相互尊重主权和领土完整、互不侵犯、互不干涉内政、平等互利、和平共处五项原则基础上建立国与国之间的关系,并使之成为全球和地区安全的政治基础和前提。

3. 新安全观的核心是国家的经济安全。国家经济安全是一个国家的经济生存和发展所面临的国内国际环境、参加国际经济能力及其带来的相互的国际政治地位能力。国家经济安全包括国内经济安全和国际经济安全两个方面,两个方面是相互依存、相互促进的关系。随着世界经济一体化的进展,必须高度重视国家经济安全,把它提高到国家安全的首要地位。

4. 新安全观的内涵具有综合安全特征。新的安全观强调随着经济全球化和一体化的时代到来,国际关系已发展为政治、经济、军事、科技、文化等多层关系构筑而成的相互依存网络,安全也成为一种整合经济安全、科技安全、政治安全、军事安全、文化安全、生态安全、社会安全、环境安全、网络与信息安全为一体的综合安全体系。

5. 新安全观将国家安全与世界安全有机结合。当代世界各国的共同利益在增加,合作潜力在增大。在事关人类生存和发展的重大问题上,世界各国存在广泛的共同利益,肩负着共同的责任,它要求世界各国打破民族国家的樊篱,打破意识形态、社会制度的樊篱,通过合作、协商来解决问题,把国家安全与世界安全有机结合起来,共建国际政治经济新秩序。

(三)树立国家新安全观应注意的问题

1. 要充分考虑国际社会对中国崛起的戒心。中国作为上升的大国,在很多国家看来是现行国际安全秩序的最大挑战者,而且未来亚太地区和平与安全和中国密切相关。因此,中国在制定和执行新安全政策时必须十分谨慎。

2. 中国要有信心。近百年中国的历史是西方列强蹂躏中国和超级大国对新中国遏制的历史,在中国人民心中积淀了一种对外防守的心理。随着中国改革开放的深入和综合国力的增强,中国的国际地位已经大大提高了,对国际社会的影响力大大增强,我们应该有信心,应该更积极地参加国际和地区的安全事务。

3. 中国要积极推进多极化进程。世界格局多极化趋势是一种历史潮流,而伊拉克战争和美国新欧亚战略的提出,表明美国力图构建以其为主导的单极世界并使联合国边缘化,逆潮流而动,是一个危险的信号。中国应该按照和平共处五项原则,加强与广大热爱和平的国家的联系,积极推进多极化进程,着眼于在国家间形成一种相互信任、不排他、民主、平等的合作机制。中国追求的多极化世界不是由大国来集体统治或瓜分世界,而是创造世界各国不论大小强弱,都有参与全球事务的管理、协调与合作的条件。

4. 中国要积极稳妥地推进新安全观。传统的安全观信奉"如果你想拥有和平,请准备战争"。在利益与权力的国际角逐中,任何国家都不可能有永久的绝对安全。外部军事进攻是对一国生存和发展的主要威胁,国家获得安全的最可行的办法就是最大限度地扩大单边军事能力,唯有把自己变得比对手强大,才会有安全感。军事力量是保护和促进国家安全的重要基石。这种传统的安全观是霸权主义和强权政治的产物,因而是不可取的。中国新的安全观能不能被美国和北约、欧盟国家接受,我们可以等待。历史的发展最终会使它们接受这种新的安全观。

二、建立国家安全体系

综观国家安全的发展变化,我们可以把政治安全、军事安全、经济安全、科技安全、生态安全、文化安全、社会安全和国民安全称之为国家安全的八大要素。不难看出,八要素之间存在以政治安全为根本,以军事安全为保障,以经济安全为基础,以科技安全为关键,以国民安全为目的,融生态安全、文化安全、社会安全于一体的关系,各要素相互影响、相互作用,构成了一个有机的综合国家安全体系。

(一)政治安全

政治安全是国家安全最根本的前提和核心。其内涵是确保国家政治制度的安全、稳定和意识形态的指导地位,维护国家主权和领土完整,增强国际地位,等等。政治安全的目标就是维护一定的社会制度和意识形态原有基本结构和基本性质,及时有效地解决社会张力,消除不安定因素,防止政治动乱,保证政治运作的秩序性、规范性和连续性,即维护国体、政体和政局的稳定,不受外部势力的破坏和颠覆。我国政治安全必须保证中国共产党的绝对领导和坚持社会主义道路。每一个民族国家在取得政治安全之前,无不为之英勇斗争,甚至流血牺牲;而取得政治安全之后,又无不为维护政治安全而继续奋斗。社会主义国家要坚持自己的社会制度,而西方资本主义国家亦要坚持自己的社会制度。两种社会制度之间在全球化浪潮的冲击下必定存在矛盾和冲突。对民族国家而言,全球化给各国带来的是一把"双刃剑",可以用来披荆斩棘,也可能伤及自身。从政治安全的目标可以看出,维护政治安全不可能与军事、经济、文化、社会安全等问题相脱离,他们互相交织在一起,彼此作用,因此,必须树立一种"多位一体"的国家安全新观念,即政治、军事、经济、文化、社会等方面同时兼顾的安全观念,这归根到底还是为了国家的政治安全。

(二)军事安全

所谓军事安全,是指国家运用军事力量捍卫国家的安全,维护国家的主权完整和长治久安,保卫人民的生命财产,为国家的发展和人民生活提供一个相对稳定的内部和外部环境。军事安全主要包括以下三个方面的内容:一是指国家在客观上是否存在军事威胁。一个国家所面临的军事威胁,可分为外敌入侵和内部动乱。历史和现实表明,国际社会是由各种利益不同的集团组成的,它们之间的利益无法调和时,就可能诉诸武力。因此,只要国家还存在,各国必然会面临各种内忧外患。二是指国家在主观上是否具有军事安全感。国家在不同时期、不同军事力量对比环境下,安全感各不相同。在国际社会中,小国与大国为邻,即使大国无威胁小国的意识,小国也有一种不安全感。此外,个别大国为谋求绝对安全,也常常对小国、弱国动辄诉诸武力,使这些国家无安全感可言。三是指一个国家是否拥有维护国家安全的军事手段和军事能力。维护军事安全主要是通过自身军事实力来实现。一个国家的政治安全能否有所保证,往往并不完全取决于这个国家的美好愿望,而必须有实现愿望的必要武力保障。在一体化迅速发展的今天,通过推进国际军控与裁军进程,加强军事外交,建立军事领域的互相信任,也是维护国家军事安全的重要途径。特别是通过加强自身军事实力,仍然是谋求本国军事安全的基本手段。

(三)经济安全

经济安全是指主权国家免于因经济问题而带来的威胁。它包括三个方面:一是经济领域本身的安全问题,作为目标,经济利益是国家安全维护的重要对象;二是因经济问题而引起的非经济领域的安全问题,即经济是否安全关系到国家其他领域乃至整个国家的安全;三是经济手段是实现国家安全目标的重要手段。冷战后,经济安全在国家安全体系中的地位迅速飙升。首先,当今世界的国际较量,已经不再以过去那种穷兵黩武式的军事冲突为首要特点,而是在经济实力上一比高低,过去靠军事手段没有达到的目的,今天却可能通过经济手段得以实现。各国都把免于因经济方面的问题而使国家利益受到威胁的能力作为国家安全的重要因素。随着国家安全内容向非军事领域不断扩展,经济安全已被提升到与军事安全同等重要的地位;其次,"发展安全"观念的形成。冷战结束以后,由于核威胁降低,国家之间的经济竞争日趋激烈,人们已经认识到,"只有发展才能生存"。安全利益观念由注重生存转向注重发展的变化,推动着国家安全观由"生存安全观"逐渐转向"发展安全观"。这种转向在美国、日本、俄罗斯、中国、印度和东盟各国的国家安全观中均有明显表现。在经济全球化和知识经济到来的今天,发展才能安全,发展是维护经济安全的根本途径,经济安全的实质是提高国际竞争力;再次,地缘经济学理论的建立。在地缘经济时代,贸易、金融和技术的流动变化,将决定新时代的力量现实和政治。国家安全观念正从传统的军事实力均衡扩大到经济领域。商业与技术力量同军事力量一样,都是国家实力和影响的重要组成部分。由于地缘经济学强调各国之间相互依存、相互渗透、相互制约和相互竞争,顺应了"和平与发展"这一时代潮流,因此逐渐成为各国制定对外政策的重要依据。

(四)科技安全

科技安全是在一定的社会环境条件下由科学技术因素以及科学技术与国家安全因素的相关性所构成的国家安全的一种态势。这种态势体现了在国际大环境下,国家通过政治、军事、外交、经济、科技等手段,使国家科学技术系统既通过与国际环境的开放式作用和系统内部的协调运行达到功能优化,又保证该系统不招致来自外部的威胁,并以此维护国家利益。第一,科技安全是国家安全的主要标志之一,科技安全状态不佳,国家安全的整体状态必受严重影响;第二,科技安全的根本体现是在错综复杂的国际竞争中国家利益不受危害,强调科技安全,归根到底是以维护国家利益为最高宗旨;第三,科技安全是一种动态的、比较的状态,体现了在全球经济一体化的大环境下,各国特别是大国之间在科技领域通过科学技术的控制与反控制、渗透与反渗透的较量;第四,国家科技发展所处的环境对科技安全的态势有重要的影响;第五,国家科技实力是科技安全的技术基础;第六,科技安全直接影响着经济安全、军事安全、生态安全和政治安全等国家安全要素。当前,世界各国都把发展科学技术作为捍卫国家利益、提高综合国力的重要手段,因而竞争非常激烈。随着科学技术在国家经济建设、国防建设和社会发展中的作用愈益增强,科学技术也更加呈现出正负效应:一方面,作为具有第一生产力功能的科学技术已成为现代经济发展的核心因素,也是军事装备现代化的第一要素,而且其他领域,包括国家安全工作几乎都离不开科技的支撑;另一方面,科学技术又可以被国内外敌对势力用来危及国家安全,包括攻击国家科学技术系统。于是,科技安全就成了国家安全的重要组成部分,也是国家安全的技术基础。

（五）生态安全

生态安全是国家安全的重要组成部分,并且是国防安全、政治安全和经济安全的基础。从全球范围来看,生态环境对国家安全的影响是目前世界上许多国家关心的焦点问题之一。生态环境退化如果同人口、种族等因素相结合,就可能造成暴力冲突。它不仅可以影响一个国家内部的政治稳定,还可能导致民族之间、国家之间的战争,从而影响到地区稳定和国防安全。由于生态环境跨地域、跨国界,许多西方国家已将确保健康的环境质量和充足的自然资源纳入其国家利益和国家安全的范畴之内,生态安全和所谓的环境冲突可能成为其干涉他国内部事务的新借口。从我国国内情况看,由于我国是世界上人口最多的国家,生态环境问题严重,生态安全问题已经成为影响我国国家安全的重大问题。我国应该重视生态安全,积极解决国内生态问题,同时积极参与国际生态安全合作,驳斥"中国生态环境威胁论",以维护我国国家利益。

（六）文化安全

文化安全主要指民族优秀传统文化和民族价值观问题。某一国家或民族的文化是该国所创造的物质财富和精神财富的总和,其核心是作为国家或民族灵魂的传统文化和价值观。随着全球化的不断深入,文化安全问题与政治、经济、军事安全一样,越来越受到各国的重视。作为国家安全组成部分的文化安全,就其一般意义来讲,是指国家文化的整体发展不受威胁。就其在全球化条件下的具体运作过程看,它表现为维护国家文化发展诸要素的安全,即保护本国优秀的传统文化和价值观免遭异国有害文化的渗透和侵犯。

文化安全作为一种国家安全概念,一方面,文化安全有其相对独立性,它的涵盖面在于文化领域,专指文化方面的斗争和较量。而且,与其他方面的安全不同,文化安全具有复杂性、隐蔽性和长期性特点。文化上的斗争是一场无形的斗争,也是一场复杂而艰巨的斗争。另一方面,文化安全也不是一个孤立的概念,它与政治安全(指保持国家的独立地位)、军事安全、经济安全等共同构成一个完整的安全概念,彼此之间相互作用、相互联系。虽然在一般情况下,文化安全问题并不能超越政治安全、军事安全和经济安全而占据主导地位,但文化安全总是始终存在,在一定的条件下,文化安全的地位也会变得较为突出,并直接对其他方面的安全产生不容忽视的影响。因此,可以认为,文化安全是发展中国家安全观的重要组成部分,没有文化的安全就没有全方位的、完整的国家安全,每一个发展中国家都不能忽视自己的文化安全问题。中国是一个发展中的大国,同时也是一个正在崛起的社会主义国家,在文化安全保障问题上主要涉及三个层面:一是制度层面。即国家独立自主地选择适合自己国情的文化制度,独立自主地支配利用自己的文化资源,制定和实施对内对外文化政策以及国家文化发展战略等。二是产业层面。即本国文化市场的安全和通过物质载体表现出来的各种文化产品的安全,包括历史古迹、建筑艺术、文化典籍、现代书籍以及知识产权等。三是精神心理层面。即各种无形的观念文化,包括以理论形态出现的学术思想、知识成果和以民族心理、民族性格表现出来的各种精神特质等。

(七)社会安全

社会安全是指社会在日常运转过程中具有的组织性、秩序性和稳定性以及受到内部或外部干扰(如暴力、战争、自然灾害等)时不至于造成社会动荡乃至颠覆的防御与应变能力。社会安全主要包括政治体制、社会组织、社会治安、社会管理、社会服务等方面的稳定、协调和保障程度以及组成社会的人群自身的健康状况及其就业与社会福利保障水平。其内容是"以社会保障为主,公共救助、国民就业、社会福利等为辅",其本质"乃为保障国民经济生活之安定"。粮食安全、能源安全等也属于社会安全的重要内容。一般而言,影响社会安全的外部力量主要有二:一是自然力量的影响,即天灾,如地震、天旱、水灾、流行性疾病等都可能引发社会动荡。2003年年初发生的"SARS"疫情和2004年年初我国部分地区发生的高致病性禽流感就是典型的社会安全问题。二是非自然力量的影响,也就是通常人们所说的人祸。如领导决策重大失误而造成的社会动乱,如我国的"文化大革命"就是一例;再如"法轮功"

事件也属于社会安全问题的范畴。应当看到,在经济全球化的进程中,一个国家的社会安全已经不仅仅是本国的内部事务,而是越来越受到国际社会的影响和干预。

(八)国民安全

国民安全是国家安全的核心和目的,这并非意味着国家安全及其包括的政治安全、军事安全、经济安全、生态安全、科技安全等内容不重要。因为,国家安全虽以国民安全为最根本目的,但是,由于国民安全只能通过国家安全才得以实现,国家安全是国民安全的根本保障。因而在一般情况下,代表国民集合利益的国家安全比国民个体安全更为重要。国家安全的重要性既体现在它是国家生存和发展的基本条件,更体现在它是国民安全与利益的根本保障。所以说,国家安全与国民安全不仅不是对立的,相反,却是高度互补的。从国家的产生和发展来看,任何一个国家的存在,都必须具备一定的人口,即一定数量的国民。没有国民也就没有国家。无论什么时代,什么情况下,也无论一个国家的国体、政体如何,国家安全必然包括国民安全。没有国民安全,国家安全也就无从谈起。国民安全不仅与领土安全、主权安全等一样是国家安全的源生内容。同时,由于国民在国家产生之前就成为国家构成的基本要素之一,而且在国家的生存与发展过程中,它始终都是国家不可或缺的基本内容。此外,在领土安全、主权安全、政治安全、经济安全、科技安全、生态安全、信息安全等比较中,国民安全还处于国家安全的核心地位,是国家安全的其他内容所围绕的中心。也就是说,如果把国家安全看做是国家生存、发展和利益的屏障,那么国民便是这种屏障所屏护的核心。

三、构筑中国安全战略

(一)构筑国家安全战略的原则

1.“积极防御”原则。积极防御是我国安全战略的首要原则。积极防御又称攻势防御、决战防御,是为了辅助进攻或为转入反攻和进攻创造条件而进行的防御,其实质是以防为攻,后发制人。积极防御的战略方针是把防御原则提升到指导安全战略的地位,作为指导我国安全战略全局的总原则,是以积极的攻势行动粉碎敌人进攻的防御作战。它是新时期确立国家安全观的基本依据。第一,坚持实行积极防御安全战略原则是由我国的社会主义性质决定的,也是在当今国际战略格局中维护国家安全和各族人民最大利益的需要;我国是社会主义国家,不谋求霸权,不参加任何军事集团,不进行任何形式军备竞赛,不在外国建立军事基地,更不会发动侵略别国的战争,从而把反对霸权和实行防御性战略作为安全保障的唯一正确选择。第二,实行积极防御的战略方针是保卫我国社会主义现代化建设的需要。建立巩固的国防是我国现代化建设的战略任务,是维护国家安全统一和全面建设小康社会的重要保证。一方面,军队要服从国家经济建设大局;另一方面,要在经济发展的基础上积极推进国防和军队的现代化。同时,要把军事斗争准备的基点由应付一般条件下的局部战争转到打赢可能发生的现代技术特别是信息化条件下的局部战争上来。

2."人民战争"原则。人民战争是中国共产党及其领导下的人民群众在军事领域的伟大创造,是毛泽东军事思想的核心和灵魂。保卫国家安全,仍应始终坚持依靠人民战争这一克敌制胜的法宝。要坚持依靠人民群众加强国防建设,实行精干的常备军和强大的后备力量相结合的武装力量体制;坚持平战结合、军民结合、寓兵于民的方针,完善动员体制和机制,拓宽动员领域和范畴,建立适应现代高科技战争要求的国防动员体系;结合新的历史条件和实践,创新人民战争的战略战术,更好地发挥人民战争的威力。

3."科技强军"原则。实施科技强军战略,加强军队质量建设,使我国军事建设由数量规模型向质量效能型、由人力密集型向科技密集型转变。第一,实施科技强军战略,要坚持跨越式发展的思路。新军事革命实质上是一场军事信息化革命。高科技战争是以信息化为主要特征的,信息化正在成为军队战斗力的倍增器。第二,要以信息化带动机械化,完成军事机械化和军事信息化双重历史任务。第三,要坚持有所为、有所不为的方针,重点发展打好高科技战争所必须的武器装备。第四,要深化国防科技工业科技体制改革以适应社会主义市场经济体制完善的需要,走出一条投入较少、效益较高的军队现代化路子。

4."精兵之路"原则。精兵之路就是要紧紧围绕建设一支现代化正规化革命军队这个总目标,通过提高质量来提高军队战斗力。要按照政治合格、军事过硬、作风优良、纪律严明、保障有力的总要求,加强军队革命化、现代化、正规化建设,坚定不移地走中国特色的精兵之路。"精兵"不只是压缩员额,更重要的是全面提高官兵素质。人才是兴军之本、强军之本,迎接新的军事发展挑战关键在人才,要走"精兵、合成、高效"的强军之路,与时俱进、锲而不舍地提高官兵素质与能力,培养和造就大批合格的现代化军事人才。

5．"安全合作"原则。安全合作是当今国际社会探索新型国际安全关系的一种新模式，是维护国际安全的有效途径，是以相互依存思想为基础，以信任取代猜疑，以对话取代对抗，以和谈取代冲突，以互谅互让取代争夺，以人类共同安全取代联盟集团安全，在合作的总的精神下，发展安全事务对话与合作。我国是和平共处五项原则的主要倡导国之一，在国际争端发生时一贯主张通过谈判与对话及用和平方式解决问题，并在实际中作出了表率。安全合作要求任何事情都不能由一方说了算，应当充分尊重有关各方的意见和利益，即使一时达不成共识和协议，也要耐心等待和反复协商。我国新的安全观的实质就是超越单方面安全范畴，以互利合作寻求共同安全，从而开辟了安全合作的新思路与新途径，为营造长期稳定、安全可靠的国际和平环境作出了重大贡献。

（二）国家地缘安全分布

1．国家安全地缘区的分布

国家安全地缘区是指以中国直接接壤的邻国以及与中国接近的近邻所形成的周边地区。主要包括：

第一，东北亚安全地缘区。主要面对日本、朝鲜、韩国3个国家。日本和中国既是一衣带水的近邻，又是同处于亚太地区的两个大国，在本地区的政治和经济发展中，既互为伙伴又互为对手。两国在经济发展上既有相互需要又呈互补性，但在安全利益上存在着现实和潜在的矛盾。日本加大了其经济、政治、外交、军事等政策的调整幅度，加快向政治大国迈进的步伐，政治上谋求政治大国，军事上日益走向军事化，不断扩大军力，军事战略日趋向外，加剧东亚地区的紧张局势；在安全领域，把中国看做其"潜在威胁"和战略对手，牵制和防范中国；外交上，四处宣扬所谓"中国威胁论"，以挑拨中国与东南亚国家关系；在台湾问题上，态度暧昧；在钓鱼岛主权和东海大陆架划界问题上，与中国争议深刻，明显暴露出其企图霸占的野心。我国与朝鲜一直保持着友好的相互理解、相互协助的关系，支援朝鲜的经济建设。中国与韩国改善关系，可以引进资金、技术，可维护周边地区稳定；韩国改善同中国的关系，在经济、商贸方面进行互补与合作，中朝、中韩友好合作有利于维护朝鲜半岛的和平稳定。

第二，东南亚安全地缘区。东南亚是世界华人集中分布地区，自古与中国有传统联系，中国与东南亚具有密切的地缘安全关系。发展与东南亚各国的睦邻友好合作关系,维护双方的和平、安全、繁荣与稳定,有助于形成一个和平、稳定的周边安全环境。中国已加入《东南亚友好合作条约》,它是以"促进该地区各国人民的永久和平、友好合作,以加强他们的实力、团结和密切关系"为宗旨;2002 年 11 月 4 日,朱镕基和东盟 10 国领导人共同签署了《中国—东盟全面经济合作框架协议》,使中国与东南亚各国关系走上良性互动合作新阶段。

第三,北亚安全地缘区。我国在北亚方向安全面对的是俄罗斯东部地区和蒙古,它们分别与我国东北、华北和西北相连,拥有四千三百多公里的边界线。俄罗斯一直是我国北方安全的关键,中俄战略伙伴关系的建立有利于我国北方安全。蒙古在历史、民族宗教等方面与我国内蒙古自治区的关系源远流长,由于地缘上的战略地位,中俄双方在构筑新格局的关系时必须将蒙古国这一因素考虑进去。蒙古国对中国政策同样关系到我国北方的安全态势。

第四,中亚安全地缘区。苏联解体后,中亚 5 国成为国际战略中一个具有独特地缘政治和经济地位的重要地缘战略区域。中亚是亚欧大陆桥必经之地,我国可经此由陆路通向欧洲。中亚与我国的西北边疆毗连,有三千多公里的共同边界线。作为中国周边安全利益的重要组成部分和中国安全战略的屏障,中亚地区的安全稳定与否对维护中国周边地区的稳定、促进中国在新世纪的发展有重要的战略意义。近年来,中亚地区的宗教极端势力、民族分离主义和由此产生的国际恐怖主义,严重地干扰了中亚的社会经济秩序,不仅给中亚国家和地区的安全与稳定构成了极大威胁,而且也给我国西北边疆安全构成现实和潜在威胁。无论是从周边安全角度还是从全球战略的高度,中亚对我国都具有极为重要的战略利益。

第五,南亚安全地缘区。南亚与我国西藏、新疆两大民族自治区相连,共同边界达五千多公里,同我国西南、西部安全关系密切。我国先后同巴基斯坦、尼泊尔等国签订了边界条约和协定,妥善解决了边界问题,中巴、中尼关系友好。印度与我国的友好关系源远流长,但是在某些方面存在着冲突和争端,特别是中印边境存在"三线、五段落、九区"的争议问题及印度境内存在着鼓吹西藏独立、企图分裂中国的达赖喇嘛集团势力问题。这些都是我国西部、西南安全的不稳定因素。

2. 构建中国地缘安全战略

第一,继续大力推进世界格局的多极化,努力建构地缘安全的国际环境。

中国亚太政策的根本目的是为改革开放、加快经济建设创造一个长期宽松、稳定、安全的周边环境，并在亚太事务中发挥应起的大国作用。要维护亚太的稳定需要大力推进世界格局的多极化，这也符合包括全球的战略利益。总体来说，中国的亚太战略以美、日、俄为优先目标，继续奉行和平共处五项基本原则，与亚太国家发展睦邻友好关系。争取中美关系的稳定发展是我国地缘政治最重要的组成部分，只有中美两国积极合作，建立在安全领域的协调机制才能维护亚太乃至全球的战略平衡和稳定。继续奉行睦邻友好合作关系，积极发展同俄罗斯、日本以及其他邻国的关系。采取"搁置主权争议，共同开发"的方针，增强与周边国家的安全交流，建立互信机制。注意处理中国同朝鲜半岛的政治关系，帮助朝鲜进行经济体制改革，发展经济，鼓励其进行独立自主的外交政策。为推进世界多极化格局的形成，在新的形势下，大国之间的协作具有突出的现实意义。科索沃战争对世界产生了重大影响，现实形势客观上要求加强世界反对霸权主义力量的联合和协调，特别是大国之间的战略协作和协调。中俄应加强协作伙伴关系，应共同推动亚太集体安全体系的构建。此外应该加强南南外交的力度，重视与中亚、中东国家发展关系。

第二，加强国际区域经济合作，构建安全的周边环境。中国是一个边疆辽阔的泱泱大国，要实现面向21世纪的地缘安全，迫切需要遏制外部力量煽动下的台湾、西藏、新疆等地少数反动分子的分裂活动，维护国家统一和政治稳定。台湾既是大陆海岸线的屏障，也是进入太平洋深处的踏脚石，台湾对于中国地缘安全的重要意义怎样评价也不过分。应该借助香港、澳门回归祖国的机会，在台湾问题上采取坚决的立场，继续推进与台湾的经济、文化交流，最终实现祖国的完全统一。西藏和新疆处于我国与南亚和中亚地缘关系的敏感部位，边境线长，对我国的国防安全具有举足轻重的影响。应注意民族、宗教问题对国际关系的影响，推进国家地缘安全的建设。构建全方位的开放格局，加强与周边国家和地区的区域经济合作，推动边疆经济发展，是促使边疆长治久安的根本途径。要以地区经济技术合作作为切入口，推动"环黄渤海经济圈"、"图们江开发区"、"澜沧江—湄公河流域开发区"、新亚欧大陆桥的开发建设等国际区域经济合作，逐步形成和完善APEC经济技术合作体系；以专业领域合作项目为切入口，形成以科技、环保等优先领域为核心，以信息交流和法律规范为基础，以具体项目为内容的APEC经济技术合作网络系统；以股份制为切入口，吸引企业参与、尽快建立APEC经济技术合作的资金筹集、技术转让、自负盈亏、利益分配等机制,确保经济技术合作项目的良性发展。

第三,构筑合理的国内区域经济格局,以增强国际地缘安全的国内地缘保障。首先,在经济建设的大局下,确立经济建设与国防建设协调发展机制。在规划项目和基础设施建设时需一并考虑国防需求和增强国防功能,使同一项目和设施在不做改动或略做改动情况下,具有军民两种功能和两种途径。其次,通过国内经济政治体制改革,实现东、中、西部经济全面发展,使我国经济总体实力大幅度提高,从而缩小与美国、日本、欧洲等国家发展水平的差异。不过,中国沿海地区位于太平洋西岸,东亚地区的中心,今后对全球及东亚地缘经济关系的演变将产生举足轻重的作用。沿海地区在我国国民经济发展中的地位决定了我国在今后相当长的一个历史阶段必须保持沿海发达地区经济的快速增长。要继续加强与港、澳、台的经贸关系,改善投资环境,逐渐形成以华南为开放重点扩大到以华东为中心,进而辐射到全国各地。此外,要大力推进沿海地区的国际化大都市发展进程。通过区域化、集团化来发展与有关国家、地区之间的地缘经济关系,在集团内部一般要逐步形成地缘经济枢纽和核心,这个枢纽集中了主要的中心城市、工商业中心、高级管理中心和技术开发中心。

第四,全面推进科教兴国和实现产业结构升级,增强国家核心竞争力。21世纪将以"科技—市场—经济实力"来重构国际体系,科学技术成为发达国家竞争的核心。在世界市场的全球化、区域化过程中,发达国家对科技、资本的垄断及其原有坚实的经济基础,使其能够占据世界市场的中心位置而构筑其霸权体制;而发展中国家由于在资本有机构成、产业结构和经济发展水平上的差异,处于世界经济的外围。世界经济全球化和区域化的趋势将对发展中国家产生强烈的分化组合影响:少数发展中国家将步入发达国家行列成为新霸权体系的支持者,而更多的发展中国家依然是"中心—外围",要加速科技进步,提高劳动者素质,发展高新技术产业,强化应用技术的开发和推广,增进自主创新能力,促进科研成果尽快转化为生产力。要改善我国在亚太国际产业分工中的地位,跳出长期以来我国在"雁行模式"的国际分工中所居的殿后位次。迎接挑战的内容可以归纳为:第一,选择和确定具有优势或发展潜力的部门进行重点扶持,增加研究与开发投入;第二,把投资贸易自由化同经济技术合作结合起来,要求发达国家转让先进技术,提高中国企业的竞争能力。

第三节 发展同周边国家关系与边疆安全建设

保卫边疆大概从夏商时代与"四夷"交锋时就开始了,到秦代中国人正式开始为维护疆域而不懈努力,长城见证了这一历史。这在全世界也是绝无仅有的,因为,中国拥有漫长的建立统一国家的历史,在这一历史过程中自然与周边各国、各民族发生或是统一、或是分裂、或是相对和平的关系。到近代,这种相邻地区间的边疆斗争,被野蛮强大的西方资本主义列强的入侵所打破,使处于封建衰落时期的中国遭遇了巨大的失败。然而,这种特殊的历史熔铸了中华各民族同仇敌忾、保家卫国的爱国主义精神。今天的中国国家安全处于不同于以往的时代环境,它的突出特点是:经济、政治、军事、文化、科技聚合为一个有机整体,面对来自不同方面的威胁,而每一个方面的威胁作用都会对整体方面产生影响。我国在坚持构建和谐世界和实践新安全观过程中要总结历史的经验,既要坚持独立自主的方针,发展新型大国关系,又要立足第三世界,保持良好的周边环境,积极发展与周边国家的关系。

我国要在坚持独立自主、和平共处、反对霸权、开放与发展、全方位外交的原则基础上,采取"稳定周边,立足亚太,面向世界"的战略,继续奉行睦邻友好政策,全面发展同周边国家的关系。

一、中国同东北亚国家的关系

我国地处东亚,冷战结束后,东亚地区总体上维持着和平与稳定的局面,但是也存在着一些潜在的不稳定因素。由于东亚各国政治制度、经济发展水平差异较大,东亚的区域合作也远远落后于欧洲、北美等地区。我国政策一贯致力于东亚地区的稳定与合作,推动本区域多边安全对话和经济合作,在东亚舞台上发挥了积极的作用。

朝鲜半岛长期以来一直是东亚安全问题的热点地区。20世纪90年代以来,特别是韩国总统金大中访问平壤,与朝鲜领导人举行会谈后,朝鲜半岛的局势有了很大的缓和。尽管如此,围绕着核开发以及海上军事冲突等问题,局势仍不断出现反复。中国在朝鲜半岛问题上始终坚持"和为贵"的立场,坚定地支持朝鲜和韩国的接触与和解,并为双方一些级别的谈判提供场所、后勤等方便。中国主张朝鲜半岛北南双方在没有外来干预的情况下逐步实现和平统一,与此同时,中国立场鲜明地反对任何一方拥有核武器,主张朝鲜半岛无核化。从 1997 年起,中国接受邀请参加朝、韩、美、中四方会谈,会谈的主要目的,是要在半岛建立一种新的和平机制。中国是朝鲜停战协定的签字一方,与朝鲜和韩国都保持着良好的国家关系,中国积极推动并努力促成四方会谈取得成果,经过多方努力,会谈取得一些进展。2002 年 10 月,朝核危机爆发。自朝鲜半岛核问题再次突出以来,我国十分关注,一直主张通过对话和平解决朝核问题,并做了大量劝和促谈工作。2003 年,在朝鲜宣布退出《不扩散核武器条约》,朝核危机升级后,我国积极斡旋,促成了朝、韩、中、美、俄、日六国就朝鲜半岛核问题举行的北京会谈,受到国际社会的关注和欢迎。

(一)中朝关系

致力于巩固和发展中朝传统友好合作关系,是中国党和政府坚定不移的方针。中朝两国山水相接,唇齿相依。1949 年 10 月 6 日中朝建交,朝鲜成为同新中国最早建交的国家之一。1961 年 7 月 11 日,两国签署《中朝友好合作互助条约》。中朝两国一直保持着传统的友好合作关系。1994 年以来,为帮助朝鲜克服因严重自然灾害等原因而发生的困难,中国一直向朝鲜无偿提供粮食、焦炭、原油、化肥等援助物资。多年来中国一直是朝鲜的主要贸易伙伴。1999 年两国贸易总额约 3.7 亿美元。2000 年,双边贸易额为 4.88 亿美元。两国党和国家领导人经常往来。朝鲜领导人金日成生前曾数十次访问中国。多年来,不论国际形势还是中朝两国的国内情况如何变化,由两国老一辈领导人缔造和培育起来的中朝传统友谊没有变,并在新的形势下得到了进一步的继承和发展。2000 年 5 月和 2001 年 1 月朝鲜最高领导人金正日两度访问中国,2001 年 9 月中国国家主席江泽民访问朝鲜,领导人互访进一步增进了中朝两党、两国人民之间的相互了解、信任与友谊,加强了双方在各个领域的交流与合作,推动了两党、两国友好合作关系的巩固和发展。我们相信,本着“继承传统,面向未来,睦邻友好,加强合作”的精神,经过两国的共同努力,一定能够把两党、两国和两国人民之间的友好合作关系推向更高的发展水平。

(二)中韩关系

中韩 1992 年 8 月 24 日建交以来,两国友好合作关系在各个领域都取得了快速发展。两国元首于 1998 年宣布建立面向 21 世纪的中韩合作伙伴关系,为两国关系的未来描绘了美好蓝图。中韩建交以来,两国政治关系进展顺利。1998年11月,韩国总统金大中对中国进行国事访问。在两国首脑会议中,双方相信通过共同努力,两国友好合作关系一定能够发展到一个新的阶段。双方发表了联合公报,双方商定,以联合国宪章原则和中韩建交联合公报的精神及建交后两国的睦邻友好合作关系为基础,着眼未来,建立面向21世纪的中韩合作伙伴关系。2000年10月,国务院总理朱镕基应邀对韩国进行正式访问,双方就朝鲜半岛形势、两国关系等共同关心的问题广泛深入地交换了意见,并达成了许多共识。双方一致同意将中韩合作伙伴关系推向全面合作的新阶段。中韩经贸合作是两国合作伙伴关系的重要组成部分。建交后,两国政府陆续签订了贸易协定和投资保护协定以及关于成立经济贸易和技术合作联委会的协定、海运协定、避免双重征税和防止偷漏税协定、和平利用核能协定、渔业协定等一系列政府间协定。1999年中韩贸易额上升到250亿美元,2000年达到345亿美元。

二、中国同中亚国家的关系

中亚国家包括哈萨克斯坦、塔吉克斯坦、吉尔吉斯斯坦、乌兹别克斯坦和土库曼斯坦,总面积近400万平方公里,人口共5100多万。历史上丝绸之路的情结将中国和这些国家连接起来。其中的三个国家——哈萨克斯坦、塔吉克斯坦、吉尔吉斯斯坦直接与我国接壤,共同边界线共达3300多公里。

苏联解体后,中国迅速与中亚五国建立和发展了睦邻友好、互利合作关系。1996年4月,中国、俄罗斯、哈萨克斯坦、塔吉克斯坦、吉尔吉斯斯坦五国在上海签署了一项关于边境地区军事信任的历史性协定。这是亚洲第一份关于多国间安全保障机制的文件,它大幅度增进中国与中亚各国之间的信赖关系。2001年6月14日,中国、俄罗斯、哈萨克斯坦、吉尔吉斯斯坦、塔吉克斯坦和乌兹别克斯坦高度评价"上海五国"成立以来积累的积极经验,赞同"上海五国"框架内进行经济政治协作的精神和原则,积极参与"上海五国"合作。2001年6月15日,欧亚大陆一个全新的区域性多边合作组织——"上海合作组织"诞生。"上海合作组织"的成立,充分体现六国人民加强友好合作和矢志维护地区安全与稳定的心愿,为六国在新世纪的长期睦邻合作,奠定了更加坚实的基础。

新独立的中亚五国,目前都面临着迅速发展民族经济、增强国力的迫切任务,都需要一个和平、安宁的周边国家环境,这是同中国搞好双边关系的政治基础。从经济上看,双方的互补性很大,可合作的领域很广阔。中亚国家的农牧业发达,采掘、冶金、机器制造业有一定的基础,但同人民日常生活相关的轻工业、纺织工业与食品加工业都相对落后,而中国目前的轻工业、纺织工业和食品工业相对发达,丰富多彩的中国日用消费品物美价廉,正好适合中亚国家的需要。中国制定的西部大开发的发展战略,为中亚国家的机器设备和能源产品进入中国市场提供了机遇。从政治、经济上考察,中国同中亚国家发展互利合作关系的前景相当广阔。

中国一贯奉行有利于稳定周边环境的睦邻友好政策。在中国同中亚国家的关系中,应该看到该地区中的民族主义和宗教思潮对中国的影响。中亚五国均为穆斯林国家,其中哈萨克斯坦、塔吉克斯坦、吉尔吉斯斯坦与中国新疆维吾尔自治区相毗邻。与中亚五国建立和发展睦邻友好关系,可以预防民族分离主义对中国西北边陲的恶劣影响。中亚五国同样重视发展与中国的关系。独立后不久,五国元首相继访问中国。五国政府都认为中国在中亚的对外战略中处于重要地位,正如哈萨克斯坦总统纳扎尔巴耶夫所说,俄、中都是哈"通向世界的大门",发展同俄、中的关系在哈对外政策中占有"头等重要的作用"。亚欧大陆桥和空中航线的开通,将使中亚同中国的关系更加密切。

三、中国同南亚大国的关系

南亚地区,是指从帕米尔高原、喜玛拉雅山脉到印度洋的广大地区。南亚总面积共 480 多万平方公里,包括阿富汗、巴基斯坦、印度、孟加拉国、尼泊尔、锡金、不丹、斯里兰卡、马尔代夫等九个国家和一个有争议的克什米尔地区。南亚有特殊的战略地位,历来是列强争夺之地。而印度和巴基斯坦这两个地区大国对南亚地区的稳定与发展起着至关重要的作用。南亚地区局势的稳定关系到中国西南边陲的安宁。中国愿意在和平共处五项原则的基础上,发展同南亚所有国家的友好合作关系。

(一)中巴关系

中国十分珍视中巴友谊。周恩来曾指出:"从历史的黎明时期起",中巴两国人民就开始了"友好往来"。巴基斯坦也把发展同中国的友好合作视为其外交政策的基石。巴基斯坦是最早承认我国的国家之一。1951 年 5 月 21 日,中巴两国正式建立外交关系。之后,两国在和平共处五项原则的基础上发展睦邻友好和互利合作关系,进展顺利。

进入 20 世纪 90 年代以来,世界形势发生了巨大变化,但经受了时间考验的中巴友好合作关系却未受到国际风云变幻的影响,继续向前发展。1996 年 12 月,国家主席江泽民应邀对巴进行国事访问。这次访问是中巴关系史上的一件大事,两国领导人确定了建立面向 21 世纪的中巴全面合作伙伴关系。江泽民还在巴发表了题为"世代睦邻友好,共创美好未来"的重要演讲,在盛赞"源远流长,根深叶茂"的中巴友谊的同时,全面阐述了"与南亚各国紧密携手,共同构建面向 21 世纪的长期稳定的睦邻友好关系"的主张,即:一、扩大交往,加深传统友谊;二、相互尊重,世代睦邻友好;三、互利互惠,促进共同发展;四、求同存异,妥善处理分歧;五、团结合作,共创美好未来。1999 年 4 月,全国人大常委会委员长李鹏访问巴基斯坦,在访问期间指出:中巴两国一贯相互依赖、相互理解、相互支持,是全天候的好朋友,堪称不同社会制度国家开展友好合作的典范。2001 年 5 月即中巴建交 50 周年之际,中国国务院总理朱镕基率团访问巴基斯坦,双方对半个世纪以来中巴的友好发展作出了高度评价,赞颂中巴友谊"比山高、比海深、比蜜甜",进入新世纪,中巴全面合作的伙伴关系会发展得越来越好。

（二）中印关系

中印两国人民的友谊源远流长。在古代,中印两大文明就相互交融,在世界文化交流史上写下了光彩夺目的篇章。鸠摩罗什和达摩负笈东行,为中国人民带来佛教真传。法显和玄奘也曾西游佛国。近代以来,两国人民在争取民族独立、人民解放的斗争中曾并肩战斗、相互支持。1950 年 4 月 1 日两国正式建交。印度是第一个同中国建交的非社会主义国家。1954 年,中印两国总理实现互访,两国领导人共同倡导了著名的和平共处五项原则。1996 年 11 月底,国家主席江泽民对印进行国事访问,这是中印建交以来,中国国家元首首次访印。访问期间,两国领导人共同确立在和平共处五项原则基础上建立面向 21 世纪的建设性合作伙伴关系,并就双方保持高层往来、推动两国经贸合作、加强在国际领域的相互支持等问题达成广泛共识。2001 年 1 月,中国全国人大常委会委员长李鹏对印度进行正式友好访问。访问期间,李鹏在印度国际中心发表题为《增进了解,发展友谊,加强合作》的演讲,进一步推动了中印睦邻友好关系。2003 年 6 月,印度总理瓦杰帕伊访华,与中国多位领导人在北京举行会晤、会谈。中印双方签署了《中华人民共和国和印度共和国关系原则和全面合作的宣言》等 11 个合作文件,加强了两国在各个领域的交流与合作。访问增进了两国政府、两国领导人和两国人民之间的相互理解和信任,标志着中印双方为在新世纪加强全面合作迈出了新的步伐。

中印利益有许多共同点。两国同为发展中的大国,在世界政治和国际经济中有着广泛的共同利益。两国都主张世界多极化,在许多重大问题上持相同或相近的立场,在国际舞台上有很大的合作空间。两国互为邻国,又都面临实现现代化、迅速提高人民生活水平的迫切任务,都需要有一个和平、稳定的周边环境,和睦相处符合两国的根本利益。

但是,中印两国关系的发展也还存在一些障碍,首先是中印边界问题。中印边界全长约 2000 公里,分为东、中、西三段。双方争议地区面积共约 125000 平方公里。目前,整个东段和中段争议地区为印度所控制。中印边界问题是历史遗留下来的。1914 年,英国炮制了非法的"麦克马洪线",中国历届中央政府都不予承认。1947 年印度独立后,不仅继承了英国对中国部分领土的侵占,而且进一步侵占中国大片领土。1962 年 10 月,印度在边境向中国发动武装进攻,企图用武力攫取领土,中国被迫进行自卫还击。此后,两国边境地区在相当长的一段时期内基本保持平静。

迄今,两国边界问题联合工作小组已举行多轮会谈。双方一致认为边界问题不应成为两国发展其他双边领域关系的障碍,而应通过和平谈判加以解决。1996 年 11 月,江泽民访印期间,两国政府签署了《关于在中印边境实际控制线地区军事领域建立信任措施的协定》,这是中印在建立相互信任方面采取的重要举措。协定的签署和实施有助于进一步维护中印边境实控线地区的和平与安宁,为边界问题的最终解决创造良好的气氛。在此问题上,中国一贯主张本着互谅互让的原则,平等协商、和平解决,反对诉诸武力或以武力相威胁。中国有诚意、有耐心和平解决这一领土主权问题。

其次是西藏问题。西藏问题是中国的内政问题,本不应成为妨碍中印发展的一个因素。但印度有一小部分势力对西藏分离主义分子的活动进行支持。中国十分关注流亡的西藏人在印度所进行的分裂活动,因为这不仅直接关系到西藏的稳定,也关系到我国西南边疆的安全。中国政府赞赏印度政府关于西藏是中国的一个自治区、是中国领土的一部分,印度不允许西藏人在印度领土上从事分裂中国的政治活动的原则立场,但对印度至今仍有少数人支持达赖集团分裂祖国的活动,表示严重关注。

四、中国同东南亚国家联盟的关系

东南亚国家联盟简称东盟,其前身是马来亚(现马来西亚)、菲律宾和泰国于 1961 年 7 月 31 日在曼谷成立的东南亚联盟。1967 年 8 月 8 日,印度尼西亚、泰国、新加坡、菲律宾四国外长和马来西亚副总理在曼谷举行会议,发表了《曼谷宣言》,正式宣告东南亚国家联盟成立。现有成员国 10 个:文莱、印度尼西亚、马来西亚、菲律宾、新加坡、泰国、越南、老挝、缅甸、柬埔寨,总面积约 450 万平方公里,人口近 5 亿。

(一)中国与东盟的政治关系

中国同东盟国家的关系,一直是以和平共处五项原则作为发展关系的政治基础。中国在处理同东盟国家关系时,始终坚持永远不称霸,永远不在本地区谋求自己的势力范围的原则,始终坚持遵循独立自主、互相尊重、密切合作、相互支持的原则,并通过双边友好协商解决国与国之间的争端。中国一贯支持东盟为维护本地区安全所作的努力,支持东盟关于建立东南亚和平、自由和中立区的主张。20 世纪 90 年代以来,东盟作为本地区最大的区域性组织,其政治影响明显上升。1994 年,东盟倡导并发起东盟地区论坛。东盟地区论坛的建立标志着亚太地区的多边安全对话进入了一个新的阶段。此后,东盟地区论坛每年举行会议,它已成为亚太地区讨论政治和安全问题的主要场所。

中国从一开始就支持东盟为促进多边安全对话所作的努力,并提出建立安全机制必须遵循的基本原则,包括以和平共处五项原则为基础,不谋求地区霸权,不在国外驻军,不建立军事集团,和平解决国与国之间的争端,军务维持在正常防卫所需水平,核国家不首先使用核武器等。东盟各国充分理解中国的上述原则性立场,并尊重中国在东南亚乃至亚太地区的国际地位和作用,保持并加强了同中国在政治、经济和安全领域的合作。因此,东盟同中国关系保持着良好的发展势头。进入 20 世纪 90 年代以来,中国同印度尼西亚恢复了外交关系,同文莱建立了外交关系,同越南党和国家恢复了正常关系,同老挝、柬埔寨、缅甸、泰国、马来西亚和菲律宾等国更加密切了双边关系。从总体上考察,中国同包括东盟在内的东南亚各国的关系可说是历史上较好时期。1988 年,中国政府提出了发展同东盟关系的四项原则:第一,在国家关系中,严格遵守和平共处五项原则。第二,在任何情况下,都坚持反对霸权主义的原则。第三,在经济关系中,坚持平等互利和共同发展的原则。第四,在国际事务中,遵循独立自主、互相尊重、密切合作、互相支持的原则。东盟各国经过多年的发展,日益成为亚洲新兴的战略力量。中国重视发展同东盟的睦邻友好关系,中国强调"同东盟各国永远是好朋友"。

（二）影响中国与东盟关系健康发展的主要障碍

中国在东南亚地区的最大一个问题就是南沙群岛的主权归属问题。南沙群岛是中国领土，它和东沙群岛、中沙群岛、西沙群岛一样，是我国在南海领域的组成部分，而且是我国南海海域中面积最大、岛屿最多的一个群岛。历史表明，南沙群岛自古就是中国神圣领土的一部分。但从 20 世纪 70 年代起，在南沙群岛周围的越南、菲律宾、马来西亚以及文莱等国家，抢占我国南沙群岛的多个岛屿。1992 年，我国全国人民代表大会常务委员会通过《中华人民共和国领海及毗连区法》，明确规定南沙群岛主权问题的解决既要尽量避免诉诸武力，不使矛盾激化，但又不能久拖，久拖对中国不利。

中国主张有关各方在南沙问题上采取克制、冷静和建设性的态度。近些年来，越南、菲律宾等出兵强占南海一些无人岛礁，摧毁中国在南沙无人岛礁所设主权标志，抓扣或以武力驱赶我国在南海作业的渔民，对此，中国始终坚持通过外交渠道，以和平方式与有关国家商讨解决有关问题。这充分体现了中国维护地区稳定和双边友好关系大局的诚意。

中国愿同有关国家根据公认的国际法和现代海洋法，包括 1982 年《联合国海洋法公约》所确立的基本原则和法律制度，通过和平谈判妥善解决有关南海争议。这已明确写入 1997 年中国—东盟非正式首脑会晤发表的《联合声明》中，中国政府还提出"主权属我、搁置争议、共同开发"的主张，愿意在争议解决前，同有关国家暂时搁置争议，开展合作，共同发展。1997 年 3 月，中国与菲律宾在北京共同举办了建立信任措施的会议。近年来，中国又赞成与有关国家一起在南中国海建立海上行为准则。

中国积极参与多边安全对话，维护地区稳定，既是为自身的现代化建设创造和平的周边环境，更着眼于本区域长期和平与繁荣的需要，这一政策受到东盟各国的欢迎和赞赏。

总之，由于中国始终坚持在和平共处五项原则基础上，遵循以邻为善、以邻为伴、睦邻富邻的友好方针，积极发展与周边国家的关系，使中国的周边环境出现了建国以来最好的局面。中华民族睦邻友好的优秀传统，协和万邦的民族风范，树立了中国在国际舞台上的良好形象，赢得了众多国家的赞誉。同时，和平友好的周边环境有利于加速中国的经济建设步伐，迅速提高中国的综合国力，而中国的发展与稳定则是对世界人民作出的最大贡献。

第四节　边防建设与边疆安全建设

一、边防的基本概念

边防作为一个国家维护自己领土主权利益的行为,从国家出现之日起就产生了。在中国,最早可以追溯到春秋战国时期,在秦汉时期边防活动已经大量出现。如表示边防地域的概念有:"边疆"、"边陲"、"边圉"、"边鄙"、"边裔"等;表示边防任务和设施的概念有:"戍边"、"屯边"、"边塞"、"边寄"、"边尘"、"边遽"、"边警"等;表示边防部队和官员的概念有:"边骑"、"边吏"、"边将"等。中国历史上第一次提出的"边防"概念,始见于《新唐书》。该书第五十卷《兵志》载述:"唐初,兵之戍边者,大曰军,小曰守捉,曰城,曰镇,而总之者曰道……此自武德至天宝以前边防之制。"记述了唐朝初年,驻守边防部队的编制序列。为了保卫中原地区的安全,防御突厥、吐蕃、契丹等游牧民族军队对中原的骚扰,唐王朝从建立之初,就在北、西、东北农耕与游牧经济相结合的三个边缘地区设立平卢、范阳、河东、河西、北庭、安西、陇右等 12 道,分别任命大将军(后称节度使),统率各道的边防军、守捉、城、镇和关隘、据点。到唐玄宗天宝元年(公元 742 年),北方戍边军队的总数达 49 万人。唐朝确立的边防制度系统严密,其精要之处为以后历代所承袭,"边防"的概念也一直沿用至今。到了清代,则常把陆地边防称之为"塞防",边防哨所称之为"卡伦",称边防巡逻为"巡边"、"察边",称界碑为"鄂博"、"界牌"。我们应当看到,古代边防除元、明两朝曾抵御日本倭寇从海上的入侵,清朝主要是抵御帝国主义列强的入侵外,元朝以前的历代边防主要是在中华民族大融合过程中,中央政权防御边缘地区有关民族和地方政权的侵扰和叛乱活动。边防的定义也被解释为:"边陲之戍,用保封疆。"因此,当代边防无论在含义上,还是在功能、任务或对象上,与古代边防的内涵既有联系,又有本质区别。

当代边防具有新的功能和任务。《辞海》注释边防的定义是:"为保卫国家主权、领土完整和安全,防备外来侵略,在边境地区所采取的军事措施。"新版《军语》提出:边防是"国家为保卫主权、领土完整和安全,防御外敌入侵,在边境地区进行的防卫和管理活动的统称"。世界各国对"边防"功能的表述虽然各异,但基本含义大体相同。美国军语无"边防"概念。苏联称"边防"为"国境警卫",对此解释为"保障国家的陆地、海上和空中境界不受侵犯,并保护国家在边境的政治和经济利益的一整套措施"。日本称边防为"边备",定义为"国境的守备,保卫边境"。德国军语对边防的解释是:"为防止不合理的越界和对边境地区(纵深30公里)公共安全和秩序的干扰,而采取的旨在保障边界安全的措施和行动。"由此可见,世界上大部分国家在用不同语言表述"边防"的功能和任务时,反映出一个共同的认识,即:边防是以保卫国家领土主权不受侵犯,维护边界安全和正常社会秩序为目的而采取的军事防卫措施,及有关行政、治安管理措施的总称。

二、中国新时期边防的特性

(一)拓展性

新时期边防无论在内涵还是在外延上都比以往的边防概念扩大了许多。在考察新时期的边防问题时,我们应跳出"守卫边关"的传统视野,站在更宽阔、更高远的角度去观察、去认识。新时期边防的目的,不仅是保障陆防、海防和空防的整体安全,而且要谋求边疆地区政治、经济、文化、军事和社会的全面发展。新时期边防不仅有卫疆守界的军事功能,还有发展睦邻关系的涉外功能、维护边疆社会稳定的政治功能、增强军民团结和民族团结的社会功能、促进边疆经济发展的经济功能和振奋民族精神的教育功能等。因此,新时期的边防是在党中央、国务院和中央军委的统一领导下,以边疆各级党委为核心,以各级边防部门和边防队伍为骨干,动员边疆各族人民,为保卫国家主权、领土完整和海洋权益,促进国家边境和沿海地区的政治稳定与经济繁荣,维护安定和平的周边环境,在边境地区所实施的建设、防卫和管理等一系列措施。"建设、防卫和管理"反映了新时期边防的内涵,"边境地区"规定了现代边防的地域范围,"保卫"、"促进"和"维护"阐述了现代边防的基本功能和任务。这样解释边防的定义,不仅将其与历代边防的含义区别开来,体现多数国家边防工作的实际需求,也向世人展示了中国边防在改革开放的新时代所具有的鲜明特点和未来走向。

(二)开放性

新时期边防是开放的边防,有序的边防,这不仅与当前我国改革开放的基本国策相一致,也是区域经济合作和世界共同市场发展的必然要求。随着世界经济一体化的进程加快,国家间的经济交往、政治联系、文化交流、人员往来日益频繁,边防也由对外隔离封闭的高墙和沟堑转变为发展睦邻友好关系的桥梁和纽带。闭关锁国还是对外开放,已成为区别传统边防与新时期边防的重要标志。应该指出,边防的开放重在"有序",边境地区的对外开放,决不是国门洞开,任人往来,而是通过边防部门对进出边境的人流、物流和信息流进行有效的管理和疏导,在维护国家利益和边境良好秩序的前提下,开展经济、贸易和文化等方面的交流活动。没有秩序的对外开放,无论对国家改革开放的大局,还是对边疆地区的经济发展,都是有百害而无一利的。特别是西部大开发战略已经启动,扩大西部沿边地区对外开放将使边境人员物资进出流量进一步增大,如果不能有效地管理控制边境,各种犯罪分子必然乘机兴风作浪,走私、贩毒、偷渡等跨国犯罪活动也将大幅上升,这样不但不能保证对外开放和西部大开发顺利进行,而且还将严重危害国家的领土主权安全。因此,我们应认真吸取我国沿海地区对外开放刚刚起步时,海防曾一度出现管理混乱局面的经验教训,尽早做好思想和物质准备,加大边境管理力度,以一个秩序井然的边境社会环境迎接西部大开发热潮的到来。

（三）系统性

新时期边防工作是一个庞大的系统工程,涉及政治、经济、军事、外交、民族、宗教、文化等方方面面,我们必须克服狭隘的业务观念,把眼界放得更宽、更广、更高。一是在边防的地域上要扩大边防纵深。如果说历史上,边关将士守住了"边防线"不使敌人越界,就意味着守住了边防,那么在今天这已远远不够了。新时期边防除了防御外敌入侵外,还担负着保障边疆社会安定、促进边疆经济发展和增进对外交流等多项任务,我们应以更大的纵深和更宽的视角,在更宽阔的边疆地区开展边防工作。二是在边防的时空上要全时全方位管控。边防作为维护国家主权和领土完整,保卫国家生存发展的资源和空间的一项经常性的军事、社会工作,不管有无外来威胁,不管平时还是战时,不管是和平边界还是敌对边界,也不管是陆边、海边还是空边,一年四季,每日每时每刻都必须进行严密防卫和管理。三是在边防的力量上要建立军警民联防体制。为了切实有效地对边境实施管理和控制,应针对边境地区地广人稀、情况复杂的实际,建立以边防部队和公安边防部队为骨干,有广大边疆民族群众参加的边境管理制度和军警民联合防卫体制。四是在边防手段上要向高技术方向发展。现代军事技术的进步,譬如侦察卫星、夜视器材、隐形伪装和精确制导武器的出现,可以使别国毫不费力地超越另一个国家的边界进行侦察、袭扰和打击。要提高边防控制和快速反应能力,就必须加速发展"耳聪目明"的侦察警戒系统、四通八达的交通网络、灵敏快捷的通信设施和灵活高效的作战系统等,才能使国家的边防真正成为保卫国家周边安全和稳定的坚固防线。

三、边防的地位作用

（一）边防是维护国家主权和领土完整的安全屏障

国家的主权和领土完整是国家根本利益之所在。边防以维护国家根本利益为目的，集政治、军事、经济、外交斗争于一体，为保卫和维护国家领土主权完整树立起了坚固的安全屏障。边防羸弱，唇亡齿寒；边防巩固，国泰民安。边防与国家的安危、兴衰和荣辱息息相关。在19世纪中叶，由于晚清政府的腐败无能，国力衰竭，有边无防，无力抵御外敌的入侵和蚕食，致使我国大片领土被帝国主义列强侵占和瓜分，大量资源被掠夺。当前，在我国还面临着外部敌对势力的颠覆破坏、周边的多元威胁和大面积领土争端的情况下，更需要把巩固边防、建设边防置于国家安全战略的重要位置，通过加强边疆的政治建设、经济建设、文化建设和军事建设，对外展示我国国威、军威，有效地震慑和遏制外敌的领土扩张和"边缘蚕食"的图谋，保卫国家领土主权不受侵犯，为中国特色社会主义建设提供良好的周边环境。

（二）边防是保证国家集中精力进行经济建设的第一道防线

边疆是国家的"肘腋"和"四肢"，肢体割解，全身残废；边疆不安，国无宁日。历史证明，边关多事，烽火连天，战事不断，国土沦丧之时，不但会严重干扰和牵制中央和地方政府的注意力，扰乱人民正常生产生活秩序，而且迫使中央集中大量人力物力财力兴兵动武，稳定边疆，防止内乱，从而影响经济建设的正常进行，破坏国家的政治安定。因此，为保证亿万人民不受干扰、聚精会神地进行现代化建设，就必须重视和加强边防工作，充分发挥边防对边境地区的防卫、管理和维护功能，妥善处理边境涉外事务，化解边界矛盾纠纷，防止边界冲突扩大和升级，维护边境正常秩序和社会稳定，一旦发生边境武装冲突，能迅速控制局势争取主动。同时，加强边防，保持和维护边境地区社会治安的稳定，有利于促进边疆经济发展和社会进步；而边疆经济的繁荣，富边利民，必将增进边疆各族人民的向心力和凝聚力，使边防更加巩固，在边境地区筑起抵御外敌入侵和西方敌对势力西化、分化我国的铜墙铁壁，使边防真正成为保卫国家安全的第一道防线。

（三）边防是打赢未来高技术局部战争的战略前沿

新世纪之初，世界处在新旧战略格局交替的过渡期，各种矛盾错综复杂，各种关系重新调整，发生世界大战的危险虽然可以排除，但世界并不太平。

美国凭借其强势,为实现其"一超独霸"的野心,巩固、扩大对民族重要地区的控制,将利用局部地区的领土争端、民族分裂、宗教纠纷、资源争夺等热点问题,推行"新炮舰政策",进行武装干预,是引起世界局势动荡不安的重要根源。由于历史和现实的原因,我国目前周边环境仍较复杂,台湾岛内分裂势力抬头,与某些邻国还存在着诱发边境和海上局部战争与军事冲突的边界争端、岛屿归属和海域划界等问题,一旦爆发边境局部战争或军事冲突,边防就处在首当其冲的地位,成为积极防御的战略前沿,首战决胜的重要战场,自卫反击的前进阵地,因此,加强边防建设,提高边防部队的快速反应和独立作战的能力,是夺取边防斗争主动权,打赢高技术局部战争的战略性措施。

(四)边防是维护边疆民族团结、政治稳定的军事基础

我国边疆地区大多是少数民族聚居区,加强边疆民族团结是维护国家统一和政治稳定的重要举措。面对外部敌对势力的渗透破坏,境内外民族分裂分子的猖狂活动,我国必须强边固防,加强军事防卫措施,坚决打击民族分裂活动。只有从军事上加强边防、巩固边防,有效地制止民族分裂分子内潜外逃、勾连策反、制造动乱等分裂破坏活动,才能在边疆地区树立起增进民族团结、维护祖国统一的正气,增强民族凝聚力,为政治上安边,经济上富边,维护边疆地区政治稳定和社会繁荣创造条件。如果边防废弛,疏于管理,任由西方敌对势力和民族分裂分子潜入潜出,疯狂进行分裂破坏活动,国家的统一和安定团结就失去了保障。因此,边防作为保持边疆社会稳定,反对分裂国家、破坏民族团结的基本力量,既担负着对外反侵略的责任,又发挥着对内反分裂的作用,其强大的威势和无坚不摧的战斗力,是保卫边疆地区社会稳定和民族团结的军事基础。

(五)边防是发展同邻国睦邻友好关系的桥梁和纽带

我国是社会主义国家,坚持按照和平共处五项原则处理国家之间的关系,尊重周边邻国的领土主权完整,从不干涉邻国内部事务。边防作为维护国家领土主权完整与安全的军事和管理措施,面对不同社会制度、不同国家关系的邻国,通过日常战备执勤和协商解决边境事务等大量边防实践活动,努力增进与邻国间的信任和了解,正确体现我国的和平外交政策,积极发展与周边邻国的睦邻友好关系,正确表达我国和平解决边界领土争端的诚意,在维护国家根本利益的同时,建立起促进与周边邻国睦邻友好关系的桥梁和纽带,为维护地区安全与稳定发挥积极作用。

四、边防建设的主要任务

(一)我国边防建设取得的成就和存在的问题

我国陆地边界线长达2.2万公里,与15个国家接壤,大陆海岸线总长1.8万公里,与8个国家隔海相望或与海疆相连。中国政府奉行睦邻友好政策,严格按照与相邻国家签订的条约、协定和联合国海洋法公约,对陆地边界和拥有的海域实施防卫、管辖,维护国家领土主权和海洋权益,保卫边防、海防安全。中国主张通过谈判解决悬而未决的边界和海域划界问题,要在边境地区建立互信机制,反对使用武力或采取激化事态的行动。中国已与大部分周边国家解决或基本解决了历史遗留的边界问题。20世纪60年代,中国与朝鲜、蒙古、阿富汗、巴基斯坦、尼泊尔、缅甸谈判解决了边界问题;90年代,又先后与老挝、俄罗斯、哈萨克斯坦、吉尔吉斯斯坦、塔吉克斯坦、越南等六国签订了新的边界条约或协定,重新划定或基本划定了边界。中国与朝鲜、蒙古、俄罗斯、缅甸、越南、老挝等国家分别签订了边境管理制度、建立相互信任措施、预防危险军事活动、开展边防合作等一系列条约、协定和协议,在双边或多边的法律框架内共同维护边界秩序,保持了边境地区的和平与稳定。中国大力发展与周边国家的各种合作关系,全国沿边、沿海地区目前有对外开放口岸两百余个。

中国实行以军队为主,军地分工负责,军民联防的边海防管理体制。国务院、中央军事委员会统一领导全国的边海防工作。中国政府十分重视边防法制建设,制定了一系列边防法律法规,有关省、自治区、直辖市也制定了相应的地方性法规。国家有关部门对出入境检查、口岸管理等工作颁布了专项的规章。边防管理职能部门积极开展对广大边民的国界意识、边防观念、边防政策和法规的宣传教育,大力开展反走私、缉毒等专项斗争,依法打击各种跨国、跨境犯罪行为。目前,我国边防建设存在的主要问题是边防基础设施建设比较落后,信息化程度比较低;边防部队建设任务十分繁重,边防部队管理体制需进一步完善;边境管理的方式与改革开放的需要存在差距,边防值勤制度有待进一步加强;边境民族和跨境宗教等问题需进一步重视,处理边防事件的能力有待进一步提高。

(二)保卫国家的主权和领土完整

领土是国家和人民生存发展的必要空间和物质基础。国家主权和领土完整是国家独立的重要标志,神圣不可侵犯,这是国际法的一项基本原则。

边防的主要任务之一是以军事措施保卫国家主权领土完整,抵御外部敌人的蚕食和侵犯,对任何危害国家主权和领土完整的行为,进行坚决的斗争。边防对国家领土主权的防卫主要体现在对国界和边境地区的警戒、控制与管理上。国界是国家领土——领陆、领水、领空和底土的边缘以及把本国与邻国分开来的界线。国界与领土、领水、领空和底土不可分割,维护国家边界与维护国家领土主权是一致的。国家边界不可侵犯,侵犯国家边界就是侵犯国家的领土主权完整。中国是世界上少有的邻国多、边界线长、周边情况复杂的国家。因此,严守国界,维护国界标志,同敌人在边境和海疆地区的侵略、蚕食和挑衅作斗争,是边防经常性的重要工作。在相对和平时期,边防的责任重大,不能有丝毫的松懈。

(三)发展同周边国家的睦邻友好关系

维护和发展与周边国家的睦邻友好关系,是我国外交政策的重要组成部分,是为国家经济建设创造安全稳定的周边环境的战略需要。当前,我国正在集中精力进行经济建设,加紧实施西部大开发战略,争取到 21 世纪中叶把我国建设成为一个富强、民主、文明的社会主义现代化强国。要实现这一宏伟目标,不仅需要有一个安定的国内政治环境,和平的国际战略环境,更需要有一个稳定的周边安全环境。但我国周边情况复杂,为了与不同社会制度、不同经济状况、不同政治态度、不同利益关系的邻国建立和发展睦邻关系,促进周边形势朝着有利于国际和平和地区安全的方向发展,我们必须依据边防政策和上级有关指示规定,通过正常的友好往来和有理、有利、有节的边防斗争,妥善处理边界纠纷和领土争端,消除边境冲突和战争隐患;对有争议的边界问题,应通过和平谈判解决,在边界问题解决之前应维持边界现状,避免使其成为与邻国发展睦邻关系的障碍;对顽固推行霸权主义的邻国,必须以有效的军事斗争遏制其领土扩张野心,以边防战备对抗战争威胁,这不仅是国家政治外交斗争的坚强后盾,也是以斗争求睦邻的重要条件。

(四)促进边疆的经济发展和社会进步

开发边疆是巩固边防的重要条件,加强边防建设也有赖于边疆经济的发展。边防工作必须服从和服务于国家经济建设和西部大开发的大局,以实际行动支持和参加国家现代化建设,为促进边疆地区的经济发展和社会进步作出积极的贡献。为了给西部大开发创造良好的边境秩序和社会环境,边防部队应不断改进边防执勤和边境管理措施,支持和保护口岸开放与边境贸易,做到既严格管理，又方便开放。边防建设应与边疆经济建设紧密结合，充分利用边疆交通、通信、电力等基础设施的建设成果，改善边防战备条件；边防基础设施建设也应兼顾平时的社会效益，为边疆群众生产生活提供方便。在支援地方经济建设的同时，应积极推进和参与边疆的精神文明建设，运用多种生动活泼的宣传形式，加强对边疆民族群众进行国家观念、边防观念、国界观念、法制观念、政策观念、科学观念等宣传教育，帮助边疆各民族群众学习科学文化，努力发展生产，克服陈规陋习，树立现代文明，振奋民族精神，激发爱国热情，为从根本上巩固边防奠定坚实的基础。

（五）坚持反分裂斗争，保持边疆政治稳定

边防的巩固必须建立在稳定的社会基础之上，坚决进行反渗透、反颠覆、反分裂斗争，保持边疆地区政治稳定是边防部队的重要任务。目前，我国边境地区在政治、经济、民族关系等方面，还存在一些不安定因素；西方敌对势力企图遏制我国的发展，以各种方式对我国西部边疆地区进行渗透、颠覆和破坏活动；国内少数民族分裂分子，蓄意进行破坏祖国统一和民族团结的分裂活动等，使边境地区社会稳定受到严重威胁。我们要严密注视国际政治斗争动向，认清我国安全所面临的现实的和潜在的威胁，加强对境内外敌对势力的分析研究，掌握其活动特点和规律，坚决打击和遏制各种分裂破坏活动，确保边境地区政治稳定。边防部队主要履行对外反侵略职能的同时，应积极参加对内反分裂斗争，以自身的威慑和参与行动，维护和保障边境正常秩序。加强民族团结是保持边疆稳定的根本途径，应认真贯彻党的民族宗教政策，增进民族团结，揭露民族分裂集团的反动本质，使国家统一、民族团结高于一切的思想深入人心，强化以国家利益为核心的民族凝聚力，铲除边境地区民族分裂势力滋生的土壤。

（六）加强边境管理，维护边境正常秩序

随着社会主义市场经济的发展和对外开放政策的实施，我国边境地区流动人员增多，对推动边疆经济发展起到了积极作用，但内潜外逃、走私贩毒等跨界犯罪案件也急剧增加，边民越界捕捞、耕作、放牧、打猎、伐木等涉外事件时有发生，边民出入国界、互市贸易等管理也不规范，这些新情况、新问题，对加强边境管理控制提出了更高的要求。边境管理工作必须适应新形势的需要，加强对边境地区的安全保卫和治安管理，严格边境口岸、通道等出入境人员的检查验证，建立健全有关边贸、旅游、生产等管理制度，防范、打击各种不法分子的非法越境、偷渡、走私、贩毒等犯罪活动，预防、制止和查处各种违反边境管理法规的违法犯罪行为。特别是对走私、贩毒、偷渡问题突出的边境地区,应采取专项治理整顿措施,通过强化边境管理与重点整治,维护边境社会治安稳定,保卫边境地区群众正常的生产生活环境,巩固和发展与邻国的睦邻关系,保障改革开放和西部大开发战略的顺利实施。

（七）加强边防基础设施建设

为加强边境的有力控制和管理,中国从 1996 年开始投巨资在辽宁、吉林、黑龙江、内蒙古、甘肃、新疆、西藏、云南和广西等 9 个省、自治区的边境,进行边防基础设施建设,现已建成边防巡逻路 12900 多公里,边境铁丝网 3700 多公里,口岸铁栅栏近 3 万米,边境管理监控设施 230 多套,边境管理辅助标志 1200 座。① 这些设施投入使用后,明显地改善了边防部队的执勤条件,提高了对边境的管理与控制能力,为中国与邻国共同维护边界秩序创造了良好条件,促进了睦邻友好关系的发展。同时,边防巡逻路的建设,改变了边境地区交通闭塞的状况,方便了沿边农牧民的生产生活,促进了边疆地区经济建设的发展。边防基础设施建设,是巩固边防、稳定边疆的重要物质保障,是一项长期的基础性工程。我国的陆地边防设施仅仅初具规模,现代化、信息化水平还比较低,需要进一步加强边防基础设施建设。一要突出建设重点,统筹计划安排。要妥善处理需求与可能、当前与长远、先进性与实用性等方面的关系,突出重点地段、重要部位的建设,优先解决急需解决的问题,确保所建设施管用、可靠。二要搞好规划。要在调查研究的基础上,认真做好规划设计,规范建设程序,统一建设标准。三要坚持把工程质量放在首位。必须严格执行工程管理建设有关规定,依法强化施工监理与检查监督,落实质量责任查究制度,提高设施建设质量和效益。四要提高建设资金效益。要严格财务管理制度,加强跟踪检查与审计、监督,严防建设中的腐败现象。要坚持"向管理要效益"的思想,科学组织,精打细算,最大限度地节省建设开支,提高投资效益。五要加强边防基础设施管理保护工作。要按照《军事设施保护法》切实履行好边防设施保护和管理的职责,严厉打击破坏边防设施的行为,使边防设施管理逐步走向法制化、规范化、科学的轨道。

① 资料来源:《中国边防建设取得新成就》,新华网 2005 年 3 月 5 日。

第五节　中国和平发展道路①

加强边疆安全建设,实现中华民族的伟大复兴,必须坚持走和平发展道路,这是中国国情的必然选择,是当今世界潮流发展的必然选择。

一、中国和平发展道路的提出②

(一)中国崛起为国际战略界所关注

随着中国经济的快速发展,中国正成为世界上有影响的大国,成为维护世界和平的重要力量,中国在经过五十年的建设,特别是自 20 世纪 70 年代末以来的快速发展,正在成为一个迅速崛起的国家。中国崛起也正在成为国际战略界所关注的课题。西方学者作出了各种预测和疑惑:中国崛起是否会挑战现存的国际秩序? 中国崛起是否会重蹈德国、日本、苏联的覆辙? 中国崛起是否会在亚洲恢复"中央王国"? 中国崛起是否会导致另一个"美国式霸权"或取代"美国式霸权"? 中国崛起是否会对大多数发展中国家构成竞争和威胁? 中国崛起是否将导致"中国威胁"或"中国崩溃"? 中国的学者归纳了国际上四种观点:

1."象论思维"。这种观点认为中国成为世界大国的目标是不可能实现的,认为中国在下个世纪不可能赶上西方(超过更是天方夜谭),至于下下个世纪能否赶上,则无法预测。因此,中国必须果敢地放弃过去制定并正在实施且今后无法实现的赶超目标,中国的国际地位应当是一个与世无争的国家,即不是做与美国平起平坐的世界一流超级大国,中国不可能也没有能力、没有必要与美国这样的"虎"一争高低,甚至也不需要与俄罗斯、日本、印度等这样的国家为伍,当然中国也不会做受人吞食的"羊"。中国应当做一头超脱于虎、狼、羊行列的温和的大象;不与它们发生关系,也不与它们争食。③

2."自然成长论"。这种观点认为,中国是不是和要不要成为世界大国其

---

① 国务院新闻办公室:《中国的和平发展道路》,《新华文摘》2006 年第 4 期。

② 参见康平:《中国国家发展战略》,红旗出版社 2005 年版。

③ 参见彭明:《第四座丰碑》,中国台北商智文化公司 1999 年版,第 155 页。

实并不重要,关键在于中国自己要发展,中国的世界大国地位应顺其自然,中国不必努力去争取什么世界大国,只要中国发展到了世界大国的程度,早晚中国会成为世界大国。

3.“中国没有条件论”。这种观点的主要理由是,中国现在国内问题太多,各方面条件太落后,现在没有资格成为一个世界大国,以后也不会有这种资格。即使中国争也没有用。虽然中国自 20 世纪 70 年代末以来进行的经济改革取得了令人瞩目的成就,但是进一步研究的结果表明,尽管中国的地位可能还在提高,但是中国缺少成为世界大国所需的三个至关重要的决定性因素:对自己有利的安全优势,军事和经济的硬实力以及政治、社会和理论的软实力。①

4.“中国崩溃论”。美国《中国经济》季刊主编斯塔德维尔在其出版的《中国梦》中认为,中国经济是一座建立在沙滩上的大厦。在中国崩溃论中最有代表性的就是《中国即将崩溃》中的观点。

上述观点都明显带有偏见,是不能成立的。②

在对待中国崛起的观点中,最盛行的是“中国威胁论”。

随着中国的国际地位和大国形象日益提升,美国的一些政客据此把 21 世纪的中国与 19 世纪末的德国相提并论,认为中国的战略崛起势将打破既定国际战略平衡,威胁美国在亚太以至全球的战略利益。如布热津斯基在《如何与中国共处》一文中公然写道:“中国目前的局势,与 1890 年前后的德意志帝国之间有某些重要的相似之处。当时,德国的政策不断变化,而德国本身是一个正在崛起强国,像今天的中国一样,德国人认为自己得不到尊重而感到怨恨,他们对周围越来越与之对立的联盟形成的包围感到恐惧……希望尽早对世界的等级地位进行重大调整……同样,谁也不能肯定未来 25 年中国将向何处去。”③美国国防部 2000 年夏发表题为《2025 年的亚洲》的战略分析报告,耸人听闻地警告美国未来的主要战略威胁“在亚洲”,意指中国。美军参谋长联席会议 2000 年 6 月又发表题为《联合展望 2020》的战略分析报告,更明确地提出中国将崛起为与美国“并驾齐驱的竞争者”,并以此为建议美国军

---

① 参见盛利军:《中国与美国:非对称型战略伙伴》,美国《华盛顿季刊》2002 年 1 月。
② 参见叶自成:《中国成为世界大国的主要问题及战略选择》,中国社会科学出版社 2003 年版,第 51~52 页。
③ 〔美〕布热津斯基:《如何与中国共处》,载《战略与管理》2004 年第 3 期,第 71 页。

事战略重点向亚洲转移的依据。

1998 年底出笼的《面向新世纪的国家安全战略报告》明确将美国国家利益划为三类，即"生死攸关的利益"、"重要的国家利益"和"人道主义利益及其他利益"。并就根据不同利益进行不同战略选择进行了具有操作性的指导，把遏制的矛头指向了中国。[①] 1999 年，美国前国防部长佩里的《预防性防务》一书则从外来威胁的角度更进一步细化了美国的国家利益。他将对美国国家利益的威胁分为三类，其中第一类就是像苏联那样能对美国的生存构成挑战的威胁，如俄罗斯的崩溃和中国的迅速崛起。

从冷战后美国对中国政策的变化可以清楚地看到这一点。1997 年克林顿政府发表了《四年防务评估报告》，对中国的战略定位是：预计 2015 年后将成为美国的"全球竞争对手"；1999 年，美国情报部门提出报告，将中国称之为"对美安全的重大潜在威胁"；2000 年，美国参联会出版的《2020 联合作战构想》和国防部发表的《21 世纪国家安全》，都将中国视为美国的"潜在对手"；小布什上台后，提出中美关系是"战略竞争对手"的关系，新的《四年防务评估报告》更是将中国作为主要防范的国家，甚至在《核态势评估报告》中将中国和俄罗斯列为核打击对象。美国政府中的右翼势力一向视中国为潜在威胁。在军事上，则对中国实行遏制与防范。美国调整在亚太地区的军事部署，加强同日、韩的军事同盟，并试图将这种军事同盟关系发展成美、日、澳、韩四国联盟；扩大同东南亚国家的军事合作，插手南海争端；推动同印度的军事关系；不断加强对台湾海峡形势的监控，对中国沿海地区进行频繁的侦察。[②]

（二）中国和平发展战略思想的提出

新一届中央领导集体冷静分析了国际局势和中国国情，向世界公开阐述了我国"和平发展"的战略思想。2003 年 12 月 26 日，胡锦涛在纪念毛泽东诞辰 110 周年座谈会上的讲话中说："我们要坚持的道路，就是邓小平同志开辟的、以江泽民同志为核心的党的第三代中央领导集体坚持并发展了的中国特色社会主义道路。坚持这条道路，就要坚持中国共产党的领导和社会主义制度，坚持并在实践中不断完善有利于推动中国特色社会主义事业蓬勃发展的

---

① 参见中国现代国际关系研究所：《全球战略大格局——新世纪中国的国际环境》，时事出版社 2000 年版，第 44～45 页。

② 参见巴忠主编：《中国国家安全战略问题研究》，军事科学出版社 2003 年版，第 150 页。

各方面的体制制度和方针政策,更好地实现社会主义现代化和中华民族的伟大复兴。坚持这条道路,就要坚持走和平崛起的发展道路"①。

2004 年 4 月 24 日,胡锦涛在博鳌亚洲论坛开幕式上发表题为《中国的发展　亚洲的机遇》的主旨演讲时指出,中国将坚持和平发展的道路,高举和平、发展、合作的旗帜,同亚洲各国共创亚洲振兴的新局面,努力为人类和平与发展的崇高事业作出更大的贡献。2005 年 11 月 9 日,国家主席胡锦涛在伦敦金融市政厅就中国发展方向等问题发表重要演讲。他明确指出,中国选择和坚持的是和平发展道路,中国的发展是和平的发展、开放的发展、合作的发展。2005 年 12 月 22 日,中国国务院新闻办公室发表了《中国的和平发展道路》白皮书,阐述了和平发展是中国现代化建设的必由之路、以自身的发展促进世界的和平与发展、依靠自身的力量和改革创新实现发展、实现与各国的互利共赢和共同发展、建设持久和平与共同繁荣的和谐世界等方面的内容。提出了中国和平发展道路的内涵,即:争取和平的国际环境发展自己,又以自身的发展促进世界和平;依靠自身力量和改革创新实现发展,同时坚持实行对外开放;顺应经济全球化发展趋势,努力实现与各国的互利共赢和共同发展;坚持和平、发展、合作,与各国共同致力于建设持久和平与共同繁荣的和谐世界。

二、中国走和平发展道路的必然选择

中国的和平发展道路是人类追求文明进步的一条全新道路,是中国现代化建设的必由之路,是中国政府和中国人民的郑重选择和庄严承诺。中国不会做高能耗的"美国梦",不会做对外殖民的"欧洲梦",不会走军备竞赛、"输出革命"的"苏联梦"。②

（一）走和平发展道路,是基于中国国情的必然选择

1840 年鸦片战争以后的一百多年里,中国受尽了列强的欺辱。消除战争,实现和平,建设独立富强、民主幸福的国家,是近代以来中华民族孜孜以求的奋斗目标。今天的中国虽然取得了巨大的发展成就,但人口多,底子薄,发展不平衡,仍然是世界上最大的发展中国家。推动经济社会发展,不断改

---

① 胡锦涛:《在纪念毛泽东同志诞辰 110 周年座谈会上的讲话》,人民出版社 2003 年版,第 14 页。

② 郑必坚:《中国外交的营销革命》,《凤凰周刊》2006 年第 3 期。

善人民生活始终是中国的中心任务。坚持走和平发展道路,是中国实现国家富强、人民幸福的必由之路。中华民族最需要、最珍爱和平的国际环境,愿尽自己所能,为推动各国共同发展作出积极贡献。

（二）走和平发展道路,是基于中国历史文化传统的必然选择

中华民族历来就是热爱和平的民族。中华文化是一种和平的文化。渴望和平、追求和谐,始终是中国人民的精神特征。600年前,中国明代著名航海家郑和率领当时世界上最强大的船队七下"西洋",远涉亚非两大洲的三十多个国家和地区,带去的是茶叶、瓷器、丝绸、工艺,没有侵占别国一寸土地,带给世界的是和平与文明,充分反映了古代中国与有关国家和人民加强交流的诚意。立足当代,中国的发展不仅造福13亿中国人民,也给世界各国带来了巨大的市场和发展机遇。中国的发展有利于世界和平力量的增长。

（三）走和平发展道路,是基于当今世界发展潮流的必然选择

求和平、促发展、谋合作是世界各国人民的共同心愿,也是不可阻挡的历史潮流。特别是世界多极化和经济全球化趋势的深入发展,给世界和平与发展带来了新的机遇,争取较长时期的和平国际环境是可以实现的。同时,我们清楚地看到,世界上仍存在诸多不稳定不确定的因素,人类还面临许多严峻挑战,但机遇大于挑战,只要世界各国共同努力,就能够逐步实现建设一个持久和平、共同繁荣的和谐世界的目标。长期以来,我国坚持奉行独立自主的和平外交政策,宗旨就是维护世界和平、促进共同发展。早在1971年中国重返联合国的时候,邓小平就向全世界宣布,中国永远不称霸。改革开放以来,中国根据国际形势的变化趋势,坚持和平与发展是时代主题这一重大战略判断,多次公开阐明:中国过去不称霸,现在不称霸,将来强大了也不称霸。我国的发展不会对任何人构成威胁,只会给世界带来更多的发展机遇和更加广阔的市场。事实表明,我国经济的发展,正在成为亚太地区和世界经济增长的重要推动力量。维护世界和平,促进共同发展,已成为中国的国家意志。

三、中国依靠自身的力量实现发展

坚持以科学发展观统筹国内发展和对外开放,把发展的基点放在立足本国实际上,同时坚持全方位、宽领域、多层次的对外开放,努力实现更为均衡的发展。

（一）坚持观念创新和体制创新

改革开放以来的实践证明，我国能够通过解放思想，实事求是，锐意进取，调动亿万人民的积极性、主动性和创造性，不断开创现代化建设的新局面。我国坚定不移地推进各方面改革，坚持社会主义市场经济改革方向，加大改革力度，着重推进体制创新，争取在一些关键领域和重要环节上取得突破。通过改革，我国将进一步提高国民经济市场化程度，完善国家宏观调控体系，不断形成一整套有利于促进经济社会全面协调可持续发展的体制机制。

（二）立足开拓国内市场和增加国内需求

扩大内需是我国经济社会发展的基本立足点和长期战略方针。中国正处在工业化、城镇化进程加快，人民收入水平提高和消费结构升级的发展阶段，在转变外贸增长方式、扩大进口、加强知识产权保护、为全球贸易和世界经济继续作出贡献的同时，巨大的国内需求和广阔的国内市场是中国经济发展的持续动力，这就决定了中国的发展应当而且有可能实现以国内需求为主。我国保持固定资产投资以合理的规模和速度增长，发挥投资对经济增长的推动作用。我国通过实行正确的收入分配政策和消费政策，更多地依靠国内消费需求拉动经济增长。近年来，国内投资和消费需求均呈较快增长态势。

（三）推进经济结构战略性调整和增长方式转变

我国把转变增长方式作为战略重点，努力使经济增长建立在提高人口素质、高效利用资源、减少环境污染、注重质量效益的基础上。坚持以信息化带动工业化，以工业化促进信息化，走新型工业化道路，加快产业结构优化升级，大力发展先进制造业、高新技术产业特别是信息产业、生物产业，提高服务业比重和水平，加强基础产业基础设施建设，充分发挥结构调整对增长方式转变的作用。大力发展节约型经济、循环经济、环保型经济，努力形成集约发展、清洁发展的国民经济体系。

（四）加快科技进步和增强自主创新能力

我国致力于建设创新型国家，把增强自主创新能力作为国家战略，制定了国家中长期科学和技术发展规划，提出了未来15年科技发展的目标任务。大力提高原始创新能力、集成创新能力和引进消化吸收再创新能力。通过科技体制改革，多渠道增加科技投入，推进国家创新体系建设，加速科技成果向现实生产力转化，力争到2020年科技研发经费占国内生产总值的比例由

2004 年的 1.44% 增长到 2.5% 左右。

(五)大力开发人力资源

我国努力推进人才强国战略,加快教育结构调整,全面实施素质教育,重点加强义务教育特别是农村义务教育,大力发展职业教育,提高高等教育质量,使教育事业有一个大发展,努力造就高素质劳动者和各方面的专门人才。从 2006 年到 2010 年,中等职业学校将为社会输送 2500 万名毕业生,高等职业院校将为社会输送 1100 万名毕业生。到 2020 年,我国高等教育的毛入学率将达到 40% 左右。同时,我国将积极引进海外各类人才特别是高层次人才,进一步形成人才辈出、人尽其才的良好机制和社会氛围,为现代化建设提供强大的人才保障和智力支持。

(六)努力建设资源节约型和环境友好型社会

历史经验表明,要实现世界经济平衡有序发展,国际社会必须处理好能源问题。我国正在通过同世界各国的能源对话与合作,共同维护世界能源的安全和稳定。中国把节约能源资源作为一项基本国策,以节约使用能源资源和提高能源资源利用效率为核心,大力发展循环经济,以尽可能小的能源资源消耗,获得尽可能大的经济效益和社会效益。坚持立足国内的方针,不断增加国内能源供给。中国既是能源消费大国,又是能源生产大国,20 世纪 90 年代以来,中国能源的自给率始终在 90% 以上。中国能源供应的潜力仍然很大,煤炭现有探明储量占地质储量的比例很低,发现新油气田仍有可能,新能源和可再生能源开发前景广阔。同时,我国坚持保护环境的基本国策,不断加大保护生态环境力度,逐步改善生态环境,为经济社会可持续发展创造条件。坚持预防为主、综合治理,强化从源头防治污染和保护环境;坚持保护优先、开发有序,以控制不合理的资源开发活动为重点,强化对自然资源的生态保护。

(七)坚定不移地实行对外开放的基本国策

积极发展对外经济技术交流与合作,全面提高对外开放水平。认真履行加入世界贸易组织的承诺,不断完善涉外经营管理体制和政策,创造公平和可预见的法制环境;进一步开放市场,优化投资和贸易环境,改善贸易结构,提高贸易和投资的自由度、便利程度,创造更加良好的投资环境;鼓励企业到境外投资,与所在国的企业共同发展。对外开放对推动中国经济社会发展起到了十分重要的作用。通过引进外资,弥补了自身发展资金的不足;通过充分利用国际市场,促进了国内产业的发展;通过引进先进技术和设备及管理经验,提高了企业的生产技术和管理水平;通过积极开展对外交往,与世界共同分享人类文明成果,提高了人力资源的素质。

四、实现与各国的互利共赢和共同发展

中国的发展离不开世界,同样世界的繁荣需要中国。中国顺应经济全球化的发展趋势,坚持在更大范围、更广领域和更高层次上参与国际经济技术合作,积极推动经济全球化向有利于各国共同繁荣的方向发展。互利共赢是当今国际贸易发展的主流。中国坚持实行互利共赢的对外开放战略,把既符合本国利益又能促进共同发展,作为处理与各国经贸关系的基本原则,坚持在平等、互利、互惠的基础上同世界各国发展经贸关系,不断为全球贸易持续增长作出贡献。

(一)努力推动多边经贸关系发展和区域经济合作,积极参与制定和实施国际经贸规则,与各国共同解决合作中出现的分歧和问题,促进世界经济平衡有序发展

中国积极拥护和参与多边贸易。自2001年12月正式加入世界贸易组织以来,我国严格信守承诺,为开展国际经济技术合作创造更加良好的条件。中国清理并修订了约3000部法律、法规和部门规章,涉外经济法律体系不断完善,贸易政策的透明度不断增强。中国依照承诺逐步降低关税,2005年平均关税水平已降到9.9%,并取消了大多数非关税措施。在银行、保险、证券、分销等服务贸易领域加快了开放步伐,在世界贸易组织分类的160多个服务贸易的部门中,中国已经开放了100多个,占62.5%,已接近发达国家水平。中国积极推动新一轮多边贸易谈判,全面参加了各项议题的谈判,在农业、非农产品市场准入、服务贸易等谈判中,开展一系列多双边磋商,为推动发展中成员与发达成员相互沟通、减少分歧,发挥了建设性作用。中国和世界贸易组织其他成员一道,为推动谈判取得实质性进展、尽早达成共识作出了重要贡献。

参与区域经济合作不断深化。中国—东盟自由贸易区的建设进程正在加快,继实施"早期收获"农产品零关税措施之后,已经于2004年11月正式签署了《货物贸易协议》和《争端解决机制协议》,2005年7月,自由贸易区减税进程全面启动,为实现自由贸易区建设目标奠定了基础。目前,上海合作组织建设进入全面务实合作阶段,贸易投资便利化进程全面启动。中国还相继启动了中国—南部非洲关税同盟、中国—海湾合作委员会、中国—新西兰、

中国—智利、中国—澳大利亚、中国—巴基斯坦等自由贸易区谈判,并与有关
国家签署了自由贸易区协定。在亚太经济合作组织、中非合作论坛、中国—
阿拉伯国家合作论坛、亚欧会议、大湄公河次区域合作等活动中,中国也是积
极和务实的参与者。中国还与150多个国家和地区签署了双边贸易协定或议
定书,与110多个国家签署了双边投资保护协定,与80多个国家签署了避免
双重征税协定,成为双边贸易投资自由化和便利化的积极参与者。

坚持互利共赢的方针,妥善处理贸易摩擦等问题,促进与各国的共同发
展。国家间存在贸易摩擦,这在国际经济交往中是完全正常的。遵守国际惯
例和世界贸易组织规则,坚持在平等对话的基础上,利用世界贸易组织争端
解决机制处理贸易摩擦问题,并在制定和实施国内经济政策时切实考虑国际
因素和国际影响,注意把握中国经济发展给外部世界带来的经济效应。根据
自身改革发展的需要,认真考虑中国汇率改革对周边国家、地区及世界经济
金融的影响,稳妥推进汇率机制改革,实行以市场供求为基础、参考一篮子货
币进行调节、有管理的浮动汇率制度,使人民币汇率在合理、均衡的水平上保
持基本稳定。不断加强知识产权保护,健全知识产权保护法律体系,加大执
法力度,严厉打击各种违法行为。

(二)积极参与国际经济技术合作,给世界各国带来了良好的机遇和巨大
的市场。各国特别是发达国家通过投资和服务贸易从中国获得丰厚的收益

积极参与国际分工合作有利于全球资源合理有效配置。中国是世界上
最大的发展中国家,丰富且素质不断提高的劳动力资源是中国发展劳动密集
型产业和部分技术密集型产业的天然优势。随着中国经济社会的发展和人
民生活水平的提高,我国对资本密集型、技术密集型和知识密集型产品的需
求不断增长,给外国产品、技术和服务进入中国市场提供了大量机会,我国已
成为国际公认的大市场之一。我国对外贸易与世界上许多国家的互补性很
强。我国出口到美国、日本和欧盟的产品中有70%为劳动密集型产品,而从
美国、欧盟和日本进口的产品中80%以上是资本密集型、技术密集型和知识
密集型产品。在新的国际分工格局中,中国已经成为全球产业链中不可或缺
的重要环节。

质优价廉的产品,在满足进口国市场需求的同时,减少了进口国的支出
和通货膨胀压力,增进了各国消费者的福利。中国的劳动密集型产品在国际
上有着自己的比较优势。1997年以来,随着中国商品进入美国市场,美国消
费者每年至少节约数百亿美元的支出。过去10年,中国产品使美国消费者节

省了 6000 多亿美元,仅 2004 年就节省了近 1000 亿美元。

对外互惠互利经贸关系的不断扩大,给中外双方带来了巨大的实际利益。1978 年以来,中国进口年均增长 16% 以上,加入世界贸易组织三年过渡期间进口了大约 1.27 万亿美元的商品。2004 年,中国成为仅次于美国和德国的世界第三大进口国;进口增加额达 1484.7 亿美元,占全球进口增加量的 9%。2004 年中国与美国、日本和欧盟的贸易额分别为 1696 亿美元、1678 亿美元和 1773 亿美元,欧盟、美国、日本已经成为中国的三大贸易伙伴和外资的主要来源地。2004 年,中国与亚洲国家和地区贸易总额达 6649 亿美元,比 2003 年增长 34.2%,占中国外贸总额的 57.6%。中国已成为东盟第四大贸易伙伴和增长最快的市场。

巨大的市场为国际资本提供了投资机会,使各国投资者能够分享中国经济快速发展带来的利益。从 1990 年到 2004 年,外来投资者从中国获得利润达 2506 亿美元。2004 年,美国在华投资企业在中国市场实现销售约 750 亿美元,在中国生产的产品出口到其他市场约 750 亿美元。中国美国商会 2005 年调查显示,约 70% 的美国公司在华赢利,约 42% 的公司在华利润率超过其全球的平均利润率。中国对外投资不断扩大为东道国经济社会发展带来了机会。到 2004 年底,中国非金融类对外直接投资净额达 448 亿美元,遍及 149 个国家和地区。其中对亚洲国家和地区的直接投资达 334 亿美元,占同期全部对外直接投资的 75%。

开展对外经贸合作有着巨大潜力和美好前景。加入世界贸易组织以来,从 2001 年 12 月至 2005 年 9 月,中国平均每年进口近 5000 亿美元的商品,为相关国家和地区创造了约 1000 万个就业岗位。今后几年,中国每年进口将超过 6000 亿美元,到 2010 年将超过 1 万亿美元。到 2020 年,中国市场的规模和总需求将比 2000 年翻两番。在这一过程中,世界各国都能从与中国的互利合作中找到自己的发展机遇和巨大商机,这将对拉动世界经济增长产生重要的积极作用。

中国坚持和平、发展、合作的政策主张,坚持独立自主的和平外交政策,本着民主、和睦、公正、包容的精神,发挥建设性作用,努力同各国一道实践建立和谐世界的崇高目标。积极推动国际政治经济秩序向公正合理的方向发展,促进国际关系民主化。以实际行动推动与周边地区建立睦邻互信,促进各国边疆地区安全合作。为处理国际和地区一些热点问题发挥了建设性作用,促进世界共同安全。尽最大力量援助其他发展中国家,促进各国共同发展。不断加强与各种文明之间的交流与对话,促进不同文明相互包容。中国是当今世界上最大的发展中国家。13 亿中国人民走和平发展道路,无疑为人类和平与发展的崇高事业增添了极其重要的积极因素。

主要参考文献

［1］《十六大报告辅导读本》,人民出版社 2002 年版。

［2］胡锦涛:《在省部级主要领导干部建设社会主义新农村专题研讨班上的讲话》,《理论动态》2006 年 3 月。

［3］温家宝:《提高认识　统一思想　牢固树立和认真落实科学发展观——在省部级主要领导干部树立和落实科学发展观专题研究班结业式上的讲话》,《人民日报》2004 年 3 月 1 日。

［4］《当代中国科学发展观学习读本》,中共党史出版社 2004 年版。

［5］中央编译局编:《马克思资本论节选本》,人民出版社 2001 年版。

［6］施正一:《论科学的理论思维方法》,民族出版社 2004 年版。

［7］陈振明主编:《政治学——概念、理论和方法》,中国社会科学出版社 2004 年版。

［8］《施正一文集》:中国社会科学出版社 2001 年版。

［9］胡鞍钢:《中国:新发展观》,浙江人民出版社 2004 年版。

［10］宋蜀华、陈克进主编:《中国民族概论》,中央民族大学出版社 2001 年版。

［11］吴楚克:《中国边疆政治学》,中央民族大学出版社 2005 年版。

［12］郑杭生主编:《社会学概论新修(第三版)》,中国人民大学出版社 2003 年版。

［13］罗崇敏:《论创新》,人民出版社 2004 年版。

［14］王伟光主编:《科学发展观干部读本》,中共中央党校出版社 2004 年版。

［15］施正一主编:《民族经济学教程》,中央民族大学出版社 1997 年版。

［16］温军:《民族与发展:新的现代化追赶战略》,清华大学出版社 2004 年版。

［17］李悦主编:《产业经济学》,中国人民大学出版社 2003 年版。

［18］张敦富主编:《区域经济学原理》,中国轻工业出版社 2004 年版。

［19］罗崇敏:《农业经营管理论纲》,作家出版社 2000 年版。

［20］杨春贵主编:《竞争与安全:世界大变动中的中国发展战略》,中共中央党校出版社 2003 年版。

［21］刘永佶:《中国经济矛盾论——中国政治经济学大纲》,中国经济出版社 2004 年版。

［22］洪名勇、马文彬等:《中国经济发展战略研究》,贵州人民出版社 2004 年版。

［23］王绍熙、张汉林等:《中国开放型经济制度创新》,上海财经大学出版社 2005 年版。

［24］黄宗良、林勋健主编:《经济全球化与中国特色社会主义》,北京大学出版社 2005 年版。

［25］邢军:《我国沿边地区发展指导思想研究》,中共中央党校出版社 2005 年版。

［26］中国现代国际关系研究所:《全球战略大格局——新世纪中国的国际环境》,时事出版社 2000 年版。

［27］朱丽兰:《知识经济的兴起与挑战》,中国经济出版社 1999 年版。

［28］DECD:《以知识为基础的经济》,机械工业出版社 1997 年版。

［29］张达明、陈世英、韩维仙:《试论知识经济的知识观》,《中国教育报》1998 年 10 月 21 日。

［30］卢继传:《论知识是经济增长的动力》,《人民日报》1996 年 3 月 12 日。

［31］邹大华:《论知识经济与首都经济》,《上海综合经济》1998 年第 3 期。

［32］孙慕天、刘玲玲:《知识经济,前所未有的经济》,《光明日报》1998 年 6 月 5 日。

［33］杨光鑫、滕福星:《关于知识经济体制化建构的几个问题》,中国经济出版社 1999 年版。

［34］胡鞍钢主编:《地区与发展:西部开发新战略》,中国计划出版社 2001 年版。

［35］孙章、陶新吕、陈晓非:《创新型经济与创造力教育》,《上海高教研究》1998 年第 3 期。

［36］汤国辉:《经营管理学》,湖南教育出版社 1987 年版。

［37］高洪深编:《区域经济学》,中国人民大学出版社 2002 年版。

［38］陆立军等:《区域经济发展与欠发达地区现代化》,中国经济出版社 2002

年版。

[39] 厉以宁主编:《区域发展新思路》,经济日报出版社 2000 年版。

[40] 张新:《中国经济的增长和价值创造》,上海三联书店 2003 年版。

[41] 曹征海:《和合加速论:当代民族经济发展战略研究》,民族出版社 2005 年版。

[42] 陈秀山、张可云:《区域经济理论》,商务印书馆 2004 年版。

[43] 林毅夫:《发展战略与经济发展》,北京大学出版社 2004 年版。

[44] 董藩等:《构建缘西边境国际经济合作带》,东北财经大学出版社 2004 年版。

[45] 王怀岳:《中国县域经济发展实论》,人民出版社 2001 年版。

[46] 胡艳、载平安、冯海燕:《技术创新研究》,中国经济出版社 1999 年版。

[47] 辜胜阻、刘传江:《技术创新与产业结构高度化》,《武汉大学学报》1998 年第 6 期。

[48] 梁琦:《完善我国技术创新宏观管理体系的思考》,《南京大学学报》1998 年第 1 期。

[49] 陈琳、廖鸿志:《云南可持续发展》,云南大学出版社 1997 年版。

[50] 杨桂华等编译:《生态旅游的绿色实践》,科学出版社 2000 年版。

[51] 地力木拉提·吾宋尔、杨开忠:《新疆地域经济发展探讨》,《城市经济区域与经济》2001 年第 10 期。

[52] 胡鞍钢、温军:《中国民族地区现代化追赶、特征、成因及其后果》,《民族问题研究》2003 年第 7 期。

[53] 李达球:《论农业企业化》,经济日报出版社 2003 年版。

[54] 毛如柏、冯之浚主编:《论循环经济》,经济科学出版社 2003 年版。

[55] 速水佑次郎、神门善久:《农业经济论》,中国农业出版社 2003 年版。

[56] 曾业松:《新农论》,新华出版社 2004 年版。

[57] (美)罗伯特·J·凯伯(Rlbert·J·Carbaugh):《国际经济学》,机械工业出版社 2002 年版。

[58] 黄长征:《投机经济学》,中国社会科学出版社 2003 年版。

[59] 张培刚:《发展经济学教程》,经济科学出版社 2001 年版。

[60] 邢贲思:《完善社会主义市场经济体制》,人民日报出版社 2003 年版。

[61] 国务院新闻办公室:《中国的和平发展道路》,《新华文摘》2006 年第 4 期。

[62] 亚当·斯密:《国富论》,人民出版社 2001 年 5 月。

[63] 朱铁臻:《城市现代化研究》,红旗出版社 2002 年版。

[64] 唐建新、杨军:《基础设施与经济发展——理论与政策》,武汉大学出版社 2003 年版。

[65] 卢现祥:《西方新制度经济学》,中国发展出版社 2003 年版。

[66] 康平主编:《中国国家发展战略》,红旗出版社 2005 年版。

[67] 叶裕民:《中国城市化之路》,商务印书馆 2001 年版。

[68] 张国、林善浪主编:《中国发展问题报告》,中国社会科学出版社 2001 年版。

[69] 胡鞍钢、王绍光、周建明主编:《第二次转型国家制度建设》,清华大学出版社 2003 年版。

[70] 中国科学院国情研究分析小组:《就业与发展——中国失业问题与就业战略》,辽宁人民出版社 1999 年版。

[71] 史新辰:《民族区域经济发展》,云南科技出版社 1996 年版。

[72] 刘如海:《对我国西部开发中城市发展问题的思考》,《经济问题探索》2000 年第 10 期。

[73] 邓进:《论西部大开发中的城市短缺问题的思考》,《西部社会》2002 年第 2 期。

[74] 蒋彬:《民族地区城镇化滞后的负面效应分析》,《民族问题研究》2003 年第 2 期。

[75] (美)鲍大可:《中国西部四十年》,东方出版社 1998 年版。

[76] 汤国辉:《云南沿边开放战略和措施研究》,云南大学出版社 1995 年版。

[77] 《中共中央关于制定国民经济和社会发展第十一个五年规划的建议》,人民出版社 2005 年版。

[78] 《中华人民共和国国民经济和社会发展第十一个五年规划纲要》,《云南日报》2006 年 3 月 17 日。

[79] 21 世纪乡镇工作全书编委会编:《21 世纪乡镇工作全书》,中国农业出版社 1999 年版。

[80] 朱传耿、沈山、仇道:《区域经济学》,中国社会科学出版社 2001 年版。

[81] 顾华详:《民族区域自治地区推进信息化和发展信息产业的对策研究》,《民族问题研究》2002 年第 12 期。

[82] 罗崇敏:《现代旅游概论》,云南人民出版社 1995 年版。

［83］国务院:《国家八七扶贫攻坚计划》,《人民日报》1994 年 5 月 19 日。

［84］孙建北:《贫困与扶贫》,中共中央党校出版社 2004 年版。

［85］赵昌文等:《贫困地区可持续扶贫开发战略模式及管理系统研究》,西南财经大学出版社 2001 年版。

［86］曹殊:《定西扶贫开发问题》,中国社会科学出版社 2004 年版。

［87］雷振扬:《少数民族经济利益探析》,《民族问题研究》2003 年第 10 期。

［88］雷振扬:《马克思的社会发展理论与西部民族地区社会发展的几个问题》,《民族问题研究》2002 年第 2 期。

［89］青觉、金炳镐:《中国共产党第三代领导集体关于社会主义民族关系的理论——中国共产党第三代领导集体民族理论研究之四》,《民族问题研究》2003 年第 5 期。

［90］蔡俊生、陈荷清、韩林德:《文化论》,人民出版社 2003 年版。

［91］金元浦总主编,谭好哲、陆学明主编:《中国文化概论》,首都师范大学出版社 1999 年版。

［92］孙安民:《文化产业理论与实践》,北京出版社 2005 年版。

［93］李方主编,林建公、张云勋副主编:《中国综合国力论》,安徽科学技术出版社 2002 年版。

［94］吴鹏森、房列曙主编:《人文社会科学基础》,上海人民出版社 2000 年版。

［95］袁少芬主编、李红副主编:《民族文化与经济互动》,民族出版社 2004 年版。

［96］杨圣敏主编、丁宏副主编:《中国民族志》,中央民族大学出版社 2003 年版。

［97］杨岚、张维真:《中国当代人文精神的构建》,人民出版社 2002 年版。

［98］郑涵:《中国的和文化意识》,学林出版社 2005 年版。

［99］丹增:《文化产业发展论》,人民出版社 2005 年版。

［100］马翀炜、陈庆德:《民族文化资本化》,人民出版社 2004 年版。

［101］朱希祥:《文化产业发展与文化市场管理》,华东师范大学出版社 2003 年版。

［102］李开义、杨燕、黄华:《加快云南公益性文化事业的新蓝图——省委、省政府关于加强公益性文化事业建设的若干意见》的解读,《云南日报》2006 年 3 月 15 日。

[103]《中共云南省委、云南省人民政府关于建设云南民族文化大省的决定》,《云南通讯》2000 年第四期。

[104]《中共红河州委、红河州人民政府关于建设民族文化大州的决定》,《红河州情》2001 年 3 月 5 日。

[105]《中共云南省委、云南省人民政府关于深化文化体制改革加快文化产业发展的决定》,《云南通讯》2005 年第九期。

[106] 乔清举主编:《文化探索与体制创新》,中国传媒大学出版社 2005 年版。

[107]《中共中央关于完善社会主义市场经济体制若干问题的决定》,《人民日报》2003 年 10 月 15 日。

[108] 董德刚:《经济哲学》,中共中央党校出版社 2003 年版。

[109] 张声雄编:《学习型组织的创建》,上海科学普及出版社 2000 年版。

[110] 王新生:《市民社会论》,广西人民出版社 2003 年版。

[111] 陈洛:《中国西部人力资源开发》,中共中央党校出版社 2004 年版。

[112] 姜伟东、叶宏伟编:《学习型组织——提升组织的学习力》,东南大学出版社 2003 年版。

[113] 罗崇敏:《论企业创新》,中国经济出版社 2003 年版。

[114] 韩庆祥:《建构能力社会——21 世纪中国人的发展图景》,广东教育出版社 2003 年版。

[115] 赵惠强、洪增林:《西部人文资源开发研究》,甘肃人民出版社 2002 年版。

[116] 国务院西部开发办:《关于西部大开发若干政策措施的实施意见》,《西部社会》2004 年第 4 期。

[117] 国务院新闻办公室:《中国少数民族政策及其实践》,《民族研究》1999 年第 1 期。

[118] 秦光荣主编:《云南"十一五"规划战略研究(下)》,云南人民出版社 2005 年版。

[119] 中共云南省委宣传部编:《构建社会主义和谐云南》,云南教育出版社 2005 年版。

[120] 刘峰:《新领导观》,北京大学出版社 2005 年版。

[121] 李强、李昌、唐素萍主编:《管理心理学》,北京工业大学出版社 2002 年版。

[122] 李成言:《现代行政领导学》,北京大学出版社 2002 年版。

[123] 胡锦涛:《在省部级主要领导干部提高构建社会主义和谐社会能力专题研讨班上的讲话》,2005 年 2 月 19 日。

[124] 本书编写组编:《党的十六届五中全会〈建议〉学习辅导百问》,学习出版社、党建读物出版社 2005 年版。

[125] 李瑞环:《学哲学 用哲学》,中国人民大学出版社 2005 年版。

[126] 徐杰舜主编:《中国民族团结考察报告》,民族出版社 2004 年版。

[127] 阮宗泽:《和谐世界,中国创造》,《经济观察报》2005 年 10 月。

[128] 殷真、夏莹莹:《社会和谐与文化和谐——访中国社会科学院文化研究中心主任李德顺教授》,《理论动态》2005 年 9 月 10 日。

[129] 包心鉴:《和谐社会与社会主义》,《理论动态》2005 年 7 月 30 日。

[130] 庞元正:《关于构建社会主义和谐社会的几个基本问题》,《理论动态》2005 年 2 月 20 日。

[131] 苏荣:《立足欠发达地区实际 推进和谐社会的建设》,《理论动态》2005 年 5 月 30 日。

[132] 王伟光:《关于构建社会主义和谐社会的几个理论问题》,《理论动态》2005 年 9 月 20 日。

[133] 俞可平:《社会公平和善治是建设和谐社会的两块基石》,《理论动态》2005 年 1 月 10 日。

[134] 国家发展计划委员会政策法规司编:《西部大开发战略研究》,中国物价出版社 2002 年版。

[135] 袁文平、陈健生、张友树、刘峰编:《西部大开发中地方政府职能研究》,西南财经大学出版社 2004 年版。

[136] 陈云生:《中国民族区域自治制度》,经济管理出版社 2001 年版。

[137] 周平:《民族政治学导论》,中国社会科学出版社 2001 年版。

[138] 马大正:《中国东北边疆研究》,中国社会科学出版社 2003 年版。

[139] 张植荣:《中国边疆与民族问题 当代中国的挑战及其历史由来》,北京大学出版社 2005 年版。

[140] 王红曼:《新中国民族政治概论》,中央民族大学出版社 2000 年版。

[141] 杨建新主编:《地缘政治中的西北边疆安全》,民族出版社 2004 年版。

[142] 李龙主编:《依法治国方略实施问题研究》,武汉大学出版社 2002 年版。

[143] 郑楚宣、刘绍春:《当代中西政治制度比较》,广东人民出版社 2002年版。

[144] 袁曙宏:《党依法执政的重大理论和实践问题》,《理论动态》2005 年 12月 30 日。

[145] 胡锦涛:《努力建设持久和平、共同繁荣的和谐世界》,《人民日报》2005年 9 月 16 日。

[146] 唐希中、刘少华、陈本红:《中国与周边国家关系(1949——2002)》,中国社会科学出版社 2003 年版。

[147] 丁士峰主编:《军队领导管理学》,国防大学出版社 2000 年版。

[148] 唐复全、李国庆、李祖发、王玉东编:《智慧与战争》,四川人民出版社 2003 年版。

[149] 肖占中:《新概念战争》,中原农民出版社 2002 年版。

[150] 成都军区:《边防工作手册》,2001 年 6 月。

[151] 马丽娟:《多型论:民族经济在云南》,民族出版社 2002 年版。

[152] 李培林、张翼、赵延东、梁栋:《社会冲突与阶级意识》,社会科学文献出版社 2005 年版。

[153] 李景治、罗天虹等:《国际战略学》,中国人民大学出版社 2003 年版。

[154] 姚有志:《世纪论兵》,解放军文艺出版社 2002 年版。

[155] (德)克劳塞维茨著,钮先钟译:《战争论》,广西师范大学出版社 2003年版。

[156] (瑞士)A. H. 若米尼著,刘联、袁坚译:《兵法概论》,军事科学出版社 1994 年版。

后　记

　　对一个"而立之年"后才开始捧读初中课本的人来说,攻读博士学位,完成毕业论文,应该是一件举步维艰的事。但我相信,未来事业最终不属于有权人,也不属于有钱人,而是属于有心人。只要心里始终装着"唯真、唯勤、唯和"六个字,也就是说,只要勇于追求真理,探索真知;只要勤于学习,勤于实践;只要和睦相济,和谐共振,你所走的过程和得到的结果大凡是一致的,未来的事业是属于你的。

　　论文落笔时,我丝毫没有如释重负的感觉,恰恰相反,我又愉快地背上了"包袱"。我从"而立之年"到"天命之岁",攻读不辍。初中、高中、专科、本科、硕士研究生,到攻读博士学位,每一次拿到入学通知书,或获得毕业证书,都有这种感觉。虽然"包袱"沉重一点,但我始终愉快地背上它往前走。更何况我国的边政学研究还处在起始阶段,我试图探索的广义边政学就更不用说了。对我这个一直坚持半工半读而学术思维训练不多的学生来说,要进行这样的学术研究并获得研究成果,还会遇到很多困难。我虽然不能获得大的成功,但不应该辜负我的导师、我的家人、我的同学、我的同事、我的朋友对我的恩爱和关怀,"唯真、唯勤、唯和"是我矢志不渝的选择。我的导师施正一先生为我倾注了无私的爱,马丽娟博士、陈理、刘永佶、宋才发、青觉、张丽君等诸位老师给予我极大的帮助,我的同事们、朋友们对我论文的完成给予许多支持,我的家人就更不要说了,他(她)们为我的学业和事业作出了奉献。我没有任何理由不感谢我的导师,不感谢各位老师,不感谢支持我的同学们、同事们、朋友们。

　　我还要诚挚感谢知其名而不见其人,冥冥之中把知识传授给我的老师们。我在书中大量引用和借鉴了你们相关学术著作的观点和材料,享用了你们的研究成果。如有不妥之处,敬请你们谅之、正之。

作　者

2006 年夏

责任编辑:陈光耀
装帧设计:肖 辉
版式设计:程凤琴

图书在版编目(CIP)数据

中国边政学新论/罗崇敏著. -北京:人民出版社,2006.12(2007.8 重印)
ISBN 978 - 7 - 01 - 005979 - 2

Ⅰ. 中… Ⅱ. 罗… Ⅲ. 边疆地区-政治制度-研究-中国 Ⅳ. D69

中国版本图书馆 CIP 数据核字(2006)第 149168 号

中 国 边 政 学 新 论
ZHONGGUO BIANZHENGXUE XINLUN

罗崇敏 著

人民出版社 出版发行
(100706 北京朝阳门内大街 166 号)

北京新魏印刷厂印刷 新华书店经销

2006 年 12 月第 1 版 2007 年 8 月北京第 2 次印刷
开本:710 毫米×1000 毫米 1/16 印张:26 插页:1
字数:420 千字 印数:6,001 -9,000 册

ISBN 978 - 7 - 01 - 005979 - 2 定价:46.00 元

邮购地址 100706 北京朝阳门内大街 166 号
人民东方图书销售中心 电话 (010)65250042 65289539

责任编辑：施文洪

装帧设计：许 维

版式设计：薛风云

图书在版编目（CIP）数据

中国边疆学新论 / 罗崇敏著. —北京：人民出版社，2006.12（2007.8 重印）
ISBN 978-7-01-005979-2

Ⅰ.中… Ⅱ.罗… Ⅲ.边疆地区-政治制度-研究-中国 Ⅳ. D69

中国版本图书馆 CIP 数据核字（2006）第 149168 号

中国边疆学新论
ZHONGGUO BIANJIANGXUE XINLUN

罗崇敏　著

人人　出版　出版发行
（100706　北京市东城区隆福寺街99号）

新华书店经销　印刷厂印刷　新华书店发行

2006 年 12 月第 1 版　2007 年 8 月北京第 2 次印刷
开本：710 毫米 × 1000 毫米 1/16　印张：26　插页：1
字数：420 千字　印数：0,001-v,000 册

ISBN 978-7-01-005979-2　定价：46.00 元

邮购地址 100706 北京朝阳门内大街 166 号
人民东方图书销售中心　电话（010）65250042　65265539